DIREITO ADMINISTRATIVO E *ALTERNATIVE DISPUTE RESOLUTION*

ARBITRAGEM, *DISPUTE BOARD*, MEDIAÇÃO E NEGOCIAÇÃO

COM COMENTÁRIOS À LEGISLAÇÃO DO RIO DE JANEIRO, SÃO PAULO, RIO GRANDE DO SUL E UNIÃO SOBRE ARBITRAGEM E MEDIAÇÃO EM CONTRATOS ADMINISTRATIVOS E DESAPROPRIAÇÕES

LEILA CUÉLLAR
EGON BOCKMANN MOREIRA
FLÁVIO AMARAL GARCIA
ELISA SCHMIDLIN CRUZ

DIREITO ADMINISTRATIVO E *ALTERNATIVE DISPUTE RESOLUTION*

ARBITRAGEM, *DISPUTE BOARD*, MEDIAÇÃO E NEGOCIAÇÃO

COM COMENTÁRIOS À LEGISLAÇÃO DO RIO DE JANEIRO, SÃO PAULO, RIO GRANDE DO SUL E UNIÃO SOBRE ARBITRAGEM E MEDIAÇÃO EM CONTRATOS ADMINISTRATIVOS E DESAPROPRIAÇÕES

2ª edição revista, ampliada e atualizada

Belo Horizonte
FORUM
CONHECIMENTO JURÍDICO
2022

FÓRUM
CONHECIMENTO JURÍDICO

Luís Cláudio Rodrigues Ferreira
Presidente e Editor

Coordenação editorial: Leonardo Eustáquio Siqueira Araújo
Aline Sobreira de Oliveira

Rua Paulo Ribeiro Bastos, 211 – Jardim Atlântico – CEP 31710-430
Belo Horizonte – Minas Gerais – Tel.: (31) 2121.4900
www.editoraforum.com.br – editoraforum@editoraforum.com.br

Técnica. Empenho. Zelo. Esses foram alguns dos cuidados aplicados na edição desta obra. No entanto, podem ocorrer erros de impressão, digitação ou mesmo restar alguma dúvida conceitual. Caso se constate algo assim, solicitamos a gentileza de nos comunicar através do e-mail editorial@editoraforum.com.br para que possamos esclarecer, no que couber. A sua contribuição é muito importante para mantermos a excelência editorial. A Editora Fórum agradece a sua contribuição.

Dados Internacionais de Catalogação na Publicação (CIP) de acordo com ISBD

D598 Direito Administrativo e alternative dispute resolution: arbitragem, dispute board, mediação e negociação / Leila Cuéllar... [et al]. - 2. ed. -Belo Horizonte : Fórum, 2022.

506p.; 14,5cm x 21,5cm.
Inclui bibliografia e índice.
ISBN: 978-65-5518-404-4

1. Direito Administrativo. 2. Direito Econômico. 3. Resolução de disputas. 4. Arbitragem. 5. Dispute Boards. 6. Mediação. 7. Negociação. I. Cuéllar, Leila. II. Moreira, Egon Bockmann. III. Garcia, Flávio Amaral. IV. Cruz, Elisa Schmidlin. V. Título.

2022-1568 CDD 341.28
CDU 342.8

Elaborado por Odilio Hilario Moreira Junior - CRB-8/9949

Informação bibliográfica deste livro, conforme a NBR 6023:2018 da Associação Brasileira de Normas Técnicas (ABNT):

CUÉLLAR, Leila; MOREIRA, Egon Bockmann; GARCIA, Flávio Amaral; CRUZ, Elisa Schmidlin. *Direito Administrativo e Alternative Dispute Resolution*: arbitragem, *dispute board*, mediação e negociação. Com comentários à legislação do Rio de Janeiro, São Paulo, Rio Grande do Sul e União sobre arbitragem e mediação em contratos administrativos e desapropriações. 2. ed. Belo Horizonte: Fórum, 2022. 506p. ISBN 978-65-5518-404-4.

SUMÁRIO

A VITÓRIA INSTITUCIONAL DA SOLUÇÃO ADEQUADA DE CONFLITOS

Criados para resolver conflitos de forma mais célere e com maior qualidade técnica, os métodos de solução adequada de conflitos foram submetidos à significativa rejeição por parte das autoridades públicas brasileiras. Salvo exceções, tanto a mediação quanto a arbitragem – passando pelas negociações e dispute boards – tornaram-se vítimas daquilo que pretendiam suprimir: litígios insensatos e intermináveis.

Afinal, quando menos desde 1996 (com a edição da Lei Brasileira de Arbitragem), não havia proibição para que a Administração Pública brasileira acolhesse a arbitragem, a mediação, as negociações e os *dispute boards*. O princípio da legalidade assim o determinava. Todavia, a resistência institucional e o apego dogmático ao passado foram ferozes e necessitaram de intervenções do Poder Judiciário – sobretudo o Supremo Tribunal Federal e o Superior Tribunal de Justiça – para que as partes efetivamente cumprissem o pactuado. Talvez aqui tenha sido dado o primeiro e decisivo passo para a vitória institucional das técnicas de *Alternative Dispute Resolution*. Ao confirmar as convenções de arbitragem e determinar sua aplicação aos poderes públicos, o Judiciário contribuiu decisivamente para a oficialização da cultura dos métodos adequados.

Paradoxalmente, portanto, no caso brasileiro foi justamente aquele poder excluído das arbitragens (o Judiciário) que fez com que a Administração Pública cumprisse a Lei de Arbitragem, o que levou consigo a possibilidade de ampliação das técnicas de solução de controvérsias, instalando a lógica da mediação, dos comitês de resolução de disputas e das negociações. Hoje, portanto, o racional é o de criar engenharias de solução de litígios, com múltiplas alternativas para cada um deles. Não existe só um caminho, mas vários – que podem, inclusive, ser combinados entre si. Como mencionado por mais de uma vez neste livro, hoje o advogado é verdadeiro *arquiteto de processos*, na constante busca por *soluções adequadas*.

Claro que isso se deu, sobretudo, devido às primeiras gerações de juristas – professores e advogados – dedicados aos métodos de solução adequada, em especial aqueles que se esforçaram por consolidar a cultural arbitral brasileira (projetos de leis, criação de câmaras, associações, congressos, cursos, revistas etc.). A todos e cada um deles, fica registrado o nosso reconhecimento e a merecida homenagem.

Ocorre que tal vitória institucional foi coroada com a edição de leis e atos normativos infralegais (a lei, os decretos e portaria comentados na Parte III deste livro) que, dando concretude à lei e aos precedentes dos tribunais, determinaram a adoção de métodos adequados para a solução de conflitos dos quais faça parte a Administração Pública brasileira.

Essa onda teve início em 2018, com o Decreto nº 46.245, do Estado do Rio de Janeiro. Em seguida, vieram a Portaria AGU nº 320/2019 e o Decreto nº 64.356/2019, do Estado de São Paulo. Ao nível federal, existem a Lei nº 13.867/2019 e, *last but not least*, o Decreto nº 10.025/2019 – isso sem se falar em várias leis especiais, nas resoluções de agências reguladoras, nem nos acordos de leniência. Ao que tudo indica – a leitura dos projetos de lei geral de licitações e dos de lei geral de concessões assim indica –, em muito breve a arbitragem, a mediação e os *dispute boards* (além de outros métodos) serão a regra nos contratos administrativos brasileiros.

Os autores deste livro vêm se dedicando ao estudo e ao ensino das *Alternative Dispute Resolution* já há algum tempo, bem como escrevendo textos e lecionando cursos e treinamentos pertinentes aos seus mais diversos temas. Além dessa perspectiva acadêmica, também têm atuado, de modo independente, em negociações, mediações e arbitragens envolvendo a Administração Pública. Logo, em vista de sua experiência, decidiram unir esforços para publicar obra que retratasse esse importante momento da história do direito brasileiro.

A percepção comum a todos os autores deste livro é a de que os métodos adequados de solução de conflitos se tornaram a referência institucional mais importante para a solução de controvérsias nos contratos administrativos complexos, bem como para temas como conflitos administrativos interorgânicos. Se há formas mais saudáveis, céleres e seguras para resolver os inevitáveis conflitos, a Administração Pública deve as estudar e capacitar seus agentes para aplicação ao maior número possível de casos.

Essa vitória é marcante, mas a sua consequência é a de instalar desafios ainda maiores. Daí a razão deste livro, que agrega estudos na maioria dos temas pertinentes às soluções adequadas de conflitos, bem como comentários aos diplomas normativos estaduais e federais.

O primeiro passo já foi dado. Cabe a todos nós construir o caminho para que os próximos sejam aperfeiçoados.

Curitiba e Rio de Janeiro, novembro de 2019.

Leila Cuéllar

Egon Bockmann Moreira

Flávio Amaral Garcia

Elisa Schmidlin Cruz

NOTA À SEGUNDA EDIÇÃO

Devido ao enorme sucesso editorial da 1ª edição deste Direito Administrativo e *Alternative Dispute Resolution*, os autores viram-se incentivados a revisitar todos os artigos do livro, atualizando-os e ampliando a perspectiva original. Demais disso, foram escritos novos artigos, a respeito de temas inéditos. Tudo isso no cenário de efetiva ampliação dos métodos adequados de solução de conflitos perante a Administração Pública brasileira.

Talvez a prova mais marcante de que o sistema multiportas merece ser estudado e aplicado, obediente às peculiaridades do nosso Direito Administrativo, esteja no artigo 151 da Nova Lei de Licitações e Contratos Administrativos – a Lei nº 14.133/2021. Lá, está positivada não só a alternativa da arbitragem, mas sobretudo o dever de envidar os melhores esforços para a consecução do interesse público através da negociação, da conciliação e da mediação. Existem novas e mais ricas competências administrativas, que, em cumprimento ao princípio da legalidade, devem ser obedecidas pela Administração Pública e respeitadas pelos órgãos de controle.

Como a experiência dos autores comprova, cada caso conflituoso exigirá exame atento de suas premissas e consequências. Tanto os contratos administrativos como as relações estatutárias, e mesmo as demais relações jurídicas entre particulares e Administração, dão margem a número imenso de controvérsias – as quais exigem a compreensão de suas premissas e peculiaridades. Desde as mais tradicionais teorias de Direito Administrativo até aquelas mais contemporâneas requerem, para sua aplicação, o exame das circunstâncias concretas do caso (que pode parecer com outros, mas sempre deterá sua diferença específica). Constatação que autoriza a construção, caso a caso e controvérsia a controvérsia, de métodos adequados apropriados. Aliás, não será exagero dizer que, a depender do caso, mesmo os ora autores poderão discordar do método a ser aplicado e dos critérios de solução do conflito. Sempre há discordância, porém uma compreensão os une: a de que as partes, seus advogados e procuradores precisam envidar os melhores esforços para diminuir a litigiosidade.

Estamos, portanto, no crepúsculo da Era dos litígios judiciais irresponsáveis e infindáveis, em que todos perdiam – em especial, a segurança jurídica e o interesse público. Hoje, a regra é estudar o caso concreto, detectar o método mais adequado para este ou aquele conflito (que sempre existirá) e, com base nesse conhecimento apurado, efetivamente resolver o problema. Esta 2ª edição pretende colaborar nesse objetivo de paz social duradoura.

Curitiba e Rio de Janeiro, janeiro de 2022

Leila Cuéllar

Egon Bockmann Moreira

Flávio Amaral Garcia

Elisa Schmidlin Cruz

PARTE I

DIREITO ADMINISTRATIVO, AUTOCOMPOSIÇÃO E CONSENSUALIDADE

O ADVOGADO COMO ARQUITETO DE PROCESSOS[1]

LEILA CUÉLLAR

No prefácio do livro *A advocacia na mediação*, John W. Cooley enfatiza a responsabilidade crescente do advogado como arquiteto de processos, especialmente em razão da ADR – *Alternative/Adequate Dispute Resolution* (Solução Alternativa/Adequada de Disputas). Afirma o autor que hoje o advogado tem papel importante, para muito além de suas atribuições usuais de litigante ou consultor. O vaticínio é o de que "estamos agora passando para uma era em que se premiará a capacidade de o advogado conceber 'processos' para a solução de disputas, além das tarefas tradicionais de conceber 'problemas' e 'soluções'".[2]

Igualmente aludindo ao papel que cabe ao advogado na arquitetura de sistemas de resolução de disputas, diversos autores têm se referido a "*Design* de Sistemas de Disputas" (DSD), contemplando o DSD a definição, sob medida, de métodos adaptados para a solução de conflitos concretos.[3] Ou seja, os advogados não mais vivem num mundo de simplicidade binária, onde servem aos clientes soluções fechadas, preconcebidas, idênticas às que se faziam há 10 ou 20 anos. Os desafios são bastante mais complexos e wdemandam criatividade para arquitetar processos dinâmicos a fim de projetar e construir o ambiente jurídico que melhor resolva a controvérsia.

---

1 Uma versão deste ensaio foi publicada no jornal *Gazeta do Povo*, em 14 dez. 2018. Disponível em: https://www.gazetadopovo.com.br/justica/o-advogado-como-arquiteto-de-processos-9cbzniej6vfh1jivzmp1rtrhr/. Acesso em: 08 dez. 2021.

2 COOLEY, John W. *A advocacia na mediação*. Tradução de René Loncan. Brasília: Editora Universidade de Brasília, 2001, p. 15.

3 Sobre o tema, remetemos ao livro de URY, William; BRETT, Jeanne; GOLDBERG, Stephen. *Resolução de conflitos*. Tradução de Soares Franco. 2. ed. Lisboa: Actual, 2009 e aos estudos de FALECK, Diego. *Manual de* design *de sistemas de disputas*: criação de estratégias e processos eficazes para tratar conflitos. Rio de Janeiro: Lumen Juris, 2018.

Esta introdução visa provocar reflexões acerca do papel do advogado na contemporaneidade e da necessidade de atualização e aperfeiçoamento continuado. Isso não apenas no que se refere ao conteúdo das matérias com as quais trabalha – por exemplo, direito processual, em virtude do Código de Processo Civil de 2015; *compliance* e leniência, em razão da lei anticorrupção etc. –, mas especialmente no que concerne à natureza de seu múnus, que não é mais a mesma. O advogado precisa ser muito mais do que mero atualizador/aplicador do que aprendeu no curso de Direito. Muito mais do que o mandatário de soluções preconcebidas intuitivamente.

Além de formação sólida e contínua, o profissional do Direito, sobretudo aquele que se dedica à advocacia (pública ou privada), tem o dever de ir além, transformando-se em "gestor de conflitos", em "arquiteto de processos dinâmicos", responsável não apenas pela solução do caso X ou Y, mas pela busca da prevenção, da melhor solução e da melhor forma de se chegar a tal solução. Deve o advogado buscar a concepção de um sistema eficaz de resolução de controvérsias.

Não existem mais respostas prontas, mas os trabalhos são de alfaiataria: a busca contínua pela perfeição, respeitando sempre as particularidades – e as medidas – de cada cliente, em cada caso. Todos os conflitos, reais ou potenciais, exigem estudo minucioso de suas premissas normativas, em harmonia com as exatas perspectivas do cliente. As soluções não são estáticas, nem automáticas, mas demandam criatividade.

Em consonância com o disposto na Resolução CNJ nº 125/2010, no Código de Processo Civil de 2015, na Lei de Mediação, na Lei de Arbitragem, entre outros diplomas legais que versam sobre os meios não judiciais de solução de controvérsias, é preciso que o jurista detenha conhecimentos necessários acerca dos meios de solução, mas também esteja apto a avaliar as peculiaridades dos conflitos, do direito material envolvido, da natureza das partes – e da relação que estas mantêm entre si –, entre outros fatores, para definir o meio de solução mais adequado ao caso concreto.

Os profissionais do Direito devem conhecer e avaliar, no caso concreto, a eficácia de utilização dos meios de solução de conflitos possíveis de serem utilizados, judiciais e não judiciais, heterocompositivos (solução judicial ou arbitragem) ou autocompositivos (negociação e mediação, por exemplo).

Além disto, não nos olvidemos de que não é porque existe mediação e arbitragem, por exemplo, que estes sempre serão os meios que deverão ser utilizados para a solução do conflito. Inúmeras vezes, a via judicial ainda é a mais adequada para resolver o caso examinado. Não deixemos que a "moda" nos imponha soluções. Por outro lado, não nos afastemos da evolução. Esse equilíbrio entre o tradicional e o disruptivo é o estado da arte da advocacia contemporânea.

No entanto, é um desafio, principalmente para quem teve formação acadêmica mais ortodoxa (clássica). O momento em que vivemos exige do advogado radical mudança de *mindset* – para utilizar uma palavra em voga – pautada pela busca de melhores soluções e de processos mais eficientes para a gestão de conflitos. Afinal, diz a Constituição Federal que o advogado é indispensável à administração da justiça (art. 133) e, dentro da noção ampla de justiça, estão abrangidos todos os meios legais de solução de conflitos, tanto aqueles expressamente previstos quanto os criados e desenvolvidos sob a proteção da lei.

Assim, é preciso refletir sobre essa mudança de paradigma e acerca da ampliação do papel do advogado, não apenas nas universidades, mas também nos órgãos de classe e nas instituições públicas. Precisamos estar muito bem preparados para os próximos desafios, que incluem, certamente, o conhecimento e a utilização dos meios adequados (judiciais ou não judiciais) para solução eficaz de conflitos.

Referências

COOLEY, John W. *A advocacia na mediação*. Tradução de René Loncan. Brasília: Editora Universidade de Brasília, 2001.

CUÉLLAR, Leila. O advogado como arquiteto de processos. *Gazeta do Povo*, 14 dez. 2018. Disponível em: https://www.gazetadopovo.com.br/justica/o-advogado-como-arquiteto-de-processos-9cbzniej6vfh1jivzmp1rtrhr/. Acesso em: 08 dez. 2021.

FALECK, Diego. *Manual de* design *de sistemas de disputas*: criação de estratégias e processos eficazes para tratar conflitos. Rio de Janeiro: Lumen Juris, 2018.

URY, William; BRETT, Jeanne; GOLDBERG, Stephen. *Resolução de conflitos*. Tradução de Soares Franco. 2. ed. Lisboa: Actual, 2009.

Informação bibliográfica deste texto, conforme a NBR 6023:2018 da Associação Brasileira de Normas Técnicas (ABNT):
CUÉLLAR, Leila. O advogado como arquiteto de processos. *In*: CUÉLLAR, Leila; MOREIRA, Egon Bockmann; GARCIA, Flávio Amaral; CRUZ, Elisa Schmidlin. *Direito Administrativo e Alternative Dispute Resolution*: arbitragem, *dispute board*, mediação e negociação. Com comentários à legislação do Rio de Janeiro, São Paulo, Rio Grande do Sul e União sobre arbitragem e mediação em contratos administrativos e desapropriações. 2. ed. Belo Horizonte: Fórum, 2022. p. 21-24. ISBN 978-65-5518-404-4.

NOTAS SOBRE MEDIAÇÃO, CONCILIAÇÃO E AS FUNÇÕES DA ADVOCACIA PÚBLICA: UMA PERSPECTIVA À LUZ DO DIREITO ADMINISTRATIVO CONTEMPORÂNEO

FLÁVIO AMARAL GARCIA

1 O Direito Administrativo, o princípio da jurisdição una e o excesso de judicialização

No Brasil, de um modo geral, a construção do Direito Administrativo foi essencialmente doutrinal.[1] Na origem, os administrativistas buscavam beber na fonte da jurisprudência firmada no Conselho de Estado e na própria doutrina francesa. Esse aspecto histórico é deveras relevante para compreender a formação dos nossos institutos.

Algumas características bastante relevantes dessa origem francesa ainda se apresentam marcantes na nossa práxis administrativa: (i) assimetria em relação ao Direito Privado; (ii) princípio da Supremacia do Interesse Público sobre o Interesse Privado; (iii) princípio da Indisponibilidade do Interesse Público; (iv) imperatividade.

Bem verdade que se antes tais premissas eram consideradas absolutas, hodiernamente essas caraterísticas vêm sendo temperadas

---

[1] Conforme anota Maria Sylvia Zanella di Pietro: "Enquanto, no Direito Francês, o Direito Administrativo era de formação pretoriana, jurisprudencial, adaptável de forma mais flexível ao interesse público sempre cambiante, pelo trabalho criativo da jurisprudência, no Brasil essas mesmas teorias e princípios foram incorporados ao direito positivo" (DI PIETRO, Maria Sylvia Zanella. 500 anos de Direito Administrativo Brasileiro. *In*: *Cadernos de Direito e Cidadania II (IEDC)*. São Paulo: Artchip, 2000, p. 62). No mesmo sentido leciona Fernando Dias Menezes de Almeida: "De um lado, os autores brasileiros – isso se aplica particularmente ao caso da teoria do contrato administrativo – fundamentam-se em doutrina e jurisprudência francesas. De outro, em um momento posterior, tal teoria foi sendo progressivamente cristalizada na legislação brasileira" (ALMEIDA, Fernando Dias Menezes de. *Contrato Administrativo*. São Paulo: Quartier Latin, 2012, p. 41).

por visões mais contemporâneas e revisitadas por meio de estudos e investigações doutrinárias que lançam um olhar próprio do Direito Administrativo do século XXI e das suas constantes mutações.[2]

O ponto a ser abordado aqui, no entanto, é de outra natureza. Não obstante ter importado o arcabouço dogmático do Direito Administrativo Francês, o Direito Administrativo Brasileiro não importou o sistema administrativo para solucionar os litígios e o exercício do controle dos atos e contratos da Administração Pública.

Como notório, no Brasil, se adota o princípio da jurisdição uma,[3] previsto expressamente no XXXV do art. 5º da Constituição da República, segundo o qual "a lei não excluirá da apreciação do Poder Judiciário lesão ou ameaça a direito".

Significa dizer que todos os conflitos – administrativos ou entre particulares – somente poderão ser solucionados com caráter de definitividade pelo Poder Judiciário. Isso quer dizer, *a contrario sensu*, que as questões resolvidas em sede administrativa não ganham o revestimento da *res iudicata*.

O regime francês, ao contrário, adotou o sistema de dualidade de jurisdição, caracterizado por admitir a coexistência, ao lado da jurisdição comum, uma estrutura de contencioso administrativo na solução dos conflitos que envolvam a Administração Pública. Existem, portanto, tribunais administrativos que solucionam os litígios estabilizando-os com a definitividade própria da coisa julgada. Isso não ocorre no Brasil.

Em certa medida, o fato de a Administração Pública não contar com uma estrutura própria de Justiça Administrativa acarretou, ao

---

2 Nesse sentido, estão algumas obras como: MOREIRA NETO, Diogo de Figueiredo. Novos institutos consensuais da ação administrativa. *Revista de Direito Administrativo*, Rio de Janeiro, v. 231, p. 129-156, jan. 2003. ISSN 2238-5177; SOUTO, Marcos Juruena. *Direito Administrativo em debate*. 2ª série. Rio de Janeiro: Lumen Juris, 2007; BINENBOJM, Gustavo. Da supremacia do interesse público ao dever de proporcionalidade: um novo paradigma para o Direito Administrativo. *Revista de Direito da Procuradoria Geral do Estado*, v. 59, 2005; MARQUES NETO, Floriano de Azevedo. *Regulação estatal e interesses públicos*. São Paulo: Malheiros, 2002.

3 Confira-se o conceito de jurisdição una formulado por Hely Lopes Meirelles: "O sistema judiciário ou de jurisdição única, também conhecido por sistema inglês e, modernamente, denominado sistema de controle judicial, é aquele em que todos os litígios – de natureza administrativa ou de interesses exclusivamente privados – são resolvidos judicialmente pela Justiça Comum, ou seja, pelos juízes e tribunais do Poder Judiciário" MEIRELLES, Hely Lopes. *Direito Administrativo Brasileiro*. Atualizado por Eurico de Andrade Azevedo, Délcio Balestero Aleixo e José Emmanuel Burle Filho. 29. ed. São Paulo: Malheiros, 2004.

menos, duas consequências importantes: (i) um certo descaso com as estruturas administrativas para resolver os conflitos nas mais diversas áreas (tributária, previdenciária, pessoal, contratual etc.) já que, ao fim e ao cabo, qualquer decisão administrativa poderia ser mesmo revista pelo Poder Judiciário; (ii) obrigou a levar para o Judiciário questões altamente complexas e sofisticadas como é o caso, por exemplo, de conflitos envolvendo reequilíbrios econômico-financeiros em contratos de concessão, que apresentam uma série de componentes que escapam por completo do conhecimento tradicional dos contratos administrativos regidos pela Lei nº 8.666/93.

Durante um longo período, a solução dos conflitos tendo como sede o processo administrativo não assumiu o protagonismo que merecia, até mesmo em razão de uma postura pouco colaborativa dos entes públicos[4] que, não raro, postergavam direitos, evitavam reconhecer os seus erros e preferiam endereçar os litígios para o Judiciário, na equivocada perspectiva do "quanto mais demorar melhor". Prevalecia aqui uma lógica perversa de postergar eventual condenação para o outro agente político, o que configura um verdadeiro amesquinhamento das funções públicas e o da real compreensão do interesse público.

Como regra, os entes públicos não possuem estruturas definidas para o contencioso administrativo, especializadas no julgamento das ações que envolvam a Administração Pública, o que também concorre por repercutir diretamente no vertiginoso aumento dos litígios levados ao Poder Judiciário e na demora em serem solucionados.

---

[4] Evidente que essa é uma generalização que deve ser lida com os temperamentos necessários, seja em razão da postura de cada ente, seja em razão do fato de que em determinados setores o processo administrativo sempre assumiu uma relevância. É o caso, por exemplo, das questões tributárias que têm nos Conselhos de Contribuintes estruturas administrativas bem organizadas e tecnicamente aparelhadas. Em Nota Técnica de 2019, a OAB/RJ já se manifestou sobre a sua importância: "Importante ressaltar que o Conselho de Contribuintes, segundo grau criado com o intuito de trazer uma paridade no julgamento dos lançamentos efetuados pela Fazenda Estadual, é importante instrumento democrático, que reforça o princípio da autotutela e materializa o devido processo legal e todos os seus consectários, tais como ampla defesa e contraditório. Uma vez concedidos, estes não podem ser extirpados do contribuinte sob pena de vedação ao retrocesso em termos de direitos fundamentais." Disponível em: https://www.conjur.com.br/dl/nota-tecnica-oab-rj-fim-conselho.pdf. Acesso em: 18 maio 2020.

Essa, contudo, não é a única causa da excessiva judicialização. Com efeito, a Constituição assegurou direitos sociais aos indivíduos, criando correlatos deveres aos entes públicos, além de facilitar o acesso à Justiça, conquistas que, inegavelmente, representam um enorme avanço para o Estado Democrático de Direito.

De um lado, a intensificação do acesso ao Judiciário é o resultado prático da maior conscientização da sociedade em relação aos seus direitos; direitos individuais e sociais são reconhecidos e os conflitos que produzem são invariavelmente encaminhados aos Tribunais, sem qualquer triagem ou mesmo alguma tentativa de solução da questão pela via administrativa.

Também o acesso fácil pela via do processo eletrônico gera, não raro, uma massificação de processos e padronização da atividade intelectual, que acaba envolvendo advogados, públicos e privados, promotores, defensores e juízes, criando uma espiral de irracionalidade, que leva à prevalência das atividades auxiliares, como as de técnicos, residentes, estagiários e secretários dessas carreiras, a ponto de tornarem-nas indispensáveis em suas respectivas estruturas, públicas e privadas, eis que a atividade intelectual torna-se reduzida e se amesquinha, diante da necessária gestão e administração de modelos e peças padronizadas de todo tipo, em ciclo que se autorreproduz e pouco ou nada concorre para que se realize, afinal, a desejada justiça.

Acresce que a falência na prestação de alguns serviços públicos, a incapacidade gerencial de Administrações Públicas ainda não estruturadas para o atingimento de resultados, pouco transparentes e excessivamente burocráticos, acarreta como consequência a indesejável cultura do litígio e da judicialização, em que o cidadão, como primeira alternativa, não busca a solução do seu problema pela via do processo administrativo, senão que deposita todas as esperanças no processo judicial.

De tudo isso, se constata um Poder Judiciário completamente assoberbado de ações judiciais, impedindo que se dê solução com eficiência e rapidez às demandas levadas a sua apreciação.

Infelizmente, parcela relevante das demandas judiciais que sobrecarregam o Poder Judiciário envolvem os entes públicos.[5] Isso se devia a um certo conformismo e a uma postura reativa das Advocacias Públicas, que insistiam em levar ao Judiciário demandas perdidas ou com a jurisprudência amplamente contrária.

A boa notícia é que esse quadro está em transformação.

2 A consensualidade e a mudança de postura das Advocacias Públicas

Atualmente, percebe-se que a maior parte das Advocacias Públicas mudou completamente essa postura. Há uma preocupação com o excesso de judicialização, com a massificação das demandas, com a perpetuação de recursos procrastinatórios, com o reconhecimento de que é preciso orientar os entes públicos na mudança dos seus comportamentos e, principalmente, que as próprias Advocacias Públicas podem ser importantes espaços para exercer a mediação de conflitos, evitando que todo e qualquer conflito seja encaminhado ao Poder Judiciário.

Na perspectiva do Direito Administrativo, essa mudança foi propugnada pela centralidade com que a temática da consensualidade foi alçada no campo das relações públicas.

A consensualidade é o modo de agir e de gerir a coisa pública que não se caracteriza pela imposição, pela verticalidade ou pela autoridade, mas pela possibilidade de negociação, de flexibilidade e de participação ativa do particular.

Um dos pioneiros da introdução da temática no Brasil foi Diogo de Figueiredo Moreira Neto,[6] quando afirmava que "se tem somado aos tradicionais pactos públicos – contratuais e não contratuais – uma profusão de novas relações negociadas em que se privilegia o consenso como método para o mais fácil, mais célere e

---

5 Pesquisa de 2018 da Associação dos Magistrados Brasileiros demonstra que: "A administração pública lidera a disputa judicial no Primeiro Grau como parte ativa no universo dos 100 maiores litigantes nas seguintes unidades federativas: Bahia, Distrito Federal, Espírito Santo, Mato Grosso do Sul, Rio Grande do Sul, Santa Catarina, São Paulo e Rondônia." Disponível em: https://www.amb.com.br/wp-content/uploads/2018/05/Pesquisa-AMB-10.pdf. Acesso em: 18 maio 2020.

6 MOREIRA NETO, Diogo de Figueiredo. *Curso de Direito Administrativo*. Rio de Janeiro, Forense, 2014, p. 107.

menos dispendioso atingimento de interesses públicos específicos postos a cargo do Estado".

O processo administrativo se apresenta como a matriz por excelência da participação administrativa, constituindo-se no meio adequado para identificar, articular, ponderar e arbitrar os distintos interesses que nele convergem, alterando profundamente o marco teórico do Direito Administrativo tradicional, estruturado, nos primórdios, a partir do poder da autoridade estatal. O eixo central da produção das decisões administrativas deixa de ser o ato (imperativo e unilateral) e passa a ser o processo (consensualizado e dialético), conforme percebido pela doutrina administrativista contemporânea.[7]

A despeito das ações unilaterais e imperativas continuarem a existir no cotidiano da atividade administrativa (vide as diversas ações estatais no combate ao COVID-19, como as requisições administrativas e diversas medidas restritivas de direitos), fato é que o pressuposto axiológico da consensualidade mudou completamente a forma do agir estatal. Cada vez mais é possível notar o espaço de ações, condutas e posturas dialógicas e alicerçadas na busca do consenso.

Sem qualquer pretensão de esgotamento, cabe anotar as seguintes manifestações de consensualidade que estão vivamente presentes no cotidiano do Direito Administrativo: (i) termos de ajustamento de condutas; (ii) procedimento de manifestação de interesses; (iii) acordos de leniência; (iv) acordos substitutivos no Direito Sancionador; (v) a regra geral do art. 26 da Lei de Introdução às Normas de Direito Brasileiro (LINDB);[8] (vi) mediação e conciliação; (vii) *dispute boards;* (viii) arbitragem.

---

[7] Ver CASSESSE, Sabino. *Las Bases Del Derecho Administrativo.* Madrid: INAP, 1994; SILVA, Vasco Manual Pascoal Dias Pereira da. *Em busca do acto administrativo perdido.* Coimbra: Almedina, 1996; BAPTISTA, Patrícia. *Transformações do Direito Administrativo.* Rio de Janeiro: Renovar, 2003; NIGRO, Mario. Diritto Amministrativo e Processo Amministrativo nel Bilancio di Dieci Anni di Giurisprudenza. *In*: ALLEGRETTI, Umberto; ORSO BATTAGLINI, Andrea; SORACE, Domenico. *Dirrito Amministrativo e Giustizia Amministrativa nel Bilancio di um Decennio di Giurisprudenza.* Rimini: Maggioli, 1987. t. II.

[8] "Art. 26. Para eliminar irregularidade, incerteza jurídica ou situação contenciosa na aplicação do direito público, inclusive no caso de expedição de licença, a autoridade administrativa poderá, após oitiva do órgão jurídico e, quando for o caso, após realização de consulta pública, e presentes razões de relevante interesse geral, celebrar compromisso com os interessados, observada a legislação aplicável, o qual só produzirá efeitos a partir de sua publicação oficial."

Como se vê, em todos esses institutos a base valorativa – em maior ou menor medida – é a consensualidade. O impacto para a Advocacia Pública é imenso. E, seguramente, essa mudança de mentalidade está modificando profundamente a forma de agir dos entes públicos, seja no exercício da representação judicial, seja no exercício da atividade consultiva.

Interessa-nos aqui examinar, ainda que brevemente, a medição e a conciliação e a sua repercussão na atividade das Advocacias Públicas.

Talvez a principal mudança seja a cultural. É cada vez mais crescente a percepção da importância da autonomia das partes para resolver os seus próprios conflitos. Em grande parte dos casos, não será necessário recorrer à tutela de um terceiro para dirimir os litígios.

3 Mediação e conciliação

A mediação e a conciliação são funções que se impõem como consequência dos novos tempos de priorização de soluções e mecanismos extrajudiciais de conflitos. Conforme leciona Fredie Didier Jr., a "mediação e a conciliação são formas de solução de conflito, pelas quais um terceiro intervém em um processo negocial, com a função de auxiliar as partes a chegar à autocomposição".[9] No campo do Direito Público, trata-se de inegável espaço aberto ao desenvolvimento de uma Advocacia Pública proativa.

Geralmente tratadas de maneira semelhante, essas espécies podem ser diferenciadas em relação à técnica utilizada e ao papel do terceiro envolvido.

Na conciliação, o conciliador tem uma participação mais ativa no processo de negociação, sendo-lhe lícito sugerir soluções ao litígio. Logo, é a técnica mais indicada quando não houver vínculo anterior entre os envolvidos, conforme dispõe o Novo Código de Processo Civil no art. 165, §2º.[10]

---

9 DIDIER JR., Fredie. *Curso de Direito Processual Civil*: introdução ao Direito Processual Civil, parte geral e processo de conhecimento. 17. ed. Salvador: JusPodivm, 2015. v. I.

10 Art. 165. Os tribunais criarão centros judiciários de solução consensual de conflitos, responsáveis pela realização de sessões e audiências de conciliação e mediação e pelo desenvolvimento de programas destinados a auxiliar, orientar e estimular a autocomposição."

Na mediação, por outro lado, cabe ao mediador o papel de servir de veículo de comunicação entre as partes. Por isso, cabe-lhe apenas auxiliar o diálogo entre os litigantes, sendo-lhe vedado propor soluções. Por conseguinte, o Novo Código de Processo Civil indica no art. 165, §3º,[11] que esta será a espécie a mais indicada quando houver vínculo anterior entre as partes, como é o caso dos conflitos societários e familiares.

A mediação e a conciliação podem ocorrer extrajudicialmente, por meio de Câmaras públicas institucionais, que são vinculadas ao Tribunal ou aos órgãos de Advocacia Pública, ou em ambientes privados, tais como Câmaras Privadas.

Destaca-se que, conforme a recém-publicada Lei nº 13.140/15, denominada a nova Lei de Mediação, aos entes federados é permitida a criação de Câmaras Administrativas de prevenção e resolução de conflitos,[12] o que evidencia a intenção do legislador de corroborar com a ideia contemporânea de Administração Pública gerencial, não só permitindo como incentivando a solução de litígios extrajudicialmente.

Duas meritórias experiências merecem destaque: as Câmaras de Conciliação da Advocacia-Geral da União e a Câmara de Resolução de Litígios de Medicamentos do Estado do Rio de Janeiro.

A Câmara de Conciliação da Advocacia-Geral da União constitui uma eficiente tentativa de diminuição do número de litígios judiciais em matéria administrativa, reduzindo, com isso, a movimentação desnecessária do Poder Judiciário e, consequentemente, os gastos do Poder Público. Atua em diversos temas, tais como direitos

---

§2º O conciliador, que atuará preferencialmente nos casos em que não houver vínculo anterior entre as partes, poderá sugerir soluções para o litígio, sendo vedada a utilização de qualquer tipo de constrangimento ou intimidação para que as partes conciliem.

11 [...] §3º O mediador, que atuará preferencialmente nos casos em que houver vínculo anterior entre as partes, auxiliará aos interessados a compreender as questões e os interesses em conflito, de modo que eles possam, pelo restabelecimento da comunicação, identificar, por si próprios, soluções consensuais que gerem benefícios mútuos.

12 "Art. 32. A União, os Estados, o Distrito Federal e os Municípios poderão criar câmaras de prevenção e resolução administrativa de conflitos, no âmbito dos respectivos órgãos da Advocacia Pública, onde houver, com competência para: I - dirimir conflitos entre órgãos e entidades da administração pública; II - avaliar a admissibilidade dos pedidos de resolução de conflitos, por meio de composição, no caso de controvérsia entre particular e pessoa jurídica de direito público; III - promover, quando couber, a celebração de termo de ajustamento de conduta".

possessórios, responsabilidade civil, créditos, tributos e questões indígenas, todos no âmbito da Administração Pública Federal.

Importe destacar o pioneirismo da Advocacia Geral da União, que vem colhendo excelentes resultados e acumulando experiências que têm sido generosamente partilhadas com as Advocacias Públicas dos demais entes federativos.

No estado do Rio de Janeiro, vale destacar a Câmara de Resolução de Litígios de Medicamentos (CRLS), fruto da união de diversas entidades públicas, visando à mediação de casos que envolvam a saúde da população fluminense.

A CRLS foi criada em 2012 por meio de convênio, celebrado pelo estado do Rio de Janeiro (PGE, secretaria de Saúde, Defensoria Pública, Tribunal de Justiça, Município do Rio de Janeiro, PGM, Secretaria Municipal de Saúde, União e Defensoria Pública da União).

O seu objetivo primário é o de promover o atendimento das partes assistidas pelas Defensorias Públicas (do Estado e da União) que demandem prestação de serviço de saúde, evitando o ajuizamento de ações e buscando solução administrativa para oferta de medicamento, agendamento de procedimento cirúrgico, exame médico, internações ou transferências.

É composta por uma equipe multidisciplinar formada por coordenadores, farmacêuticos, enfermeiros, médicos, nutricionistas, defensores, assessores administrativos, estagiários.

De modo bem genérico, o seu fluxo de atendimento consiste nas seguintes etapas: (i) o cidadão procura a CRLS para atendimento de situações que demandem prestação de serviços de saúde; (ii) é feita uma triagem e análise técnica: o primeiro atendimento é realizado por servidores administrativos, que encaminham a demanda para a equipe de análise técnica das Secretarias de Saúde do Estado e do Município (que verificará a existência de vagas nos hospitais ou mesmo se o medicamento demandado está disponível); (iii) quando não for viável uma solução administrativa, a demanda é encaminhada para as Defensorias do Estado ou da União; (iv) se o caso não for resolvido, a demanda do assistido é judicializada.

Um olhar mais apurado permite compreender que não se trata propriamente de mediação, mas de uma atuação coordenada, harmônica e concertada de todos os atores envolvidos, cujo principal propósito é resolver, em sede administrativa, a demanda de saúde do cidadão.

Também no Estado do Rio de Janeiro, outro exemplo é a Câmara Administrativa de Solução de Litígios (CASC), criada pelo Decreto nº 45.590/16, recentemente revogado pelo Decreto nº 46.522/18.

A CASC é a implementação concretizadora do art. 32 da Lei nº 13.140/15 e art. 174 do CPC. Foi concebida a partir de uma atuação conjunta entre a Procuradoria-Geral do Estado e a Defensoria Pública. A CASC apresenta os seguintes objetivos: (i) autocomposição intra-administrativa; (ii) autocomposição com os municípios; (iii) autocomposição com os administrados.

Um caso exitoso da CASC foi o da emissão dos diplomas da Secretaria de Estado de Educação. O Estado não emitia os diplomas dos alunos do terceiro ano do ensino médio. Milhares de ações eram ajuizadas (principalmente pela Defensoria Pública), requerendo a emissão dos diplomas e condenação por dano moral.

Foi criado um protocolo de procedimentos para que os servidores da Secretaria de Estado de Educação pudessem, de forma objetiva, atestar as situações nas quais caberia à emissão do diploma.

Nesses casos, certamente, o Estado seria condenado a emitir o diploma, correndo o risco, ainda, de arcar com o pagamento de dano moral. Criou-se um canal direto entre a Defensoria Pública com a Secretaria de Estado de Educação, tendo por base o protocolo de procedimentos previamente acordado. Quase 80% dos casos foram resolvidos administrativamente.

Para além disso, mudou-se a orientação jurídico-administrativa: o Diretor de Escola que não emite o diploma no prazo fixado fica sujeito à punição administrativa. Trata-se de solução preventiva, que evita no nascedouro o surgimento de novas demandas.

No rigor do exame, essas Câmaras nem sempre promoverão apenas mediação. A meu sentir, devem funcionar como centros administrativos que interagem com os órgãos e entes públicos, com proposições de alteração de rotinas e de comportamentos públicos geradores de demandas judiciais.

Podem funcionar, também, como verdadeiros organismos internos de inteligência no combate aos acervos de massa e às demandas repetitivas, tentando compreender, na origem, as causas de ações judiciais que se repetem a partir de posturas equivocadas dos gestores. Para tanto, será indispensável uma postura proativa e não meramente reativa.

Espera-se que, no futuro, possam estar atuando junto aos Tribunais de Justiça com sistemas avançados de Tecnologia de Informação, de Inteligência Artificial e de mediação *on-line*.

Muitos são os desafios da mediação e da conciliação na Administração Pública e, numa visão ampliada, de verdadeiros centros administrativos de prevenção de conflitos. Não deve ser encarada como uma forma secundária de resolução de conflitos, mas compreendida como um processo de composição de litígios que se subsume a uma racionalidade distinta daquela própria do processo judicial.

É preciso uma mudança de mentalidade, com a atuação de advogados públicos capacitados que tenham, como ponto de partida, a premissa de evitar a litigiosidade excessiva. Nas precisas palavras de Leila Cuéllar:[13]

> Além de formação sólida e contínua, o profissional do Direito, sobretudo aquele que se dedica à advocacia (pública ou privada), tem o dever de ir além, transformando-se em "gestor de conflitos", em "arquitetos de processos dinâmicos", responsável não apenas pela solução do caso X ou Y, mas pela busca da prevenção, da melhor solução e da melhor forma de se chegar a tal solução. Deve o advogado buscar a concepção de um sistema eficaz de solução de controvérsias.
>
> Não existem mais respostas prontas, mas os trabalhos são de alfaiataria: a busca contínua pela perfeição, respeitando sempre as particularidades – e as medidas – de cada cliente, em cada caso. Todos os conflitos, reais ou potenciais, exigem estudo minucioso de suas premissas normativas, em harmonia com as exatas perspectivas do cliente. As soluções não são estáticas, nem automáticas, mas demandam criatividade.

Nesse sentido, essas Câmaras devem ser encaradas como estratégicas e prioritárias pelas Advocacias Públicas e pelos entes

---

[13] CUÉLLAR, Leila. O advogado como arquiteto de processos. *In*: CUÉLLAR, Leila; MOREIRA, Egon Bockmann; GARCIA, Flávio Amaral; CRUZ, Elisa Schmidlin. *Direito Administrativo e* Alternative Dispute Resolution: arbitragem, *dispute board*, mediação e negociação. Com comentários à legislação do Rio de Janeiro, São Paulo e União sobre arbitragem e mediação em contratos administrativos e desapropriações. 2. ed. rev. apl. e atual. Belo Horizonte: Fórum, 2020, p. 46.

federados, principalmente nas demandas de massa, assumindo o advogado público a função, como acima referido, de verdadeiro "gestor de conflitos" ou de "arquitetos de processos dinâmicos".

Enfim, as Câmaras de Mediação e Conciliação podem ser um importante instrumento de gestão administrativa, sendo o primeiro passo de uma reestruturação de maior amplitude dos órgãos e entidades das distintas Administrações Públicas, que confiram maior eficiência na atuação e no atendimento das demandas dos administrados.

4 A Advocacia Pública do século XXI: desafios e perspectivas[14]

No contexto ora apresentado, é imperioso que o modelo da atuação da Advocacia Pública considere os novos paradigmas e os renovados desafios na sua atuação e estruturação, alinhados com as demandas que decorrem de realidades cada vez mais globais, plurais e complexas.

A função de representação judicial é um dos pilares que sustentam a atuação das Advocacias Públicas, mas nela não se esgota. A Advocacia Pública compreende um conjunto de outras atribuições, que se alinham para o atendimento dos interesses públicos primários, tais como, destacadamente, a correta estruturação das políticas públicas, conformando o interesse público em modelos dotados de juridicidade, a atuação na prevenção dos conflitos, a consultoria jurídica (com a orientação de como fazer, o que não fazer e descrevendo cenários de riscos para cada situação) e o controle interno da legalidade (dotado de razoabilidade e com respeito às escolhas dos agentes democraticamente eleitos).

É preciso conferir a essas relevantíssimas funções o mesmo peso, esforço e dedicação que hoje são destinados à atuação das

---

[14] As reflexões constantes desse item foram desenvolvidas em conjunto com Diogo de Figueiredo Moreira Neto e Aline Paola C.B.C de Almeida. Para maior aprofundamento ver: O futuro da Advocacia Pública: a ação preventiva e proativa. *Direito do Estado em Debate. Revista Jurídica da Procuradoria Geral do Estado do Paraná*, v. 1, p. 11-36, 2016.

Advocacias Públicas na atividade contenciosa e na defesa em juízo dos entes federados.

A atuação proativa do Advogado Público pode e deve preceder à eclosão das demandas judiciais, empregando outros meios, mas igualmente dirigidos ao cumprimento da dupla missão: de zelar pelo erário e pela ética.

Esses meios, que são, genericamente, os preventivos de litígios judiciais, tanto podem preceder ao ajuizamento de ações quanto ter lugar, incidentalmente, em ações já iniciadas. Tais meios, no setor público, exigem formalização funcional, que no caso das modalidades de advocacia, portanto, incluída a pública, têm nível constitucional, indispensável para assegurar a sua independência em face de todas as demais funções estatais constitucionalizadas.

Várias medidas e providências práticas podem ser adotadas pelos órgãos responsáveis pela Advocacia Pública, com vistas a instituir uma atividade de advocacia preventiva e que não seja meramente reativa aos litígios que são levados ao Poder Judiciário.

Convém, a esta altura, em caráter exemplificativo, cogitar dos instrumentos que podem contribuir para o desempenho do poder-dever dos Advogados de Estado nessa dupla missão que lhes toca, de evitar danos ao erário público e violações à ética pública.

Não raro, a representação judicial dos interesses estatais em juízo se esgota na apresentação da sua defesa perante o Poder Judiciário.

Mas o fato é que as condutas administrativas que são noticiadas para a Advocacia Pública por meio dos litígios judiciais não podem ser ignoradas. Em outros termos: caberá sempre uma avaliação técnica acerca da sua juridicidade para a correção de eventuais erros ou omissões.

É dever ético do advogado público, diante de uma ação ou omissão estatal desconforme com o Direito, oficiar o administrador/gestor no exercício do controle interno da legalidade para que aquela postura não seja reproduzida.

Luciane Moessa de Souza pondera que "os fatos que chegam ao conhecimento do advogado público por meio de um litígio judicial não poderão ser por este ignorados para fins de atividade de consultoria jurídica, mas sim, nela utilizados."[15]

Eventual postura passiva da Advocacia Pública, que se limite a promover a defesa dos entes públicos em juízo, sem a devida orientação acerca da necessária correção de rumos, não se põe em linha de coerência com uma atuação eficaz e que cumpra a sua missão institucional de defender eficientemente o interesse público.

As ações judiciais devem ser o maior laboratório para o exercício de uma advocacia preventiva. Imagine-se, por exemplo, uma cláusula ilegal que conste em edital de concurso público. O potencial de demandas futuras é enorme, devendo a Advocacia Pública alertar os gestores sobre o risco na sua reprodução em outros editais.

Esse risco não se reduz apenas à adveniência de mais litígios, mas se estende à elevada probabilidade de não se alcançar o êxito esperado, além do custo na movimentação da máquina administrativa e judiciária.

A atuação pode e deve ser de ofício, sem necessidade de provocação ou, mesmo, de formulação de consulta específica. Obedecidos os trâmites hierárquicos e procedimentos internos de cada órgão jurídico, a função da instituição envolve alertar o gestor para os erros cometidos nas suas condutas ativa ou passiva.

O gestor não poderá ser compelido a adotar a orientação fixada pelo órgão jurídico, mas, entretanto, assume as responsabilidades decorrentes da sua decisão. Existem aspectos políticos, administrativos, operacionais e, principalmente, financeiros, que são sopesados pelo agente público no momento da tomada da decisão.

Mas o dado concreto é que o agente público precisa saber dos riscos e das consequências na manutenção da sua decisão administrativa. O que não pode ocorrer é o agente público ignorar que aquela conduta, ação ou mesmo omissão é ilegal por não ter sido alertado pelo órgão jurídico.

---

[15] SOUZA, Luciane Moessa de. Consultoria jurídica no exercício da Advocacia Pública: a prevenção como melhor instrumento para a concretização dos objetivos do Estado brasileiro. *In*: GUEDES, Jefferson Carús; SOUZA, Luciane Moessa de (Coords.). *Advocacia do Estado*: questões institucionais para a construção de um Estado de Justiça: estudos em homenagem a Diogo de Figueiredo Moreira Neto e José Antonio Dias Toffoli. Belo Horizonte: Fórum, 2009, p. 182.

Além de oficiar formalmente o gestor, a Advocacia Pública pode e deve atuar – nos limites da sua competência – na construção jurídica de soluções administrativas que não agridam a ordem jurídica e o direito dos administrados.

Importante anotar que as situações que decorrem do conhecimento de condutas identificadas em ações judiciais são, evidentemente, as mais diversas, não se podendo cogitar de inconsequentes generalizações, sem o conhecimento do substrato fático de cada hipótese.

É preciso aperfeiçoar os mecanismos e instrumentos institucionais eficientes para criar uma saudável retroalimentação em relação à atuação no contencioso judicial e a necessária correção das condutas e ações administrativas.

Essa, ainda, não é uma cultura totalmente entronizada nas Advocacias Públicas, que se tem demonstrado eficientemente combativa e atuante perante o Judiciário, mas excessivamente complacente com eventuais correções de rumo das condutas e ações dos administradores públicos.

Todavia, esse quadro está sendo alterado, o que se percebe em função do consenso que tem naturalmente se formado na comunidade jurídica e, principalmente, no seio da própria Advocacia Pública. Atuar preventivamente e espontaneamente, a partir da identificação de condutas ilegais nos processos judiciais, é, a um só tempo, concretizar o atendimento aos princípios da juridicidade, eficiência e economicidade.

Um bom exemplo de uma lei quadro sobre o tema da consensualidade é a recente Lei nº 17.324, de 18.03.20 do Município de São Paulo, que instituiu a Política de Desjudicialização no âmbito da Administração Pública Municipal Direta e Indireta, com os seguintes objetivos, a teor do seu artigo 1º: (i) reduzir a litigiosidade; (ii) estimular a solução adequada de controvérsias; (iii) promover, sempre que possível, a solução consensual dos conflitos; (iv) aprimorar o gerenciamento do volume de demandas administrativas e judiciais.

A Política de Desjudicialização será coordenada pela Procuradoria-Geral do Município, cabendo-lhe, dentre outras ações, conforme prevê o artigo 2º: (i) dirimir, por meios autocompositivos, os conflitos entre órgãos e entidades da Administração Pública Municipal Direta e Indireta; (ii) avaliar a admissibilidade de pedidos de resolução de conflitos, por meio de composição, no caso de controvérsia entre particular e a Administração Pública Municipal Direta e Indireta; (iii) requisitar, aos órgãos e entidades da Administração Pública Municipal, informações para subsidiar sua atuação; (iv) promover o arbitramento das controvérsias não solucionadas por meios autocompositivos, na hipótese do inciso I; (v) promover, no âmbito de sua competência e quando couber, a celebração de termo de ajustamento de conduta nos casos submetidos a meios autocompositivos; (vi) fomentar a solução adequada de conflitos, no âmbito de seus órgãos de execução; (vii) propor, em regulamento, a organização e a uniformização dos procedimentos e parâmetros para a celebração de acordos envolvendo a Administração Direta; (viii) disseminar a prática da negociação; (ix) coordenar as negociações realizadas por seus órgãos de execução; (x) identificar e fomentar práticas que auxiliem na prevenção da litigiosidade; (xi) identificar matérias elegíveis à solução consensual de controvérsias.

Trata-se de uma legislação contemporânea e atualizada, que prepara a Advocacia Pública para os desafios complexos que se colocam hodiernamente, disciplinando os instrumentos viabilizadores da consensualidade tais como os acordos, a mediação, arbitragem, as transações tributárias, a Câmara de Prevenção e Resolução Administrativa de Conflitos, ocupando-se, ainda, do gerenciamento do volume de processos administrativos e judiciais, fomentando que a Administração Pública Municipal Direta e Indireta programem mutirões de conciliação para a redução do estoque de processos administrativos e judiciais.

5 Breves conclusões

As conclusões serão realmente breves e bastante objetivas.

a) O advogado do futuro é aquele que previne os conflitos e não aquele que os estimula;
b) Os métodos alternativos de conflitos entraram de forma definitiva na pauta da Advocacia Pública e o interesse público poderá ser melhor atendido, em determinadas circunstâncias, por meio da mediação e da negociação;

c) As Advocacias Públicas devem estruturar centros de inteligência aptos a funcionar como mecanismos preventivos de litígios e imbuídos da cultura da mediação e da busca do consenso;
d) O processo administrativo precisa ocupar o papel de centralidade na solução dos litígios envolvendo os entes públicos e que as partes devem ter a percepção da sua autonomia para resolver os conflitos, recorrendo ao Judiciário apenas naqueles casos que a solução administrativa seja realmente inviável;
e) Determinados litígios – complexos e intrincados – envolvendo os entes públicos poderão ser endereçados de forma mais adequada pela via arbitral, sendo imperioso que as Advocacias Públicas se preparem para essa nova realidade. A arbitragem pode ser um instrumento de incremento da segurança jurídica nas relações jurídicas de natureza pública, atraindo novos investimentos para o país;
f) O gerenciamento de ações judiciais e demandas repetitivas não deve se limitar ao exercício da função de representação judicial, sendo dever do advogado público assumir uma postura proativa e preventiva de interagir com o gestor público e modificar os comportamentos públicos que, despidos de razão jurídica ou mesmo econômica, promovem uma enxurrada de ações judiciais repetitivas;
g) Os advogados públicos devem se preparar para novas realidades, como a utilização da inteligência artificial na gestão dos processos judiciais, otimizando as suas funções e racionalizando a sua atuação em prol da eficiência;
h) A Advocacia Pública, entre todas as funções essenciais a justiça, é aquela que tem maior potencial de crescimento, seja na estruturação das políticas públicas, seja no combate à corrupção e no controle interno da legalidade;
i) A consensualidade no Direito Administrativo não é mais uma cogitação doutrinária ou dogmática, mas uma realidade que se apresenta em várias dimensões no cotidiano da Administração Pública brasileira.

Informação bibliográfica deste texto, conforme a NBR 6023:2018 da Associação Brasileira de Normas Técnicas (ABNT):
GARCIA, Flávio Amaral. Notas sobre mediação, conciliação e as funções da Advocacia Pública: uma perspectiva à luz do Direito Administrativo contemporâneo. *In*: CUÉLLAR, Leila; MOREIRA, Egon Bockmann; GARCIA, Flávio Amaral; CRUZ, Elisa Schmidlin. *Direito Administrativo e Alternative Dispute Resolution*: arbitragem, *dispute board*, mediação e negociação. Com comentários à legislação do Rio de Janeiro, São Paulo, Rio Grande do Sul e União sobre arbitragem e mediação em contratos administrativos e desapropriações. 2. ed. Belo Horizonte: Fórum, 2022. p. 25-42. ISBN 978-65-5518-404-4.

SENTANDO-SE À MESA DE NEGOCIAÇÃO COM AUTORIDADES PÚBLICAS[1]

EGON BOCKMANN MOREIRA

O Direito Administrativo brasileiro nasceu no maravilhoso mundo do ato unilateral: manifestação de vontade, por meio da qual a própria Administração Pública cria, modifica ou extingue relações jurídicas. Tais atos repudiavam as pessoas privadas, eis que gerados *interna corporis* e repletos de atributos extraordinários (imperativos, autoexecutórios, com presunção de legitimidade etc.). Boa parte do sistema administrativo brasileiro pressupõe essa exclusão: não se negocia com a Administração Pública, mas se obedece ao que ela decide sozinha.

Todavia e muito embora nem sempre nos apercebamos disso, relacionamentos com autoridades públicas expressam séries intermináveis de negociações. Isso é natural. Negociamos todos os dias, nos mais variados cenários e com inúmeros agentes públicos. Isso se dá desde débitos tributários até acordos de leniência, passando pelos procedimentos de manifestação de interesse. Também os pregões eletrônicos são negociações plurissubjetivas, nas quais a Administração faz com que os interessados concorram entre si, uns a pautar as propostas dos outros. Igualmente, o momento das férias dos servidores distribui benefícios que não podem ser livremente concedidos. Se pensarmos na Operação Lava Jato, estamos a cogitar de técnicas para obter informações que ancorem a discussão e permitam alavancar acordos.

Enfim, a negociação administrativa faz parte do nosso cotidiano banal. Está na TV e nos jornais. Assim, será que quem estuda

---

1 Uma versão deste ensaio foi publicada no jornal *Gazeta do Povo*, 25 jan. 2019. Disponível em: https://www.gazetadopovo.com.br/justica/colunistas/egon-bockmann-moreira/sentando-se-a-mesa-de-negociacao-com-autoridades-publicas-7vz4pjhg2oh4jwah412e1zf4t/. Acesso em: 08 dez. 2021.

o ato administrativo está a tratar do que efetivamente se passa na Administração Pública brasileira? Ou só de parte do que nela acontece? Tenho para mim que os tempos mudaram – e bastante. Parece-me que quem deixa de lado as negociações está ignorando algo de muito sensível, que pode harmonizar as relações e permitir a participação – democrática, por que não? – das pessoas privadas no funcionamento da Administração Pública. Quem faz acordos participa da decisão e fica em harmonia com os demais.

Logo, está mais do que na hora de nos esforçarmos a aprender a negociar em Direito Administrativo. Se não o fizermos, as autoridades permanecerão a conduzir sozinhas o processo e a pautar soluções qualificadas pelo imenso poder político e econômico de que dispõem – isso sem se falar na coerção cível e penal. Permanecerão a viver e a se comportar naquele deslumbrante reino em que o príncipe decide sozinho e os súditos só cumprem ordens.

Como na resposta à *tricky-question* "onde dormem os gigantes?" (R: "onde eles quiserem"), precisamos desenvolver técnicas que permitam acomodar os interesses das autoridades com os das pessoas privadas a fim de que todos durmam tranquilos em lugares aconchegantes. Não basta, portanto, aprendermos os requisitos legais, objetivos e subjetivos, dos atos e negócios jurídicos, tal como positivados pelos códigos; é indispensável adquirir habilidade prática para negociar os próprios interesses.

No entanto, também aqui há contratempos jusadministrativos aos métodos de negociação tradicionais que foram desenvolvidos para pessoas privadas negociarem entre si. Afinal, um dos tópicos mais importantes nas mesas de negociação não está só em saber quais são os próprios interesses – o que se ambiciona com o alvará, contrato ou acordo de leniência –, mas, especialmente, os da pessoa do outro lado da mesa. Em tese, é viável conhecer o que você deseja ao se sentar à mesa de negociações. Por exemplo, para pagamento de tributos vencidos, é normal pensarmos em parcelas a perder de vista, desconto nas multas, juros menores e índice de correção monetária palatável.

Porém, é só isso? Essa perspectiva revela algo, mas não a integralidade dos interesses subjacentes. O ideal seria que o pagamento de tributos fosse espontâneo em face do dever cívico de financiar o bem-estar social, mas nem sempre esse é nosso principal motivo.

Boa parte das vezes, a execução fiscal impede o desenvolvimento de novos negócios ou a obtenção do financiamento para a casa própria – ou o *status* necessário para conseguir ser admitido no sofisticado clube de *sommeliers* que há tanto tempo desejávamos integrar.

O importante, no entanto, é saber muito mais do que os nossos próprios desejos. O desafio está em trazer à tona os interesses daquele com quem negociamos. Desvendar tal enigma é essencial. Como Deepak Malhotra, da *Harvard Business School*, esclarece em seu *Negotiating the impossible*,[2] é imperioso descobrir interesses, constrangimentos, alternativas e perspectivas da(s) outra(s) parte(s). Quem está sentado do outro lado da mesa valoriza o quê e por quê? Quais assuntos são flexíveis e quais são proibidos? Há alternativas em aberto, presentes ou futuras, caso a negociação não seja fechada? O que se busca com o acordo e onde ele se encaixa na lista de prioridades? Em suma, qual é o espaço de negociação do outro protagonista? Quais são os interesses subjacentes? Mas se essa investigação é delicada em negociações privadas, assume outra envergadura nas tratativas com autoridades públicas.

Afinal de contas, a Administração Pública não negocia direitos e interesses de titularidade das respectivas autoridades. Ela não pode abdicar do interesse público, mas precisa se esforçar em descobrir os meios mais eficazes de o atender. No exercício da função administrativa, são manejadas técnicas de concretização do interesse público positivado em lei e tornado mais denso, muitas vezes até específico e minucioso, por meio de regulamentos e contratos.

Por isso, as autoridades públicas são titulares de competência discricionária privativa em determinados assuntos – dentre os quais, a possibilidade de celebrar acordos que prestigiem a lei e o Direito (Lei nº 9.784/1999, art. 2º, parágrafo único, inciso I, c/c LINDB, art. 26).[3] [4] Mas se é verdade que isso implica certa margem

---

2 MALHOTRA, Deepak. *Negotiating the impossible*: how to break deadlocks and resolve ugly conflicts. Oakland, CA: Berrett-Koehler Publishers, 2016.

3 Art. 2º A Administração Pública obedecerá, dentre outros, aos princípios da legalidade, finalidade, motivação, razoabilidade, proporcionalidade, moralidade, ampla defesa, contraditório, segurança jurídica, interesse público e eficiência.
Parágrafo único. Nos processos administrativos serão observados, entre outros, os critérios de:
I – atuação conforme a lei e o Direito; [...]

4 Art. 26. Para eliminar irregularidade, incerteza jurídica ou situação contenciosa na aplicação do direito público, inclusive no caso de expedição de licença, a autoridade

de manobra para desenvolver negociações, não revela os interesses verdadeiramente perseguidos. Não nos iludamos, pois o mergulho pode ser mais profundo e nem sempre revela tudo ao nosso redor.

Por exemplo, é óbvio que a autoridade concorrencial não tem qualquer interesse em poupar participantes de cartel de eventuais sanções jurídicas e econômico-financeiras. Não está à procura de sujeitos a quem possa conceder indultos. No mais das vezes, deseja obter informações que permitam o desbaratamento do cartel e a punição, célebre e adequada, dos demais membros. Porém, pode ser que nem isso seja o principal interesse na negociação; é viável que, se o cartel houver operado em licitações, o mais valorizado seja descobrir quais foram as autoridades envolvidas, qual a tecnologia usada, o *modus operandi* e a trilha financeira. O escopo não é apenas punir as pessoas privadas que cometeram o ilícito, mas, sobretudo, fornecer incentivos ao mercado de contratações públicas e impedir que o modelo seja replicado.

O mesmo se diz em procedimentos de manifestação de interesse. O investidor privado quer formatar o contrato que melhor se encaixe nas suas perspectivas. Pode ter como objetivo valorizar o nome no empreendimento como *marketing* e ingressar em setor estratégico, inclusive abdicando de margens de lucro. A seu tempo, pouco ou nada disso interessa ao gestor público; este precisa valorizar um modelo que permita o máximo de competição, os menores preços e os melhores bens e serviços – às vezes, com temperos advindos do calendário eleitoral. Muitas vezes, o investidor privado se pergunta "por que ele não quer rodovias com pistas duplas?" quando deveria se questionar "a tarifa de pedágio pode distribuir riqueza aos menos favorecidos?", tudo isso orientado por cenários complexos de longo prazo.

Note-se bem que, em ambos os casos, a situação pode ser ainda mais complexa. Isso porque tais negociações tendem a ser plurissubjetivas – se não em seus sujeitos, quando menos nos respectivos efeitos – dos dois lados da mesa. O acordo de leniência

---

administrativa poderá, após oitiva do órgão jurídico e, quando for o caso, após realização de consulta pública, e presentes razões de relevante interesse geral, celebrar compromisso com os interessados, observada a legislação aplicável, o qual só produzirá efeitos a partir de sua publicação oficial. [...]

celebrado com autoridades de defesa da concorrência poderá repercutir na CGU, no TCU, no MP, na Administração direta, no respectivo mercado, nos acionistas, nas licitações em curso etc.

Já o procedimento de manifestação de interesse gera interesses em muitas sociedades, individualmente ou em consórcios, lado a lado com financiadores, usuários e até proprietários de imóveis lindeiros. Isso não pode ser deixado de lado. Mas, se é bem verdade que tudo tem o seu limite e que determinadas informações e prioridades jamais serão compartilhadas, uma coisa é certa: quem negocia precisa se preparar e tentar descobrir quais são os interesses do outro lado da mesa. Não pode abdicar desse esforço.

Esses rápidos exemplos permitem que constatemos o óbvio: as negociações com as autoridades públicas são essenciais para o eficiente atendimento do interesse público. São técnicas, desenvolvidas à luz do Direito, que permitem o seu cumprimento eficiente. Louvemos a história de glórias do ato administrativo unilateral, que bons serviços prestou, mas pode estar a viver o seu crepúsculo.

Referências

MALHOTRA, Deepak. *Negotiating the impossible*: how to break deadlocks and resolve ugly conflicts. Oakland, CA: Berrett-Koehler Publishers, 2016.

MOREIRA, Egon Bockmann. Sentando-se à mesa de negociação com autoridades públicas. *Gazeta do Povo*, 25 jan. 2019. Disponível em: https://www.gazetadopovo.com.br/justica/colunistas/egon-bockmann-moreira/sentando-se-a-mesa-de-negociacao-com-autoridades-publicas-7vz4pjhg2oh4jwah412e1zf4t/. Acesso em: 08 dez. 2021.

Informação bibliográfica deste texto, conforme a NBR 6023:2018 da Associação Brasileira de Normas Técnicas (ABNT):
MOREIRA, Egon Bockmann. Sentando-se à mesa de negociação com autoridades públicas. *In*: CUÉLLAR, Leila; MOREIRA, Egon Bockmann; GARCIA, Flávio Amaral; CRUZ, Elisa Schmidlin. *Direito Administrativo e Alternative Dispute Resolution*: arbitragem, *dispute board*, mediação e negociação. Com comentários à legislação do Rio de Janeiro, São Paulo, Rio Grande do Sul e União sobre arbitragem e mediação em contratos administrativos e desapropriações. 2. ed. Belo Horizonte: Fórum, 2022. p. 43-47. ISBN 978-65-5518-404-4.

NEGOCIAÇÕES PÚBLICO-PRIVADAS: SOB A LEI, MAS PARA ALÉM DO TEXTO DA LEI[1]

EGON BOCKMANN MOREIRA

As negociações de Direito público brasileiro – Administrativo, Ambiental, Penal, Econômico, Urbanístico, Acordos Cooperativos, Leniências etc. – estão diante de desafio bastante sensível, sintetizado na seguinte pergunta: pode-se inovar nessas tratativas e acordos? A dúvida é relevante, eis que sua resposta nos dirá se as autoridades públicas estão habilitadas a instalar novas realidades por meio de negociações ou devem se submeter à criatividade do legislador.

Bem vistas as coisas, o que isso revela? A enorme tensão entre a visão tradicional do funcionamento da Administração Pública brasileira, calcado no princípio da legalidade, e o que efetivamente se pode entender por negociação. Afinal, ou se executa a lei – e ponto final –, ou se negocia como se dará a sua aplicação, criando situações jurídicas ainda não imaginadas. Ou temos a lei como a única fonte, que deve prever tudo, ou apostamos na criatividade dos gestores e blindamos suas decisões.

A bem da verdade, tais perguntas remetem a um problema detectado há décadas. A verdadeira questão é: quais são os objetivos dos poderes públicos – gestores, procuradores, Ministério Público, tribunais de contas – quando desenvolvem uma negociação? O que se tem em mira por meio dos acordos público-privados? Deseja-se ser inflexível e punir, mesmo se isso agravar a situação do outro negociador? Para responder a essas perguntas, é necessário dar um passo para trás. Isso porque, tradicionalmente, quando se conjuga o verbo negociar, o que nos vem à mente são barganhas distributivas,

---

[1] Uma versão deste ensaio foi publicada no jornal *Gazeta do Povo*, 30 abr. 2019. Disponível em: https://www.gazetadopovo.com.br/vozes/egon-bockmann-moreira/negociacoes-publico-privadas-sob-a-lei-mas-para-alem-do-texto-da-lei/. Acesso em: 08 dez. 2021.

as quais definem, de modo estanque, quem ganhará isto ou aquilo. Aquele que negociar melhor, vence; o outro, perde. Logo, se alguém se dispõe a negociar, só pode ser para angariar o máximo possível – e o outro que se conforme com suas perdas. Um mundo de crianças pequenas que não sabem repartir brinquedos. Porque já fomos assim, a resposta é instintiva e revela algo de específico quanto às negociações bilaterais.

Essa ordem de concepção parte de modelo estático e prefixado no tempo (valores contabilizados e participação de cada um dos negociadores) a fim de tentar pôr fim a um só problema. Isso desde divórcios (a casa ou o automóvel?) e cisões societárias (este ou aquele ativo?) até a compra de um móvel usado (qual é o preço?). Fato é que tais negociações incentivam rivalidades e tendem a pôr fim nos vínculos, com pitadas de egoísmo – "eu quero resolver o problema da forma que me trouxer maiores vantagens, pouco importa o que acontecerá com meu interlocutor". O acordo torna-se um desacordo imposto ao mais fraco. Ao fim e ao cabo, no longo prazo todos perdem (mesmo o que ganha mais dinheiro).

Essa compreensão foi posta em xeque quando o chamado Método da Escola de Harvard entrou em campo e passou a desenvolver técnicas integrativas e cooperativas, por meio das quais as soluções de conflitos não visam gerar apenas um "vencedor" e outro "perdedor".[2] A ideia é transformar seu oponente em aliado e construir desenlaces prospectivos, que gerem vantagens para ambas as partes. Em termos simbólicos, fazer com que o bolo cresça e se multiplique – para, depois, ser compartilhado por longo prazo.

Claro que existem negociações nas quais tal lógica não funciona, eis que puramente distributivas. Eu, por exemplo, compro um automóvel a cada 10 anos e a única coisa que consigo negociar é o desconto e a forma de pagamento (normalmente, pago o preço da tabela e ganho uma flanelinha...). Ignorante pretensamente racional, faço escolhas que tentem atenuar perdas, inclusive as de tempo.

A questão, todavia, não está em haver negociações puramente distributivas. Elas existem naturalmente. O problema está em achar que todas as negociações só podem ser distributivas – e ter

---

2 Ampliar em: https://www.pon.harvard.edu/. Acesso em: 08 dez. 2021.

essa premissa como verdade absoluta, sobretudo naqueles casos que envolvem poderes públicos. Aqui, a situação chega a gerar resultados dramáticos se for concebida no modelo em que alguém necessariamente deve perder. Isso porque, muito provavelmente, o perdedor não será apenas aquele que negocia, mas muitos ao seu redor (presentes e futuros). Supor que alguém ganha ao impor incontáveis multas – e que elas não sejam passíveis de negociação – implicou a recuperação judicial de uma das maiores prestadoras de serviços de telecomunicações brasileira (e a decepção dos usuários, que saíram perdendo).

Logo, existe um desafio que precisa ser enfrentado – inclusive, e especialmente, quanto ao que se entende por legalidade nas negociações público-privadas. Pensar-se obsessivamente na letra da lei, sem atenção ao que se passa em sua volta, implica fechar as portas ao futuro. Troca-se um problema por outros, ainda mais sérios. A concepção da legalidade necessita ser, portanto, expandida – sob o manto da lei, mas não sem criatividade. Afinal, a concepção clássica da legalidade – construída ao final do século XIX, início do XX – pretende significar que aos poderes públicos só compete a aplicação do texto legal. A resposta sempre está nas palavras da lei – e, se nelas não for encontrada, é porque não existe. Nessa perspectiva, o acordo teria como único escopo a execução da lei, o que, convenhamos, significa negociar coisa alguma: se a solução está pré-configurada em lei, nada mais resta a fazer senão a aplicar cegamente.

Constatação que subverte a ideia de negociar e corrompe a adequada tutela do interesse público colocado sob a guarda das autoridades. Serão estas, no calor do enfrentamento real, que saberão o que pode ser acordado. Aqui, precisamos dar um passo à frente – e compreender que negociar é gerar soluções, não problemas. As autoridades públicas podem – devem – ser criativas. Se desenvolvem tratativas, não podem ser vistas como atadas à legalidade estrita, reféns de um legislador que não possui contato com o Direito, vivo e pulsante do caso, que precisa ser resolvido com menores custos para todas as partes (e terceiros), sobretudo naqueles casos em que se negociam ativos incomparáveis ou intangíveis (informação *versus* liberdade, por exemplo). Precisa-se refletir a propósito de acordos presentes a instalarem benefícios futuros, que, diante da variedade de opções, constituam a base objetiva do negócio jurídico.

Está na hora, portanto, de encontrar formas de aplicar a legalidade com maior efetividade e eficiência. Afinal, as autoridades públicas não podem definir o conteúdo de seus regulamentos e contratos? Não podem criar pessoas jurídicas – fundações de Direito público e privado, empresas estatais, consórcios públicos etc. –, a lei não as autoriza a fazer isso? Ora, se detém competências para escolher o que, quando, onde e como deve ser efetivado aquele contrato, por que lhes negar a capacidade de negociar tais elementos – inclusive diante de inadimplementos contratuais, mesmo os mais sensíveis? Mais: por que lhes negar proteção quando negociam?

O esforço que merece ser desenvolvido diz respeito, portanto, a dois ângulos da questão: por um lado, reconhecer que aquele que negocia – de boa-fé e com lealdade, no exercício da competência definida em lei – é o que melhor conhece o caso e suas soluções; por outro, humildemente blindar as opções encontradas, não pretendendo imaginar que se poderia fazer melhor. Soluções consensuais sob o manto da lei, para muito além do jardim.

Referências

HARVARD LAW SCHOOL. *Program on Negotiation*. Disponível em: https://www.pon.harvard.edu/. Acesso em: 08 dez. 2021.

MOREIRA, Egon Bockmann. Negociações público-privadas: sob a lei, mas para além do texto da lei. *Gazeta do Povo*, 30 abr. 2019. Disponível em: https://www.gazetadopovo.com.br/vozes/egon-bockmann-moreira/negociacoes-publico-privadas-sob-a-lei-mas-para-alem-do-texto-da-lei/. Acesso em: 08 dez. 2021.

Informação bibliográfica deste texto, conforme a NBR 6023:2018 da Associação Brasileira de Normas Técnicas (ABNT):
MOREIRA, Egon Bockmann. Negociações público-privadas: sob a lei, mas para além do texto da lei. *In*: CUÉLLAR, Leila; MOREIRA, Egon Bockmann; GARCIA, Flávio Amaral; CRUZ, Elisa Schmidlin. *Direito Administrativo e Alternative Dispute Resolution*: arbitragem, *dispute board*, mediação e negociação. Com comentários à legislação do Rio de Janeiro, São Paulo, Rio Grande do Sul e União sobre arbitragem e mediação em contratos administrativos e desapropriações. 2. ed. Belo Horizonte: Fórum, 2022. p. 48-52. ISBN 978-65-5518-404-4.

A NEGOCIAÇÃO PRÉ-CONTRATUAL NA LEI Nº 14.133/2021[1]

EGON BOCKMANN MOREIRA
LEILA CUÉLLAR

1 Introdução

Muito embora de suma importância para a economia nacional, no Brasil os processos de licitação (e mesmo a contratação pública em si mesma) muitas vezes são vistos como um espaço de confrontação – e não de cooperação – entre o interesse público e os interesses privados. A premissa usual é a de que haveria a exclusão recíproca entre tais interesses e seus titulares, a instalar desconfiança e impedir a verdadeira negociação em tais processos públicos. Tudo deveria ser conduzido da forma mais formal, objetiva e mecânica possível, sem espaço para o diálogo: a negociação público-privada seria uma aberração, geradora de indícios de corrupção. Autoridade, formalidade, hierarquia e intervenção persistem a ser algumas das palavras mais comuns – ao invés de igualdade, eficiência, colaboração e consenso. O passado insiste em se fazer presente na legislação brasileira (e também nas decisões dos tribunais, ao lado da doutrina mais conservadora), a impedir que se veja a realidade escondida por detrás das cortinas da tradição e da autoridade.

O panorama atual caminha para mudanças e para uma administração pública consensual, dialógica, colaborativa, não apenas na área da solução de conflitos, com a adoção de métodos adequados de solução de conflitos, como a negociação e a mediação, mas também no que se refere à contratação administrativa.

---

1 A versão original deste artigo, aqui revista e atualizada, foi publicada em: OLIVEIRA, Rafael Carvalho Rezende; MARÇAL, Thaís (Coords.). *Estudos sobre a Lei 14.133/2021.* Salvador: JusPodivm, 2021.

Este breve ensaio visa a colocar no centro das atenções um dos itens mais importantes para o bom êxito e eficiência das licitações, previsto expressamente no artigo 61 da Lei nº 14.133/2021: a *negociação pré-contratual*, aqui entendida como *aquela que pode se desenvolver entre a Administração Pública e o licitante vencedor no momento posterior à proclamação da proposta vencedora, mas anterior à celebração do contrato.*[2] Isto é, o entendimento, recíproco e transparente, que tem por objetivo gerar o aperfeiçoamento da proposta proclamada vencedora, alinhando de modo republicano e consensual o interesse do contratante público e daquele que será o contratado privado.

Com a negociação pré-contratual, todos têm a ganhar: a Administração, a pessoa privada e também aqueles que serão afetados indiretamente pela contratação pública (cidadãos, usuários e, por que não dizer, contribuintes – afinal, estes arcarão com os custos do contrato administrativo). É o que se pretende demonstrar por meio deste breve artigo.

2 As várias modalidades de negociações licitatórias: da coletiva à individual

Quando falamos de negociação nas contratações públicas, é preciso que reflitamos um pouco. Isso porque existe certo preconceito quanto à palavra "negociação" em sede de licitações, a instalar a suposição de que o verbo negociar traz consigo desvios de conduta. Esta ideia retrógrada não resiste a um exame mais atento do processo de licitação.

Afinal, o que é uma licitação? Para que ela serve? Mais especificamente, do que se trata um leilão? O que é uma concorrência? Ou um pregão? Todos estes casos são meras *técnicas de negociação coletiva*: processos por meio dos quais a Administração negocia

---

[2] Cf. MOREIRA, Egon Bockmann. Licitação pública e a negociação pré-contratual: a necessidade do diálogo público-privado. *RCP*, Belo Horizonte, v. 2, p. 61-74, set./2012-fev./2013. Ver também OLIVEIRA, Luís Verde de. *A negociação nos procedimentos de adjudicação*: uma análise do Código dos Contratos Públicos. Coimbra: Almedina, 2010; JUSTEN NETO, Marçal. A negociação de condições mais vantajosas. *In*: JUSTEN FILHO, Marçal; PEREIRA, C. A. G. (Coords.). *O regime diferenciado de contratações públicas*: comentários à Lei nº 12.462 e ao Decreto nº 7.581. Belo Horizonte: Fórum, 2012, p. 273-337.

simultaneamente com todos os interessados e assim escolhe a proposta mais vantajosa à respectiva contratação.

Se a Administração Pública dispusesse de muito tempo e excesso de dinheiro; ou se houvesse somente uma empresa capaz de executar o contrato; ou se as contratações administrativas pudessem ser *intuitu personae*, a vida seria bem mais simples: a Administração escolheria uma pessoa e negociaria individualmente com ela. O contrato seria o resultado efetivo de tal entendimento bilateral e nasceria exatamente ajustado ao interesse público posto em jogo. Não haveria grandes espaços para divergências futuras, nem para as recomposições contratuais. Mas fato é que tais negociações individuais são a exceção (qualificadas normativamente como inexigibilidade e dispensa de licitação).

Normalmente, muitos são os interessados em celebrar contratos públicos e tanto o dinheiro como o tempo da Administração Pública são recursos escassos. Por isso que, para cada um dos contratos, necessário se faz o preestabelecimento de um conjunto de regras de negociação coletivas, desenvolvidas ao mesmo tempo com todos os interessados. Este procedimento toma por base um modelo contratual desenvolvido pela Administração.

Pensemos nos modos de disputa previstos no art. 56 da Lei nº 14.133/2021: aberto ou fechado, com a possibilidade de lances sucessivos. Ou seja, a Administração faz um chamamento público para que os interessados examinem os termos do edital (e da minuta do contrato) e ofereçam suas propostas de preço. A Administração Pública instala disputa de preços. Cada interessado tem direito a fazer seu(s) lance(s), e o resultado do certame implicará a vitória daquele que tenha elaborado o preço que mais se aproxime das exigências do edital. Quando existe o pregão, está-se diante de técnica de negociação coletiva do preço a ser pago. Esta é a essência do pregão; bem como da disputa aberta, da disputa fechada, da disputa fechada-aberta e da apresentação de lances. Tais espécies de negociação serão abaixo genericamente tratadas por "leilão" (ou "leilões").

Os leilões são técnicas de negociação coletiva: por meio delas, a Administração visa promover incentivos para que os interessados, em curtíssimo prazo e sucessivamente, ofereçam séries de propostas de preço mais vantajosas. Afinal, sabe-se de antemão que a Administração está disposta a pagar o menor preço possível e que os interessados estão dispostos a receber o maior pagamento possível. Nem a Administração Pública pode contratar com custos superiores ou muito inferiores ao do seu orçamento nem os interessados querem ter lucro igual a – ou próximo do – zero (a não ser em hipóteses em que a contratação, mesmo por preço inexequível, lhes gere significativas vantagens externas – que não vem ao caso aqui comentar). A regra dos leilões, portanto, é a de que a Administração instala um meio de modificar o preço originalmente formado por cada um dos interessados, a fim de que o melhor deles celebre o contrato.

Assim, o que é um pregão? Ou um leilão? É o mecanismo que estabelece a série de regras que devem ser obedecidas pelos participantes (as regras do jogo), a fim de que estes façam lances os quais, uma vez comparados, permitam a escolha daquele com quem a Administração pode contratar pelo menor preço. Por meio do leilão prévio à habilitação, a pessoa contratante pretende economizar recursos públicos – tempo e dinheiro – nos processos de negociação coletiva: a Administração convoca número infinito de interessados, os quais serão cadastrados em número certo e elaborarão os cálculos que resultarão nas propostas de preço (lances).

Portanto, quem analisará os custos e elaborará o(s) lance(s) serão os interessados, de forma autônoma e conhecedores da futura competição. No caso de orçamentos sigilosos ou não divulgados (Lei nº 14.133/2021, art. 24), a natural assimetria de informações entre os interessados – e entre estes e a Administração – torna-se acentuada pela ausência de divulgação prévia do valor do orçamento público para aquela contratação. Esta combinação – sigilo de quanto a Administração pretende gastar unida à ausência de conhecimento quanto à composição dos preços dos adversários – destina-se a estimular os participantes a fazer ofertas as mais eficientes possíveis: só assim podem competir.

Nos pregões e leilões cada participante deverá elaborar o seu próprio preço, mas a tendência é a de que este não prevaleça, pois, uma vez iniciados os lances, os preços passam a ser sucessivamente formados pelos demais competidores. Ninguém baixa o preço espontaneamente – mas sim porque o seu competidor baixou o dele, que estabelece um novo "piso" (ou "teto"). O preço final, portanto, será formado pela competição e o contratado o receberá como um resultado dela (não o fabricará sozinho).

Note-se a significativa diferença em face do modelo tradicional da concorrência, tal como positivado na antiga Lei nº 8.666/1993: nesta modalidade, o preço é formado por cada um dos licitantes, individualmente e de forma sigilosa. Caso passe na fase de habilitação, o preço da proposta vencedora não pode ser modificado e persiste sendo aquele calculado apenas e tão somente pelo vencedor – e ponto final. Melhor dizendo, o preço do contrato é fabricado pelo licitante vencedor, como outro dos itens de sua proposta. O vencedor assim brinca de monopólio e se torna um verdadeiro *price maker*, não um *price taker*.

Desta forma, o leilão como primeira fase é uma técnica eficiente de negociação coletiva. Mas fato é que esta técnica de negociação – a coletiva – não é a única nas licitações brasileiras, vez que a hipótese de negociação individual é prevista na nova lei de geral de licitações e contratos administrativos. Aqui podemos ingressar no tema das negociações pré-contratuais propriamente ditas.

3 As negociações pré-contratuais nas licitações na legislação brasileira

Já ficou claro que aquilo que a legislação brasileira chama de processo licitatório – em especial a fase de ofertas de preço – nada mais é do que uma técnica de negociação coletiva. Isso faz parte do nosso cotidiano – queiramos ou não; gostemos ou não. Porém, também é fato que, além das coletivas, a Lei nº 14.133/2021 permite também a individual, nos termos de seu art. 61 (tal como as previsões do artigo 46, §1º, inciso II, da Lei nº 8.666, e do artigo 4º, inc. XVII, da Lei do Pregão, e do RDC – Regime Diferenciado de Contratações Públicas, Lei nº 12.462/2011 e Decreto nº 7.581/2011). No caso das Leis nºs 8.666 e 10.520, o legislador permitiu que fossem desenvolvidas negociações pré-contratuais, a ser instaladas entre o momento de proclamação do licitante vencedor e a formalização do contrato administrativo. Mas fato é que tais previsões são acanhadas quanto ao conteúdo negocial e limitadas a poucas espécies de licitações.

Na hipótese da Lei nº 8.666, a negociação pré-contratual é reservada para as licitações de "melhor técnica" e "técnica e preço", que incidem "exclusivamente para serviços de natureza predominantemente intelectual, em especial na elaboração de projetos, cálculos, fiscalização, supervisão e gerenciamento e de engenharia consultiva em geral e, em particular, para a elaboração de estudos técnicos preliminares e projetos básicos e executivos" (artigo 46, *caput*). Assim, nestas licitações é possível, depois da habilitação e da classificação das propostas técnicas, mas antes da celebração do contrato, instalar-se a "negociação das condições propostas, com a proponente melhor classificada, com base nos orçamentos detalhados e respectivos preços unitários e tendo como referência o limite representado pela proposta de menor preço entre os licitantes que obtiveram a valorização mínima" (artigo 46, §1º, inciso II).

No que se refere ao pregão, a lei dispõe que "o pregoeiro poderá negociar diretamente com o proponente para que seja obtido preço melhor" (artigo 4º, inc. XVII, da Lei do Pregão).

Em ambos os casos, a lei outorga competência negocial restrita ao preço (isso é explícito no pregão, mas implícito na Lei nº 8.666: afinal, aqui a base da negociação são os orçamentos e respectivos preços unitários). Ora, na justa medida em que os licitantes sabem que o preço vencedor poderá ser negociado, têm eles todos os incentivos para aumentar o valor das suas propostas. Este estímulo fica atenuado no pregão – pois aqui de nada adiantaria aumentar em muito o preço, pois ele será definido, ao final, pelos lances dos demais concorrentes. Porém, fato é que todos os licitantes recebem o mesmo incentivo de oferecer um preço que, se negociado, ainda assim gere ganhos e, se eles possuem algo em comum, é a perspectiva de auferir os maiores lucros. Logo, a tendência natural é a de que o preço ofertado seja maior do que o de mercado, o que, no limite, pode implicar a revogação da licitação (STJ, MC 11.055, Min. Luiz Fux, *DJ* 08 jun. 2006).

Logo e muito embora de forma tímida, as negociações pré-contratuais já fazem parte do dia a dia de alguns dos processos de licitação pública.

Observe-se que o RDC (Lei nº 12.462/2011) passou a autorizar algumas cogitações suplementares. O art. 26 da Lei nº 12.462/2011 e os artigos 43, 59 e 60 do Decreto nº 7.581/2011, que regulamenta o RDC ao nível federal, previram a negociação pré-contratual, ao dispor que "Definido o resultado do julgamento, a Administração Pública poderá negociar condições mais vantajosas com o primeiro colocado" (*caput* do artigo 26 do RDC), "Após o encerramento da fase de apresentação [...], Quando a proposta do primeiro classificado estiver acima do orçamento estimado, a comissão de licitação poderá negociar com o licitante condições mais vantajosas" (§1º, do art. 43 do Decreto) e "Finalizada a fase recursal, a Administração Pública poderá negociar condições mais vantajosas com o primeiro colocado" (art. 59 do Decreto).

Na mesma linha da previsão do RDC dispõe o artigo 61 da nova Lei geral de licitações e contratos administrativos.

4 As peculiaridades da negociação pré-contratual na Lei nº 14.133/2021

Para que se avance na compreensão das negociações pré-contratuais previstas na nova Lei geral de licitações e contratos administrativos, faz-se necessária a leitura da norma instituidora:

> Art. 61. Definido o resultado do julgamento, a Administração poderá negociar condições mais vantajosas com o primeiro colocado.
> §1º A negociação poderá ser feita com os demais licitantes, segundo a ordem de classificação inicialmente estabelecida, quando o primeiro colocado, em determinado momento, mesmo após a negociação, for desclassificado por sua proposta permanecer acima do preço máximo definido pela Administração.
> §2º A negociação será conduzida por agente de contratação ou comissão de contratação, na forma de regulamento, e, depois de concluída, terá seu resultado divulgado a todos os licitantes e anexado aos autos do processo licitatório.

Inicialmente, observe-se que a norma deve ser compreendida dentro do contexto da nova Lei geral de licitações e contratos administrativos, que traz diversos dispositivos que valorizam a consensualidade. Neste sentido, por exemplo, o art. 6º, inc. XLII, c/c art. 32 (diálogo competitivo), o art. 138, II (dispõe que o contrato pode ser extinto de forma consensual, por acordo entre as partes, por conciliação, por mediação ou por comitê de resolução de disputas) e os artigos 151 e seguintes (versam sobre meios alternativos/adequados de prevenção e resolução de controvérsias, como a conciliação, a mediação, o comitê de resolução de disputas e a arbitragem). Passemos, então, à análise do artigo 60.

O dispositivo precisa ser esmiuçado, em ao menos três aspectos: o primeiro é relativo ao motivo de a negociação ser instalada (*por quê*); o segundo é cronológico, o "momento" da negociação (*quando*); o terceiro diz respeito ao conteúdo da negociação (*o quê*). Todos estes três ângulos merecem ser compreendidos segundo a seguinte premissa: *negociar não significa impor unilateralmente;* quem negocia deve dialogar para que a solução seja construída bilateralmente, de comum acordo (diálogo), em regime de reciprocidade negocial.

Em primeiro lugar, vejamos o *motivo* – a necessidade – de ser instalada a negociação. Estamos diante de competência discricionária ou vinculada? O projeto de lei fala que a Administração "poderá negociar condições mais vantajosas". Ao consignar que a autoridade *pode* negociar, a norma quer significar que não é obrigatória a negociação. Mas por certo isso não autoriza a instalação de escolhas aleatórias, nem irresponsáveis. Ou seja, vai depender do caso concreto a instalação (ou não) da negociação: se a proposta for superior ao orçamento (sigiloso) e se ela comportar alternativas (de preço, de execução, de prazo etc.), a Administração deve negociar ao invés de simplesmente desclassificar. Exige-se que a administração detecte o que são, no caso concreto, condições mais vantajosas. Porém, fato é que esta resposta é tão simplista como vazia.

Afinal, o problema está em como se constatar as "condições mais vantajosas" – requisito cujo cumprimento é exigido em lei. Por um lado, "mais vantajosas" para quem? A resposta é: para a concretização da escolha pública previamente declarada no edital; para o projeto de interesse público lá definido, a necessidade pública definida no edital de licitação. Por outro, onde pode residir a "vantagem"? Caso a negociação seja no preço, basta a comparação com o orçamento sigiloso.

Mas, caso a negociação seja na técnica, a resposta não é tão fácil assim, pois exige a conjugação do preço com o critério de julgamento. O que nos autoriza a cogitar do segundo e terceiro aspectos da negociação: o seu momento e o seu conteúdo.

Vejamos o *momento* de se instalar a negociação. O *caput* do art. 61 fala em "definido o resultado do julgamento" como premissa. Logo, uma vez julgadas as propostas e definida qual delas ficará em primeiro lugar, instalado está o momento da negociação individual – a aqui denominada de negociação pré-contratual.

Em terceiro lugar, cabe avaliar quais seriam as "condições mais vantajosas" passíveis de negociação. Para que avancemos neste ponto é necessário investigar quais são os critérios de julgamento definidos na lei e no edital. Apenas para facilitar a reflexão, fiquemos com o exemplo da modalidade de concorrência. Nos termos do artigo 6º, inciso XXXVIII, da Lei nº 14.133, seriam cinco os critérios de julgamento na modalidade de concorrência: (i) menor preço; (ii) melhor técnica ou conteúdo artístico; (iii) técnica e preço; (iv) maior retorno econômico; (v) maior desconto.

O primeiro, o quarto e o quinto critérios são os mais fáceis de cogitar a propósito das negociações pré-contratuais: tanto o de menor preço ou maior desconto como o de maior retorno econômico consideram *ou* o menor dispêndio *ou* a maior receita para a Administração. Logo, aqui a margem de manobra negocial refere-se prioritariamente ao preço – e a negociação deverá ser instalada caso haja uma distância significativa entre o orçamento e o preço vencedor.

Ao seu tempo, o segundo e terceiro critérios previstos no art. 6º, inciso XXXVIII, tendem a complicar os parâmetros de negociação: afinal, como a Administração negociará critérios técnicos? Ou como negociará o preço que resulta de tais escolhas técnicas? Nestes casos, pode-se cogitar de negociação pré-contratual mais ampla no que respeita ao preço, mas nada proíbe/impede que a solução técnica seja negociada – para se tornar mais adequada ao pretendido pelo edital (o que não impede de se encontrar obstáculos decorrentes do domínio da técnica e respectivas assimetrias de informação entre contratante e contratado). Logo, tal ordem de negociações precisa ser conduzida por servidores de alto nível técnico, altamente especializados, que saibam do que se trata o objeto do contrato – a fim de que possam efetivamente negociar condições mais vantajosas para o projeto de interesse público (daí, diga-se de passagem, a importância da previsão do parágrafo terceiro do artigo 61, no sentido de que a "negociação será conduzida por agente de contratação ou comissão de contratação, na forma de regulamento"). Isto é, que, sob um ângulo, não pretendam "impor" unilateralmente alterações de perfumaria, alegóricas ou mesmo burras – as quais apenas prejudicariam o contrato a ser firmado e sua execução; ou, sobre outro ângulo, que possam ser "capturados" pelo vencedor da licitação – que certamente se valerá ao máximo da assimetria de informações e procurará, assim, aumentar ainda mais os seus ganhos.

Em que pese tais dificuldades, três pontos podem ser destacados, *a contrario sensu* do texto normativo: em *primeiro lugar*, a negociação não deve se prestar a falsear a concorrência; não pode instalar condições ou situações as quais, se fossem de conhecimento dos demais licitantes (ou de terceiros interessados), teriam o potencial de gerar outras participações e/ou outras propostas. Aqui existe uma pauta, definida de modo certo e firme desde o edital: o que se pode negociar são condições internas ao certame, a ele imanentes e, por isso, nele contidas. A negociação é pré-contratual, mas precisa ser, simultaneamente, endocontratual. Caso instale vantagens não previstas (ou ordinariamente não previsíveis), haverá a instalação de uma ilegalidade. Onde está escrito "negociar condições mais vantajosas" não se pode ler "fraude à concorrência", "fraude à competição".

Em *segundo lugar*, a negociação não se pode prestar a servir de apropriação indébita de eventuais soluções técnicas consignadas nas demais propostas ou que venham a público após abertas as demais propostas. Não se pode negociar condições técnicas criadas por terceiros e protegidas pelo direito de autor e/ou pela propriedade intelectual (sobretudo se estes terceiros participaram do certame). Por isso se faz necessária a presença de técnicos públicos altamente especializados para o desenvolvimento da negociação. Mas se, no limite, as soluções criadas pelos demais licitantes comprovarem que a proposta vencedora deixa a desejar, o caso é o de revogação da licitação (e não de apropriação indébita de produção intelectual alheia).

Em *terceiro lugar*, a negociação não deve servir para gerar vantagens apenas ao licitante ou apenas à Administração Pública contratante. Quando a lei fala em "condições mais vantajosas", quer significar objetivamente aquela necessidade, utilidade pública que foi definida na fase interna da licitação e foi estampada no edital. Afinal, se forem vantagens só para a Administração, não será uma negociação – mas uma imposição, algo que corrompe a lógica do artigo 60; se forem vantagens só para o licitante vencedor, tampouco será uma negociação – mas algo potencialmente bem mais complicado, que pode ser enquadrado eventualmente até mesmo como crime em licitação. Portanto, condições mais vantajosas são condições vantajosas para o interesse público definido no edital, para a execução do projeto definido no edital e para ambas as partes.

Chega a ser um lugar comum a ideia de que negociar implica ceder reciprocamente. Pois nesta fase do certame, ao contrário do que se dá nas negociações que definem o primeiro colocado (em que, para uma parte ganhar, as outras têm de perder tudo – não há meio termo), as negociações devem ser direcionadas ao ganho recíproco e colaborativo. O ideal é que não se negocie só o preço, mas também o prazo (de entrega, de pagamento etc.), a qualidade dos materiais, o aprimoramento de determinadas prestações etc. O ambiente já não é mais competitivo, mas sim colaborativo – em que Administração Pública e licitantes devem ser transparentes ao máximo na divulgação dos seus interesses, limites e prioridades (condições ideais para que ambas as partes ganhem com a negociação).

Por isso que as negociações pré-contratuais devem – de modo público e motivado: (i) seguir um procedimento pré-estabelecido (por exemplo, por meio de previsão no edital de licitação) e tornado público (pauta e agenda predefinidas e depois de acesso público); (ii) contemplar explicitamente o seu objeto e certa "margem de manobra" para ambas as partes; (iii) respeitar a escolha pública estampada no edital; (iv) respeitar os limites internos da proposta vencedora; (v) respeitar os limites externos das demais propostas participantes. Mas, para que isto ocorra de modo adequado, seria de todo adequado que houvesse uma previsão normativa – legal, preferencialmente – disciplinando estes parâmetros das negociações pré-contratuais no processo de licitação. Quando menos, seria de todo adequado que os editais de licitação contemplassem também este procedimento e os parâmetros de sua implementação e cronologia – sempre de forma explícita, legível e clara.

5 Considerações finais

Conforme acima descrito, a negociação pré-contratual já estava prevista na nossa legislação e ela apenas revela algo que é conatural às licitações, processos de negociação coletiva. Caso a prática da negociação pré-contratual seja incrementada, sem dúvida alguma os contratos serão aperfeiçoados em seu primeiro momento – e se poderá inibir os futuros desequilíbrios econômico-financeiros e a prática das prerrogativas extraordinárias da Administração (que geram custos igualmente extravagantes para todos). O consenso e a colaboração público-privada precisam fazer parte do cotidiano das licitações e contratações públicas brasileiras, em todas as suas fases.

Curitiba, dezembro de 2021

Informação bibliográfica deste texto, conforme a NBR 6023:2018 da Associação Brasileira de Normas Técnicas (ABNT):
MOREIRA, Egon Bockmann; CUÉLLAR, Leila. A negociação pré-contratual na Lei nº 14.133/2021. *In*: CUÉLLAR, Leila; MOREIRA, Egon Bockmann; GARCIA, Flávio Amaral; CRUZ, Elisa Schmidlin. *Direito Administrativo e Alternative Dispute Resolution*: arbitragem, *dispute board*, mediação e negociação. Com comentários à legislação do Rio de Janeiro, São Paulo, Rio Grande do Sul e União sobre arbitragem e mediação em contratos administrativos e desapropriações. 2. ed. Belo Horizonte: Fórum, 2022. p. 53-64. ISBN 978-65-5518-404-4.

A NEGOCIAÇÃO PROCESSUAL E SUA INCIDÊNCIA NOS PROCESSOS ADMINISTRATIVOS[1]

EGON BOCKMANN MOREIRA

Desde março de 2016, o processo administrativo brasileiro é regido (também) pelo Código de Processo Civil (CPC/2015). Isso porque os artigos 14 e 15 prescrevem sua aplicação imediata, de modo supletivo e subsidiário, aos processos administrativos. Por conseguinte, o que determina a incidência do CPC/2015 aos processos administrativos é o princípio da legalidade. Em virtude da lei, os agentes públicos e as pessoas privadas são obrigados a aplicá-lo nas relações jurídico-processuais administrativas.

Conforme destacado no artigo publicado na *Revista Colunistas Direito do Estado – O impacto do CPC/2015 nos processos administrativos: uma nova racionalidade*[2] –, fato é que o processo administrativo brasileiro experimentou significativa mutação com o CPC/2015. Muito embora as normas processuais civis precisem se submeter à lógica processual-administrativa, fato é que elas instalaram série substancial de alterações. Dentre elas, uma de maior relevância é a "negociação processual", prevista pelo art. 190: a competência atribuída às autoridades administrativas para que pactuem com as pessoas privadas os respectivos direitos, ônus e deveres processuais em sentido estrito. Isto é, aqueles vínculos e prerrogativas que digam respeito exclusivamente à relação jurídica processual (e não

---

1 Uma versão deste ensaio foi publicada no *website Direito do Estado*, em 05 ago. 2016. Conferir em: https://www.direitodoestado.com.br/colunistas/egon-bockmann-moreira/a-negociacao-processual-e-sua-incidencia-nos-processos-administrativos. Acesso em: 08 dez. 2021.

2 MOREIRA, Egon Bockmann. O impacto do CPC/2015 nos processos administrativos: uma nova racionalidade. *Direito do Estado*, 10 mar. 2016. Disponível em: http://www.direitodoestado.com.br/colunistas/egon-bockmann-moreira/o-impacto-do-cpc-2015-nos-processos-administrativos-uma-nova-racionalidade. Acesso em: 08 dez. 2021.

à relação de direito material a ela pertinente), inclusive o calendário processual (art. 191).

Para melhor compreensão do tema, vale a transcrição do art. 190 do CPC/2015:

> Art. 190. Versando o processo sobre direitos que admitam autocomposição, é lícito às partes plenamente capazes estipular mudanças no procedimento para ajustá-lo às especificidades da causa e convencionar sobre os seus ônus, poderes, faculdades e deveres processuais, antes ou durante o processo. Parágrafo único. De ofício ou a requerimento, o juiz controlará a validade das convenções previstas neste artigo, recusando-lhes aplicação somente nos casos de nulidade ou de inserção abusiva em contrato de adesão ou em que alguma parte se encontre em manifesta situação de vulnerabilidade.

Bem vistas as coisas, trata-se de negociação endoprocessual: aquele ato por meio do qual as partes na relação jurídico-processual negociam o processo ele mesmo. Este dispositivo autoriza que as partes desenvolvam tratativas a respeito do procedimento a ser implementado no processo, bem como o ajustem "às especificidades da causa", além de poderem convencionar sobre os "ônus, poderes, faculdades e deveres processuais". Aqui existe forte integração entre os direitos das partes e os direitos do processo (estes a ser matizados por aqueles, ao interior da negociação), acentuando o caráter cooperativo do CPC/2015 – a ser observado também nos processos administrativos.

Reitere-se, porém, que as tratativas e a futura convenção dirão respeito ao processo em si mesmo, a confirmar a existência de uma relação jurídica diferenciada, a processual, com direitos, ônus e deveres específicos. Afinal de contas, se não houvesse uma relação jurídico-processual, não existiriam direitos, deveres e ônus processuais a serem negociados. Essa ordem de negócios jurídicos atípicos diz respeito a direitos e deveres processuais eles mesmos. O objeto do negócio jurídico será uma situação jurídico-processual, e a sua eficácia será processual *stricto sensu*.

No que respeita a tais negociações endoprocessuais, o regime jurídico do processo administrativo impõe cautelas extraordinárias. Isso porque a Administração Pública será, ao mesmo tempo, parte e julgador – além de detentora de deveres de ordem pública (isso sem se falar em sua posição de hipersuficiência material-processual, decorrente de seu poder político-econômico). Logo, ela não poderá convencionar no sentido de abdicar de competências relativas ao seu dever-poder processual. Demais disso, tampouco poderá submeter e/ou induzir as pessoas privadas a negociações impostas. Quem negocia, dispõe e abdica consensualmente; jamais subordina e impõe de modo unilateral.

Porém, feitas essas ressalvas, é de se levar muito a sério essa possibilidade de negociações no processo administrativo. Afinal de contas, se a administração pode transacionar no processo civil, por que não no administrativo? Se pode se submeter à arbitragem, por que não pautar negocialmente o processo administrativo? Se pode realizar contratos e termos aditivos, por que não efetivar transações processuais?

Por exemplo, pense-se num processo de licitação em que a administração e os interessados podem transacionar a respeito do efeito suspensivo (ou não) dos recursos administrativos. Já num processo administrativo disciplinar, pode-se estabelecer tratativas a propósito do prazo para a defesa e do termo para ser proferida a decisão final. De igual modo, em pedido de reequilíbrio econômico financeiro de contrato administrativo deduzido em agência reguladora, as partes podem negociar a respeito das fases, prazos e eventual prova a ser desenvolvida – bem como do perito escolhido por elas de comum acordo. O mesmo se diz sobre os processos de controle por parte dos tribunais de contas, aos quais pode ser atribuída consensualmente a necessária celeridade – prefixando-se a agenda processual. Nada disso atenta nem contra a lógica, nem contra o regime jurídico do processo administrativo. Ao contrário, tais soluções amigáveis prestigiam os princípios da legalidade, da eficiência e da duração razoável do processo.

O importante está em que as partes interessadas e a Administração Pública tenham consciência de que negociações processuais devem ser republicanas e legítimas – qualificadas pela impessoalidade e publicidade. Por meio delas, as pessoas que possuem maior conhecimento a respeito das peculiaridades do caso podem inibir medidas despiciendas ou protelatórias e abdicar expressamente de formalidades. Em outras palavras, a maior parte das queixas feitas quanto aos formalismos inúteis dos processos administrativos pode ser transposta através de pactos endoprocessuais.

Referências

MOREIRA, Egon Bockmann. A negociação processual e sua incidência nos processos administrativos. *Direito do Estado*, 05 ago. 2016. Disponível em: https://www.direitodoestado.com.br/colunistas/egon-bockmann-moreira/a-negociacao-processual-e-sua-incidencia-nos-processos-administrativos. Acesso em: 08 dez. 2021.

MOREIRA, Egon Bockmann. O impacto do CPC/2015 nos processos administrativos: uma nova racionalidade. *Direito do Estado*, 10 mar. 2016. Disponível em: http://www.direitodoestado.com.br/colunistas/egon-bockmann-moreira/o-impacto-do-cpc-2015-nos-processos-administrativos-uma-nova-racionalidade. Acesso em: 08 dez. 2021.

Informação bibliográfica deste texto, conforme a NBR 6023:2018 da Associação Brasileira de Normas Técnicas (ABNT):
MOREIRA, Egon Bockmann. A negociação processual e sua incidência nos processos administrativos. *In*: CUÉLLAR, Leila; MOREIRA, Egon Bockmann; GARCIA, Flávio Amaral; CRUZ, Elisa Schmidlin. *Direito Administrativo e Alternative Dispute Resolution*: arbitragem, *dispute board*, mediação e negociação. Com comentários à legislação do Rio de Janeiro, São Paulo, Rio Grande do Sul e União sobre arbitragem e mediação em contratos administrativos e desapropriações. 2. ed. Belo Horizonte: Fórum, 2022. p. 65-68. ISBN 978-65-5518-404-4.

"DECISÃO COORDENADA" (LEI Nº 14.210/2021): ORQUESTRANDO SOLUÇÕES ADMINISTRATIVAS QUE CRIAM VALOR[1]

EGON BOCKMANN MOREIRA
ELISA SCHMIDLIN CRUZ

A Lei nº 14.210, de 30 de setembro de 2021, acrescentou importante tema ao processo administrativo brasileiro: a possibilidade de haver "decisão coordenada" na Administração Pública.[2] [3]

Em decorrência, a matéria passou integrar o Capítulo XI-A, arts. 49-A a 49-G, da Lei nº 9.784/1999 (Lei de Processo Administrativo federal). Examinemos melhor tais dispositivos, não sem antes apresentar o respectivo conceito normativo: "considera-se decisão coordenada a instância de natureza interinstitucional ou intersetorial que atua de forma compartilhada com a finalidade de simplificar

---

1 Uma versão anterior deste artigo, que aqui é expandida, foi publicada no *Jota* em 04 out. 2021, seção Administração Pública. Disponível em: https://www.jota.info/opiniao-e-analise/artigos/breves-notas-sobre-a-decisao-coordenada-04102021. Acesso em: 18 dez. 2021.

2 O Projeto de Lei refere-se à Lei italiana 241/1990, que institui a *conferenza di servizi* ("conferência de serviços"). Ampliar em: PIRES, Maria Coeli Simões; COSTA Mila Batista Leite Corrêa da; CORDEIRO, Caio Barros; e CARDOSO, José Luiz Ferreira Cardoso. *Conferência de serviços*: reflexões e perspectivas para a construção de um novo instrumento de governança democrática. Disponível em: http://www.mariacoeli.com.br/confere%CC%82ncia-de-servic%CC%A7os-reflexo%CC%83es-e-perspectivas-para-a-construc%CC%A7a%CC%83o-de-um-novo-instrumento-de-governanc%CC%A7a-democratica1/. Acesso em: 18 dez. 2021.

3 Igualmente, o Código de Procedimento Administrativo português (Decreto-Lei 4/2015) conta com a "conferência procedimental", assim definida em seu art. 77º: "1 - As conferências procedimentais destinam-se ao exercício em comum ou conjugado das competências de diversos órgãos da Administração Pública, no sentido de promover a eficiência, a economicidade e a celeridade da atividade administrativa." Sobre o tema, v. SERRÃO, Tiago. "A conferência procedimental no novo Código do Procedimento Administrativo: primeira aproximação". *In:* CARVALHO, Ana Celeste (Org.). *O Novo Código do Procedimento Administrativo.* Lisboa: Centro de Estudos Judiciários, 2016, p. 125-148. Disponível em: http://www.cej.mj.pt/cej/recursos/ebooks/Administrativo_fiscal/eb_novo_CPCA.pdf, (com amplas referências bibliográficas). Acesso em: 18 dez. 2021.

o processo administrativo mediante participação concomitante de todas as autoridades e agentes decisórios e dos responsáveis pela instrução técnico-jurídica, observada a natureza do objeto e a compatibilidade do procedimento e de sua formalização com a legislação pertinente." Esse é, nos termos dos nossos dispositivos da Lei nº 9.784/1999, o que se pode entender por "decisão coordenada".

Em primeiro lugar, note-se que Lei nº 14.210/2021 tem origem remota na proposta do anteprojeto de normas gerais para a Administração Pública, oriunda de grupo de juristas liderados pelo Professor Paulo Modesto, que tinha como um de seus eixos centrais a coordenação e a uniformidade da atuação administrativa, a fim de atenuar o risco de colisões e decisões antitéticas por parte de órgãos e entidades (inclusive quanto a órgãos de controle).[4]

Nesse sentido, a "decisão coordenada" é uma das formas de atuação cooperativa da Administração Pública – ou, como prefere Carolina Stéphanie Francis dos Santos Maciel, de "articulação administrativa".[5] Os órgãos e entidades são incentivados a desenvolver esforços colaborativos, a fim de negociar soluções multipartes – inclusive, com incidência unitária em seus polos ativos (os sujeitos administrativos a quem se imputam os atos) e passivos (as pessoas privadas que experimentarão, direta ou indiretamente, os efeitos do ato).

Sérvulo Correia, ao tratar da "conferência procedimental" portuguesa, traz lições que assim podem ser adaptadas à "decisão coordenada" brasileira: trata-se de processo acessório, que instala "uma matriz do exercício em comum ou conjugado de competências tituladas por órgãos distintos", com vistas à "promoção da eficiência, da economicidade e da celeridade da atividade administrativa".[6]

---

[4] Cf. MODESTO, Paulo. Anteprojeto de Nova lei de Organização Administrativa: síntese e contexto. *Revista Eletrônica de Direito do Estado – REDE* 27, Salvador, jul./set. 2011. Disponível em: http://www.direitodoestado.com.br/codrevista.asp?cod=524. Acesso em: 18 dez. 2021.

[5] MACIEL, Carolina Stéphanie Francis dos Santos. Articulação administrativa: por uma reforma cultural da administração pública, *Revista de Direito Administrativo – RDA*, Rio de Janeiro, n. 280, p. 201-225, maio/ago. 2021. Disponível em: https://bibliotecadigital.fgv.br/ojs/index.php/rda/article/view/84495/80109. Acesso em: 18 dez. 2021.

[6] CORREIA, Sérvulo. Da conferência procedimental. *In:* CARVALHO, Ana Celeste (Org.). *O Novo Código do Procedimento Administrativo,* Lisboa: Centro de Estudos Judiciários, 2016, p. 111-112. Disponível em: http://www.cej.mj.pt/cej/recursos/ebooks/Administrativo_

Talvez a conclusão mais importante esteja na natureza e regime jurídico do ato administrativo que resulta desse processo decisório *sui generis*: será um "ato unitário (e não um feixe de atos) mas de conteúdo complexo", praticado apenas "quando for de cariz positivo" (eis que não pode resultar em ato global negativo, caso frustradas as negociações). Mas, atenção: será ato "complexo quanto à autoria, uma vez que é conjuntamente imputado à totalidade dos órgãos participantes."[7]

Vejamos como isso se dá no caso brasileiro, que tem lá suas peculiaridades. A possibilidade de se instalar o processo de decisão coordenada pode se dar desde que a matéria seja relevante e essa importância demande a articulação ou se "houver discordância que prejudique a celeridade do processo administrativo decisório" (art. 49-A, incs. I e II). Em contrapartida, é proibida a sua instalação em processos licitatórios, ou que envolvam "poder sancionador" – ou mesmo que envolvam autoridades de Poderes distintos (art. 49-A, §6º, incs. I, II e III).

Dessa ordem de processo decisório coletivo poderão participar não só os órgãos e entidades imediatamente envolvidos, mas também aqueles interessados que atendam aos requisitos do art. 9º da Lei nº 9.784/1999.

Todos os órgãos e entidades deverão apresentar "documento específico sobre o tema atinente à respectiva competência" (art. 49-E), que subsidiará os debates e haverá de ser levado em conta nas respectivas deliberações. Como anotou Paulo Modesto, na decisão coordenada "é previsto um *módulo de instrução e de decisão compartilhada*, tendencialmente *síncrono e breve, destinado a estruturar a manifestação concomitante de órgãos e entidades diversas* e que de outro modo atuariam sequencialmente e isoladamente no âmbito do processo administrativo ordinário."[8]

O processo de deliberação colegiada culminará, em prazo razoável, em ata a ser assinada por todos os órgãos e entidades

---

fiscal/eb_novo_CPCA.pdf. Acesso em: 18 dez. 2021.

7 CORREIA, Sérvulo. "Da conferência procedimental", *op. cit.*, p. 116.

8 MODESTO, Paulo. Decisão coordenada: experimentação administrativa processual, *Consultor Jurídico*, 02 dez. 2021. Disponível em: https://www.conjur.com.br/2021-dez-02/interesse-publico-decisao-coordenada-experimentacao-administrativa-processual. Acesso em: 22 dez. 2021.

participantes, da qual constarão, para além do relatório e síntese, especialmente: (i) o registro "das orientações, das diretrizes, das soluções ou das propostas de atos governamentais relativos ao objeto da convocação"; (ii) posicionamento expresso dos participantes "para subsidiar futura atuação governamental em matéria idêntica ou similar" e (iii) "decisão de cada órgão ou entidade relativa à matéria sujeita à sua competência" (art. 49-G, incs. IV, V e VI).

Ou seja, haverá uma decisão positiva coletiva, em dois níveis materiais de normatividade intersubjetiva: (i) os temas gerais, que promovam uniformização sobranceira às partes, e (ii) os temas especiais, relativos à competência privativa de cada órgão ou entidade. Existirá, portanto, um ato administrativo plurissubjetivo e complexo, eis que emana de várias pessoas e pode conter múltiplos assuntos, todos enfeixados e uniformizados numa só ata-decisão, a "decisão coordenada".

Como se constata, portanto, a decisão coordenada tem a finalidade de permitir a participação/integração de todos os interessados/legitimados na futura decisão administrativa, a fim de acelerar e conferir unidade a processos decisórios complexos, que digam respeito a mais de um órgão ou entidade administrativa federal. Por um lado, incrementa o diálogo e a participação democrática na formação dos atos administrativos; por outro, diminui os conflitos (e respectivos custos), harmonizando perspectivas e soluções consensuais.

E respeitada a ritualística imposta por lei – que busca acomodar a realidade administrativa concreta –, a estruturação institucionalizada de decisões coordenadas a partir da lógica negocial permite ir além, pois amplia os horizontes do processo administrativo que conhecemos. Em ambiente cognitivo diverso daquele até então explorado, as deliberações colegiadas se instalarão a partir de debates entre órgãos, entidades e/ou setores com competências concorrentes que, voluntariamente, sentam-se à mesa de negociação para *orquestrar soluções que criem valor*.

A começar pela técnica, não se ignoram os desafios. Muitas das habilidades fundamentais à boa negociação se distanciam dos ensinamentos que a matriz curricular da Faculdade de Direito oferece. Perfeitas condições de temperatura e pressão partem não de conhecidos precedentes e elaboração de estratégias processuais, mas de molduras analíticas e competências comunicacionais. Afinal, a pretendida harmonização decisória depende da confiança mútua e, quando uma parte percebe que a outra frustrou ou vai frustrar seus interesses, a convergência cede lugar à espiral negativa de conflito – naturalmente traduzida em indesejáveis (e inócuas) reações de luta ou fuga.

Mais: uma vez ultrapassada a fronteira da contraposição de interesses, a manutenção da zona de convergência depende de cautela e diligência para que a oportunidade de cooperação institucional não se transforme rapidamente em adversidade: o êxito dos trabalhos está intimamente atrelado ao *afinamento entre os participantes*. Exigirá, portanto, a compreensão clara de posições e reais interesses de cada um dos envolvidos na *sinfonia negocial*.

A boa notícia é que diversas etapas e ferramentas já foram consolidadas no célebre Programa de Negociação da Escola de Harvard.[9] A partir de seu estudo, sabe-se que é indispensável satisfazer os próprios interesses sem desconsiderar os interesses dos demais. Em dupla via, as propostas lançadas e compromissos assumidos devem ser realistas (exequíveis), suficientes (completos) e operativos (definindo quem, quando, onde, como, por que e para que se prestam). As opções geradas não comportam desperdício e são mais sustentáveis quando baseadas em critérios de legitimidade.

Como ocorre nas negociações privadas, o diálogo franco e prospectivo viabiliza a redução da assimetria informacional e, com isso, garante maior controle de procedimento e resultado. A decisão será combinada e estruturada de forma coesa, gerando estabilidade, previsibilidade e confiança. Para tanto, conjugará interesses e informações oficiais a respeito do assunto que se pretende coordenar. Assim, mesmo que daí não resulte acordo parcial ou total, tem-se grande atenuação dos riscos de colisões e decisões antagônicas.

Na contramão das negociações distributivas, o que se pretende aqui é explorar todas as alternativas legalmente possíveis e opções mutuamente desejáveis, mesmo quando não se equivalem ou mimetizam. Por consequência, espera-se que o resultado arquitetado

---

[9] Ampliar em: https://www.pon.harvard.edu/.

evite decisões administrativas justapostas e judicializações desnecessárias. Ganha o administrado e ganha, ainda mais, a administração.

Bem vistas as coisas, ao dedicar à decisão coordenada olhar atento é possível compreender, a um só tempo, que a institucionalização da prática negocial orquestra soluções administrativas que criam valor e, a partir daí, estabelece novas realidades para o Direito Administrativo como um todo.

Referências

CORREIA, Sérvulo. Da conferência procedimental. *In:* CARVALHO, Ana Celeste (Org.). *O Novo Código do Procedimento Administrativo,* Lisboa: Centro de Estudos Judiciários, 2016, p. 111-112. Disponível em: http://www.cej.mj.pt/cej/recursos/ebooks/Administrativo_fiscal/eb_novo_CPCA.pdf. Acesso em: 18 dez. 2021.

MACIEL, Carolina Stéphanie Francis dos Santos. Articulação administrativa: por uma reforma cultural da administração pública, *Revista de Direito Administrativo – RDA,* Rio de Janeiro, n. 280, p. 201-225, maio/ago. 2021. Disponível em: https://bibliotecadigital.fgv.br/ojs/index.php/rda/article/view/84495/80109. Acesso em: 18 dez. 2021.

MODESTO, Paulo. Anteprojeto de Nova lei de Organização Administrativa: síntese e contexto. *Revista Eletrônica de Direito do Estado – REDE* 27, Salvador, jul./set. 2011. Disponível em: http://www.direitodoestado.com.br/codrevista.asp?cod=524. Acesso em: 18 dez. 2021.

MODESTO, Paulo. Decisão coordenada: experimentação administrativa processual, *Consultor Jurídico,* 02 dez. 2021. Disponível em: https://www.conjur.com.br/2021-dez-02/interesse-publico-decisao-coordenada-experimentacao-administrativa-processual. Acesso em: 22 dez. 2021.

MOREIRA, Egon Bockmann. Breves notas sobre a "decisão coordenada" (Lei nº 14.210/2021). *Jota,* 04 out. 2021. Disponível em: https://www.jota.info/opiniao-e-analise/artigos/breves-notas-sobre-a-decisao-coordenada-04102021. Acesso em: 18 dez. 2021.

PIRES, Maria Coeli Simões; COSTA Mila Batista Leite Corrêa da; CORDEIRO, Caio Barros; CARDOSO, José Luiz Ferreira Cardoso. *Conferência de serviços*: reflexões e perspectivas para a construção de um novo instrumento de governança democrática. Disponível em: http://www.mariacoeli.com.br/confere%CC%82ncia-de-servic%CC%A7os-reflexo%CC%83es-e-perspectivas-para-a-construc%CC%A7a%CC%83o-de-um-novo-instrumento-de-governanc%CC%A7a-democratica1/. Acesso em: 18 dez. 2021.

SERRÃO, Tiago. "A conferência procedimental no novo Código do Procedimento Administrativo: primeira aproximação". *In:* CARVALHO, Ana Celeste (Org.). *O Novo Código do Procedimento Administrativo.* Lisboa: Centro de Estudos Judiciários, 2016, p. 125-148. Disponível em: http://www.cej.mj.pt/cej/recursos/ebooks/Administrativo_fiscal/eb_novo_CPCA.pdf, (com amplas referências bibliográficas). Acesso em: 18 dez. 2021.

Informação bibliográfica deste texto, conforme a NBR 6023:2018 da Associação Brasileira de Normas Técnicas (ABNT):
MOREIRA, Egon Bockmann; CRUZ, Elisa Schmidlin. "Decisão coordenada" (Lei nº 14.210/2021): orquestrando soluções administrativas que criam valor. *In*: CUÉLLAR, Leila; MOREIRA, Egon Bockmann; GARCIA, Flávio Amaral; CRUZ, Elisa Schmidlin. *Direito Administrativo e Alternative Dispute Resolution*: arbitragem, *dispute board*, mediação e negociação. Com comentários à legislação do Rio de Janeiro, São Paulo, Rio Grande do Sul e União sobre arbitragem e mediação em contratos administrativos e desapropriações. 2. ed. Belo Horizonte: Fórum, 2022. p. 69-75. ISBN 978-65-5518-404-4.

TRIBUNAIS DE CONTAS PODEM CONTROLAR ACORDOS DE LENIÊNCIA?[1]

EGON BOCKMANN MOREIRA

Originalmente pautados pela fiscalização posterior da Administração Pública, desde o início dos anos 2000 os Tribunais de Contas ampliaram significativamente o seu espectro de ação. Isso sem limites claros, tanto em termos substanciais (a matéria objeto do controle) quanto subjetivos (as pessoas a serem controladas) e cronológicos (o momento em que o controle é exercitado).

Assim, a singela expressão constitucional "fiscalização contábil, financeira, orçamentária, operacional e patrimonial" (título da seção IX, do capítulo que trata do Poder Legislativo – onde estão situadas as cortes de contas) vem prosperando de modo inercial, o que se dá, na maioria das vezes, por ato dos próprios Tribunais de Contas em seus regimentos internos, instruções normativas e decisões que apreciam consultas ou julgam casos concretos.

Entende-se, de modo autoatributivo, que "fiscalização" é muito mais do que o tradicional controle binário (aprova ou desaprova as contas). Inclusive, abrangeria o ato de decidir, de maneira substitutiva àquela do titular da competência pública (os órgãos do Poder Executivo definidos em lei). Hoje, os tribunais de Contas não só fiscalizam as contas e a execução de contratos, mas se imiscuem ativamente em políticas públicas, regulamentos administrativos, editais de licitação, termos de ajustes de conduta e de parceria, decretos da presidência da República etc.

Essa capacidade de decidir positivamente foi alargada pelas cortes de contas e aceita pelos controlados – seja por conveniência,

---

1 Uma versão deste ensaio foi publicada no jornal *Gazeta do Povo*, 13 jul. 2018. Disponível em: https://www.gazetadopovo.com.br/justica/colunistas/egon-bockmann-moreira/tribunais-de-contas-podem-controlar-acordos-de-leniencia-77we8fvgzumzr9nykivxoond3/. Acesso em: 08 dez. 2021.

preguiça, ignorância ou medo. Muitas vezes, é de se sublinhar, as decisões bem apontam desvios e erros. Antecipam-se e previnem danos. Fato é que, hoje, tais tribunais não só controlam, mas, sim, administram – o que acabou por legitimar excessos e a ausência de controle dos controladores –, e como se sabe desde antes de Montesquieu, o abuso é natural àquele que detém o poder.

Mais recentemente, esse desafio foi posto à luz nos acordos de leniência firmados pela Administração Pública com empresas – públicas e privadas – envolvidas em escândalos de corrupção. Ora, o acordo de leniência é negócio jurídico-administrativo, com tipicidade fechada, firmado entre Administração Pública e pessoas privadas. É típico porque sua prática pressupõe leis específicas e detalhadas que preceituem quem, quando, onde e por que pode ser celebrado. Não se permite que seja implementado por quem quer, mas só por quem pode, segundo a norma jurídica que expressamente atribua tal competência à autoridade administrativa.

No caso brasileiro, a leniência está prevista na Lei nº 12.529/2011, que imputa competências privativas às autoridades de defesa da concorrência para os celebrar, e na Lei nº 12.846/2013, a conhecida Lei Anticorrupção, ao determinar que "autoridade máxima de cada órgão ou entidade pública poderá celebrar acordo de leniência com as pessoas jurídicas responsáveis pela prática dos atos previstos nesta Lei" (art. 16) e que "a Controladoria-Geral da União – CGU é o órgão competente para celebrar os acordos de leniência no âmbito do Poder Executivo federal" (art. 16, §10).

Outros órgãos públicos podem participar da constituição do acordo de leniência – como já decidiu o TRF da 4ª Região no Agravo de Instrumento nº 5023972-66.2017.4.04.0000/PR, de relatoria da Des. Federal Vânia Hack de Almeida –, mas isso não é condição de sua perfeição, validade e eficácia. O importante é que ele seja desenvolvido e celebrado pela autoridade a quem a lei outorga a competência privativa para tal – e assim gere efeitos imediatos. Isso por diversos motivos.

Os acordos de leniência consubstanciam *trade-off* bastante peculiar, eis que envolvem bens assimétricos: por um lado, o dano – patrimonial e institucional – sofrido pela Administração Pública; por outro, a capitulação do infrator, as informações de que ele dispõe e a indenização que consegue adimplir. É ilusório pensar-se em equivalência, comutatividade ou plena satisfação com o resultado.

A não ser os psicopatas, ninguém fica feliz em confessar ilícitos, da mesma forma que nenhuma autoridade se regozija em suavizar a aplicação de penalidades a infratores confessos. Não é para isso que servem os acordos de leniência. Eles se prestam a por fim a processos e a fornecer informações de difícil ou impossível obtenção por parte das autoridades públicas (ao lado de compensações e de compromissos de condutas). Trata-se de pactos prospectivos, destinados a criar soluções futuras para problemas passados.

Tais intensas assimetrias, ao lado do risco moral, fazem com que as tratativas dos acordos de leniência sejam extremamente delicadas e minuciosas, a fim de gerar resultados firmes. Aqui desponta o dever de manusear com habilidade as três tensões ínsitas a qualquer negociação, tal como descritas por Robert Mnookin, professor do *Program on Negotiation* da *Harvard Law School*: (i) entre criação e distribuição de valores; (ii) entre principais (os titulares do bem negociado) e agentes (os representantes) e (iii) entre empatia e assertividade.[2] As duas primeiras são mais apropriadas para o problema "acordos de leniência – Tribunais de Contas".

Inicialmente, tratemos da tensão "criação de valor *vs* distribuição de valor". De usual, negociações são pautadas pela distribuição (quem ficará com a maior fatia do bolo), mas essa é visão acanhada da realidade, eis que cria soluções insatisfatórias – e não se presta a resolver os dilemas dos acordos de colaboração, em que o mais importante é a criação de valores (materiais e imateriais).

Sabe-se que ilícitos foram cometidos e não podem ser desfeitos. Alguns dos efeitos podem ser atenuados ou mesmo extintos, mas a negociação será muito mais proveitosa se criar valor (ressarcimentos, informações, práticas futuras, compromissos, referências culturais etc.). Esses assuntos, porque essencialmente díspares (não existem "unidades" de informação, nem comparação entre seu valor e moedas circulantes), precisam ser submetidos à sensatez, bom senso e prudência de quem negocia – e só de quem

---

[2] MNOOKIN, Robert H. *Beyond Winning*: negotiating to create value in deals and disputes. Cambridge: Belknap Press, 2004. Ampliar em: https://www.pon.harvard.edu/tag/three-tensions/.

negocia (nunca de terceiros alheios ao drama que é transacionar temas de tamanha sensibilidade).

Porém, a tensão "agente-principal" é ainda mais desafiadora. Quando se faz a negociação em acordos de leniência, que se dá entre pessoas jurídicas e envolve temas vulneráveis (admissão de ilícitos; atribuição de responsabilidades a terceiros; quantificação e assunção de débitos; atenuação de sanções legais etc.), é indispensável que ela se dê entre quem pode efetivamente decidir. É imprescindível que o negócio seja vinculante para as partes que o firmaram. Caso a validade e eficácia de tal acordo – e o seu conteúdo – sejam passíveis de apreciação/revisão por terceiros ou, o que é pior, necessitem de ser homologadas por quem não participou das negociações, uma coisa é certa: uma das partes não negociou com o "principal", mas com o "agente". A negociação de nada valeu – e quem entrar em cena para a aprovar será então revelado como o verdadeiro dono dos interesses transacionados.

Ocorre que, no caso de negócios jurídico-administrativos típicos, é a lei quem define quem é o "principal": são os órgãos administrativos detentores de tal competência privativa as únicas partes aptas a se sentarem à mesa, negociarem e celebrarem o acordo de leniência.

Como se pode constatar, existem fronteiras rígidas à intervenção dos Tribunais de Contas nos acordos de leniência. Não se está diante de contratos ou pactos que se submetam naturalmente à sua "fiscalização contábil, financeira, orçamentária, operacional e patrimonial" – como se houvesse várias rodadas de negociações precárias, ou como se a Lei nº 12.846/2013 nada valesse. Quem detém competência privativa para se sentar à mesa e celebrar acordos de leniência são as autoridades previstas em lei. O conteúdo do acordo integra o núcleo, duro e indevassável, da competência discricionária desses órgãos públicos. Caso haja ilícitos – antes, durante ou depois – dos acordos, merecem ser reprimidos com firmeza. Mas isso não importa dizer que a validade e eficácia dos acordos de leniência dependam do aval das cortes de contas.

Referências

MNOOKIN, Robert H. *Beyond Winning*: negotiating to create value in deals and disputes. Cambridge: Belknap Press, 2004.

MOREIRA, Egon Bockmann. Tribunais de Contas podem controlar acordos de leniência?. *Gazeta do Povo*, 13 jul. 2018. Disponível em: https://www.gazetadopovo.com.br/justica/colunistas/egon-bockmann-moreira/tribunais-de-contas-podem-controlar-acordos-de-leniencia-77we8fvgzumzr9nykivxoond3/. Acesso em: 08 dez. 2021.

Informação bibliográfica deste texto, conforme a NBR 6023:2018 da Associação Brasileira de Normas Técnicas (ABNT):
MOREIRA, Egon Bockmann. Tribunais de Contas podem controlar acordos de leniência?. *In*: CUÉLLAR, Leila; MOREIRA, Egon Bockmann; GARCIA, Flávio Amaral; CRUZ, Elisa Schmidlin. *Direito Administrativo e Alternative Dispute Resolution*: arbitragem, *dispute board*, mediação e negociação. Com comentários à legislação do Rio de Janeiro, São Paulo, Rio Grande do Sul e União sobre arbitragem e mediação em contratos administrativos e desapropriações. 2. ed. Belo Horizonte: Fórum, 2022. p. 77-81. ISBN 978-65-5518-404-4.

IMPRESSÕES SOBRE A AUTOCOMPOSIÇÃO PARA PREVENÇÃO E SOLUÇÃO DE CONFLITOS NA NOVA LEI DE LICITAÇÕES E CONTRATOS ADMINISTRATIVOS (LEI Nº 14.133/2021)

LEILA CUÉLLAR

1 Introdução

A Lei nº 14.133, de 1º de abril de 2021, Lei de Licitações e Contratos Administrativos, contém capítulo específico, no Título sobre Contratos Administrativos (Título III), acerca dos "meios alternativos de resolução de controvérsias", no qual cita a possibilidade de utilização, "notadamente", de conciliação, mediação, comitê de resolução de disputas e arbitragem. A legislação pretérita sobre licitações e contratos administrativos não disciplinava esse assunto.

O diploma consiste em novo marco para as licitações e contratos administrativos em todas as esferas da federação e certamente será objeto de regulamentação específica nos âmbitos federal, estaduais e municipais, dentro dos limites das competências de cada ente público, provavelmente inclusive no que se refere ao tema em comento.[1]

Nesse breve ensaio pretende-se abordar o que dispõe a Lei nº 14.133/2021 sobre a adoção de métodos consensuais/autocompositivos para a prevenção e a solução de conflitos envolvendo contratos

---

1 Assinale-se que o Estado do Paraná editou o Decreto nº 10.086, de 17.01.2022, contemplando, nos artigos 716 a 727, título sobre os meios alternativos de prevenção e resolução de controvérsias. Disponível em: https://www.legislacao.pr.gov.br/legislacao/listarAtosAno.do?action=exibir&codAto=259084&indice=2&totalRegistros=137&anoSpan=2022&anoSelecionado=2022&mesSelecionado=1&isPaginado=true. Acesso em: 09 jun. 2022.

administrativos. Busca-se contribuir de forma singela para a reflexão acerca do tema.

2 As previsões da Lei nº 14.133/2021 sobre métodos adequados de prevenção e solução de conflitos

A nova Lei de Licitações e Contratos Administrativos prevê, em seus artigos 151 a 154, a possibilidade de utilização de métodos de solução e prevenção de controvérsias como a conciliação, a mediação, os *dispute boards* e a arbitragem.

Assim estatuem os dispositivos legais:

> Art. 151. Nas contratações regidas por esta Lei, poderão ser utilizados meios alternativos de prevenção e resolução de controvérsias, notadamente a conciliação, a mediação, o comitê de resolução de disputas e a arbitragem.
>
> Parágrafo único. Será aplicado o disposto no *caput* deste artigo às controvérsias relacionadas a direitos patrimoniais disponíveis, como as questões relacionadas ao restabelecimento do equilíbrio econômico-financeiro do contrato, ao inadimplemento de obrigações contratuais por quaisquer das partes e ao cálculo de indenizações.
>
> Art. 152. A arbitragem será sempre de direito e observará o princípio da publicidade.
>
> Art. 153. Os contratos poderão ser aditados para permitir a adoção dos meios alternativos de resolução de controvérsias.
>
> Art. 154. O processo de escolha dos árbitros, dos colegiados arbitrais e dos comitês de resolução de disputas observará critérios isonômicos, técnicos e transparentes.

Observe-se, primeiramente, que o capítulo foi inserido no substitutivo do projeto de lei apresentado pela Câmara dos Deputados, ao analisar o projeto de lei encaminhado pelo Senado Federal.[2] A introdução de artigos relativos à adoção de "métodos alternativos de resolução de controvérsias" provavelmente acompanha posicionamento adotado pelo Senado e pela Câmara em relação a outros

---

[2] O parecer elaborado pelo relator do projeto aprovado no Senado, Senador Antonio Anastasia, apenas menciona a inclusão dos artigos, sem se referir à respectiva motivação (Parecer nº 181/2020, disponível no *site* do Senado Federal).

projetos de lei aprovados nos últimos anos (por exemplo, a lei que alterou o decreto que regulamenta a desapropriação por utilidade pública, Lei nº 13.867/219, e o novo marco legal do saneamento, Lei nº 14.026/2020, que contemplam disposições expressas sobre o tema), no sentido de prever a possibilidade de utilização de métodos de solução extrajudiciais que possibilitem resoluções de conflitos de forma menos demoradas e mais eficientes.[3]

A lei trilhou caminho acertado, ao aventar a possibilidade e não obrigatoriedade de utilização de meios extrajudiciais de solução de conflitos, uma vez que, considerando a natureza dos instrumentos citados, dos potenciais conflitos, dos custos, dentre outros fatores, compete à Administração Pública e à advocacia pública avaliar as situações em que a previsão e a utilização de tais métodos se mostram adequadas e eficientes.

Entendo, inclusive, que é com este olhar que deve ser interpretado o artigo 153, que versa sobre a possibilidade de aditamento de contratos para previsão dos métodos adequados de prevenção e solução de conflitos. Assim, caberá a análise minuciosa, em cada caso concreto, para verificar se é justificável e necessária a alteração contratual e qual será seu conteúdo.

Ainda, positiva a menção à prevenção e não apenas à solução de controvérsias. Atualmente, como já tive a oportunidade de me manifestar, o advogado (público e privado) possui papel importante na gestão, na prevenção e na solução apropriada de conflitos, devendo sempre avaliar, no caso concreto, qual o instrumento mais adequado para o fim almejado. Aliás, dentro do modelo de atuação do advogado moderno, em que se vislumbram múltiplas portas (para utilizar termo muitas vezes adotado para se referir ao modelo inserido no Código de Processo Civil de 2015) para gestão, prevenção e solução de controvérsias, o advogado deve atuar como um "arquiteto de processos", buscando o meio ou os meios adequados e eficientes (judicial ou extrajudicial) para o caso examinado, muitas vezes até modelando-os ou criando sistemas de

---

3 Nestes termos, por exemplo, expressamente constou na manifestação proferida no projeto de lei sobre a desapropriação por utilidade pública.

solução de conflitos.[4] Nesse sentido, e também com fundamento na busca de harmonia, consensualidade, mudança de cultura e paz social, deve-se valorizar o papel da prevenção de conflitos. Os instrumentos extrajudiciais de solução de conflitos, especialmente os métodos consensuais, em muito estimulam a prevenção, evitando que surjam ou se desenvolvam conflitos.

No que diz respeito ao adjetivo "alternativos", embora originalmente houvesse referência aos meios extrajudiciais de solução de conflitos como métodos alternativos (ou seja, alternativa à decisão judicial),[5] hoje há uma tendência em se adotar o termo adequado ou a interpretar alternativo com esse sentido. A doutrina e a legislação aludem a MASCs (Métodos Adequados/Alternativos de Solução de Conflitos/Controvérsias), RAD (Resolução Apropriada de Disputas) ou MESCs (Métodos Extrajudiciais de Solução de Conflitos/Controvérsias).[6]

O artigo 151 da nova lei, assim como o título do capítulo em que se insere, fala em "meios alternativos de resolução de controvérsias", reportando-se a meios extrajudiciais (autocompositivos ou heterocompositivos) que configurariam alternativa à solução judicial. Devemos compreendê-los como métodos extrajudiciais, adequados à solução de conflitos. Observando que muitas vezes a via judicial poderá ser o meio adequado no caso concreto.

Fernanda Medina Pantoja e Rafael Alves de Almeida também se pronunciam pela preferência na utilização do adjetivo adequado:

> Seria preferível, ao consagrado vocábulo "alternativos", o termo "adequados", porque tais métodos, conforme demonstrado, não configuram,

---

4 CUÉLLAR, Leila. *O advogado como arquiteto de processos*. *In*: CUÉLLAR, Leila; MOREIRA, Egon Bockmann; GARCIA, Flávio Amaral; CRUZ, Elisa Schmidlin. *Direito Administrativo e Alternative Dispute Resolution*: arbitragem, *dispute board*, mediação e negociação. Com comentários à legislação do Rio de Janeiro, São Paulo, Rio Grande do Sul e União sobre arbitragem e mediação em contratos administrativos e desapropriações. 2. ed. rev., ampl. e atual. Belo Horizonte: Fórum, 2022. ISBN 978-65-5518-404-44.

5 Inclusive no direito norte-americano, que muito influenciou a terminologia nesta área, a sigla ADR significa, originalmente, *Alternative Dispute Resolution*.

6 A própria Resolução nº 125/2010-CNJ, com a redação que lhe foi dada pela Resolução nº 326, de 26.06.2020, no *caput* do artigo 1º, trata da adequação, ao prever que "Fica instituída a Política Judiciária Nacional de Tratamento Adequado dos Conflitos de Interesses, tendente a assegurar a todos o direito à solução dos conflitos por meios adequados à sua natureza e peculiaridade".

propriamente, uma via alternativa ou oposta à jurisdição, senão um instrumento complementar ao Poder Judiciário. Por meios adequados entende-se que, para cada tipo de conflito existe um método de resolução mais apropriado, que atende com especificidade à natureza e às particularidades do caso. Sem dúvida, quanto mais opções existirem à disposição das partes, mais chances terão para resolver as suas divergências de forma criativa e eficiente.[7]

No que tange ao conteúdo dos dispositivos legais (artigos 151 a 154), importa frisar que não trazem grandes novidades. A inovação está contemplada na inserção do tema na Lei de Licitações e Contratos Administrativos, embora outros diplomas já tratem da matéria. Inclusive, diversos deles devem sem analisados em conjunto com a nova lei de licitações, como o Código de Processo Civil (Lei nº 13.105/2015), a Lei de Arbitragem (Lei nº 9.307/1996, com as alterações promovidas pela Lei nº 13.129/20150), a Lei de Mediação e Autocomposição (Lei nº 13.140/2015), o Decreto Federal nº 10.025/2019 etc. E, ainda, é preciso lembrar outros diplomas que também devem ser considerados quando da leitura e interpretação dos dispositivos da Lei de Licitações e Contratos Administrativos, como, por exemplo, a LINDB – Lei de Introdução às Normas de Direito Brasileiro (Decreto-lei nº 4.657/41, com a redação dada pela Lei nº 12.376/2010), a Lei de Acesso à Informação (Lei nº 12.527/2011) e a Lei Geral de Proteção de Dados Pessoais (Lei nº 13.709/2018).

Também acertada a norma legal, ao exemplificar os métodos que podem ser escolhidos para prevenção e solução de conflitos. Outros meios, legalmente cabíveis, poderão ser aventados ou

---

7 PANTOJA, Fernanda Medina Pantoja; ALMEIDA, Rafael Alves de. Os Métodos 'Alternativos' de solução de conflitos (ADRS). *In*: ALMEIDA, Tania; PELAJO, Samantha; JONATHAN, Eva (Coords.). *Mediação de Conflitos para iniciantes, praticantes e docentes*. 2. ed. rev., atual. e ampl. Salvador: JusPodivm, 2019, p. 59. No mesmo sentido, Maurício Morais Tonin os define como meios mais adequados e eficientes para a solução das controvérsias, alternativos ao processo judicial no Poder Judiciário (TONIN, Mauricio Morais. *Solução de controvérsias e poder público*: negociação e arbitragem. 2016. Tese (Doutorado) – Faculdade de Direito, USP, São Paulo, 2016. Disponível em: https://www.academia.edu/42716044/SOLU%C3%87%C3%83O_DE_CONTROV%C3%89RSIAS_E_PODER_P%C3%9ABLICO_NEGOCIA%C3%87%C3%83O_E_ARBITRAGEM?email_work_card=view-paper). Acesso em: 26 maio 2021. Ainda, sobre a adoção da técnica adequada à abordagem/respostas do conflito e postura do advogado, conferir as lições de Fernanda Tartuce (TARTUCE, Fernanda. *Mediação nos conflitos civis*. 4. ed. rev., atual. e ampl. Rio de Janeiro: Forense; São Paulo: Método, 2018, p. 97 e 107).

futuramente criados. Poder-se-á, inclusive, cogitar da combinação ou sequência de métodos (como as cláusulas escalonadas, que preveem a utilização sucessiva de instrumentos, como a mediação e a arbitragem) ou mesmo no desenho de sistemas de prevenção e solução de conflitos (*DSD – Dispute System Design*, na terminologia norte-americana).[8]

Nesse contexto, embora o legislador não tenha feito referência expressa, não se olvide do papel importante da negociação (pressuposto da celebração de contratos) como método extrajudicial, autocompositivo e adequado de solução conflitos, por meio do qual as próprias partes envolvidas em um conflito dialogam e podem chegar a uma solução consensual, a um acordo.

Por outro lado, sublinhe-se que a recente lei dedica os artigos 152 e 153 ao tratamento de alguns temas relativos à arbitragem.[9] Mencione-se que a disciplina da arbitragem está contemplada com mais detalhamento na lei de arbitragem e, pelo menos em alguns diplomas federais e estaduais já em vigor, como o Decreto Federal nº 10.025/2019, o Decreto nº 46.245/2018, do Rio de Janeiro, o Decreto nº 64.356/2019, de São Paulo, o Decreto nº 55.996/2021, do Rio Grande do Sul, e a Lei nº 19.477/2011, de Minas Gerais.

Importa vermos, em seguida, o que a nova Lei de Licitações e Contratos Administrativos diz a respeito dos meios consensuais/autocompositivos de prevenção e solução de conflitos.

---

8 No Direito norte-americano, por exemplo, outros métodos podem ser utilizados, como os *mini-trial, settlement conference, fact finding,* avaliação neutra de terceiro, dentre outros. Sobre o tema, conferir em Fernanda Tartuce (TARTUCE, Fernanda. *Mediação nos conflitos civis.* 4. ed. rev., atual. e ampl. Rio de Janeiro: Forense; São Paulo: Método, 2018, p. 166 e ss.).

9 Deixarei de abordar a arbitragem envolvendo a Administração Pública, bem como os *dispute boards,* uma vez que consistem em mecanismos heterocompositivos de solução ou de prevenção de conflitos e o escopo desse estudo envolve apenas os métodos consensuais/autocompositivos previstos na Lei nº 14.133/2021.

3 A autocomposição para prevenção e solução de conflitos de acordo com a nova Lei de Licitações e Contratos Administrativos

Abordarei neste tópico alguns temas relativos à autocomposição, em comentário aos artigos 151e 153 da Lei de Licitações e Contratos Administrativos.

Como já manifestado em outras ocasiões, a consensualidade envolvendo o atuar da Administração Pública ocorre em diversas searas, inclusive ela é inerente à própria ideia de celebração, alteração e extinção de contratos.[10] Contudo, quando se alude à autocomposição, no que se refere aos métodos de prevenção e solução de conflitos, o que se tem em mente é a solução do conflito pelas próprias partes, de forma consensual, com ou sem auxílio de terceiro(s).

Os métodos autocompositivos pressupõem que os próprios envolvidos no conflito os resolvam (façam sua composição), mediante negociação direta ou com o auxílio de terceiro, ou seja, negociação assistida ou facilitada por um terceiro (o que ocorre com os institutos da mediação e da conciliação, por exemplo, segundo a lei examinada).

Deve-se ressaltar que, ao contrário dos métodos heterocompositivos, em que a decisão é concebida por terceiro(s), como no caso da decisão judicial ou da decisão arbitral, os métodos autocompositivos almejam uma solução criada pelas partes, em conjunto. Esses métodos favorecem o diálogo entre as partes, a cooperação, a busca de soluções muitas vezes criativas e que atendam os interesses de todos os envolvidos. A adesão e o cumprimento do que foi negociado, nessas hipóteses, potencialmente pode ser maior, pois a solução foi construída pelas próprias partes e é fruto de consenso entre elas.

---

10 MOREIRA, Egon Bockmann; CUÉLLAR, Leila. *Administração pública e mediação*: notas fundamentais. *In*: CUÉLLAR, Leila; MOREIRA, Egon Bockmann; GARCIA, Flávio Amaral; CRUZ, Elisa Schmidlin. *Direito Administrativo e Alternative Dispute Resolution*: arbitragem, *dispute board*, mediação e negociação. Com comentários à legislação do Rio de Janeiro, São Paulo, Rio Grande do Sul e União sobre arbitragem e mediação em contratos administrativos e desapropriações. 2. ed. rev., ampl. e atual. Belo Horizonte: Fórum, 2022. ISBN 978-65-5518-404-44.

Importante lembrar no que se refere à consensualidade e à autocomposição que o Código de Processo Civil, em seu artigo 3º, parágrafos 2º e 3º, trata da inafastabilidade da jurisdição, mas também estatui que o Estado promoverá sempre que possível, a solução consensual de conflitos e que a "conciliação, a mediação e outros métodos de solução consensual de conflitos deverão ser estimulados por juízes, advogados, defensores públicos e membros do Ministério Público, inclusive no curso do processo judicial".[11] No artigo 165, o Código afirma que "Os tribunais criarão centros judiciários de solução consensual de conflitos, responsáveis pela realização de sessões e audiências de conciliação e mediação e pelo desenvolvimento de programas destinados a auxiliar, orientar e estimular a autocomposição".

Na mesma linha, o Código de Ética do Advogado, aprovado pela Resolução nº 02/2015-CFOAB, destaca que é dever do advogado "estimular, a qualquer tempo, a conciliação e a mediação entre os litigantes, prevenindo, sempre que possível a instauração de litígios" (artigo 2º, VI). O parágrafo 1º do artigo 8º, por sua vez, prescreve que o advogado público deve contribuir para a redução de litigiosidade.

Os diplomas legais, portanto, enfatizam o papel relevante da prevenção de litígios e da busca da consensualidade na solução de conflitos.

Sobre o tema, valiosas as conclusões de Heloysa Simonetti Teixeira:

> No campo dos conflitos dos contratos administrativos, a solução pode ser alcançada pelas partes envolvidas, em especial nas questões que envolvem aspectos técnicos atinentes ao caso concreto, não previstos em legislação específica. Não raras vezes, nessas situações, algumas demandas se arrastam por longos anos sem resposta adequada, seja no âmbito administrativo, seja no judicial. Por intermédio de resoluções consensuais, pode-se assegurar celeridade e efetividade às decisões, evitando-se prejuízos aos cofres públicos e ao particular, quer dizer, tem-se o desfecho esperado pelo cidadão.[12]

---

[11] Aliás, como já mencionado, nesse diapasão, também, a Resolução nº 125/2010-CNJ e a criação dos CEJUSCs – Centros Judiciários de Solução de Conflitos e Cidadania, do Poder Judiciário.

[12] TEIXEIRA, Heloysa Simonetti. *Resolução consensual de conflitos e contratos administrativos*: instrumento de pacificação social e de acesso à justiça. Rio de Janeiro: Lumen Juris, 2021, p. 128.

A previsão da possibilidade de adoção de métodos autocompositivos para solução de conflitos envolvendo contratos administrativos, portanto, está em consonância com a política atual de solução de controvérsias prevista inclusive no Código de Processo Civil.

Conforme apontado, o legislador inseriu dois exemplos de solução autocompositiva de conflitos no *caput* do artigo 151 da Lei de Licitações e Contratos Administrativos: conciliação e mediação, mas não os explica. Acrescentemos, desde logo, a esse rol exemplificativo, a negociação.[13]

De acordo com o Código de Processo Civil, ao especificar o papel do conciliador e do mediador (artigo 165, parágrafos 2º e 3º), na conciliação, o terceiro facilitador (conciliador), "atuará preferencialmente nos casos em que não houver vínculo anterior entre as partes" e "poderá sugerir soluções para o litígio". Já o mediador "atuará preferencialmente nos casos em que houver vínculo anterior entre as partes" e "auxiliará aos interessados a compreender as questões e os interesses em conflito, de modo que eles possam, pelo restabelecimento da comunicação, identificar, por si próprios, soluções consensuais que gerem benefícios mútuos". O Manual de Mediação do CNJ dispõe no mesmo sentido, diferenciando mediação e conciliação, em razão do papel mais ou menos atuante do terceiro facilitador, bem como em virtude da natureza da existência ou não de vínculo anterior entre as partes envolvidas no conflito.[14]

Observando que a diferença entre os institutos é tênue, Rafael Carvalho Rezende Oliveira afirma que "Enquanto na mediação o mediador, neutro e imparcial, auxilia as partes na composição do conflito, na conciliação, o conciliador, mantidas a neutralidade e

---

[13] O presente artigo não trata dos *dispute boards* (comitês de prevenção e resolução de disputas), pois, embora muito contribuam para a prevenção de litígios, a solução é elaborada por terceiros, membros do comitê, consistindo em método heterocompositvo de prevenção e solução de conflitos. Para uma análise sobre os *dispute boards* na Lei nº 14.133, remetemos ao estudo de Marco Antonio Rodrigues e Felipe Varela Mello (RODRIGUES, Marco Antonio; MELLO, Felipe Varela. Os *dispute boards* na nova Lei de Licitações e Contratos Administrativos. *Consultor Jurídico*, 20 abr. 2021. Disponível em: https://www.conjur.com.br/2021-abr-20/rodrigues-varela-dispute-boards-lei-licitacoes. Acesso em 26: maio 2021).

[14] AZEVEDO, André Gomma de (Org.). *Manual de Mediação Judicial*, 6. ed. Brasília/DF: CNJ, 2016, p. 20 e 21. Disponível em: https://www.cnj.jus.br/wp-content/uploads/2015/06/f247f5ce60df2774c59d6e2dddbfec54.pdf. Acesso em: 26 maio 2021.

a imparcialidade, pode exercer papel mais ativo na condução do diálogo, apresentação de sugestões e na busca pelo acordo".[15]

Entendo que uma noção ampla de mediação, significando, em síntese, a negociação assistida por um terceiro, abrangeria as hipóteses de solução autocompositiva citadas pela Lei nº 14.133/2021, pelo CPC, e mesmo pela Lei nº 13.140/2015. O que variaria, na prática, seria apenas o estilo de mediação adotado, a forma de atuação do mediador, mais facilitadora ou avaliativa, por exemplo, inclusive dependendo da natureza do conflito.[16]

Comparando os dois institutos citados pelo legislador, Luciane Moessa de Souza define a mediação como "a intervenção construtiva de um terceiro imparcial junto às partes nele envolvidas, com vistas à busca de uma solução pelas próprias partes".[17] Destaca a autora que o termo conciliação, em geral, é utilizado para se referir a métodos que busquem simplesmente alcançar um acordo entre as partes com relação ao objeto do conflito e é mais comum sua utilização "no âmbito dos programas desenvolvidos pelo Poder Judiciário e os programas extrajudiciais, via de regra, prefiram utilizar a metodologia da mediação".[18]

Cabe assinalar que a Lei nº 13.140/2015 (Lei de Mediação e Autocomposição) prevê no artigo 1º que o diploma legal "dispõe sobre a mediação como meio de solução de controvérsias entre particulares e sobre a autocomposição de conflitos no âmbito da administração pública". Referida lei parte do pressuposto, nas duas hipóteses, de solução consensual das partes, de negociação assistida por um terceiro. Nos artigos 32 e seguintes, a lei aborda a autocomposição de conflitos envolvendo entes públicos, referindo-se especificamente à criação de câmaras de autocomposição no

---

[15] OLIVEIRA, Rafael Carvalho Rezende. *Nova Lei de Licitações e Contratos Administrativos*: comparada e comentada. 1. ed. Rio de Janeiro: Forense, 2021, p. 344.

[16] Sobre diferentes estilos de mediação, conferir em HOPE, Mary Kendall. *The Guided Method of Mediation*: a return to the original ideals of ADR. Raleigh, North Carolina: Pax Pugna Publishing, 2014, p. 35-42.

[17] SOUZA, Luciane Moessa. *Meios consensuais de solução de conflitos envolvendo entes públicos*: negociação, mediação e conciliação na esfera administrativa e judicial. Belo Horizonte: Fórum, 2012, p. 55.

[18] SOUZA, Luciane Moessa. *Meios consensuais de solução de conflitos envolvendo entes públicos*: negociação, mediação e conciliação na esfera administrativa e judicial. Belo Horizonte: Fórum, 2012, p. 72 e 73.

âmbito das advocacias públicas (como também menciona o artigo 174 do CPC).

No parágrafo único do artigo 1º, a lei explica que a mediação seria a atividade técnica exercida por terceiro imparcial sem poder decisório, que, escolhido ou aceito pelas partes, as auxilia e estimula a identificar ou desenvolver soluções consensuais para a controvérsia.

A Lei de Mediação e Autocomposição não traz uma definição do que seria a autocomposição por meio das câmaras de prevenção e resolução administrativa de conflitos, apenas exemplifica, no parágrafo único do artigo 32, algumas matérias que podem ser objeto de autocomposição: "I - dirimir conflitos entre órgãos e entidades da administração pública; II - avaliar a admissibilidade dos pedidos de resolução de conflitos, por meio de composição, no caso de controvérsia entre particular e pessoa jurídica de direito público; III - promover, quando couber, a celebração de termo de ajustamento de conduta".[19]

A Lei nº 13.140, ao tratar de câmaras de autocomposição da advocacia pública, órgão específico, criado nos termos do CPC e da Lei nº 13.140, parece adotar o termo autocomposição para se referir à mediação (no sentido de negociação assistida por um terceiro) envolvendo entes públicos como parte, realizada dentro de câmara da Administração Pública (da advocacia pública, criada nos termos do artigo 32 da lei).

Como destaquei acima, acredito que uma noção ampla do termo mediação abrangeria as hipóteses de solução autocompositiva, consistentes em negociação assistida por um terceiro (imparcial e independente).[20]

Importante tecer, em seguida, algumas ponderações sobre o conteúdo do artigo 151, aplicável, segundo o legislador, para todos os meios adequados de solução de conflitos (autocompositivos e heterocompositivos).

---

[19] Possui teor semelhante o artigo 174 do CPC, apenas contendo redação distinta para o inciso II: "avaliar a admissibilidade dos pedidos de resolução de conflitos, por meio de conciliação, no âmbito da administração pública".

[20] Deixo de discorrer sobre a noção, características, princípios etc. da mediação, pois o tema não integra o objeto de estudo do presente ensaio.

O parágrafo único do artigo 151 entende cabível a utilização dos métodos adequados de solução de conflitos, conforme disposto no *caput*, para controvérsias relacionadas a direitos patrimoniais disponíveis, como (i) as questões relacionadas ao restabelecimento do equilíbrio econômico-financeiro do contrato, (ii) ao inadimplemento de obrigações contratuais por quaisquer das partes e (iii) ao cálculo de indenizações.

O rol é exemplificativo, conforme menciona a própria lei.

A norma, portanto, refere-se a critérios de patrimonialidade e disponibilidade para delimitação do objeto de mediações, conciliações, *dispute boards*, arbitragens ou outros métodos adequados de solução de conflitos, na mesma linha do que já constava na lei de arbitragem (artigo 1º, parágrafo 1º da Lei nº 9.397/95, com a alteração dada pela Lei nº 13.129/2015).

Assim como a Lei nº 9.397, diversos diplomas legais que tratam de arbitragem contemplam a delimitação do seu conteúdo (arbitrabilidade objetiva) aos direitos patrimoniais disponíveis.[21] Por exemplo, o Decreto Estadual do Rio de Janeiro, Decreto nº 46.245/2018 (artigo 1º), o Decreto Estadual de São Paulo, Decreto nº 64.356/2019 (artigo 1º), o Decreto Estadual do Rio Grande do Sul, Decreto nº 55.996/2021 (artigo 2º), e o Decreto nº 10.025/2019 (artigo 2º).[22]

O tema ainda gera dúvidas e grande debate doutrinário. Para exemplificar, mencionemos pelo menos três citações sobre a noção de "direitos patrimoniais disponíveis", a partir de comentários relativos à arbitragem.

Egon Bockmann Moreira e Elisa Schmidlin Cruz assim se pronunciam:

---

21 Para um estudo aprofundado sobre a noção de arbitrabilidade objetiva, inclusive na doutrina estrangeira, remetemos ao estudo de Bruno Lopes Megna (MEGNA, Bruno Lopes. *Arbitragem e Administração Pública*. 1. ed. Belo Horizonte: Fórum, 2019, p. 142-164. Disponível em: https://www.forumconhecimento.com.br/livro/3942. Acesso em: 23 maio 2021).

22 O parágrafo único do artigo 2º exemplifica alguns temas que considera como controvérsias sobre direitos patrimoniais disponíveis: I - as questões relacionadas à recomposição do equilíbrio econômico-financeiro dos contratos; II - o cálculo de indenizações decorrentes de extinção ou de transferência do contrato de parceria; e III - o inadimplemento de obrigações contratuais por quaisquer das partes, incluídas a incidência das suas penalidades e o seu cálculo. Em sentido semelhante dispõe o artigo 2º, inciso I, alíneas *a*, *b* e *c* do Decreto Estadual do Rio Grande do Sul nº 55.996/2021.

> Constatação que gera significativas consequências quanto à ideia de 'direitos patrimoniais' disponíveis estabelecida como fronteira à arbitragem. Ora, se os regulamentos e os contratos são dispostos pela própria Administração Pública, pode-se entender que o que neles se origina e o que por eles é criado, salvo exceção expressa (ou remissão imediata às leis), tem como premissa cognitiva a disponibilidade e a possibilidade de ser submetido à instância arbitral.[23]

Por sua vez, Bruno Lopes Megna pontua:

> Assim, conclui-se que, no Direito brasileiro, conceitualmente, não há diferença ontológicas nos critérios de arbitrabilidade objetiva – e nem de arbitrabilidade subjetiva (cf. tópico 3.1.3) – entre pessoas públicas e pessoas privadas: ambas só poderão submeter à arbitragem (i) os direitos jurisdicionáveis (que podem ter destino decidido por jurisdição, seja estatal seja arbitral, o que exclui o poder de polícia e o mérito da discricionariedade administrativa, assim como as cláusulas regulamentares que os instrumentalizam); (ii) destes, os direitos que apresentam *patrimonialidade*, aferida da expressão econômica da relação, jurídica (o que exclui, desde logo, os poderes de império em si, embora não exclua eventual repercussão patrimonial que possam ter), e (iii) destes, os que admitam disponibilidade, aferida da negociabilidade do objeto (o que inclui parte importante dos atos de gestão, mas não todos eles), sempre se pressupondo, claro, (iv) que o objeto seja lícito, possível e determinado ou determinável, pois não se presta a arbitragem de instrumento de fraude à lei (deve apresentar, portanto, *arbitrabilidade com possibilidade jurídica lato sensu*).[24]

Cite-se, também, a observação de Gustavo Justino de Oliveira e Felipe Faiwichow Estefam sobre matérias arbitráveis:

> No bojo de contratos com a Administração Pública, entendemos que as seguintes matérias são temas passíveis de arbitragem: i) os termos sacramentados no contrato administrativo, pelas cláusulas regulamentares que são aquelas que disciplinam o modo e a forma de prestação do serviço; ii) as cláusulas econômico-financeiras e monetárias que são aquelas correspondentes à equação econômico-financeira do contrato;

---

[23] MOREIRA, Egon Bockmann; CRUZ, Elisa Schmidlin. Novos parâmetros da arbitragem frente à Administração Pública brasileira: o caso "Petrobras-ANP". *Revista de Direito Público da Economia - RDPE*, ano 18, n. 62, abr./jun. 2018. Disponível em: https://www.forumconhecimento.com.br/periodico/140/21655/67930. p. 234. Acesso em: 28 maio 2021.

[24] MEGNA, Bruno Lopes. *Arbitragem e Administração Pública*. 1. ed. Belo Horizonte: Fórum, 2019, p. 164. Disponível em: https://www.forumconhecimento.com.br/livro/3942. Acesso em: 23 maio 2021.

> iii) as hipóteses em que se assegura a manutenção do equilíbrio econômico-financeiro, pois dizem respeito à economia do contrato; e iv) as consequências patrimoniais advindas do uso das prerrogativas administrativas determinadas em cláusulas exorbitantes que afetem direitos do particular, especialmente as relacionadas ao dever de indenizar e recompor o equilíbrio econômico-financeiro. É essa a intelecção que deve ser feita pelo administrador ao redigir a cláusula arbitral.[25]

Comentando o dispositivo da nova Lei de Licitações e Contratos Administrativos, no que tange especificamente à arbitrabilidade objetiva e à noção de direitos patrimoniais disponíveis, Rafael Carvalho Rezende Oliveira anota:

> [...] A definição, contudo, daquilo que pode ser inserido na expressão "direitos patrimoniais disponíveis" é objeto de intensa polêmica, inclusive no campo normativo. Trata-se, a nosso ver, de assunto inerente às contratações administrativas, uma vez que o contrato é o instrumento que encerra a disposição, pela Administração, da melhor forma de atender o interesse público.
>
> Destarte, as questões que podem ser objeto da contratação administrativa são, em princípio, disponíveis, passíveis de submissão à arbitragem.[26]

Além dos diplomas relativos à arbitragem, algumas normas a respeito dos *dispute boards* também mencionam os critérios de patrimonialidade e disponibilidade para delimitar o objeto da solução extrajudicial.

Embora ainda não exista regulamentação federal sobre os *dispute boards*, sabe-se que tramita na Câmara dos Deputados o Projeto de Lei nº 2.421/2021 (anteriormente PL nº 206/2018-Senado), ao qual foi apensado o Projeto de Lei nº 9.883/2018 (Câmara). O Projeto de Lei nº 2.421/2021 prevê no *caput* do artigo 1º que:

> O instrumento convocatório da licitação e o contrato administrativo poderão prever Comitês de Prevenção e Solução de Disputas para dirimir conflitos relativos a direitos patrimoniais disponíveis em contratos da administração direta e indireta da União, dos Estados, do Distrito Federal e dos Municípios, os quais observarão as disposições desta Lei.

---

[25] OLIVEIRA, Gustavo Justino de; ESTEFAM, Felipe Faiwichow. *Curso prático de arbitragem e administração pública*. São Paulo: Thomson Reuters Brasil, 2019, p. 81.

[26] OLIVEIRA, Rafael Carvalho Rezende. *Nova Lei de Licitações e Contratos Administrativos*: comparada e comentada. 1. ed. Rio de Janeiro: Forense, 2021, p. 347.

Na mesma linha prescrevem o artigo 1º da Lei nº 16.873/2018, do município de São Paulo, o artigo 1º da Lei nº 12.810/2021, do município de Porto Alegre e o artigo 1º do Decreto Estadual nº 56.423/2022, do Rio Grande do Sul.

Em relação à mediação/autocomposição, a Lei nº 13.140 enfatiza, em seu artigo 3º, que pode "ser objeto de mediação o conflito que verse sobre direitos disponíveis ou sobre direitos indisponíveis que admitam transação". No artigo 32, §5º, do mesmo diploma legal, há menção, de forma exemplificativa, à possibilidade de serem levados às câmaras de autocomposição conflitos que envolvam equilíbrio econômico-financeiro de contratos celebrados com particulares. Já o parágrafo 4º do mesmo artigo exclui da competência das câmaras as controvérsias que somente possam ser resolvidas por atos ou concessão de direitos sujeitos a autorização do Poder Legislativo.

Sobre o tema, ressalte-se, ainda, que as normas que criaram algumas Câmaras de autocomposição nos estados[27] circunscrevem a mediação/resolução consensual, autocompositiva, para questões que envolvam direitos disponíveis ou sobre direitos indisponíveis que admitam transação, "haja ou não pretensão econômica" (Goiás, Mato Grosso do Sul e de Pernambuco) e inserem dentro da competência das câmaras a prevenção e resolução de conflitos que

---

[27] Além da Câmara da AGU (CCAF- Câmara de Mediação e de Conciliação da Administração Pública Federal), temos ciência da criação de pelo menos doze câmaras de autocomposição estaduais: Alagoas (Lei Complementar nº 47/2018 e Decreto nº 64.050/2019), Espírito Santo (Lei Complementar nº 1.011/2022), Goiás (Lei Complementar nº 114/2018 e Portaria nº 440/2019-PGE), Minas Gerais (Lei nº 23.172/2018 e Resolução AGE nº 61/2020), Mato Grosso do Sul (Lei Complementar nº 95/2001, com redação dada pela Lei Complementar nº 288/201 e Resolução nº 362/2022 - PGEMS), Pará (Lei Complementar nº 121/2019), Paraná (Decreto nº 8.473, de 30.08.2021), Pernambuco (Lei Complementar nº 417/2019 e Decreto nº 48.505/2020), Rio de Janeiro (Decreto nº 45.590/2016, Lei nº 9.629/2022, Resolução nº 4710/2021 e Resolução nº 4.827/2022), Rio Grande do Sul (Lei nº 14.794/2015 e Resolução nº 112/2016-PGE), Santa Catarina (Lei Complementar nº 780/2021) e Tocantins (a Lei Complementar nº 137/2022 cria a Subprocuradoria da Câmara de Prevenção e Resolução Administrativa de Conflitos). No Estado do Rio de Janeiro, além da Câmara Administrativa de Solução de Controvérsias – CASC, compõem o Núcleo de Autocomposição da PGERJ câmara para administrar questões relativas ao fornecimento de medicamentos, especialmente possibilitando a cooperação de órgãos e evitando a judicialização de demandas (Câmara de Resolução de Litígios da Saúde), e o Ambiente de Diálogo e Composição Interna (Decreto nº 8.473/2021).

envolvam equilíbrio econômico financeiro de contratos celebrados pela Administração.[28]

Observe-se que em razão da competência específica de cada câmara de autocomposição, as normas relativas às matérias passíveis de solução variam, abarcando ou não questões contratuais. No caso dos contratos administrativos, o estado de Goiás incluiu exemplos de matérias que poderiam ser objeto de mediação: (i) conflitos que envolvam o inadimplemento de obrigações contratuais por quaisquer das partes e (ii) o equilíbrio econômico-financeiro de contratos administrativos (art. 6º da Lei Complementar nº 114/2018 e art. 13 da Portaria nº 440/2019). O Espírito Santo também previu dentro da esfera de competência da Câmara a prevenção e a resolução dos conflitos que envolvam o inadimplemento de obrigações contratuais por quaisquer das partes e o equilíbrio econômico-financeiro de contratos celebrados pela Administração Pública estadual direta e indireta (art. 7º, §2º, da Lei Complementar nº 1.011/2022).

Ainda, a Lei Complementar nº 417/2019, de Pernambuco, incentiva a previsão contratual de cláusula de submissão de conflitos à Câmara:

> Art. 11. Os contratos, convênios e demais instrumentos congêneres, quando firmados por pessoas jurídicas de direito público ou privado integrantes da Administração Pública Estadual, poderão conter, preferencialmente, cláusula de submissão dos conflitos à Câmara de Negociação, Conciliação e Mediação da Administração Pública Estadual.[29]

Por outro lado, na mesma linha da lei de mediação, as normas estaduais têm excluído da competência das câmaras de autocomposição conflitos que somente possam ser resolvidos por atos ou concessão de direitos sujeitos a autorização do Poder Legislativo. É o que consta expressamente nas normas de Alagoas, Goiás, Minas Gerais, Pará, Pernambuco, Santa Catarina e Rio de Janeiro.

O Decreto nº 46.522/2018, do Rio de Janeiro, veda, igualmente, a submissão à autocomposição de controvérsia contendo pretensão contrária a orientação jurídica formal da Procuradoria-Geral do

[28] Nesse sentido, por exemplo, as leis de Alagoas, Pará e Rio de Janeiro.

[29] A Lei Complementar nº 780/2021, de Santa Catarina, traz dispositivo semelhante (artigo 4º).

Estado e à jurisprudência consolidada dos Tribunais Superiores (art. 4º, incisos I e II).

No mesmo sentido, a resolução da Advocacia-Geral do Estado de Minas Gerais exclui da competência da câmara de autocomposição as controvérsias contrárias a) à orientação da Advocacia-Geral do Estado, b) à jurisprudência pacífica dos Tribunais Superiores, observado o disposto no art. 1º, II, da Lei nº 23.172, de 2018; c) às súmulas, vinculantes ou não, dos Tribunais Superiores, d) a acórdão proferido pelo Supremo Tribunal Federal ou pelo Superior Tribunal de Justiça em julgamento de recursos repetitivos, e) a matérias decididas, em definitivo, pelo Tribunal Superior do Trabalho, em sede de julgamento realizado nos termos do art. 896-C do Decreto-Lei Federal nº 5.452, de 1943 e f) a entendimento firmado em incidente de resolução de demandas repetitivas ou de assunção de competência (art. 6º da Resolução AGE nº 61/2020).

A legislação de Santa Catarina estabelece que não serão admitidos pela Câmara Administrativa de Gestão e Solução de Conflitos, (i) as controvérsias cuja resolução demande autorização do Poder Legislativo, (ii) requerimentos cujo objeto do litígio já estiver transitado em julgado ou precluso, (iii) pedidos de resolução de conflitos que estejam previstos, por outra norma, como atribuição de órgãos julgadores administrativos diversos na estrutura administrativa da Administração Pública Estadual do Poder Executivo, (iv) controvérsias de competência da Câmara de Conciliação de Precatórios, (v) controvérsias que envolvam crédito tributário (artigo 3º, incisos I a V, da Lei Complementar nº 780/2021). No parágrafo único do artigo citado, a norma ainda prevê que

> nas hipóteses em que a matéria do litígio esteja sendo discutida em ação de improbidade administrativa ou sobre ela haja decisão do Tribunal de Contas da União ou do Tribunal de Contas do Estado de Santa Catarina (TCE/SC), proposta de conciliação somente será admitida com anuência expressa do juízo competente, do Ministro ou do Conselheiro Relator.

Portanto, o conteúdo da Lei de Mediação e Autocomposição e das legislações estaduais mencionadas é um pouco diferente daquele que foi contemplado no *caput* do artigo 151 da Lei de licitações, referindo-se não apenas a direitos patrimoniais disponíveis, mas também a direitos indisponíveis que admitam transação.

Além de entender inadequada e limitadora a previsão constante no *caput* do artigo 151 da Lei de Licitações e Contratos Administrativos, conforme já me pronunciei em outra ocasião, acredito que a análise do que possa ou não ser objeto de autocomposição deva ser feita no caso concreto:

> [...] embora algumas normas exemplifiquem matérias que podem (ou não) ser submetidas à mediação, parece-nos que a adoção de rol taxativo não seria recomendada.
> A meu ver, a delimitação do que pode ou não ser objeto de mediação perante as câmaras de autocomposição (e de câmaras privadas e câmaras do Poder Judiciário, igualmente) deve ser avaliada em cada caso concreto, a partir das normas legais (inclusive aquelas que instituem as câmaras), bem como conjugando-se normas e princípios aplicáveis à mediação àqueles aplicáveis à administração pública.[30]

4 Considerações finais

Louvável a inserção da previsão da possibilidade de adoção de métodos extrajudiciais autocompositvos, adequados à prevenção e solução de conflitos, pela nova Lei de Licitações e Contratos Administrativos, inclusive como forma de estimular a mudança de cultura e a utilização efetiva de tais institutos.

Questionável, a meu ver, a menção no *caput* do artigo 151 da lei à adoção dos métodos autocompositivos apenas para questões relativas a direitos patrimoniais disponíveis. Trata-se de fórmula prevista na lei de arbitragem e até hoje polêmica na doutrina, não abarcando todas as hipóteses em que seria possível a autocomposição envolvendo a Administração Pública.

Alguns desafios decorrem dos dispositivos legais comentados. Caberá à doutrina e a possíveis regulamentações que serão feitas no âmbito dos entes federativos desenvolver alguns temas apresentados na Lei de Licitações e Contratos Administrativos sobre a solução adequada de conflitos, para efetiva utilização dos métodos

---

[30] CUÉLLAR, Leila. Câmaras de autocomposição da advocacia pública e solução adequada de conflitos: Em busca (da delimitação) das matérias mediáveis. *Jota*, 03 out. 2020. https://www.jota.info/opiniao-e-analise/colunas/tribuna-da-advocacia-publica/camaras-de-autocomposicao-da-advocacia-publica-e-solucao-adequada-de-conflitos-03102020. Acesso em: 26 maio 2021.

apropriados, bem como procurando harmonizar os dispositivos relativos à extinção dos contratos e às infrações e sanções com as normas sobre solução adequada de conflitos.

Referências

AZEVEDO, André Gomma de (Org.). *Manual de Mediação Judicial*, 6. ed. Brasília/DF: CNJ, 2016, p. 20 e 21. Disponível em: https://www.cnj.jus.br/wp-content/uploads/2015/06/f247f5ce60df2774c59d6e2dddbfec54.pdf. Acesso em: 26 maio 2021.

CUÉLLAR, Leila. Câmaras de autocomposição da advocacia pública e solução adequada de conflitos: Em busca (da delimitação) das matérias mediáveis. *Jota*, 03 out. 2020. https://www.jota.info/opiniao-e-analise/colunas/tribuna-da-advocacia-publica/camaras-de-autocomposicao-da-advocacia-publica-e-solucao-adequada-de-conflitos-03102020. Acesso em: 26 maio 2021.

CUÉLLAR, Leila. *O advogado como arquiteto de processos*. *In*: CUÉLLAR, Leila; MOREIRA, Egon Bockmann; GARCIA, Flávio Amaral; CRUZ, Elisa Schmidlin. *Direito Administrativo e Alternative Dispute Resolution*: arbitragem, *dispute board*, mediação e negociação. Com comentários à legislação do Rio de Janeiro, São Paulo, Rio Grande do Sul e União sobre arbitragem e mediação em contratos administrativos e desapropriações. 2. ed. rev., ampl. e atual. Belo Horizonte: Fórum, 2022. ISBN 978-65-5518-404-44..

HOPE, Mary Kendall. *The Guided Method of Mediation*: a return to the original ideals of ADR. Raleigh, North Carolina: Pax Pugna Publishing, 2014.

MEGNA, Bruno Lopes. *Arbitragem e Administração Pública*. 1. ed. Belo Horizonte: Fórum, 2019. Disponível em: https://www.forumconhecimento.com.br/livro/3942. Acesso em: 23 maio 2021.

MOREIRA, Egon Bockmann; CRUZ, Elisa Schmidlin. *Novos parâmetros da arbitragem frente à Administração Pública brasileira*: o caso "Petrobras-ANP". *Revista de Direito Público da Economia - RDPE*, ano 18, n. 62, abr./ jun. 2018. Disponível em: https://www.forumconhecimento.com.br/periodico/140/21655/67930. p. 234. Acesso em: 28 maio 2021.

MOREIRA, Egon Bockmann; CUÉLLAR, Leila. *Administração pública e mediação*: notas fundamentais. *In*: CUÉLLAR, Leila; MOREIRA, Egon Bockmann; GARCIA, Flávio Amaral; CRUZ, Elisa Schmidlin. *Direito Administrativo e Alternative Dispute Resolution*: arbitragem, *dispute board*, mediação e negociação. Com comentários à legislação do Rio de Janeiro, São Paulo, Rio Grande do Sul e União sobre arbitragem e mediação em contratos administrativos e desapropriações. 2. ed. rev., ampl. e atual. Belo Horizonte: Fórum, 2022. ISBN 978-65-5518-404-44.

MOREIRA, Egon Bockmann; CUÉLLAR, Leila. *Câmaras de autocomposição da administração pública brasileira*: reflexões sobre seu âmbito de atuação. *In*: CUÉLLAR, Leila; MOREIRA, Egon Bockmann; GARCIA, Flávio Amaral; CRUZ, Elisa Schmidlin. *Direito Administrativo e Alternative Dispute Resolution*: arbitragem, *dispute board*, mediação e negociação. Com comentários à legislação do Rio de Janeiro, São Paulo, Rio Grande do Sul e União sobre arbitragem e mediação em contratos administrativos e desapropriações. 2. ed. rev., ampl. e atual. Belo Horizonte: Fórum, 2022. ISBN 978-65-5518-404-44.

OLIVEIRA, Gustavo Justino de; ESTEFAM, Felipe Faiwichow. *Curso prático de arbitragem e Administração Pública*. São Paulo: Thomson Reuters Brasil, 2019.

OLIVEIRA, Rafael Carvalho Rezende. *Nova Lei de Licitações e Contratos Administrativos:* comparada e comentada. 1. ed. Rio de Janeiro: Forense, 2021.

PANTOJA, Fernanda Medina Pantoja; ALMEIDA, Rafael Alves de. Os Métodos 'Alternativos' de solução de conflitos (ADRS). *In*: ALMEIDA, Tania; PELAJO, Samantha; JONATHAN, Eva (Coords.). *Mediação de Conflitos para iniciantes, praticantes e docentes*. 2. ed. rev., atual. e ampl. Salvador: JusPodivm, 2019.

RODRIGUES, Marco Antonio; MELLO, Felipe Varela. Os *dispute boards* na nova Lei de Licitações e Contratos Administrativos. *Consultor Jurídico*, 20 abr. 2021. Disponível em: https://www.conjur.com.br/2021-abr-20/rodrigues-varela-dispute-boards-lei-licitacoes. Acesso em 26: maio 2021.

SOUZA, Luciane Moessa. *Meios consensuais de solução de conflitos envolvendo entes públicos*: negociação, mediação e conciliação na esfera administrativa e judicial. Belo Horizonte: Fórum, 2012.

TARTUCE, Fernanda. *Mediação nos conflitos civis*. 4. ed. rev., atual. e ampl. Rio de Janeiro: Forense; São Paulo: Método, 2018.

TEIXEIRA, Heloysa Simonetti. *Resolução consensual de conflitos e contratos administrativos*: instrumento de pacificação social e de acesso à justiça. Rio de Janeiro: Lumen Juris, 2021.

TONIN, Mauricio Morais. *Solução de controvérsias e poder público*: negociação e arbitragem. 2016. Tese (Doutorado) – Faculdade de Direito, USP, São Paulo, 2016. Disponível em: https://www.academia.edu/42716044/SOLU%C3%87%C3%83O_DE_CONTROV%C3%89RSIAS_E_PODER_P%C3%9ABLICO_NEGOCIA%C3%87%C3%83O_E_ARBITRAGEM?email_work_card=view-paper). Acesso em: 26 maio 2021.

Informação bibliográfica deste texto, conforme a NBR 6023:2018 da Associação Brasileira de Normas Técnicas (ABNT):
CUÉLLAR, Leila. Impressões sobre a autocomposição para prevenção e solução de conflitos na nova Lei de Licitações e Contratos Administrativos (Lei nº 14.133/2021). *In*: CUÉLLAR, Leila; MOREIRA, Egon Bockmann; GARCIA, Flávio Amaral; CRUZ, Elisa Schmidlin. *Direito Administrativo e Alternative Dispute Resolution*: arbitragem, *dispute board*, mediação e negociação. Com comentários à legislação do Rio de Janeiro, São Paulo, Rio Grande do Sul e União sobre arbitragem e mediação em contratos administrativos e desapropriações. 2. ed. Belo Horizonte: Fórum, 2022. p. 83-102. ISBN 978-65-5518-404-4.

ADMINISTRAÇÃO PÚBLICA E MEDIAÇÃO: NOTAS FUNDAMENTAIS[1]

EGON BOCKMANN MOREIRA
LEILA CUÉLLAR

Introdução

Como se sabe, a Administração Pública brasileira é fonte inesgotável de conflitos de interesses. Isso se dá no âmbito interorgânico, bem como nas relações com servidores públicos e contratos administrativos (isso sem se falar na responsabilidade civil administrativa e temas pertinentes ao meio ambiente, à tributação e à saúde, por exemplo). Tais disputas tendem a desembocar no Poder Judiciário – o que, conjugado com o crescimento desproporcional das ações judiciais, implica a frustração de expectativas de todas as partes envolvidas.

Essa situação gerou significativo acervo de não direitos, em causas sem qualquer solução. Nesse cenário, as únicas coisas que persistem eficazes são os conflitos e a insatisfação de todos os envolvidos. A toda evidência, essas pendências não prestigiam o interesse público (qualquer que seja o significado a ele atribuído). Todos perdem com isso.

Ocorre que, nos últimos anos, parte significativa da academia, da jurisprudência e da legislação brasileiras tem dado ênfase à diminuição de litigiosidade e à utilização de meios consensuais e/ou extrajudiciais de solução de controvérsias envolvendo entes públicos. Já se passou o tempo, portanto, do preconceito e da negação. A discussão alcançou outros patamares, consolidando os incentivos para métodos alternativos de solução de controvérsias

---

[1] Uma versão deste artigo foi publicada na *Revista de Direito Público da Economia – RDPE*, Belo Horizonte, ano 16, n. 61, p. 119-145, jan./mar. 2018.

(atualmente mais bem definidos como métodos adequados de solução de controvérsias). Com isso se pretende solucionar, em prazo razoável, os conflitos envolvendo a Administração Pública brasileira com os seus cidadãos – a quem, afinal de contas, ela deve servir.

Especialmente após a publicação da Resolução CNJ nº 125/2010, do Código de Processo Civil de 2015 (Lei nº 13.105/2015) e da Lei de Mediação (Lei nº 13.140/2015), tem-se estudado com mais rigor a mediação no âmbito da Administração Pública. Esse meio não litigioso de resolução de conflitos apresenta-se como técnica preciosa para diminuir custos (públicos e privados), ao mesmo tempo que confere eficiência à tutela do interesse público.

O que se busca é que, por meio da mediação, a Administração Pública transacione diretamente com a parte interessada, num espaço chancelado por instituições imparciais – câmaras de mediação e os próprios mediadores –, que funcionam como incentivadores e facilitadores para a solução da controvérsia.

Partindo da análise de alguns aspectos da mediação relativa a conflitos com o poder público, o presente ensaio pretende apresentar considerações fundamentais para colaborar com o seu estudo.

1 A mediação envolvendo a Administração Pública brasileira: sua legalidade e eficiência

Mediação é a técnica procedimental criada legislativamente com vistas a permitir a autocomposição de interesses e direitos disponíveis e de indisponíveis que admitam transação. Ela é expressamente incentivada pelo ordenamento jurídico brasileiro. Desenvolve-se à luz da autocomposição dos conflitos de interesse como condição, prévia e necessária, à instalação de quaisquer litígios processuais – arbitrais ou jurisdicionais.

Consoante ensina Luciane Moessa de Souza, a mediação "pode ser definida como a intervenção construtiva de um terceiro imparcial junto às partes nele envolvidas, com vistas à busca de uma solução pelas próprias partes".[2] Isto é, trata-se da colaboração ativa de outra pessoa que, por ser respeitada institucionalmente e

---

[2] SOUZA, Luciane Moessa de. *Meios consensuais de solução de conflitos envolvendo entes públicos*: negociação, mediação e conciliação na esfera administrativa e judicial. Belo Horizonte: Fórum, 2012. p. 55.

ao se abster de tomar partido, incentiva que as partes construam autonomamente a solução consensual para aquele conflito de interesses.

Bem vistas as coisas, quem resolve o conflito são as próprias partes, pois o mediador apenas as auxilia a quebrarem as barreiras – subjetivas, idiossincráticas, econômicas, técnicas etc. – para que isso ocorra. Ele não detém posição de superioridade hierárquica, nem profere decisões, mas dissipa as animosidades, estimula o diálogo e auxilia a que o consenso seja formado, o que é extremamente valioso em casos que envolvam Administração Pública e pessoas privadas, eis que torna horizontal e equânime a posição das partes envolvidas – a fim de que efetivamente transacionem os interesses e direitos passíveis de negociação, em vista dos objetivos maiores da segurança jurídica, paz social e eficiência.

O que importa dizer que existe intenso interesse público na aplicação dos preceitos que dispõem sobre conciliação[3] e mediação (para além de sua previsão expressa em lei – o que, por si só, confere específica feição ao que se pode entender por *interesse público*). A autocomposição exprime, portanto, uma técnica eficiente para o cumprimento do interesse público legislativamente cometido à administração brasileira. Como há algum tempo escreveu Diogo de Figueiredo Moreira Neto, "no âmbito do Direito Administrativo jamais se cogita de negociar o *interesse público*, mas de negociar os *modos de atingi-lo com maior eficiência*". E, logo a seguir:

> É que coexiste, com o interesse público deduzido no conflito, o interesse público, não menos importante, de compô-lo. Esse interesse de dirimir o conflito, e retomar a normalidade nas relações sujeitas à disciplina administrativa, é indubitavelmente da maior importância, tanto na esfera social como na econômica, justificando que sejam encontrados modos alternativos de atendimento ao interesse público envolvido, que não aqueles que deveriam ser unilateralmente aplicados pelo Poder Público.[4]

---

3 Empregamos os termos conciliação e mediação ao longo do texto tendo em vista que a Resolução nº 125 do CNJ e o legislador nacional (por exemplo, o art. 1º, §3º e os arts. 165 e ss. do CPC) adotam essa dualidade de nomenclatura. Entendemos que o termo mediação (sentido amplo) abrange os institutos de conciliação e de mediação definidos nos diplomas mencionados.

4 MOREIRA NETO, Diogo de Figueiredo. Novos institutos consensuais da ação administrativa, *Revista de Direito Administrativo*, Rio de Janeiro: FGV, v. 231, p. 154, 2003. Disponível em: http://bibliotecadigital.fgv.br/ojs/index.php/rda/article/view/45823/45108. Acesso em: 08 dez. 2021.

Com efeito, os métodos não adversariais de solução de conflitos envolvendo a Administração Pública aproximam-se muito do que se pode compreender como Estado Democrático de Direito, eis que determinam que os poderes públicos ouçam e se façam ouvir pelas pessoas privadas, de modo público e impessoal. O mediador exerce a função de atenuador de divergências por meio de estímulos à influência, mútua e autônoma, entre as partes.[5] Logo, essa interação acolhe alto grau de participação – republicana, transparente, democrática – na formação dos atos administrativos (inclusive nos negócios jurídicos oriundos de transações amigáveis).

Aos poucos, a Administração Pública brasileira deixará de ser tão arrogante, excludente e unilateral como foi um dia e passará a conviver com aqueles a quem deve servir: as pessoas privadas (particulares, servidores e empresas).

Assim, se houve um tempo em que arbitragem e mediação eram institutos distantes do Direito público brasileiro, ele já passou. Mas atenção: não se trata de questão meramente teórica, sobretudo devido ao fato de existir uma série de dispositivos legais que expressamente prestigiam o *dever* de as partes desenvolverem, como requisito para a legítima instalação futura de conflitos de interesses com decisão heterônoma, a tentativa de autocomposição. A competência atribuída legislativamente à Administração Pública contempla essa perspectiva conciliatória, de modo expresso e indeclinável. Por isso que ela necessita cumprir também tais previsões normativas, sob pena de assumir conduta *contra legem*.

Atualmente, não se pode litigar sem antes haver a firme tentativa de conciliar: trata-se de aplicação expressa do princípio da legalidade, em vários foros e instâncias. Alterou-se a lógica normativa da solução de controvérsias que tocam à Administração Pública: se, antes, a propositura de uma ação e a sentença judicial eram requisitos para a conciliação, hoje, esta é pressuposto de qualquer processo judicial. A antiga regra do ajuizamento irrestrito

---

[5] Se utilizarmos os vocábulos empregados por Marcos Juruena, ao tratar das formas consensuais de composição de conflitos pelas agências reguladoras, o mediador busca a "harmonização de interesses", "motiva o consenso" (JURUENA, Marcos. Formas consensuais de composição de conflitos para a exploração de ferrovias. *Revista de Direito Administrativo*, Rio de Janeiro: FGV, v. 253, p. 126, 2010. Disponível em: http://bibliotecadigital.fgv.br/ojs/index.php/rda/article/view/8049/6838. Acesso em: 08 dez. 2021).

de demandas atualmente precisa ser compreendida como exceção. O prestígio ao interesse público exige que se evitem os conflitos, mas, caso surjam os impasses, a solução precisa evitar o acesso ao Judiciário – que só pode ser acionado em último caso. Trata-se – é preciso que se reitere com intensidade – de decorrência do princípio da legalidade.

Está-se a se falar de previsões legais expressas acerca da mediação, em face das quais ninguém é imune (sejam as pessoas privadas, seja a Administração Pública). Em outras palavras, a mediação – pelas mesmas razões que a conciliação e a arbitragem – atende plenamente o princípio da legalidade. Todas essas opções são prestigiadas pelo princípio da legalidade como equivalentes à jurisdição. Para confirmar, basta a leitura das leis que disciplinam o assunto.[6]

Em primeiro lugar, a própria Lei nº 13.140/2015 (Lei de Mediação) regulamenta expressamente a autocomposição de conflitos no âmbito da Administração Pública.

Os primeiros artigos desse diploma legal são explícitos ao consignarem que:

> Art. 1º Esta Lei dispõe sobre a mediação como meio de solução de controvérsias entre particulares e sobre a autocomposição de conflitos no âmbito da administração pública.
> Parágrafo único. Considera-se mediação a atividade técnica exercida por terceiro imparcial sem poder decisório, que, escolhido ou aceito pelas partes, as auxilia e estimula a identificar ou desenvolver soluções consensuais para a controvérsia.
>
> Art. 2º A mediação será orientada pelos seguintes princípios:
> I – imparcialidade do mediador;
> II – isonomia entre as partes;
> III – oralidade;
> IV – informalidade;
> V – autonomia da vontade das partes;
> VI – busca do consenso;
> VII – confidencialidade;
> VIII – boa-fé.

---

[6] Cabe mencionar que o Código de Ética do Advogado (aprovado pela Resolução nº 02/2015 – CFOAB) dispõe, expressamente, em seu artigo 2º, VI, que é dever do advogado "estimular, a qualquer tempo, a conciliação e a mediação entre os litigantes, prevenindo, sempre que possível, a instauração de litígios". Nesta linha, também, o artigo 8º, §1º, prescreve que o advogado público deve contribuir para redução da litigiosidade.

> §1º Na hipótese de existir previsão contratual de cláusula de mediação, as partes deverão comparecer à primeira reunião de mediação.
>
> §2º Ninguém será obrigado a permanecer em procedimento de mediação.
>
> Art. 3º Pode ser objeto de mediação o conflito que verse sobre direitos disponíveis ou sobre direitos indisponíveis que admitam transação.
>
> §1º A mediação pode versar sobre todo o conflito ou parte dele.
>
> §2º O consenso das partes envolvendo direitos indisponíveis, mas transigíveis, deve ser homologado em juízo, exigida a oitiva do Ministério Público.

Como se constata, ao contrário da arbitragem, que exige a prévia convenção (cláusula compromissória ou compromisso arbitral) e, em existindo, não pode ser recusada pelos signatários, a mediação é de livre escolha e não exige tal previsão (vez que não pode ser imposta). Sempre pode ser instalada, qualquer que seja o estágio da controvérsia, desde que de modo consensual e dentro dos limites previstos em lei. Demais disso, as partes podem abdicar dela a qualquer tempo (ideia antitética à de arbitragem).

Mais ainda: o art. 1º fala em "conflitos no âmbito da administração pública". A expressão legal trata do *exercício da função administrativa* (atividade cometida a todos os órgãos e entidades públicos), e não da pessoa "Administração Pública" (o denominado Poder Executivo). Estão abrangidos em sua incidência, portanto, todos e quaisquer conflitos porventura existentes na esfera de ação da *função administrativa*: tanto aqueles que a circundam quanto os que se dão dentro de seus limites. Assim e por exemplo, cabe em casos que tratem de temas pertinentes a servidores do Poder Legislativo, como naqueles próprios de contratos administrativos firmados pelo Poder Judiciário, passando pelas contratações do Poder Executivo e em eventuais conflitos interorgânicos.

Como se não bastasse a Lei de Mediação, a disciplina normativa do instituto consta de preceitos anteriores e posteriores a ela. Sem qualquer exagero, pode-se afirmar que a mediação envolvendo a Administração Pública se tornou assunto legislativo banal, ordinário, integrado na aplicação cotidiana do princípio da legalidade, o que só reforça a validade do instituto.

Por exemplo, toda legislação que trata dos contratos de concessão (comuns ou patrocinadas e administrativas, estas sob o regime de PPP) prevê, expressamente, a viabilidade da prática da mediação nos negócios jurídicos administrativos.

Assim, a Lei nº 8.987/1995 (Lei Geral de Concessões), que regulamenta o regime de concessão comum e permissão de serviços públicos, estabelece que o contrato poderá prever o emprego de mecanismos privados para a resolução de disputas dele decorrentes ou relacionadas, sem exclusão da arbitragem (art. 23-A),[7] o que importa dizer que alberga a mediação, a conciliação e, também, a arbitragem.

O mesmo se diz da Lei nº 11.079/2004 (Lei de PPPs), que versa sobre contratos em regime de parceria público-privada (as concessões patrocinadas e administrativas), que prevê como cláusula do edital os mecanismos privados de resolução de disputas decorrentes ou relacionadas aos contratos e ela submetidos.[8] [9] Igualmente aqui, a redação é clara ao definir que a lei acolhe todo o grupo de métodos de resolução não judicial de disputas – a incluir a mediação.

De igual modo, o art. 44-A da Lei nº 12.462/2011, que instituiu o Regime Diferenciado de Contratações (RDC), expressamente admite o "emprego de mecanismos privados de resolução de disputas, inclusive a arbitragem, a ser realizada no Brasil e em língua portuguesa, nos termos da Lei nº 9.037, de 23 de setembro de 1996, e a mediação, para dirimir conflitos decorrentes de sua execução ou a ela relacionados" (dispositivo incluído pela Lei nº 13.190/2015).

Por fim, mas não menos importante, é de se sublinhar que o Código de Processo Civil de 2015 (CPC) – Lei nº 13.105/2015 – prestigia com firmeza o *dever* de *mediação* e *conciliação* como técnicas para a solução de litígios – inclusive daqueles de que façam parte

---

[7] Art. 23-A. O contrato de concessão poderá prever o emprego de mecanismos privados para resolução de disputas decorrentes ou relacionadas ao contrato, inclusive a arbitragem, a ser realizada no Brasil e em língua portuguesa, nos termos da Lei nº 9.307, de 23 de setembro de 1996.

[8] Art. 11. O instrumento convocatório conterá minuta do contrato, indicará expressamente a submissão da licitação às normas desta Lei e observará, no que couber, os §§3º e 4º do art. 15, os arts. 18, 19 e 21 da Lei nº 8.987, de 13 de fevereiro de 1995, podendo ainda prever: [...] III – o emprego dos mecanismos privados de resolução de disputas, inclusive a arbitragem, a ser realizada no Brasil e em língua portuguesa, nos termos da Lei nº 9.307, de 23 de setembro de 1996, para dirimir conflitos decorrentes ou relacionados ao contrato.

[9] Idêntica previsão consta de Lei do Estado do Paraná, de nº 17.046/2012, regedora do procedimento para outorga de contratos de concessão, mediante parcerias público-privadas no âmbito do Estado, que expressamente autoriza o emprego de mecanismos privados de resolução de disputas, para dirimir conflitos decorrentes ou relacionados aos contratos e ela submetidos (art. 13).

qualquer órgão ou entidade da Administração Pública (tanto no polo ativo quanto no passivo) e determina que, antes mesmo de apresentada a defesa em qualquer processo, as partes sejam intimadas para audiência prévia de conciliação ou de mediação (art. 334), o que acontecerá também como antecedente à audiência de instrução e julgamento (art. 359).

Trata-se de preceito processual fundamental a ser aplicado como condição prévia à instalação de qualquer processo conflitivo – quaisquer que sejam as pessoas envolvidas e qualquer que seja a natureza do conflito (exceção feita aos indisponíveis e aos que não admitem transação). Mais: o dispositivo não autoriza interpretação que o revogue implicitamente, a inibir a audiência prévia. Isto é, não cabe ao magistrado decidir unilateralmente que, em vista da participação da Administração Pública, não cabe a incidência do art. 334 do CPC. Afinal, o que a lei preceitua é justamente o contrário. Não se trata de competência discricionária, portanto, nem, muito menos, poderia ter a aplicação negada por meio de chavões (o que implica desrespeito ao dever de fundamentação estampado no art. 489, §1º, do CPC).

Por conseguinte, a antiga fórmula "Administração Pública = supremacia do interesse público + interesse indisponível = impossibilidade de conciliação" é simplesmente *contra legem*, ou melhor, submete-se às fronteiras e ao conteúdo dos direitos e interesses postos em jogo. O que existe é o dever positivo de o julgador sempre chamar as partes à conciliação e, depois, se for o caso, concluir por sua inviabilidade.

Ainda, o CPC 2015 valoriza expressamente a adoção de métodos consensuais de solução de controvérsias (não adversariais), filiando-se ao modelo de tribunal multiportas[10] e estabelecendo o dever de criação de estruturas próprias dentro do Poder Judiciário:

---

[10] Conforme explica Francisco José Cahali: "Consolidou-se no Brasil, então, com a Res. 125/2010 a implantação do chamado Tribunal Multiportas, sistema pelo qual o Estado coloca à disposição da sociedade alternativas variadas para se buscar a solução mais adequada de controvérsias, especialmente valorizados os mecanismos de pacificação (meios consensuais) e, não mais restrita a oferta ao processo clássico de decisão imposta pela sentença judicial" (CAHALI, Francisco José. *Curso de arbitragem*: mediação – conciliação – tribunal multiportas. 8. ed. São Paulo: Revista dos Tribunais, 2020. p. 64). Ampliar em: VENTURI, Elton. Transação de Direitos Indisponíveis?. *Revista de Processo*, São Paulo, v. 251, p. 391-426, 2016.

> Art. 165. Os tribunais criarão centros judiciários de solução consensual de conflitos, responsáveis pela realização de sessões e audiências de conciliação e mediação e pelo desenvolvimento de programas destinados a auxiliar, orientar e estimular a autocomposição.

Neste sentido, aliás, já previa a Resolução nº 125/2010, do CNJ, dispondo "sobre a Política Judiciária Nacional de tratamento adequado dos conflitos de interesses no âmbito do Poder Judiciário". Na *consideranda* que embasou a mencionada resolução, consta que a "conciliação e a mediação são instrumentos efetivos de pacificação social, solução e prevenção de litígios, e que a sua apropriada disciplina em programas já implementados no país tem reduzido a excessiva judicialização dos conflitos de interesses, a quantidade de recursos e de execução de sentenças".[11]

No que tange à Administração Pública, é preciso mencionar, também, o disposto no artigo 174 do CPC, que se refere à criação de câmaras de mediação e conciliação,[12] [13] a configurar dever expresso da administração da justiça brasileira, em todos os níveis federativos:

---

[11] A atual redação do artigo 1º da referida resolução assim prevê: "Art. 1º Fica instituída a Política Judiciária Nacional de Tratamento Adequado dos Conflitos de Interesses, tendente a assegurar a todos o direito à solução dos conflitos por meios adequados à sua natureza e peculiaridade. (Redação dada pela Resolução nº 326, de 26.06.20) Parágrafo único. Aos órgãos judiciários incumbe, nos termos do art. 334 do Código de Processo Civil de 2015, combinado com o art. 27 da Lei nº 13.140, de 26 de junho de 2015 (Lei de Mediação), antes da solução adjudicada mediante sentença, oferecer outros mecanismos de soluções de controvérsias, em especial os chamados meios consensuais, como a mediação e a conciliação, bem assim prestar atendimento e orientação ao cidadão. (Redação dada pela Resolução nº 326, de 26.06.20)". Disponível em: https://atos.cnj.jus.br/atos/detalhar/156. Acesso em: 08 dez. 2021.

[12] Mesmo antes da entrada em vigor do CPC 2015, já havia sido instalada, no âmbito federal, a Câmara de Conciliação e Arbitragem da Administração Federal – CCAF (instituída pelo Ato Regimental AGU nº 5, de 27 de setembro de 2007), inicialmente destinada à solução de controvérsias entre entes da Administração Pública federal direta e indireta, mas que teve sua competência posteriormente estendida aos conflitos entre a Administração Pública federal e Administrações Públicas dos estados, Distrito Federal e municípios (www.agu.com.br). Estados e municípios também começaram a organizar câmaras de natureza semelhante. Por exemplo, no Estado do Rio de Janeiro, dentro do projeto "+Consenso", foi criada, em setembro de 2013, a pioneira Câmara de Resolução de Litígios de Saúde (CRLS) e, em 2016, foi instituída a Câmara Administrativa de Solução de Conflitos (CASC), atualmente denominada Câmara Administrativa de Solução de Controvérsias e integrante do Núcleo de Autocomposição da Procuradora-Geral do Estado – NAC/PGE. Na mesma esteira, em 2016, surgiu a Câmara de Conciliação em Saúde da Bahia e, em dezembro de 2016, o Estado do Rio Grande do Sul instaurou a Câmara Administrativa de Conciliação e Mediação. O Estado do Paraná publicou o Decreto Estadual nº 8.473, de 30 de agosto de 2021, que cria a Câmara Administrativa de Solução de Conflitos da Procuradoria-Geral do Estado – CASC/PGEPR, na mesma linha de diversos Estados que têm criado câmaras administrativas de autocomposição (dados extraídos dos sítios da internet das Procuradorias-Gerais dos Estados do Rio de Janeiro, da Bahia, do Rio Grande do Sul e do Paraná – www.pge.rj.gov.br, www.pge.ba.gov.br, www.pge.rs.gov.br, e www.pge.pr.gov.br).

[13] Na mesma linha, o artigo 32 da Lei de Mediação (Lei nº 13.1240/2015) dispõe sobre a possibilidade de criação de câmaras de prevenção e resolução administrativa de conflitos, no âmbito dos respectivos órgãos da advocacia pública, onde houver.

> Art. 174. A União, os Estados, o Distrito Federal e os Municípios criarão câmaras de mediação e conciliação, com atribuições relacionadas à solução consensual de conflitos no âmbito administrativo, tais como:
> I – dirimir conflitos envolvendo órgãos e entidades da administração pública;
> II – avaliar a admissibilidade dos pedidos de resolução de conflitos, por meio de conciliação, no âmbito da administração pública;
> III – promover, quando couber, a celebração de termo de ajustamento de conduta.

Como se percebe com nitidez, as técnicas extrajudiciais de solução de controvérsias são *regra* a ser observada pela Administração Pública em todos os conflitos de interesses – e pelo Judiciário, como requisito ao processamento de ações judiciais e na deferência às decisões tomadas em conciliações, mediações e arbitragens. Se antes havia o saudável debate sobre o cabimento (ou não) da mediação, da conciliação e da arbitragem em questões envolvendo os poderes públicos, esta fase já passou: o princípio da legalidade derrogou expressamente tal controvérsia, que não mais existe no sistema jurídico brasileiro. Hoje, o ordenamento jurídico é outro e prima pela solução não adversarial e não judicial de controvérsias.

A regra em vigor é, portanto, a seguinte: em primeiro lugar, precisa-se desenvolver os melhores esforços para a transação amigável em casos de direitos disponíveis e de indisponíveis transacionáveis – por meio de qualquer uma das técnicas legislativamente disponíveis.

Logo, em especial depois de 2015, à Administração Pública brasileira foi literalmente imputado o *dever normativo* de envidar esforços, proativos e eficientes, para a composição amigável dos conflitos de interesses, inclusive aqueles instalados em sede de concessões, PPPs e todos os demais contratos administrativos.[14] Essa transação prévia pode assumir várias formas, dentre as quais uma das mais relevantes e eficientes é a mediação.

Aliás e pedindo licença pela obviedade, é de se frisar que a Administração Pública brasileira, desde sempre, esteve autorizada a transacionar em seus negócios jurídicos. Da mesma forma que

---

[14] *Cf.* CAHALI, Francisco José. *Curso de Arbitragem*: mediação – conciliação – tribunal multiportas. 8. ed. São Paulo: Revista dos Tribunais, 2020. p. 58-61 e 107-108.

pode celebrar contratos, negociar suas condições, desenvolver procedimentos de manifestação de interesse, firmar aditivos, pautar prorrogações, confabular e positivar termos de ajuste de conduta etc., a Administração pode negociar o fim das controvérsias que porventura surjam em contratos administrativos – com ou sem o auxílio do mediador.

Seria por demais obtuso imaginar que a Administração Pública brasileira poderia fazer contratos de forma amigável (observadas as peculiaridades da lei e do caso concreto), mas estaria impedida de desfazê-los amigavelmente (igualmente cumpridas tais singularidades). E se ela pode os destratar por meio de negociações privadas com o contratado, razão maior existe para que possa fazê-lo de modo ainda mais transparente, com a cooperação institucional de um mediador.

Em outras palavras: da mesma forma que à Administração é assegurada a competência para a autotutela de seus interesses, a ela cabe a respectiva autocomposição. O gestor público não é obrigado a sempre recorrer a conflitos e a terceiros com o escopo de encerrar contratos. Tampouco necessita de ser constrangido a praticar exclusivamente atos unilaterais de alteração e/ou encerramento. Ao contrário e conforme visto acima, quando menos desde 2015, a Administração Pública brasileira possui o dever de, previamente a qualquer litígio, esforçar-se em procurar meios adequados para a autocomposição pacífica dos interesses estampados nos negócios jurídicos que pactua.

Ocorre que a autocomposição pode se dar de várias formas: desde a livre composição intersubjetiva, sem qualquer interação ou cooperação de terceiros, passando pela conciliação e chegando à mediação. Esta última é uma das técnicas mais efetivas de autocomposição de interesses, eis que o mediador há de ser pessoa que inspire respeito de ambas as partes – a fim de que os estimule a celebrar a negociação que melhor atenda aos interesses postos em jogo. Como o nome já diz, ele serve de elo entre as partes interessadas a fim de encorajá-las para que encontrem a solução de sua controvérsia – transformando o desacordo conflituoso num acordo consensual.

Já por meio da escolha da mediação, portanto, as partes em conflito dão um primeiro passo fundamental: elegem um terceiro, com reconhecida imparcialidade, idoneidade e competência, a fim de que ele, sem proferir qualquer decisão, as estimule a realizarem composições que permitam gerar o fim amigável do litígio.

Trata-se de processo de negociação entre as partes, com a interação de terceiro imparcial – que tem voz, mas não possui capacidade decisória, nem adjudicatória. Ela é mais eficaz que as demais formas de autocomposição, sobretudo em vista da sua solenidade institucional, do comprometimento recíproco, do dever de respeito às competências, dos prazos prefixados e da certeza inicialmente instalada, no sentido de que as partes efetivamente serão incitadas a compor os interesses sem haver a necessidade de recurso a um terceiro decisor.

Dessa forma, a mediação é um *minus* vantajoso em relação à arbitragem. Isso porque não é desenvolvida num cenário adversarial, com terceiros substituindo-se à decisão das partes. Ao contrário: o terceiro é um incitador à paz social e à negociação dos direitos e interesses, disponíveis e/ou transacionáveis postos em jogo, agindo por meio de processo e agenda predefinidos de comum acordo entre os envolvidos. Bem vistas as coisas, o mediador é um facilitador – aquele terceiro que traz conforto às partes, as eleva ao mesmo plano e permite que as arestas sejam aparadas, os ânimos, acalmados, e assim faz com que o objeto negocial seja definido com maior clareza e precisão.

No entanto, quem negocia e decide, sublinhe-se, são as partes – e mais ninguém. Quando transacionam, estão em situação de igualdade processual: merecem respeito equivalente e recíproco. Aquele que pretende negociar não impõe e deve estar disposto a abdicar e a modular pretensões. Necessita de margens de negociação a fim de atingir o objetivo de toda a composição de interesses: o acordo que efetivamente prestigie o ordenamento jurídico e ponha fim ao conflito de interesses. Por essa razão, inclusive, presume-se que a solução encontrada pelas partes poderá ser considerada mais justa e eficiente, dando expressão concreta ao interesse público.[15]

---

[15] Sobre o tema, Ada Pellegrini Grinover asseverou que "[...] a mediação é um processo cooperativo, que leva em conta as emoções, as dificuldades de comunicação e a necessidade de equilíbrio e respeito dos conflitantes e que pode resultar num acordo viável, fruto do comprometimento dos envolvidos com a solução encontrada" E, ainda, que "O verdadeiro

Note-se que, em sintonia com os motivos expostos, muitas vezes os próprios regulamentos setoriais e contratos administrativos possuem dispositivos definidores de que as partes se obrigam a, reciprocamente, cooperar e prestar todo auxílio que razoavelmente lhes possa ser exigido ao bom desenvolvimento das atividades objeto do contrato (contrato de concessão e autorizações, por exemplo) e que as disputas e controvérsias relativas à sua interpretação e/ou execução, de qualquer forma oriunda ou a si associada, devem ser prioritariamente resolvidas de modo amigável entre as partes para, caso frustradas, serem levadas à arbitragem. Isto é, a autocomposição – seja autônoma, seja por meio de conciliação ou mediação – é muitas vezes obrigação regulamentar e contratual expressamente imputada às partes. Note-se bem que não pode ser compreendida como formalidade despida de esforços materiais. Tratando-se de preceito regulamentar e/ou contratual, não pode ser derrogado tacitamente pela vontade das partes.

Com efeito, ao dispor contratualmente sobre determinados direitos e interesses legítimos, nada mais acertado do que prever que eles possam ser objetos de autocomposição. Contratos administrativos significam exatamente isso: tanto os negócios jurídicos bilaterais, comutativos e sinalagmáticos, por meio dos quais as partes se atribuem reciprocamente direitos e obrigações (*v.g.*, contratos de compra e venda ou de empreitada), como os negócios jurídicos complexos e plurissubjetivos, através dos quais se atribui ao contratado a prestação de determinados serviços ou obras por meio de investimento e remuneração paga pelos usuários (como nas concessões e PPPs). O que importa dizer que cada um desses negócios jurídico-administrativos possui comercialidade toda própria – e respectivas possibilidades de negociação intersubjetiva.

objetivo do mediador não é obter um acordo, mas sim restabelecer o diálogo entre as partes, permitindo que melhorem o relacionamento, para que, por si sós, cheguem às soluções de seus problemas. A mediação representa, assim, uma fusão das teorias e das práticas das disciplinas da psicologia, assistência social, assessoria, direito e outros serviços do campo das relações humanas, sendo interdisciplinar" (GRINOVER, Ada Pellegrini. O minissistema brasileiro de Justiça consensual: compatibilidades e incompatibilidades. *Revista Publicações da Escola da AGU*, Belo Horizonte, ano 2015, n. 3, jan./mar. 2016. Disponível em: http://www.fernandatartuce.com.br/wp-content/uploads/2020/01/Ada-minissistema-just-consensual.pdf. Acesso em: 08 dez. 2021).

O que confirma algo que já se escreveu a propósito da arbitragem, plenamente aplicável à mediação envolvendo entes públicos:

> De igual modo, de se rejeitar as eventuais críticas decorrentes da ideia de que a arbitragem em contratos administrativo e em temas regulatórios seria proibida porque incidente sobre bens e serviços *extra commercium*. Com o devido respeito, a tese prova demais: se são bens e serviços *extra commercium*, como podem ser objeto de contratos? Como podem ser regulados por agências independentes? Se são indisponíveis, como se pautar pela combinação do edital com a proposta vencedora? A bem da verdade, está-se diante de comercialidade diferenciada, pautada pelo Direito Administrativo Econômico e pela disponibilidade dos direitos postos em conflito. Uma coisa é a indisponibilidade da função administrativa; outra, completamente diversa, é a disponibilidade condicionada do próprio contrato (e da quantificação monetária do seu objeto). Assim, o que se merece ressaltar é que esta comercialidade de Direito Público está submetida a diversos níveis, em vista a ampla heterogeneidade das coisas públicas: basta se contrastar o mar territorial aos livros da biblioteca pública; a praça à estação de metrô; os *aeroshoppings* aos museus. Os diferentes graus de afetação da coisa implicam o corresponde plano de incidência de sua exploração econômica (em intensidade e extensão). Mas uma coisa é certa: a tese da extracomercialidade não é apta a inibir a incidência da arbitragem no Direito Administrativo.[16]

Por conseguinte e da mesma forma que é cabível a arbitragem envolvendo poderes públicos (um *plus* em relação a procedimentos de autocomposição), é perfeitamente aplicável a mediação: aqui, não se tem a outorga de poder decisório – outrora detido pela Administração Pública – a outrem, mas é a própria autoridade competente que, com o auxílio imparcial de terceiro, compõe autonomamente os seus interesses e, assim, evita que se instale conflito litigioso de interesses (o qual gera custos extraordinários e pode demorar anos para ter uma decisão final).

Logo, a mediação é prestigiada, de modo amplo e intenso, pela legislação brasileira, além de ser expressamente prevista em diversos contratos celebrados com o poder público. Dúvida não pode haver quanto à sua legalidade e eficiência, o que autoriza o exame

---

[16] *Cf.* MOREIRA, Egon Bockmann. *Processo administrativo*: princípios constitucionais, a Lei 9.781/1999 e o Código de Processo Civil/2015. 5. ed. São Paulo: Malheiros, 2017. p. 413.

de algumas de suas características singulares, que a distinguem das mediações implementadas entre pessoas privadas.

2 Algumas peculiaridades da mediação envolvendo a Administração Pública brasileira

Como não poderia deixar de ser, os processos de mediação que têm a Administração Pública em (pelo menos) um de seus polos trazem consigo as particularidades dos regimes jurídicos relativos ao exercício da função administrativa. Em cada um dos respectivos feixes normativos (leis, regulamentos, estatutos e contratos), haverá matizes todos próprios.

Com efeito, ao ingressar numa mediação, os órgãos e entidades da Administração Pública levam consigo os respectivos e peculiares regimes jurídicos: desde aquele específico das empresas estatais (Lei nº 13.303/2016 e legislação esparsa) até o da própria Administração direta, passando pelas leis que regem as autarquias, fundações públicas e privadas, agências reguladoras etc. Demais disso, a Administração ostentará o dever de cumprimento à legislação específica regedora do pacto gerador do conflito a ser objeto da mediação: uma coisa é tal processo vinculado a uma autorização de portos ou telefonia;[17] outra, se for oriundo de controvérsias entre duas pessoas de Direito público ou, até mesmo, entre Administração e servidores públicos – ou nos contratos de empreitada e de concessão comum. Cada mediação será parametrizada pela legislação que disciplina o seu *prius* metodológico: os fatos que lhe deram origem.

Talvez a assertiva seja um pouco óbvia demais, porém é importante sublinhar que as Leis de Mediação e Arbitragem – e o próprio CPC – são diplomas de índole eminentemente processual, que não derrogam o Direito Administrativo material, em todas as suas variedades (Direito Administrativo em sentido estrito; Direito

[17] Sobre os regimes jurídicos das autorizações vinculadas a telefonia, portos etc., *v.* MOREIRA, Egon Bockmann. Atos administrativos negociais. *In*: WALD, A.; JUSTEN FILHO, M.; PEREIRA, C. A. G. (Orgs.). *O Direito Administrativo na Atualidade*. São Paulo: Malheiros, 2017. p. 363-371.

Privado Administrativo; Direito Empresarial Administrativo etc.). A bem da verdade, isso se passa em qualquer procedimento de solução, consensual ou não consensual, de controvérsias. Da mesma forma que o juiz aplica ao caso concreto a disciplina jurídica própria desta ou daquela pessoa administrativa – ou deste, ou daquele contrato e/ou parceria –, também na mediação e na arbitragem os regimes jurídicos são especificados caso a caso.

A singularidade está em que o mediador precisa ser absolutamente neutro em seus deveres e obrigações no curso da mediação: não pode dar conselhos quanto à questão de fundo, nem proferir decisões. Está impedido de praticar resoluções quanto à materialidade da controvérsia,[18] nem mesmo pode cogitar sugestões quanto à sua substância. Ao contrário do juiz e do árbitro, cujos atos são decisórios, o mediador promove apenas atos-mediadores processuais de facilitação a fim de que as partes – elas mesmas – se conscientizem de que podem encerrar a controvérsia e, assim, autonomamente encontrem, definam e pratiquem o ato de solução consensual, o que permite que se adote a seguinte premissa às mediações na Administração Pública: quando se fala em solução consensual implementada por meio de transações mediadas por terceiro imparcial, está-se a tratar de modulações da discricionariedade administrativa, pautadas pela específica legalidade própria do caso concreto. Ela é definida pela competência atribuída ao agente público, que não se move nem no vácuo legislativo (*i.e.*, não pode praticar atos arbitrários), nem em sentido contrário à lei, regulamentos, estatutos e contratos (ou seja, não pode praticar atos ilegais). Em suma, o que o mediador faz é estimular o exercício legítimo da discricionariedade administrativa por parte da autoridade a quem foi normativamente atribuída.

---

[18] Claro que existem escolas diversas, as quais contemplam a viabilidade de o mediador compartilhar opiniões e encaminhamentos. Sobre opções de postura/compreensão, *v.* BOWLING, Daniel; HOFFMAN, David (Eds.). *Bringing Peace Into the Room*: how the personal qualities of the mediator impact the process of conflict resolution. Cambridge: Harvard Univ. Press, 2003, *passim*. Porém, a situação fica mais delicada ao se tratar de mediações em que uma das partes é a Administração Pública brasileira. A neutralidade aqui – inclusive a do mediador – fica qualificada pelo princípio da impessoalidade. Aliás, trata-se de um dos dilemas que J. M. Sérvulo Correia aponta a propósito da figura do árbitro nas arbitragens que envolvem a Administração Pública como parte (SÉRVULO CORREIA, J. M. A arbitragem dos litígios entre particulares e Administração Pública sobre situações regidas pelo direito administrativo. *Revista de Contratos Públicos*, Belo Horizonte, v. 5, p. 165-198, set. 2014/fev. 2015).

Estabelecido esse ponto de partida, podemos tratar da possibilidade de transação, da confidencialidade, da irretratabilidade das transações consolidadas e da homologação judicial. É o que será visto a seguir.

2.1 Possibilidade de transação e as novas competências administrativas

Como se sabe, à Administração Pública é cometido o dever de tutela do interesse público, tal como definido em lei e nos demais atos complementares que lhe conferem específica densidade (regulamentos, estatutos, contratos etc.). Contudo e conforme acima mencionado, talvez a má compreensão dessa máxima seja um dos motivos de resistência à mediação envolvendo órgãos e entidades públicos.

Por isso, é importante reiterar que o *interesse público não impede a realização de mediação*. Tampouco o princípio da legalidade a proíbe. Ao contrário: conforme previsto expressamente em vários diplomas legislativos, regulamentares e contratuais, o interesse público autoriza, senão determina, a tentativa de composição consensual de controvérsias envolvendo a Administração Pública – e a mediação é apenas uma das técnicas postas à disposição pelo princípio da legalidade. O que importa dizer que, dentre os deveres legislativamente imputados ao administrador público, está aquele de envidar os melhores esforços para atingir a solução consensual de eventuais conflitos de interesse, inclusive por meio da mediação. Ou seja, na justa medida em que a lei prevê expressamente a mediação como hipótese de solução de conflitos, com menores custos públicos e privados (financeiros e cronológicos), é nítido que a Administração detém a competência – o *dever-poder*, melhor dizendo – de implementar esse método não adversarial de tutela do interesse público.

Nesse sentido, Daniel Augusto Mesquita observa que nem mesmo os célebres princípios da indisponibilidade e da supremacia do interesse público impossibilitam a utilização de meios alternativos de resolução de conflitos. Muito ao contrário, pois "obrigam o Estado a pesar os princípios da legalidade, a boa-fé e a eficiência à luz da juridicidade administrativa para que o melhor interesse público seja atingido no caso concreto".[19] Confira-se a síntese proposta pelo aludido autor:

> Assim, o respeito ao interesse público não impede a participação e a resolução de conflitos por meios alternativos, pelo contrário, o princípio da indisponibilidade será devidamente cumprido quando da realização de acordo em que sejam observados os princípios da administração pública, especialmente os da legalidade e da eficiência (art. 37, caput, da CF/1988) e da economicidade (art. 70, caput, da CF/1988). Ou seja, o princípio da indisponibilidade do interesse público materializa-se, no caso concreto, a partir da ponderação de valores constitucionais.
>
> Nesse quadro, frise-se que o próprio Direito Administrativo brasileiro autoriza certo grau de discricionariedade para que a Administração possa valorar os interesses em conflitos buscando a melhor solução diante da controvérsia, seja ela efetiva ou potencial, pois há casos em que os prejuízo do Estado será maior se o advogado público agarrar-se ao princípio da indisponibilidade do interesse público e deixar de fazer acordo no qual a parcela de posição do Estado cedida ao adversário é insignificante diante de sentença que julgue totalmente procedentes os pedidos do cidadão.[20]

Além disso, na mediação, em momento algum as partes abrem mão de direito ou interesse que porventura pudesse ser qualificado de indisponível. Muito ao contrário: as competências são preservadas, e o interesse público deve ser decisivo na postura da Administração Pública. Ao transigir e compor os interesses postos em jogo – o público e o privado –, o administrador público não está a abdicar de suas competências, mas a exercitá-las nos exatos termos que lhe foram cometidos em lei.[21]

Na verdade, o que deve ser enfatizado quando se analisa a possibilidade de realização de mediação, além da possibilidade de

---

[19] MESQUITA, Daniel Augusto. A participação do advogado público em mediações: parâmetros para a celebração de acordo que atenda ao interesse público. *Revista Jurídica da Procuradoria-Geral do Distrito Federal*, Brasília, v. 41, n. 2, jul./dez. 2016, p. 19.

[20] MESQUITA, Daniel Augusto. A participação do advogado público em mediações: parâmetros para a celebração de acordo que atenda ao interesse público. *Revista Jurídica da Procuradoria-Geral do Distrito Federal*, Brasília, v. 41, n. 2, jul./dez. 2016, p. 17-18.

[21] Sobre a diferença entre indisponibilidade e transigibilidade, conferir SOUZA, Luciane Moessa de. *Meios consensuais de solução de conflitos envolvendo entes públicos*: negociação, mediação e conciliação na esfera administrativa e judicial. Belo Horizonte: Fórum, 2012. p. 170 e ss.

transacionar, é a necessidade de busca da melhor solução ao caso concreto. Para a Administração Pública, envolve o exercício da respectiva competência ao interior dos espaços de escolha que lhe foram legislativamente cometidos, combinados com as reais exigências do caso concreto. Como anotou Mafalda Miranda Barbosa,

> na concreta realização do direito, a norma que se convoque como hipoteticamente aplicável ao caso há de ser interpretada em confronto analógico com este (ou melhor com o problema que ele tipifica) e na sua remissão para os princípios normativos em que se se louva.[22]

Trata-se, em outras palavras, da ideia de *discricionariedade administrativa reflexiva*, adotando-se aqui o conceito cunhado por Sérgio Guerra, a fim de que "sejam possíveis e melhor controláveis (i) a observância dos mecanismos de prevenção de riscos e (ii) a 'articulação e a mediação de interesses' [...]",[23] fazendo com que a decisão administrativa passe pela compreensão apurada das peculiaridades de cada um dos casos concretos – e respectivos regimes jurídicos.

Ora, a previsão normativa explícita a propósito de tais alternativas importa a positivação automática de competências administrativas equivalentes, advindas das novas leis. Com efeito, não se imagina que a legalidade possa ser deixada de lado pela Administração Pública, isso desde o momento prévio (a definição da modalidade que será aplicada para a solução do conflito, quando couber) até aquele posterior (a aplicação/incidência da decisão de

---

[22] BARBOSA, Mafalda Miranda. A recusa de conformação do jurídico pelo económico. *In*: CUNHA, L. P.; QUELHAS, J. M.; ALMEIDA, T. (Orgs.). *Boletim de Ciências Económicas*: Homenagem ao Prof. Doutor António José Avelãs Nunes. v. LVII. t. I. Coimbra: Univ. de Coimbra, 2014. p. 642.

[23] GUERRA, Sérgio. *Discricionariedade, regulação e reflexividade*. 4. ed. Belo Horizonte: Fórum, 2017. p. 248 (com citação entre aspas de MARQUES NETO, Floriano. A nova regulação estatal e as agências independentes. *In*: SUNDFELD, Carlos Ari (Org.). *Direito Administrativo Econômico*. São Paulo: Malheiros Editores, 2000. p. 81). Mais adiante, Sérgio Guerra pontifica: "A estrutura da reflexividade administrativa sob novas bases – prevenção e mediação – partiu da ideia de que o regulador deve, por meio de uma 'clausura autorreferencial' do subsistema regulado, permitir que brote, de modo cíclico, a produção de encaminhamentos decorrentes das próprias condições originárias de produção do subsistema" (GUERRA, Sérgio. *Discricionariedade, regulação e reflexividade*. 4. ed. Belo Horizonte: Fórum, 2017. p. 419, *apud* MARQUES NETO, Floriano. A nova regulação estatal e as agências independentes. *In*: SUNDFELD, Carlos Ari (Org.). *Direito administrativo econômico*. São Paulo: Malheiros, 2000.).

modo *erga omnes*, inclusive com o necessário respeito pelos órgãos de controle externo).

A mesma ordem jurídica que exige obediência a específicas condições para a celebração de contratos (licitações, procedimentos, critérios, impedimentos etc.) preceitua que os eventuais conflitos que surgirem nesses mesmos pactos deverão ser solucionados por meio de determinadas técnicas (conciliação, mediação, arbitragem etc.). Quem positiva esses deveres-poderes é a lei, a ser executada por meio da função administrativa do Estado.

Isso implica a reconfiguração objetiva da competência outrora detida pelos respectivos agentes públicos. Com a nova legalidade substancial relativa à conciliação, mediação e arbitragem, as competências administrativas foram modificadas, *ope legis*, ao seu interno. Houve a mutação material do título jurídico que habilita este ou aquele agente público a praticar determinados atos administrativos. Nenhum deles detém competência para revogar administrativamente nem a Lei de Arbitragem, nem a de Mediação, nem, muito menos, o Código de Processo Civil (entre outros diplomas). Ao contrário: devem-lhes plena aplicação, sob pena de concretizarem condutas *contra legem*. Por isso precisam cumprir os deveres públicos de conciliar, servir-se de mediadores e, quando disso não advier resultado positivo, procurar a arbitragem.

Dessa forma, cabe à Administração Pública avaliar, entre as alternativas existentes para a solução de conflito específico (litígio judicial, mediação, arbitragem etc.), qual delas potencialmente é a mais benéfica, levando-se em consideração os riscos vinculados a cada uma das hipóteses, os resultados que poderão ser obtidos e as respectivas cronologias. A análise de todas as possíveis escolhas ao alcance do administrador é sobremaneira importante, a fim de que se saiba o impacto que podem causar (inclusive em vista da eficiência e economicidade). Trata-se da escolha fundamentada da alternativa que se afigura como a melhor disponível, oriunda do exame real da hipótese concreta em combinação com os princípios e regras legais a ela aplicáveis.

Na prática, portanto, devem sempre ser averiguados os interesses em jogo (inclusive em prestígio à dignidade da pessoa), os riscos, as cronologias, as vantagens que poderão ser obtidas pelas partes, em busca da mais eficiente solução possível para o caso concreto. Do mesmo modo, igualmente deverão ser analisados os eventuais impedimentos normativos à incidência da mediação. Por exemplo, em casos de competência vinculada, a mediação é incabível – a não ser para a modulação dos efeitos do exercício de tal competência. Caso se comprove que a aplicação da multa não poderá ser imediatamente adimplida pelo devedor insolvente, nada impede que seja consensualmente definido o seu pagamento espraiado no tempo, com as respectivas compensações financeiras.

Além disso, com a mediação, abandona-se a lógica do "ganha-perde" (jogos de "soma zero", nos quais o que um ganha é igual ao que o outro perde – como é inerente, em princípio, ao contencioso judicial), passando-se à lógica do "ganha-ganha" (jogos de soma "não zero", em que se buscam ganhos recíprocos às partes).[24] Isto é, para que um vença, é necessário que o outro não seja derrotado em absoluto. O escopo é o de que todos vençam, de forma cooperativa e equânime. Nessa óptica, todas as partes envolvidas no conflito têm ganhos efetivos, e a mediação deve se pautar pela busca de resultado satisfatório para todas.

Por isso que – e essa constatação é de suma importância – na mediação, inclusive naquelas que envolvem a Administração Pública, todos devem ser tratados de forma igualmente importante. Muito embora se reconheça a igualdade assimétrica – sob a perspectiva do direito material – que se põe entre Administração Pública e pessoas privadas, na mediação os esforços devem ser envidados no sentido de estatuir a igualdade processual entre os envolvidos, de molde a ser atingida a finalidade de compatibilização de interesses controversos.

Esta técnica de solução consensual de controvérsias exige, portanto, um modo diferente de se vislumbrar a relação jurídica posta entre Administração Pública e particulares: não mais sob

---

[24] *Cf.* FREITAS, Juarez. Direito Administrativo não-adversarial: a prioritária solução consensual de conflitos. *Revista de Direito Administrativo*, Rio de Janeiro: FGV, v. 276, p. 25-46, maio/ago. 2017. Disponível em: http://bibliotecadigital.fgv.br/ojs/index.php/rda/article/view/72991. Acesso em: 08 dez. 2021. Numa perspectiva mais ampla a propósito da dinâmica da negociação, *v.* MNOOKIN, Robert H.; PEPPET, Scott R.; TULUMELLO, Andrew S. *Beyond Winning*: negotiating to create value in deals and disputes. Cambridge: Harvard Univ. Press, 2004, *passim*.

a lógica da hierarquia e da superioridade de um em detrimento do outro – ou, o que é pior, sob a perspectiva do inimigo ou do antagonista –, mas, sim, sob o ângulo da instituição de *deveres ativos de cooperação*. Este é um dos escopos maiores atribuídos ao mediador: o de fazer com que as partes se sintam e se comportem, na tutela de seus interesses, de modo equânime, digno e respeitoso.

Ademais, é preciso mencionar que a mediação envolvendo a Administração Pública deverá respeitar, sempre e com as devidas ponderações, os princípios aplicáveis ao próprio instituto da mediação (autonomia da vontade das partes; imparcialidade, independência, credibilidade e competência do mediador; isonomia das partes, boa-fé),[25] bem como os princípios relativos à atividade administrativa, tais como eficiência, legalidade, isonomia, publicidade, moralidade, economicidade, proporcionalidade etc.

Essa combinação do dever de cooperar com a política do ganha-ganha reflete-se também no procedimento a ser implementado na mediação em que uma das partes seja a Administração Pública. Sob esse aspecto, o que se dá é a aplicação ponderada dos princípios estampados na Lei de Mediação, em vista daqueles que regem a atividade dos poderes públicos brasileiros.

No que se refere ao rito, consideradas, inclusive, as peculiaridades envolvendo a Administração Pública, recomenda-se, pelo menos, que sejam adotadas as seguintes providências:

(i) a formalização de todos os atos, propostas e sugestões de soluções, desde a pré-mediação (ainda que só lhes seja dada publicidade ao final do procedimento);
(ii) a definição de quem serão os interlocutores, em especial da competência daqueles que representarão a Administração Pública, os quais deverão dispor de agenda e de poderes específicos para a transação (definidos em lei, no ato de posse do servidor, no ato de delegação

---

[25] O artigo 166 do CPC afirma: "A conciliação e a mediação são informadas pelos princípios da independência, da imparcialidade, da autonomia da vontade, da confidencialidade, da oralidade, da informalidade e da decisão informada". De igual modo, assim prevê a Lei nº 13.140/2015: "Art. 2º A mediação será orientada pelos seguintes princípios: I – imparcialidade do mediador; II – isonomia entre as partes; III – oralidade; IV – informalidade; V – autonomia da vontade das partes; VI – busca do consenso; VII – confidencialidade; VIII – boa-fé".

por parte da autoridade competente, ou em mandato expressamente outorgado);

(iii) a abertura em local reservado, mas de conhecimento público, com a lavratura de termo em que as partes consolidem o objeto da controvérsia e a firme intenção de a solucionar consensualmente, deixando de lado os impasses e assumindo a disposição de compor os interesses;

(iv) a escolha consensual do mediador (sempre que permitido, pois, em se tratando de câmara de mediação dentro da estrutura da Administração Pública, como a da AGU, por exemplo, em razão da organização interna do órgão, não é prevista/viável a escolha do mediador, mas apenas a escolha pela utilização da câmara);

(v) a predefinição consensual de agenda que parametrize os trabalhos e a disposição das partes em cumprir suas tarefas colaborativas, bem como o termo final estimado (com eventual possibilidade de ser prorrogado, em vista do avanço nas negociações);

(vi) a possibilidade de flexibilizar a agenda e os deveres a serem cumpridos, sempre de modo fundamentado e consensual, em vista da procura pela solução;

(vii) as estratégias e momentos de intensificação das negociações, com a prévia disposição das partes a avançar nos temas sensíveis, com disponibilidade de agenda;

(viii) a imperiosidade de as tratativas serem concentradas e se darem exatamente no ambiente da mediação, de molde a evitar negociações e/ou confrontos paralelos;

(ix) a forma pela qual a proposta final será formalizada, com motivação exaustiva das premissas normativas, dos fatos envolvidos, das alternativas decisórias e daquela que será a consensualmente escolhida como a mais eficiente para a solução do caso concreto.

Cabe, porém, o alerta de que todas essas condições devem obediência a dois primados da mediação, como se dá em qualquer negociação: ela pode ser encerrada a qualquer momento, por livre escolha de uma das partes; igualmente, as tratativas, ofertas e propostas não podem ser utilizadas em quaisquer outros processos (*i.e.*, não vinculam o ofertante, nem implicam renúncia a qualquer direito de titularidade das partes envolvidas), exceção feita se tal alternativa for, consensual e expressamente, predefinida entre as partes.

2.2 Confidencialidade na mediação

Outro assunto de elevada importância nas mediações é o *dever de confidencialidade*.[26] Podem-se cogitar colisões de tal dever com o princípio da publicidade: se a Administração Pública é obrigada a cumpri-lo, como se cogitar sigilo nas mediações? Todavia, bem vistas as coisas, esse conflito de fato não existe: o que se dá é a modulação da eficácia do princípio da publicidade. Ele será aplicado no tempo, modo e lugar que, simultaneamente, o preservem e não corrompam a própria razão de ser do instituto legal da mediação.

Em termos subjetivos, na mediação a confidencialidade atinge três atores: a Administração Pública, a outra pessoa (pública ou privada) que participa da mediação e o mediador. Assim, porém, o faz de acordo com o regime jurídico a que se submete cada um desses sujeitos, parametrizado em cada específica mediação (tal como se dá em determinados processos judiciais e arbitragens). Dessa forma, os sujeitos experimentarão intensidades diversas quanto ao princípio da publicidade e respectivos momentos de incidência.

Especificamente no que diz respeito ao sujeito mediador, haverá basicamente três degraus pertinentes à confidencialidade.

---

[26] Conforme previsão expressa da Lei nº 13.140/2015: "Art. 30. Toda e qualquer informação relativa ao procedimento de mediação será confidencial em relação a terceiros, não podendo ser revelada sequer em processo arbitral ou judicial salvo se as partes expressamente decidirem de forma diversa ou quando sua divulgação for exigida por lei ou necessária para cumprimento de acordo obtido pela mediação. §1º O dever de confidencialidade aplica-se ao mediador, às partes, a seus prepostos, advogados, assessores técnicos e a outras pessoas de sua confiança que tenham, direta ou indiretamente, participado do procedimento de mediação, alcançando: I – declaração, opinião, sugestão, promessa ou proposta formulada por uma parte à outra na busca de entendimento para o conflito; II – reconhecimento de fato por qualquer das partes no curso do procedimento de mediação; III – manifestação de aceitação de proposta de acordo apresentada pelo mediador; IV – documento preparado unicamente para os fins do procedimento de mediação. §2º A prova apresentada em desacordo com o disposto neste artigo não será admitida em processo arbitral ou judicial. §3º Não está abrigada pela regra de confidencialidade a informação relativa à ocorrência de crime de ação pública. §4º A regra da confidencialidade não afasta o dever de as pessoas discriminadas no *caput* prestarem informações à administração tributária após o termo final da mediação, aplicando-se aos seus servidores a obrigação de manterem sigilo das informações compartilhadas nos termos do art. 198 da Lei nº 5.172, de 25 de outubro de 1966 – Código Tributário Nacional".

O primeiro e mais radical deles é o dever de jamais revelar, a quem quer que seja, o teor das informações sigilosas que lhe foram transmitidas pelas partes com essa qualidade – pouco importa quem tenha sido.[27] Exige-se o dever de respeito e respectiva inviolabilidade das sessões privadas com o mediador.

Afinal, a figura do mediador traz consigo a *relação fiduciária* entre ele e as partes envolvidas na solução da controvérsia. A sua participação como agente facilitador da negociação depende, sobretudo, da confiança que as partes nele depositam. Ambas lhe transferem a responsabilidade de, com lastro na boa-fé e em sua *expertise* técnica, desenvolver os melhores esforços para que a negociação seja concretizada. Para que isso aconteça, o mediador precisa de todas as informações necessárias e úteis à mediação (algumas delas com o selo da confidencialidade).

Porém, quem define as informações que serão levadas ao mediador é justamente a parte envolvida: aquele não pode exigir dados, cuja seleção e fornecimento residem na esfera personalíssima das partes. Claro que estas precisarão desenvolver esforços para, em cumprimento à boa-fé, aportarem todos os esclarecimentos úteis e necessários ao êxito na mediação – e nada mais.

Assim, os dados que são repassados individualmente ao mediador – especialmente nas reuniões privadas que precisa manter com as partes, a fim de que elas lhe confidenciem assuntos e informações que não podem expor na presença de terceiros (máxime a outra parte) – não podem ser divulgados a quem quer que seja (nem mesmo ao Poder Judiciário, ao Ministério Público ou aos tribunais de contas). Melhor dizendo, as instituições de controle, interno e externo, não possuem qualquer legitimidade para perquirir o mediador a propósito de informações a ele reservadamente fornecidas pelas partes. Em face desse conjunto sensível de informações sigilosas, o mediador assume deveres – legais e éticos – análogos aos do advogado e do médico. Tal como o mediador, esses profissionais são escolhidos em razão da intensa confiança que geram (relação que não se subverte mesmo nos casos em que não há livre escolha do

---

[27] Assim é a previsão do art. 31 da Lei nº 13.140/2015: "Art. 31. Será confidencial a informação prestada por uma parte em sessão privada, não podendo o mediador revelá-la às demais, exceto se expressamente autorizado".

profissional: também se exige o sigilo dos médicos que atendem em emergência e dos defensores públicos, por exemplo). Devido a tal fato, clientes e pacientes precisam lhes passar todos os dados relevantes (sob pena de comprometer a solução jurídica ou o tratamento médico), por mais constrangedores e/ou confidenciais que possam ser. Tais informações reservadas não podem ser compartilhadas com quem quer que seja, sob pena de responsabilidade pessoal do próprio advogado, médico – ou mesmo do mediador.

Além dessa *responsabilidade fiduciária* do mediador, existem dois outros níveis de confidencialidade, pautados pelo que as partes envolvidas decidirem no termo de instalação da mediação. De usual, é regular que as partes acordem pela não divulgação da mediação enquanto ela estiver em curso. Isso porque, para o bom desenvolvimento dos trabalhos, não é interessante a existência de pressões e contratempos externos. Por exemplo, poderá vir a se tornar um desastre impeditivo dos trabalhos a publicidade de determinada mediação que envolva contratos de concessão de serviços públicos – ou de exploração de petróleo e gás. Tais temas, que despertam anseios populares e geram capital político, tendem a incentivar posições antagônicas e agressivas – que podem impedir a solução amigável da controvérsia.

Como as mediações precisam ser resolvidas em curto prazo dentro da maior harmonia possível, o que aqui se defende é a suspensão provisória de sua publicidade para que, imediatamente quando ela chegar ao fim, seja tornada pública em sua integralidade – e, assim, submetida ao escrutínio popular, jurídico, político e dos órgãos de controle. Quando muito, pode se tornar imediatamente pública a existência da mediação – a sua instalação, local e parâmetros de desenvolvimento, mas não o seu conteúdo e atos formais. Ao final (qualquer que seja a sua conclusão), reitere-se, tudo é levado à luz do dia.

Também o dever de confidencialidade atinge as partes cujos direitos e interesses serão objeto da mediação. Cada uma delas obedecerá ao feixe normativo que lhe seja próprio, tornado específico pela disciplina jurídica que rege a relação jurídica levada ao mediador (lei, regulamento, estatuto, contrato etc.), sempre pautadas pelos princípios da Constituição brasileira. Com efeito, não se poderia prestigiar a divulgação de dados que agridam a dignidade da pessoa do servidor público ou a liberdade de empresa do contratado ou parceiro privado. Dentro de certos limites, tais direitos fundamentais podem admitir mínima abdicação, mas o seu núcleo essencial é indisponível (sobretudo nas relações postas entre particulares e Estado).

2.3 Irretratabilidade de acordos público-privados nas mediações

Se fosse possível sintetizar em uma só frase a razão de ser da mediação, ela seria justamente o dever de realizar acordos que efetivamente componham os interesses postos em jogo. Por conseguinte, a transação decorrente da mediação é vinculante para as partes que a celebram e também em face de terceiros.

Bem vistas as coisas, essa característica é imanente a toda e qualquer tentativa de transposição de conflitos – seja por meio da autocomposição (transações, conciliações e mediações), seja por meio da heterocomposição (arbitragem e Poder Judiciário). Caso tais negócios jurídicos e/ou decisões heterônomas não sejam revestidos da irrevogabilidade e da irretratabilidade, não teriam qualquer razão de existir – e o Direito não serviria para coisa alguma, eis que não preservaria a paz social, mas, sim, geraria sequência interminável de sucessivas incertezas.

Ora, quando a Administração Pública pratica ato administrativo negocial em que consigna expressamente que dele não se retratará, nem o revogará, o que se tem é o exercício de competência discricionária exaustiva. Ela adere ao princípio da segurança jurídica e, com lastro na legalidade e na eficiência, assegura a eficácia do acordo. A Administração estará definitivamente vinculada em razão de tal ato – e somente eivada de extrema má-fé poderia tentar revogá-lo ou se retratar (o que implicaria sua responsabilidade).

Depois de assinado o termo de acordo na mediação, a discricionariedade futura é reduzida a zero, em decorrência de ato jurídico perfeito, válido e eficaz (sobretudo porque dele participou uma pessoa privada, que também aderiu à irretratabilidade e irrevogabilidade do pacto).

A mediação, portanto, não pode ser vista de outra forma: os seus termos são naturalmente irretratáveis e irrevogáveis. Tal como a arbitragem, as decisões negociais autocompositivas oriundas de processos de mediação precisam ser preservadas no tempo – independentemente da alteração futura da vontade das partes e/ou de seus sucessores e substitutos.

Somente em caso de nulidades absolutas, a mediação pode ser posta em discussão. Isso, porém, não é uma peculiaridade do acordo celebrado pelas partes em sede de mediação, mas de todo e qualquer ato jurídico – seja ele emanado pelas próprias partes, seja pelo tribunal arbitral, seja pelo Poder Judiciário.

Logo, o termo de composição oriundo de uma mediação da qual participaram a Administração Pública e um particular submete-se ao regime jurídico do *ato jurídico perfeito*, ao mesmo tempo que instala *direito adquirido* à pessoa privada que dele participou. São garantias expressamente previstas na Constituição brasileira (art. 5º, inc. XXXVI).

O *ato jurídico perfeito* vem definido no art. 6º, §1º, da LINDB: é o *negócio jurídico* celebrado nos termos da lei e, devido a esse motivo, apto a produzir os respectivos efeitos. O *direito adquirido* é regulado no artigo 6º, §2º, da LINDB. Trata-se de direito subjetivo que resultou de um fato idôneo à sua produção, incorporando-se definitivamente ao patrimônio de seu titular, nos termos da lei sob cujo império ele foi produzido.

Observe-se que há dupla incidência das garantias ao mesmo negócio jurídico de acordo celebrado por meio do procedimento de mediação: o *direito adquirido* determina o respeito à autocomposição em sede de mediação que emana da lei – o plexo normativo que estimula e determina sua realização (Lei de Mediação, Lei Geral de Concessão, Leis de PPPs, Lei do RDC, CPC, regulamento setorial, contrato etc.) –; já o *ato jurídico perfeito* explicita o direito subjetivo advindo do negócio celebrado (o direito a vê-lo preservado e cumprido pelas partes contratantes). Logo, trata-se de duas ordens de *direitos fundamentais* que existem em favor das partes, os quais poderiam ser exigidos na via judicial.

2.4 Homologação judicial do acordo em procedimentos de mediação

Os acordos celebrados em sede de mediação não precisam ser homologados judicialmente para produzir seus efeitos. Como qualquer outro negócio jurídico elaborado nos termos da lei, eles geram efeitos imediatamente quando de sua celebração e, caso o seu cumprimento encontre resistência, podem ser levados à execução (título executivo extrajudicial).

Apenas se as partes o preferirem, o termo de acordo poderá ser levado à homologação judicial. Essa homologação revestirá a composição com a força normativa de uma sentença – que, se for o caso, também deverá se submeter à execução caso descumprida.

Assim é a previsão expressa da Lei de Mediação:

> Art. 20. O procedimento de mediação será encerrado com a lavratura do seu termo final, quando for celebrado acordo ou quando não se justificarem novos esforços para a obtenção de consenso, seja por declaração do mediador nesse sentido ou por manifestação de qualquer das partes.
> Parágrafo único. O termo final de mediação, na hipótese de celebração de acordo, constitui título executivo extrajudicial e, quando homologado judicialmente, título executivo judicial.

Em apenas uma hipótese a Lei de Mediação exige a homologação judicial, conforme previsto em seu art. 3º, §2º: "O consenso das partes envolvendo direitos indisponíveis, mas transigíveis, deve ser homologado em juízo, exigida a oitiva do Ministério Público". Tal previsão remete ao art. 698 do CPC: "Art. 698. Nas ações de família, o Ministério Público somente intervirá quando houver interesse de incapaz e deverá ser ouvido previamente à homologação de acordo".

Isto é, trata-se de caso em que as partes transacionam sobre direitos de incapaz (nitidamente indisponível por aqueles que efetivam a transação). Aqui, o Ministério Público precisa atuar como *custus iuris* a fim de conferir validade à transação – o que não se assemelha a casos de mediação com a Administração Pública, que tratam de autocomposição versando sobre direitos disponíveis e/ou transacionáveis.

Em suma, a homologação judicial é alternativa desnecessária à validade do negócio jurídico, colocada à livre escolha das partes. Porém, quais seriam as vantagens e desvantagens advindas dessa homologação judicial?

Como vantagem, apenas revestirá de maior segurança o negócio jurídico celebrado – perante as partes e perante terceiros. Contudo, não impedirá o ajuizamento de eventual *querela nullitatis* que busque anular a sentença homologatória em razão da nulidade do negócio jurídico que lhe deu origem. Caberá ação anulatória, que apenas terá um obstáculo processual a mais, mas os mesmos efeitos e impactos.

Como desvantagem, poderá gerar os efeitos de o juiz não reconhecer a validade do negócio (hipótese bastante remota, mas não impossível), seja autonomamente, seja depois de consultar o Ministério Público (desnecessário, mas de prática habitual). A toda evidência, ao Poder Judiciário é vedado se imiscuir nas razões da celebração do acordo (o seu "mérito"). Ele apenas poderá sindicar questões formais e avaliar a validade (ou não) de sua celebração – por exemplo, competência da autoridade que o firmou.

O que importa dizer é que o termo de acordo ficará exposto a discussões imediatamente após o seu nascimento – as quais podem se submeter à cronologia nem sempre ágil. Aqui, a vantagem estará em se transpor judicialmente tais obstáculos, mas a desvantagem residirá na incerteza quanto à efetiva homologação do acordo – unida à exposição pública de sua discussão, neste momento político tão sensível.

A bem da verdade, é desnecessária – senão inútil – a homologação judicial do acordo em mediação levada a cabo com a participação da Administração Pública. Agride o princípio da eficiência, da autotutela e a própria competência normativamente atribuída aos agentes e órgãos públicos. Quando muito, revela a insegurança dos envolvidos – que legitimamente abdicam do Poder Judiciário para solucionar seus problemas, mas se mostram dele dependentes quando efetivamente os resolvem.

Por isso que não há qualquer motivo a determinar a sua homologação judicial da solução consensual da controvérsia – mas também não há proibição a que isso aconteça. Se as partes assim decidirem, estarão praticando ato válido, cuja homologação – que tem caráter declaratório, frise-se – apenas significará um reforço formal ao acordo celebrado.

Considerações finais

Pretendeu-se por meio deste ensaio apresentar algumas pinceladas sobre temas fundamentais relativos à mediação envolvendo entes públicos visando contribuir para o estudo das formas de solução de controvérsias com a Administração Pública.

Os institutos da negociação, da conciliação, da mediação e da arbitragem têm a capacidade de aproximar as partes e gerar resultados compatíveis com as diretrizes constitucionais, inclusive com os princípios que regem a Administração Pública. A mediação, como método não adversarial de solução de controvérsias, almeja maior cooperação na busca da melhor solução.

Além disso, a legislação é clara ao impor a todos, inclusive à Administração Pública e aos advogados (públicos e privados), o dever de utilização da conciliação e da mediação. Embora a realização de transações pela Administração Pública não seja algo novo, a utilização de institutos como a conciliação, a mediação e a arbitragem ainda é recente. É preciso que nos esforcemos em compreendê-los e aplicá-los, vencendo as barreiras dos preconceitos.

Afinal, caso se alcance a transação amigável por meio da mediação, todos ganham: diretamente, a Administração e a outra parte interessada; indiretamente, o Fisco, o Judiciário e aqueles que efetivamente precisam a ele recorrer (eis que diminuirá o volume de processos). Como se não bastassem tais ganhos, atinge-se de modo célere o escopo primário do próprio Direito, que é a paz social. Em outras palavras, o interesse público é o grande vencedor, sob todos os ângulos.

Referências

BARBOSA, Mafalda Miranda. A recusa de conformação do jurídico pelo económico. *In*: CUNHA, L. P.; QUELHAS, J. M.; ALMEIDA, T. (Orgs.). *Boletim de Ciências Económicas*: Homenagem ao Prof. Doutor António José Avelãs Nunes. v. LVII. t. I. Coimbra: Univ. de Coimbra, 2014.

BOWLING, Daniel; HOFFMAN, David (Eds.). *Bringing Peace Into the Room*: how the personal qualities of the mediator impact the process of conflict resolution. Cambridge: Harvard Univ. Press, 2003, *passim*.

CAHALI, Francisco José. *Curso de arbitragem*: mediação – conciliação – resolução. 8. ed. São Paulo: Revista dos Tribunais, 2020.

CUÉLLAR, Leila; MOREIRA, Egon Bockmann. Administração Pública e mediação: notas fundamentais. *Revista de Direito Público da Economia – RDPE*, Belo Horizonte, ano 16, n. 61, p. 119-145, jan./mar. 2018.

FREITAS, Juarez. Direito Administrativo não-adversarial: a prioritária solução consensual de conflitos. *Revista de Direito Administrativo*, Rio de Janeiro: FGV, v. 276, p. 25-46, maio/ago. 2017. Disponível em: http://bibliotecadigital.fgv.br/ojs/index.php/rda/article/view/72991. Acesso em: 08 dez. 2021.

GRINOVER, Ada Pellegrini. O minissistema brasileiro de justiça consensual: compatibilidades e incompatibilidades. *Revista Publicações da Escola da AGU*, Belo Horizonte, ano 2015, n. 3, jan./mar. 2016. Disponível em: http://www.fernandatartuce.com.br/wp-content/uploads/2020/01/Ada-minissistema-just-consensual.pdf. Acesso em: 08 dez. 2021.

JURUENA, Marcos. Formas consensuais de composição de conflitos para a exploração de ferrovias. *Revista de Direito Administrativo*, Rio de Janeiro: FGV, v. 253, p. 126, 2010. Disponível em http://bibliotecadigital.fgv.br/ojs/index.php/rda/article/view/8049/6838. Acesso em: 08 dez 2021.

MARQUES NETO, Floriano. A nova regulação estatal e as agências independentes. *In*: SUNDFELD, Carlos Ari (Org.). *Direito administrativo econômico*. São Paulo: Malheiros, 2000.

MESQUITA, Daniel Augusto. A participação do advogado público em mediações: parâmetros para a celebração de acordo que atenda ao interesse público. *Revista Jurídica da Procuradoria-Geral do Distrito Federal*, Brasília, v. 41, n. 2, jul./dez. 2016.

MNOOKIN, Robert H.; PEPPET, Scott R.; TULUMELLO, Andrew S. *Beyond Winning*: negotiating to create value in deals and disputes. Cambridge: Harvard Univ. Press, 2004, *passim*.

MOREIRA NETO, Diogo de Figueiredo. Novos institutos consensuais da ação administrativa. *Revista de Direito Administrativo*, Rio de Janeiro: FGV, v. 231, p. 154, 2003. Disponível em: http://bibliotecadigital.fgv.br/ojs/index.php/rda/article/view/45823/45108. Acesso em 08 dez. 2021.

MOREIRA, Egon Bockmann. Atos administrativos negociais. *In*: WALD, A.; JUSTEN FILHO, M.; PEREIRA, C. A. G. (Orgs.). *O direito administrativo na atualidade*. São Paulo: Malheiros, 2017. p. 363-371.

MOREIRA, Egon Bockmann. *Processo administrativo*: princípios constitucionais, a Lei 9.781/1999 e o Código de Processo Civil/2015. 5. ed. São Paulo: Malheiros, 2017.

SÉRVULO CORREIA, J. M. A arbitragem dos litígios entre particulares e Administração Pública sobre situações regidas pelo Direito Administrativo. *Revista de Contratos Públicos*, Belo Horizonte: Fórum, v. 5, p. 165-198, set./2014-fev./2015.

SOUZA, Luciane Moessa de. *Meios consensuais de solução de conflitos envolvendo entes públicos*: negociação, mediação e conciliação na esfera administrativa e judicial. Belo Horizonte: Fórum, 2012.

VENTURI, Elton. Transação de direitos indisponíveis? *Revista de Processo*, São Paulo, v. 251, p. 391-426, 2016.

Informação bibliográfica deste texto, conforme a NBR 6023:2018 da Associação Brasileira de Normas Técnicas (ABNT):
MOREIRA, Egon Bockmann; CUÉLLAR, Leila. Administração Pública e mediação: notas fundamentais. *In*: CUÉLLAR, Leila; MOREIRA, Egon Bockmann; GARCIA, Flávio Amaral; CRUZ, Elisa Schmidlin. *Direito Administrativo e Alternative Dispute Resolution*: arbitragem, *dispute board*, mediação e negociação. Com comentários à legislação do Rio de Janeiro, São Paulo, Rio Grande do Sul e União sobre arbitragem e mediação em contratos administrativos e desapropriações. 2. ed. Belo Horizonte: Fórum, 2022. p. 103-135. ISBN 978-65-5518-404-4.

CÂMARAS DE AUTOCOMPOSIÇÃO DA ADMINISTRAÇÃO PÚBLICA BRASILEIRA: REFLEXÕES SOBRE SEU ÂMBITO DE ATUAÇÃO[1]

EGON BOCKMANN MOREIRA
LEILA CUÉLLAR

Notas introdutórias: valorização da consensualidade e meios adequados de solução de controvérsias envolvendo a Administração Pública

Mesmo antes do CPC de 2015 e da Lei de Mediação (Lei nº 13.140/2015), o cenário brasileiro de solução de controvérsias já caminhava firme para a utilização de meios consensuais. Isso é demonstrado, por exemplo, pelas iniciativas do Conselho Nacional de Justiça (CNJ) – Resolução nº 125/2010-CNJ, a organização de semanas de conciliação e a implantação dos CEJUSCs (Centros Judiciários de Solução de Conflitos).

Todavia, essa tendência está se intensificando, inclusive na Administração Pública. Afinal, tais métodos não adversariais de solução de controvérsias já deram mostras de que são eficientes e atenuam os custos de transação inerentes a qualquer conflito, sobretudo em casos de controvérsias internas à Administração Pública, seus órgãos e entidades. Assim, tudo indica que negociação e mediação serão técnicas cada vez mais prestigiadas pelos gestores e órgãos de controle. Alguns exemplos comprovam esse direcionamento institucional.

---

[1] Uma versão deste artigo foi publicada na *Revista Brasileira de Alternative Dispute Resolution –RBADR*, Belo Horizonte, ano 01, n. 01, p. 19-36, jan./jun. 2019.

Basta examinarmos a criação da Câmara de Conciliação e Arbitragem da Administração Pública Federal (CCAF) – em 2007, sucedendo as câmaras *ad hoc*, de 2006[2] –, lado a lado ao surgimento de diversas câmaras de mediação privadas e a inserção em currículos universitários de disciplinas específicas sobre o tema, o que abrange a utilização de métodos consensuais para a solução de conflitos envolvendo a Administração Pública não somente no âmbito do Poder Judiciário – por meio dos CEJUSCs,[3] por exemplo –, mas também com a paulatina e persistente criação de câmaras de autocomposição dentro da própria estrutura dos entes públicos federais, estaduais e municipais.[4]

A previsão e a utilização de meios de solução consensual de controvérsias inserem-se na política atual do CNJ e no modelo

---

2 Como Arnaldo Godoy anotou, o modelo da CCAF "se propõe a compor controvérsias de natureza jurídica, que envolvem entidades da Administração Federal indireta, bem como entre tais entes a União. [...] O modelo permite que Ministros de Estado detentores de competência sobre a matéria disputada encomendem a solicitação, de imediato, ao Presidente da República, audiência do Advogado-Geral da União, com o objetivo da criação de um foro para discussão de problema que antagonize ministérios distintos. Ao Advogado-Geral da União incumbe adotar as providências necessárias, para que se deslinde a controvérsia, ainda em âmbito administrativo" (GODOY, Arnaldo. *Transação tributária*. Belo Horizonte: Fórum, 2010, p. 131).

3 Cabe frisar que, em outubro de 2018, foi criado junto ao TJSP o primeiro CEJUSC de Fazenda Pública, como noticia o *site* do CNJ (Disponível em: http:// www.cnj.jus.br/tribunal--de-justica-de-sao-paulo-instala-1-cejusc-de-fazenda-publica/. Acesso em: 08 dez. 2021).

4 Tem-se notícia da criação (ou autorização para criação) de câmaras de solução consensual de conflitos (ou de autocomposição) pelo menos nos seguintes estados e municípios: Alagoas (Lei Complementar nº 47/2018 e Decreto nº 64.050/2019), Espírito Santo (Lei Complementar nº 1.011/2022), Goiás (Lei Complementar nº 114/2018 e Portaria nº 440/2019-PGE), Minas Gerais (Lei nº 23.172/2018 e Resolução AGE nº 61/2020), Mato Grosso do Sul (Lei Complementar nº 95/2001, com redação dada pela Lei Complementar nº 288/201 e Resolução nº 362/2022- PGEMS), Pará (Lei Complementar nº 121/2019), Paraná (Decreto nº 8.473, de 30.08.2021), Pernambuco (Lei Complementar nº 417/2019 e Decreto nº 48.505/2020), Rio de Janeiro (Decreto nº 45.590/2016, Lei nº 9.629/2022, Resolução nº 4710/2021 e Resolução nº 4.827/2022), Rio Grande do Sul (Lei nº 14.794/2015 e Resolução nº 112/2016-PGE), Santa Catarina (Lei Complementar nº 780/2021) e Tocantins (a Lei Complementar nº 137/2022 cria a Subprocuradoria da Câmara de Prevenção e Resolução Administrativa de Conflitos). No Estado do Rio de Janeiro, além da Câmara Administrativa de Solução de Controvérsias – CASC, compõem o Núcleo de Autocomposição da PGERJ câmara para administrar questões relativas ao fornecimento de medicamentos, especialmente possibilitando a cooperação de órgãos e evitando a judicialização de demandas (Câmara de Resolução de Litígios da Saúde), e o Ambiente de Diálogo e Composição Interna (Decreto nº 8.473/2021). No município de Porto Alegre, foi instituída a Câmara de Mediação e Conciliação da Central de Conciliação (Lei Municipal nº 12.003, de 27.01.2016, e Decreto nº 19.519, de 30.09.2016). Na cidade de São Paulo, criou-se a Câmara de Solução de Conflitos da Administração Municipal (Decreto nº 57.263, de 29.08.2016 e Lei Ordinária nº 17.324/2020).

multiportas previsto pelo CPC/2015, sempre na busca de valorização da utilização de meios adequados de solução das controvérsias.[5] Todavia e como já afirmamos alhures, a possibilidade de negociação/transação pela Administração Pública não é novidade. A Administração Pública já podia fazê-lo – e o fazia – mesmo antes do CPC de 2015 e da Lei de Mediação. Além disso, outros diplomas legais (*v.g.*, Lei de Concessões e Lei das PPPs) também preveem hipóteses de solução consensual.[6] O que hoje ganha corpo é a intensificação ao prestígio a essa metodologia de dissipação de conflitos.

Importante frisar, ainda, como observação preliminar, que nem sempre a via consensual será a mais adequada para solucionar o caso concreto. O que se deve buscar quando se está diante de conflito envolvendo a Administração Pública é o meio mais adequado para sua solução eficaz, a melhor forma de se atingir o interesse público. Não se trata de escolha binária, com hipóteses fechadas de "conflito = solução por meio da mediação" ou "conflito = solução por meio da arbitragem" (tal como antes havia a regra do "conflito = solução por meio de ações judiciais").

Como Leila Cuéllar já consignou,

> é preciso que o jurista detenha conhecimentos necessários acerca dos meios de solução, mas também esteja apto a avaliar as peculiaridades dos conflitos, do direito material envolvido, da natureza das partes (e da relação que estas mantêm entre si), dentre outros fatores, para definir o meio de solução mais adequado ao caso concreto".[7]

---

5 Sobre o modelo multiportas e a Administração Pública brasileira, v. VENTURI, Elton. Transação de direitos indisponíveis?. *Revista de Processo*, São Paulo, ano 41, v. 251, p. 391-426, jan. 2016.

6 *Cf.* CUÉLLAR, Leila; MOREIRA, Egon Bockmann. Administração Pública e mediação: notas fundamentais. *In*: CUÉLLAR, Leila; MOREIRA, Egon Bockmann; GARCIA, Flávio Amaral; CRUZ, Elisa Schmidlin. *Direito Administrativo e Alternative Dispute Resolution*: arbitragem, *dispute board*, mediação e negociação. Com comentários à legislação do Rio de Janeiro, São Paulo, Rio Grande do Sul e União sobre arbitragem e mediação em contratos administrativos e desapropriações. 2. ed. rev., ampl. e atual. Belo Horizonte: Fórum, 2022. ISBN 978-65-5518-404-44.

7 CUÉLLAR, Leila. O advogado como arquiteto de processos. *In*: CUÉLLAR, Leila; MOREIRA, Egon Bockmann; GARCIA, Flávio Amaral; CRUZ, Elisa Schmidlin. *Direito Administrativo e Alternative Dispute Resolution*: arbitragem, *dispute board*, mediação e negociação. Com comentários à legislação do Rio de Janeiro, São Paulo, Rio Grande do Sul e União sobre arbitragem e mediação em contratos administrativos e desapropriações. 2. ed. rev., ampl. e atual. Belo Horizonte: Fórum, 2022. ISBN 978-65-5518-404-44.

Em conclusão: "Não nos olvidemos de que não é porque existe mediação e arbitragem, por exemplo, que estes sempre serão os meios que deverão ser utilizados para a solução do conflito. Inúmeras vezes, a via judicial ainda é a mais adequada para resolver o caso examinado".[8]

De todo modo, é interessante constatar que câmaras de autocomposição estaduais e municipais são criadas, com modelos e características próprios, de acordo com a realidade e a necessidade de cada ente público, muitas vezes inspiradas no modelo precursor adotado pela AGU com a Câmara de Conciliação e Arbitragem da Administração Federal (CCAF).

Neste estudo, pretendemos tecer breves comentários sobre o âmbito de atuação dessas câmaras no intuito de contribuir para a reflexão acerca da abrangência da atividade desenvolvida por essas novas "estruturas" administrativas, especialmente levando-se em consideração as características dos meios de solução consensual, as peculiaridades que envolvem a solução de conflitos com a Administração Pública e as normas específicas previstas no CPC/2015 e na Lei de Mediação.

1 O marco legal da criação das câmaras de solução de controvérsias (autocomposição) pelos estados e municípios

Muito embora não houvesse proibição legislativa explícita à negociação e à autocomposição de conflitos – fossem eles interorgânicos, fossem entre pessoas privadas e poderes públicos –, fato é que a concepção, tradicional e fechada, do princípio da legalidade inibiu a implantação de câmaras de solução de controvérsia que envolvessem temas de Direito público. Não foi devido a um acaso, portanto, que a Administração Pública brasileira

---

8 CUÉLLAR, Leila. O advogado como arquiteto de processos. *In*: CUÉLLAR, Leila; MOREIRA, Egon Bockmann; GARCIA, Flávio Amaral; CRUZ, Elisa Schmidlin. *Direito Administrativo e Alternative Dispute Resolution*: arbitragem, *dispute board*, mediação e negociação. Com comentários à legislação do Rio de Janeiro, São Paulo, Rio Grande do Sul e União sobre arbitragem e mediação em contratos administrativos e desapropriações. 2. ed. rev., ampl. e atual. Belo Horizonte: Fórum, 2022. ISBN 978-65-5518-404-44.

se tornou a grande "cliente", a maior "usuária" dos serviços prestados pelo Poder Judiciário.

Essa inibição foi posta por terra com a promulgação de duas leis de suma importância (CPC e Lei de Mediação), que desfazem com clareza qualquer dúvida que porventura pudesse existir quanto à mediação e autocomposição em temas que envolvam os poderes públicos. Ambas surgiram com o impulso do próprio Judiciário, que detectou ser indispensável a redução das demandas judicializadas como meio de consagrar a paz social. Afinal, o gigantesco número de ações judiciais das quais a Administração Pública é parte não prejudica apenas os sujeitos daqueles processos, mas todos os outros (litígios privados), que precisam enfrentar a fila de processos para terem o seu *day in Court*. Mais: tal aumento desproporcional de demandas faz com que a prestação jurisdicional se torne mais cara e muito mais lenta. Todos perdem com isso.

Por outro lado, fato é que o modelo estará em constantes testes evolutivos. A positivação de leis não faz mágicas e, muitas vezes, gera efeitos adversos (basta pensar nos juizados especiais de pequenas causas, que não diminuíram a demanda judiciária, mas instalaram incentivos para que houvesse mais e mais litígios). Logo, talvez o foco mais importante esteja na tentativa de elaboração e implementação de métodos que prestigiem a busca de consensualidade e mudança de postura – tanto da Administração Pública quanto das pessoas privadas que com ela se relacionam (e os respectivos advogados). O desafio está só começando, mas tem ótimos pontos de partida: o CPC e a Lei de Mediação.

O CPC, ao mesmo tempo que prevê a inafastabilidade da jurisdição, afirmando que "não se excluirá da apreciação jurisdicional ameaça ou lesão a direito", destaca no artigo 3º, §§2º e 3º, que o Estado promoverá, sempre que possível, a solução consensual dos conflitos e que "a conciliação, a mediação e outros métodos de solução consensual de conflitos" deverão ser estimulados por juízes, advogados,[9] defensores públicos e membros do Ministério Público, inclusive no curso do processo judicial.

---

[9] Ainda, o Código de Ética do Advogado (aprovado pela Resolução nº 02/2015 – CFOAB) prevê, em seu artigo 2º, VI, que é dever do advogado "estimular, a qualquer tempo, a conciliação e a mediação entre os litigantes, prevenindo, sempre que possível, a instauração

Muita atenção merece ser dada a esse dispositivo, que inverte a lógica até então vigente no Direito brasileiro, sobretudo o processual (que respirava a estrutura "conflito de interesses + pretensão resistida = direito de ação judicial"). Afinal, como observam Marinoni, Arenhart e Mitidiero:

> O novo Código tem como compromisso promover a solução consensual do litígio, sendo uma das suas marcas a viabilização de significativa abertura para a autonomia privada das partes – o que se manifesta não só no estímulo a que o resultado do processo seja fruto de um consenso das partes [...], mas também na possibilidade de estruturação contratual de determinados aspectos do processo (negócios processuais, art. 190, CPC), e calendário processual (art. 191, CPC).[10]

Sobre o tema, José Rogério Cruz e Tucci observa que, "procurando infundir a cultura da pacificação entre os protagonistas do processo, o CPC/2015, em inúmeros preceitos, sugere a autocomposição".[11] Essa nota é sobremaneira importante, eis que revela a essência do CPC: ao disciplinar o processo civil, ele ilumina e valoriza a capacidade que as partes têm de efetivamente pôr fim às controvérsias, imputando-lhes a responsabilidade processual de desenvolver os melhores esforços para gerar soluções não dependentes do terceiro imparcial (o juiz).

Mais ainda: no que diz respeito à utilização da mediação (ou de outros meios consensuais) em relação a conflitos que envolvem a Administração Pública, deve-se mencionar os seguintes artigos do CPC:

> Art. 165. Os tribunais criarão centros judiciários de solução consensual de conflitos, responsáveis pela realização de sessões e audiências de conciliação e mediação e pelo desenvolvimento de programas destinados a auxiliar, orientar e estimular a autocomposição. [...]

---

de litígios". E no artigo 8º, §1º, o diploma legal dispõe que o advogado público deve contribuir para a redução de litigiosidade.

10 MARINONI, Luiz Guilherme; ARENHART, Sérgio Cruz; MITIDIERO, Daniel. *Código de Processo Civil comentado*. 7. ed. São Paulo: Revista dos Tribunais, 2021. p. 171.

11 CRUZ E TUCCI, José Rogério. *In*: CRUZ E TUCCI, José Rogério; FERREIRA FILHO, Manoel Caetano; APRIGLIANO, Ricardo de Carvalho; DOTTI, Rogéria Fagundes; MARTINS, Sandro Gilbert (Coords.). *Código de Processo Civil Anotado/2019*. OAB/AASPP, p. 7. Disponível em: https://www.aasp.org.br/produto/codigo-de-processo-civil-anotado/. Acesso em: 08 dez. 2021.

> Art. 166. A conciliação e a mediação são informadas pelos princípios da independência, da imparcialidade, da autonomia da vontade, da confidencialidade, da oralidade, da informalidade e da decisão informada.
>
> §1º A confidencialidade estende-se a todas as informações produzidas no curso do procedimento, cujo teor não poderá ser utilizado para fim diverso daquele previsto por expressa deliberação das partes.
>
> §2º Em razão do dever de sigilo, inerente às suas funções, o conciliador e o mediador, assim como os membros de suas equipes, não poderão divulgar ou depor acerca de fatos ou elementos oriundos da conciliação ou da mediação.
>
> §3º Admite-se a aplicação de técnicas negociais, com o objetivo de proporcionar ambiente favorável à autocomposição.
>
> §4º A mediação e a conciliação serão regidas conforme a livre autonomia dos interessados, inclusive no que diz respeito à definição das regras procedimentais.
>
> Art. 168. As partes podem escolher, de comum acordo, o conciliador, o mediador ou a câmara privada de conciliação e de mediação. [...]
>
> Art. 174. A União, os Estados, o Distrito Federal e os Municípios criarão câmaras de mediação e conciliação, com atribuições relacionadas à solução consensual de conflitos no âmbito administrativo, tais como:
>
> I – dirimir conflitos envolvendo órgãos e entidades da Administração Pública;
>
> II – avaliar a admissibilidade dos pedidos de resolução de conflitos, por meio de conciliação, no âmbito da Administração Pública;
>
> III – promover, quando couber, a celebração de termo de ajustamento de conduta.
>
> Art. 175. As disposições desta Seção não excluem outras formas de conciliação e mediação extrajudiciais vinculadas a órgãos institucionais ou realizadas por intermédio de profissionais independentes, que poderão ser regulamentadas por lei específica.
>
> Parágrafo único. Os dispositivos desta Seção aplicam-se, no que couber, às câmaras privadas de conciliação e mediação.

Bem vistas as coisas, fato é que tais dispositivos legais, ao inserirem de modo indeclinável a Administração Pública (e seus conflitos) na realidade da mediação, instalam novos desafios. Nada obstante estejamos em outro momento do Direito Administrativo brasileiro, desapegado de formalismos inférteis e vinculado a novas realidades cognitivo-aplicativas (pense-se nos arts. 20 a 30 da nova Lei de Introdução), a mediação administrativa – seja feita entre órgãos e/ou entidades administrativas, seja em face de pessoas privadas – merece especial atenção. Não é possível simples transplante, às cegas, da experiência privada.

Importante dizer que estruturas e meios de solução de controvérsias concebidos inicialmente para gerir conflitos entre particulares, tanto as câmaras de autocomposição quanto os institutos de mediação/conciliação, como previstos no CPC (e na Lei de Mediação), devem ser adaptados para a solução de conflitos envolvendo a Administração Pública, especialmente em razão dos princípios que regem a atividade administrativa.[12]

Não é possível aplicarmos, sem maior reflexão, os ditames legais, por vezes específicos para vínculos entre particulares. As singularidades do regime jurídico aplicável à Administração Pública devem ser consideradas para definição do modelo de câmaras que são criadas pelos entes públicos e dos institutos consensuais (mediação, conciliação ou outros) que serão utilizados.

Nesse sentido, como aduz Diego Faleck, ao comentar o artigo 174 do CPC, o código incluiu o Estado no movimento pela consensualidade, mas se trata de questão complexa, em razão das peculiaridades envolvendo a Administração Pública, não sendo possível, portanto, se enfrentar a solução consensual de conflitos envolvendo a Administração Pública com o mesmo olhar voltado

---

[12] Conforme leciona Tatiana Heck, "[...] a mediação deve ao mesmo tempo ser fiel aos princípios da mediação elencados na legislação, assim como deve manter adequação aos princípios de direito administrativo" (HECK, Tatiana de Marsillac Linn. Perspectivas e desafios da mediação na Administração Pública. *Revista da Escola da AGU*, v. 9, n. 4, 2017, p. 294. Disponível em: https://seer.agu.gov.br/index.php/EAGU/issue/view/127/showToc. Acesso em: 08 dez. 2021.
Sobre o tema, conferir, igualmente, estudo desenvolvido por Heck e Marques (HECK, Tatiana de Marsillac Linn; MARQUES, Luciana Marques Bombino. Princípio da publicidade: incidência e limites sobre as tratativas conciliatórias na Administração Pública. *Revista da ESDM*, v. 4, n. 8, 2018, p. 135-146. Disponível em: http://revista.esdm.com.br/index.php/esdm/article/view/84. Acesso em: 08 dez. 2021), bem como o nosso CUÉLLAR, Leila; MOREIRA, Egon Bockmann. *Administração pública e mediação: notas fundamentais*. *In*: CUÉLLAR, Leila; MOREIRA, Egon Bockmann; GARCIA, Flávio Amaral; CRUZ, Elisa Schmidlin. *Direito Administrativo e Alternative Dispute Resolution*: arbitragem, *dispute board*, mediação e negociação. Com comentários à legislação do Rio de Janeiro, São Paulo, Rio Grande do Sul e União sobre arbitragem e mediação em contratos administrativos e desapropriações. 2. ed. rev., ampl. e atual. Belo Horizonte: Fórum, 2022. ISBN 978-65-5518-404-44.

a conflitos relativos apenas a partes privadas. Eis a observação formulada por Faleck:

> O Estado é sem dúvida o maior litigante do país, e a iniciativa de envolvê-lo no movimento da consensualidade é muito bem-vinda. Algumas experiências bem-sucedidas demonstraram também a sua aptidão para utilização de métodos consensuais de solução de controvérsias, como, por exemplo, a criação da Câmara de Conciliação e Arbitragem da Administração Federal (CCAF). A previsão, todavia, parece ampla e ambiciosa. Em primeiro lugar, no plano material, o debate sobre a consensualidade e a Administração Pública não é simples, e envolve diversas questões complexas, entre as quais o conceito de responsividade (*accountability*), conflitos de legalidade administrativa, conflitos entre interesse público e interesses privados, perspectivas de mercado, questões de confidencialidade, o posicionamento de tribunais de conta, a evolução da jurisprudência e, principalmente, a autorização legislativa. Sem o enfrentamento de tais questões e as demais evoluções pertinentes, e concomitantes, os avanços trazidos pela previsão podem se tornar letra morta.[13] [14]

No que tange à Lei de Mediação, para a presente análise, importa destacar pelo menos os seguintes dispositivos:

> Art. 1º Esta Lei dispõe sobre a mediação como meio de solução de controvérsias entre particulares e sobre a autocomposição de conflitos no âmbito da Administração Pública.
> Parágrafo único. Considera-se mediação a atividade técnica exercida por terceiro imparcial sem poder decisório, que, escolhido ou aceito pelas partes, as auxilia e estimula a identificar ou desenvolver soluções consensuais para a controvérsia.

---

[13] FALECK, Diego. Comentários ao artigo 174. *In*: CRUZ E TUCCI, José Rogério; FERREIRA FILHO, Manoel Caetano; APRIGLIANO, Ricardo de Carvalho; DOTTI, Rogéria Fagundes; MARTINS, Sandro Gilbert (Coords.). *Código de Processo Civil Anotado/2019*. OAB/AASPP, p. 307. Disponível em: https://www.aasp.org.br/produto/codigo-de-processo-civil-anotado/. Acesso em: 08 dez. 2021.

[14] Na mesma linha, Kaline Ferreira assevera que "a Lei de mediação não foi concebida para a mediação envolvendo entes públicos. Diante de uma possível omissão, agregou-se uma parte dedicada a esse tipo de mediação, e assim, foi cometido o seu principal equívoco: considerar a mediação entre particulares possível de ser aplicada ao direito público, sem nenhum tipo de filtragem" (FERREIRA, Kaline. A autocomposição e as pessoas jurídicas de Direito público: o que mudou depois da Lei de Mediação?. *Revista da Escola da AGU*, v. 9, n. 4, 2017, p. 125. Disponível em: https://seer.agu.gov.br/index.php/EAGU/issue/view/127/showToc. Acesso em: 08 dez. 2021).

Art. 32. A União, os Estados, o Distrito Federal e os Municípios poderão criar câmaras de prevenção e resolução administrativa de conflitos, no âmbito dos respectivos órgãos da Advocacia Pública, onde houver, com competência para:
I – dirimir conflitos entre órgãos e entidades da Administração Pública;
II – avaliar a admissibilidade dos pedidos de resolução de conflitos, por meio de composição, no caso de controvérsia entre particular e pessoa jurídica de direito público;
III – promover, quando couber, a celebração de termo de ajustamento de conduta.
§1º O modo de composição e funcionamento das câmaras de que trata o caput será estabelecido em regulamento de cada ente federado.
§2º A submissão do conflito às câmaras de que trata o caput é facultativa e será cabível apenas nos casos previstos no regulamento do respectivo ente federado.
§3º Se houver consenso entre as partes, o acordo será reduzido a termo e constituirá título executivo extrajudicial.
§4º Não se incluem na competência dos órgãos mencionados no caput deste artigo as controvérsias que somente possam ser resolvidas por atos ou concessão de direitos sujeitos a autorização do Poder Legislativo.
§5º Compreendem-se na competência das câmaras de que trata o caput a prevenção e a resolução de conflitos que envolvam equilíbrio econômico-financeiro de contratos celebrados pela administração com particulares.

Art. 33. Enquanto não forem criadas as câmaras de mediação, os conflitos poderão ser dirimidos nos termos do procedimento de mediação previsto na Subseção I da Seção III do Capítulo I desta Lei.
Parágrafo único. A Advocacia Pública da União, dos Estados, do Distrito Federal e dos Municípios, onde houver, poderá instaurar, de ofício ou mediante provocação, procedimento de mediação coletiva de conflitos relacionados à prestação de serviços públicos.

Art. 34. A instauração de procedimento administrativo para a resolução consensual de conflito no âmbito da Administração Pública suspende a prescrição.
§1º Considera-se instaurado o procedimento quando o órgão ou entidade pública emitir juízo de admissibilidade, retroagindo a suspensão da prescrição à data de formalização do pedido de resolução consensual do conflito.
§2º Em se tratando de matéria tributária, a suspensão da prescrição deverá observar o disposto na Lei nº 5.172, de 25 de outubro de 1966 – Código Tributário Nacional.

Art. 37. É facultado aos Estados, ao Distrito Federal e aos Municípios, suas autarquias e fundações públicas, bem como às empresas públicas e sociedades de economia mista federais, submeter seus litígios com órgãos ou entidades da Administração Pública federal à Advocacia-Geral da União, para fins de composição extrajudicial do conflito.

Art. 39. A propositura de ação judicial em que figurem concomitantemente nos polos ativo e passivo órgãos ou entidades de direito público que integrem a Administração Pública federal deverá ser previamente autorizada pelo Advogado-Geral da União.

Como se infere, a Lei de Mediação (i) autorizou expressamente o uso dessa técnica pelos poderes públicos de todas as esferas da Federação; (ii) permitiu a criação de câmaras de mediação para dirimir (ii.a) conflitos de órgãos e entidades da Administração Pública entre si, (ii.b) conflitos entre órgãos e entidades da Administração Pública e pessoas privadas e (ii.c) celebração de termos de ajuste de conduta; (iii) a efetivação de mediações mesmo sem haver câmaras pré-constituídas; (iv) a suspensão da prescrição quando da instalação da mediação; (v) a possibilidade de a Advocacia-Geral da União servir de mediadora de conflitos entre quaisquer pessoas e a Administração Pública federal; e (vi) a prévia autorização do advogado-geral da União como condição ao ajuizamento de ação judicial por órgão ou entidade da Administração federal contra seus equivalentes em nível federal.

Não se pretende neste trabalho comentar os dispositivos legais, nem compará-los.[15] Importa destacar apenas que ambos os diplomas (CPC e Lei de Mediação) tratam da utilização de autocomposição envolvendo conflitos com a Administração Pública e sobre a possibilidade de criação de câmaras para essa finalidade.[16]

A Lei de Mediação, em seu artigo 32, indica que os entes "poderão" criar câmaras, enquanto o CPC, no artigo 174, diz que "criarão" tais câmaras. Parece-nos não se tratar de uma obrigatoriedade, mas de algo mais do que mera faculdade. Trata-se de

---

15 Ampliar o tema nos estudos desenvolvidos por Elisa Eidt (EIDT, Elisa Berton. *Autocomposição na Administração Pública*. Santa Cruz do Sul: Essere nel Mondo, 2017).

16 O CPC fala em "câmaras de mediação e conciliação", e a lei de mediação se refere a "câmaras de prevenção e resolução administrativa de conflitos" (aludindo a autocomposição para se referir a conflitos com a Administração Pública).

incentivo, de específico estímulo legislativo a que as câmaras sejam criadas e funcionem de fato. Todavia, caso não o sejam, a mediação é permitida em outras câmaras que não as "oficiais" e mesmo em mediações *ad hoc*.

Afinal, a criação dessas câmaras depende de escolha pública embasada, entre outros fatores, em critérios de conveniência e oportunidade administrativas (por exemplo, existência de pessoal apto a dirigi-las e nelas funcionar, infraestrutura física adequada etc.), devendo-se também levar em conta custos financeiros e custos com estrutura física e pessoal. Além disso, a criação das câmaras dependerá de regulamentação específica por cada ente federado (como, aliás, assinala a lei, e já efetuado por alguns estados e municípios, conforme citado na nota de rodapé número 4).

Por outro lado, mesmo sem a criação dessas estruturas administrativas, é possível que o órgão ou a entidade pública resolva de forma consensual alguns conflitos, diretamente, no âmbito do Poder Judiciário (no caso de conflitos judicializados) ou em câmaras privadas (pode-se cogitar, por exemplo, a utilização de câmara privada para resolver conflito relativo a contrato administrativo em que se previu cláusula de mediação ou cláusula de utilização escalonada de mediação e arbitragem, a denominada cláusula *med-arb*). Mesmo antes dos diplomas legais de 2015, já era possível a criação de câmaras de autocomposição, como fez a AGU, com a instituição da CCAF e com a realização de centrais de negociação e designação de câmaras *ad hoc*.

O artigo 33 da Lei de Mediação dispõe que, "enquanto não forem criadas as câmaras de mediação, os conflitos poderão ser dirimidos nos termos do procedimento de mediação previsto na Subseção I da Seção III do Capítulo I". A prescrição não parece ser exata, eis que a subseção aludida versa apenas sobre o procedimento de mediação.

Sobre o tema, pondera Kaline Ferreira que o dispositivo não parece ser pertinente:

> A inexistência da Câmara especializada em mediação não será suprida pela aplicação do procedimento previsto na seção III do capítulo da referida Lei. Em nossa opinião, a ausência do regulamento próprio para cada um dos entes, fixando o procedimento de mediação, poderá sim, obviamente, ser suprido pela aplicação do procedimento previsto na

Lei Federal até que o regulamento seja aprovado. Todavia, a ausência da estrutura competente para aplicar a mediação é uma omissão que não encontra solução no dispositivo citado.[17]

Feitas essas considerações, vejamos rapidamente qual poderá ser o âmbito de atuação das câmaras, de acordo com o CPC e com a Lei de Mediação.

2 Observações iniciais sobre o âmbito de atuação das câmaras e a inexistência de modelo único

As câmaras de mediação têm natureza *sui generis*, sobretudo aquelas criadas pela Administração Pública. No espaço normativo das pessoas privadas, as câmaras são espaços instituídos por associações – e outros coletivos – com o escopo de permitir a realização de mediações. Quem tem personalidade jurídica é a pessoa criada para gerir as câmaras: associações de empresas ou de profissões, pessoas jurídicas cujo objeto é gerenciar mediações etc.

A câmara, portanto, apenas *administra* e, muitas vezes, *regulamenta* as mediações promovidas sob sua responsabilidade. Como é evidente, ela não atua como mediadora, apenas presta serviços de gerenciamento e infraestrutura a fim de que as partes possam eleger o mediador e dispor de ambiente apto ao seu desenvolvimento. Assim, a existência da câmara significa a certeza de que não haverá obstáculos a que a mediação seja realizada da forma mais eficiente possível.

O mediador, ao seu tempo, é o terceiro estranho ao conflito que, em razão de sua imparcialidade (isento de parcialidade objetiva-subjetiva) e neutralidade (não se manifesta fundado em seus ideais e não se alinha a qualquer uma das partes), pode adotar atitudes de empatia e atenuar os embaraços que as partes naturalmente experimentam em negociações. Ele não profere decisões, nem emite juízos de valor; apenas se esforça em criar as condições para que as partes, por si sós, cheguem ao acordo que, segundo os seus próprios

[17] FERREIRA, Kaline. A autocomposição e as pessoas jurídicas de Direito público: o que mudou depois da Lei de Mediação?. *Revista da Escola da AGU*, v. 9, n. 4, 2017, p. 121. Disponível em: https://seer.agu.gov.br/index.php/EAGU/issue/view/127/showToc. Acesso em: 08 dez. 2021.

juízos e de acordo com a íntima convicção de cada um, seja a mais vantajosa. Tudo isso, sempre e especialmente na Administração Pública brasileira, sob o pálio da legalidade.

De usual, existe relativo distanciamento entre as câmaras e o mediador. Este não integra a estrutura da câmara, mas nela é listado/credenciado, a fim de que as partes conheçam o seu currículo e possam escolhê-lo como o sujeito teoricamente apto a facilitar o acordo que, em tese, desejam construir. Em outros casos, o mediador pode ser escolhido pelas partes e desenvolver suas atividades integrado à câmara por elas escolhida (apesar de não ser nela credenciado, nem constar de suas listas).

Como se infere, tais características foram elaboradas e consolidadas no ambiente privado de mediações. Justamente por isso, necessitam ser (re)moldadas ao mundo jurídico da Administração Pública brasileira; afinal, alguns conceitos não são exatamente iguais.

As câmaras de mediação públicas têm a natureza de órgãos públicos,[18] criados por atos normativos e integrados primariamente por servidores públicos. Constituem, portanto, núcleos de competência destacados internamente da entidade a fim de desenvolverem tarefas determinadas (as mediações). São espaços de negociação com características especiais, eis que inseridos na estrutura organizacional da própria parte que se submeterá à mediação, o que faz nascer o desafio da imparcialidade e da neutralidade.

Num primeiro momento, poder-se-ia dizer que as câmaras públicas (câmaras de autocomposição da Administração Pública) e os mediadores-servidores não seriam imparciais, eis que integrantes da própria Administração Pública. Veja-se o exemplo da AGU, acima citado: são advogados da União e procuradores federais que funcionam como mediadores, em ambientes de domínio público-federal (e financiados com verba federal). Logo, essa imparcialidade não é a mesma que a de pessoas privadas.

O tema da imparcialidade nas câmaras públicas de mediação aproxima-se daquelas dos processos administrativos (em que a

---

[18] Note-se que a Lei de Mediação determina que as câmaras sejam criadas no âmbito das advocacias públicas. Todavia, não há menção sobre quem exercerá o papel de mediador.

administração é, simultaneamente, parte e julgador);[19] afinal, vige o princípio da impessoalidade – que incide com especial intensidade na atuação dos mediadores públicos. Ao contrário da autoridade que profere decisões em processos administrativos, o mediador público está proibido de decidir e mesmo de sugerir escolhas. A sua posição jurídica visa apenas atenuar as vicissitudes e contratempos do conflito de interesse, fazendo com que as partes – elas mesmas e só elas mesmas – cheguem ao acordo. Sua imparcialidade há de ser reforçada.

Fato importante a ser sublinhado diz respeito à adequação de previsão de exclusividade de atuação junto à câmaras, como faz a legislação da CCAF/AGU. Assim, por exemplo, é recomendável que os advogados públicos (ou outros servidores) designados para integrar a Câmara de Autocomposição e atuar como mediadores se dediquem com exclusividade às atividades da câmara durante o período em que estão a ela vinculados, não podendo exercer concomitantemente atividades em defesa do ente público em processos judiciais. Do mesmo modo, previsões relativas a suspeições e impedimentos – com prévio *disclosure* – são essenciais para garantir a imparcialidade e a impessoalidade.[20]

A respeito do tema, valiosas as lições de Elisa Eidt:

> Diante do exposto, torna-se possível concluir que a atuação do Advogado Público na Câmara, na condição de mediador/conciliador, deve se dar de forma exclusiva, sem a cumulação com a atividade nos processos judiciais, onde atua na qualidade de defensor do ente público. Não obstante a ausência de previsão na Lei 13.140/2015 sobre a exclusividade, trata-se de requisito que melhor se coaduna com os princípios informadores da mediação, sobretudo para preservar a credibilidade e a eticidade de seu emprego também na Administração Pública.
>
> Ainda sobre esse ponto, faz-se necessário a observação quanto ao impedimento previsto no ar. 6º da Lei 13.140/2015,[21] também em relação aos Advogados Públicos que exercerem suas funções na Câmara.

---

19 Sobre os desafios oriundos da imparcialidade e ausência de configuração tripartite nos processos administrativos, *v.* MOREIRA, Egon Bockmann. *Processo administrativo*. 5. ed. São Paulo: Malheiros, 2017, em especial p. 60-67.

20 Sobre o tema, conferir, também, em SALVO, Sílvia Helena Picarelli Gonçalves Johonsom di. *Mediação na Administração Pública brasileira*: o desenho institucional e procedimental. São Paulo: Almedina, 2018. p. 82 e ss.

21 O artigo 6º estatui que "o mediador fica impedido, pelo prazo de um ano, contado do término da última audiência em que atuou, de assessorar, representar ou patrocinar qualquer das partes".

> O impedimento tal como exposto no artigo tornaria inviável o próprio exercício das atividades do Advogado Público após atuar na Câmara, eis que sua função precípua é, justamente, assessorar e representar o ente público ao qual está vinculado.[22]

Observemos, ainda, que o CPC (art. 174) e a Lei de Mediação (art. 32), com algumas diferenças de redação, resumem a atuação da Câmara de Autocomposição da Administração Pública em três searas principais:

- dirimir conflitos entre órgãos e entidades da Administração Pública;
- avaliar a admissibilidade de pedidos de resolução de conflitos por meio de conciliação/autocomposição, no âmbito da Administração Pública (no caso de conflito entre particular e a Administração Pública, segundo a Lei de Mediação); e
- promover, quando couber, termo de ajustamento de conduta.

Os dispositivos, ao que parece, adotam concepção semelhante àquela utilizada pela regulamentação da CCAF/AGU, conforme artigo 18, incisos I, III e V, do Anexo I, do Decreto nº 7.392, de 13.12.2010. Eis o que estatui o mencionado dispositivo:

> Art. 18. A Câmara de Conciliação e Arbitragem da Administração Federal compete:
> I – avaliar a admissibilidade dos pedidos de resolução de conflitos, por meio de conciliação, no âmbito da Advocacia-Geral da União;
> II – requisitar aos órgãos e entidades da Administração Pública Federal informações para subsidiar sua atuação;
> III – dirimir, por meio de conciliação, as controvérsias entre órgãos e entidades da Administração Pública Federal, bem como entre esses e a Administração Pública dos Estados, do Distrito Federal, e dos Municípios;
> IV – buscar a solução de conflitos judicializados, nos casos remetidos pelos Ministros dos Tribunais Superiores e demais membros do Judiciário, ou por proposta dos órgãos de direção superior que atuam no contencioso judicial;
> V – promover, quando couber, a celebração de Termo de Ajustamento de Conduta nos casos submetidos a procedimento conciliatório;

---

[22] EIDT, Elisa Berton. *Autocomposição na Administração Pública.* Santa Cruz do Sul: Essere nel Mondo, 2017. p. 156.

VI – propor, quando couber, ao Consultor-Geral da União o arbitramento das controvérsias não solucionadas por conciliação; e
VII – orientar e supervisionar as atividades conciliatórias no âmbito das Consultorias Jurídicas nos Estados.

O §4º do artigo 32 da Lei de Mediação exclui da apreciação das Câmaras de Autocomposição, desde logo, as controvérsias que somente possam ser resolvidas por atos ou concessão de direitos sujeitos à autorização do Poder Legislativo e insere entre as atribuições das câmaras a prevenção e a resolução de conflitos que envolvam equilíbrio econômico-financeiro de contratos celebrados por particulares com a Administração Pública.

Além disso, a Lei de Mediação (parágrafo único do artigo 33) prescreve que a advocacia pública igualmente poderá instaurar, de ofício ou mediante provocação, mediação coletiva para tratar de conflitos relacionados a serviços públicos.[23]

Ainda, a Lei de Mediação esclarece que o modo de composição e funcionamento das câmaras e o cabimento da submissão do conflito dependerá de regulamentação própria, a ser editada por cada ente federado.

Acertada a norma, não existindo um modelo único de Câmara de Autocomposição, o âmbito de atuação/competência dependerá de delimitação por legislação própria, podendo, inclusive, ser restrita a uma ou duas matérias (como fez a CASC da PGE/RJ, originalmente,[24] instituída para solução apenas de determinados conflitos na área da educação).

Anote-se, igualmente, como já comentado anteriormente, que a adoção de mecanismos de solução consensual para conflitos envolvendo a Administração Pública deverá sempre levar em conta as características e princípios que regem a Administração Pública, como as determinações do artigo 37 da Constituição.

23 Como assevera Elisa Eidt, "aqui, está uma verdadeira nova modalidade de resolução de conflitos que influi na relação direta que o Estado desenvolve com a sociedade, eis que é nos serviços públicos que se encontra a razão primordial da existência de toda a estrutura estatal" (EIDT, Elisa Berton. *Autocomposição na Administração Pública*. 1. ed. Santa Cruz do Sul: Essere nel Mondo, 2017. p. 126).

24 Atualmente, a CASC/RJ é denominada Câmara Administrativa de Solução de Controvérsias e está regulamentada pela Resolução nº 4.710-PGE, de 31.05.2021, com competência mais abrangente.

Aliás, a nosso ver, a delimitação inicial de matérias apreciadas (e de legitimados que podem solicitar a atuação da câmara) consiste em decisão salutar para viabilizar que esses novos órgãos da Administração Pública iniciem suas atividades com matérias mais restritas – projetos-piloto, por exemplo –, sempre na busca de aprendizagem, maior eficiência e melhor atendimento do interesse público.

Nesse sentido, lembremos que a CCAF, hoje contando com experiência de mais de 10 anos, iniciou sua atuação apenas em relação a conflitos, não judicializados, entre órgãos da Administração Pública federal. Posteriormente, admitiu a submissão de conflitos envolvendo a Administração federal e estados ou municípios. Finalmente, passou a admitir conflitos judicializados, mas apenas envolvendo entes públicos. Ainda depende de regulamentação a apreciação de conflitos com particulares.

Portanto, mesmo com as determinações do CPC e da Lei de Mediação, é possível e recomendável que cada ente da Federação delimite/restrinja a atuação das câmaras e/ou preveja eventuais câmaras *ad hoc*. Somente com a experiência paulatina, formação técnica e amadurecimento será possível a evolução e eventual aprimoramento do modelo utilizado.

Não nos esqueçamos de que a criação dessas câmaras implicará custo para a Administração Pública, realocação de espaços, estrutura física, de pessoal, de material, investimento em capacitação e formação continuada na área de mediação e de soluções consensuais, entre outros aspectos. E no modelo previsto pelo legislador, essas câmaras estão sendo concebidas dentro da estrutura dos órgãos de advocacia pública, originariamente criados para atuar na defesa judicial e na consultoria jurídica do ente público (e não para atuar com a autocomposição de conflitos, mediação e outros meios de solução de controvérsias).

Certamente, muitos desafios surgirão e deverão ser superados para a implantação e o funcionamento adequado das Câmaras de Autocomposição, inclusive no que se refere a uma mudança de cultura, à participação efetiva dos órgãos da Administração Pública com poder de decisão e poder para implementação de acordos.

Reitere-se que se trata de uma forma de atuação nova para todos, inclusive para a advocacia pública e para a própria Administração Pública estadual e municipal, e certamente diversos modelos de câmaras e de procedimentos serão concebidos, adaptados à realidade de cada ente público.

Sobre os modelos de Câmara de Autocomposição e instrumentos de solução consensual, pondera Diego Faleck que não se pode pensar em um modelo único para solução de disputas com a Administração Pública, pois os problemas da Administração Pública não vêm em "tamanho único". Assim se manifesta o autor:

> O corolário da teoria da resolução de disputas reside na construção de soluções sob medida para as tipologias de disputas e conflitos que se busca gerenciar ou resolver. Câmaras de mediação e arbitragem não são um modelo único e capaz de lidar com a miríade de situações conflituosas com que a Administração Pública lida. É necessário que se conduza um devido diagnóstico sobre a situação conflituosa que se procura resolver, avaliando-se quais são os temas das disputas, como estas são resolvidas, quais os custos e riscos jurídicos de cada um destes temas, tanto em termos de mérito quanto processo, quem são as partes interessadas e afetadas, quais são seus interesses e alternativas, como funciona, quais são as vantagens e desvantagens do sistema existente, entre outros. Deve-se envolver as partes interessadas e afetadas e deve-se pensar a construção de modelos adequados, contando com os métodos adequados, devidamente sequenciados, inclusive os híbridos. Uma disposição que meramente estipula a obrigação para a União, os Estados, o Distrito Federal e os Municípios de criar câmaras de mediação e conciliação nos parece ter pouca eficácia.[25]

Por fim, no que se refere ao papel da advocacia pública (além da previsão da Lei de Mediação de que as Câmaras de Autocomposição serão criadas em seu âmbito), cabe destacar que a atuação das câmaras poderá servir de fundamento para o aprimoramento da atividade consultiva da Administração Pública, mediante auxílio com a edição de orientações e sugestões para a reforma de políticas públicas, por exemplo, a partir de constatações resultantes da atuação das câmaras.

Nessa seara, bem destaca Kaline Ferreira:

> A Administração Pública tem que utilizar a mediação como um observatório eficaz para exercer reformas de políticas públicas. A obtenção de dados precisos, concretos e atualizados das diversas relações

---

[25] FALECK, Diego Falleck. Comentários ao artigo 174. *In*: CRUZ E TUCCI, José Rogério Cruz; FERREIRA FILHO, Manoel Caetano; APRIGLIANO, Ricardo de Carvalho; DOTTI, Rogéria Fagundes; MARTINS, Sandro Gilbert (Coords.). *Código de Processo Civil Anotado*. atual. 2019, OAB/AASPP, p. 307. Disponível em: https://www.aasp.org.br/produto/codigo-de-processo-civil-anotado. Acesso em: 08 dez. 2021.

estabelecidas com o Estado, nas suas mais variadas facetas temáticas, é uma das maiores forças da mediação. A partir da abertura e do contato com o público, a Administração evitará o litígio na sua origem, praticando reformas e modificando procedimentos.
A mediação assumirá, desta forma, uma dupla função: a de intervenção nos conflitos e a de provocação de reformas.[26]

São estas algumas considerações sobre o âmbito de atuação das Câmaras de Autocomposição da Administração Pública previstas no CPC e na Lei de Mediação.

Considerações finais

Como se constata, iniciou-se no Brasil uma nova – e bastante robusta – fase no que tange à resolução de conflitos envolvendo a Administração Pública. O CPC/2015 e a Lei de Mediação deixam claro que os entes públicos poderão criar Câmaras de Autocomposição e que a Administração Pública pode utilizar a mediação ou outros meios consensuais para a solução de controvérsias.

Trata-se de uma mudança de paradigmas e de fronteiras tanto para a Administração Pública como para os particulares, bem como para seus respectivos advogados (públicos e privados). Essa novidade traz diversos desafios, mas certamente também traz grandes expectativas na busca da redução de litigiosidade e da solução adequada de conflitos.

Referências

CRUZ E TUCCI, José Rogério. *In*: CRUZ E TUCCI, José Rogério; FERREIRA FILHO, Manoel Caetano; APRIGLIANO, Ricardo de Carvalho; DOTTI, Rogéria Fagundes; MARTINS, Sandro Gilbert (Coords.). *Código de Processo Civil Anotado*/2019. OAB/AASPP, p. 7. Disponível em: https://www.aasp.org.br/produto/codigo-de-processo-civil-anotado. Acesso em: 08 dez. 2019.

---

26 FERREIRA, Kaline. A autocomposição e as pessoas jurídicas de Direito público: o que mudou depois da Lei de Mediação?. *Revista da Escola da AGU*, v. 9, n. 4, 2017, p. 124. Disponível em: https://seer.agu.gov.br/index.php/EAGU/issue/view/127/showToc. Acesso em: 08 dez. 2021.

CUÉLLAR, Leila; MOREIRA, Egon Bockmann. Câmaras de autocomposição da Administração Pública brasileira: reflexões sobre seu âmbito de atuação. *Revista Brasileira de Alternative Dispute Resolution – RBADR*, Belo Horizonte, ano 01, n. 01, p. 19-36, jan./jun. 2019.

EIDT, Elisa Berton. *Autocomposição na Administração Pública*. Santa Cruz do Sul: Essere nel Mondo, 2017.

FALECK, Diego Falleck. Comentários ao artigo 174. *In*: CRUZ E TUCCI, José Rogério Cruz; FERREIRA FILHO, Manoel Caetano; APRIGLIANO, Ricardo de Carvalho; DOTTI, Rogéria Fagundes; MARTINS, Sandro Gilbert (Coords.). *Código de Processo Civil Anotado*. atual. 2019, OAB/AASPP, p. 307. Disponível em: https://www.aasp.org.br/produto/codigo-de-processo-civil-anotado. Acesso em: 08 dez. 2021.

FERREIRA, Kaline. A autocomposição e as pessoas jurídicas de Direito público: o que mudou depois da Lei de Mediação?. *Revista da Escola da AGU*, v. 9, n. 4, 2017. Disponível em: https://seer.agu.gov.br/index.php/EAGU/issue/view/127/showToc. Acesso em: 08 dez. 2021.

GODOY, Arnaldo. *Transação tributária*. Belo Horizonte: Fórum, 2010.

HECK, Tatiana de Marsillac Linn. Perspectivas e desafios da mediação na Administração Pública. *Revista da Escola da AGU*, v. 9. n. 4, 2017. Disponível em: https://seer.agu.gov.br/index.php/EAGU/issue/view/127/showToc. Acesso em: 08 dez. 2021.

HECK, Tatiana de Marsillac Linn; MARQUES, Luciana Marques Bombino. Princípio da publicidade: incidência e limites sobre as tratativas conciliatórias na Administração Pública. *Revista da ESDM*, v. 4, n. 8, 2018, p. 135-146. Disponível em: http://revista.esdm.com.br/index.php/esdm/article/view/84. Acesso em: 08 dez. 2021.

MARINONI, Luiz Guilherme; ARENHART, Sérgio Cruz; MITIDIERO, Daniel. *Código de Processo Civil comentado*. 7. ed. São Paulo: Revista dos Tribunais, 2021.

MOREIRA, Egon Bockmann. *Processo Administrativo*. 5. ed. São Paulo: Malheiros, 2017.

SALVO, Sílvia Helena Picarelli Gonçalves Johonsom di. *Mediação na Administração Pública brasileira*: o desenho institucional e procedimental. São Paulo: Almedina, 2018.

VENTURI, Elton. Transação de direitos indisponíveis?. *Revista de Processo*, São Paulo, ano 41, v. 251, p. 391-426, jan. 2016.

Informação bibliográfica deste texto, conforme a NBR 6023:2018 da Associação Brasileira de Normas Técnicas (ABNT):
MOREIRA, Egon Bockmann; CUÉLLAR, Leila. Câmaras de autocomposição da Administração Pública brasileira: reflexões sobre seu âmbito de atuação. *In*: CUÉLLAR, Leila; MOREIRA, Egon Bockmann; GARCIA, Flávio Amaral; CRUZ, Elisa Schmidlin. *Direito Administrativo e Alternative Dispute Resolution*: arbitragem, *dispute board*, mediação e negociação. Com comentários à legislação do Rio de Janeiro, São Paulo, Rio Grande do Sul e União sobre arbitragem e mediação em contratos administrativos e desapropriações. 2. ed. Belo Horizonte: Fórum, 2022. p. 137-157. ISBN 978-65-5518-404-4.

PARTE II

DIREITO ADMINISTRATIVO, EFICIÊNCIA E TECNICIDADE: ARBITRAGEM E *DISPUTE BOARDS*

DISPUTE BOARDS E OS CONTRATOS DE CONCESSÃO[1]

FLÁVIO AMARAL GARCIA

Os contratos administrativos de infraestrutura (exemplos: concessões comuns e parcerias público-privada) são arranjos complexos que demandam uma elevada sofisticação na sua concepção, modelagem e gestão. Costumeiramente, grandes empreendimentos públicos envolvem contratos coligados, financiamentos via projeto e uma teia de relações jurídicas, técnicas, econômicas e financeiras interdependentes.

A governança e a gestão de contratos desse porte são fundamentais para o êxito na sua consecução. Isso porque, entre outras razões, é alta a probabilidade de ocorrerem conflitos entre as partes contratantes, em especial no que se refere às questões técnicas que podem irromper durante a sua execução.

Examinar o conflito depois de instaurado, como ocorre nos casos em que as partes recorrem à via arbitral ou mesmo ao Poder Judiciário, apresenta um conjunto de obstáculos que tornam mais tormentosa a tarefa de dirimir o litígio. Quatro razões podem ser apontadas: (i) o conflito já está instaurado, e a posição adversarial dos contratantes, bem definida; (ii) o custo elevado dos árbitros e da própria ação judicial; (iii) seja o árbitro ou o juiz, a resolução do conflito é exógena aos lindes contratuais e *ex post* à ocorrência do próprio litígio; (iv) o prejuízo para o atendimento do objeto e, consequentemente, do interesse público, porquanto o litígio, para além de acirrar a animosidade e a desconfiança entre as partes, pode atrasar a execução do empreendimento ou mesmo torná-lo de difícil implementação.

---

[1] Versão ampliada do texto originalmente publicado em *Concessões, Parcerias e Regulação*. São Paulo: Malheiros, 2019.

É a partir dessa realidade que, nos contratos privados de construção – desde a década de 1970 –, empreendimentos de grande porte operam com um mecanismo preventivo, flexível, ágil, célere, consensual e pragmático: o *dispute board*.

Trata-se de uma espécie de comitê de solução de controvérsia, formado por técnicos especializados (via de regra, dois engenheiros e um advogado), que acompanha a execução do contrato. Karin Hlavnicka Skitnevsky[2] explica que são características essenciais dos *experts* a independência, a imparcialidade e a proatividade.

Espera-se que tais técnicos realizem visitas, revisem a documentação da obra, com acompanhamento concomitante do que está sendo executado, e se reúnam periodicamente. Enfim, devem manter uma postura ativa desde o início do contrato. Isso permite que o comitê apresente condições mais favoráveis para a compreensão de todas as etapas de execução do objeto e, consequentemente, na própria percepção, avaliação e resolução dos conflitos que dele decorram.

O comitê, desde o início da execução do contrato, estará familiarizado com as plantas, os orçamentos, o diário de obras, as fotografias, os relatórios, as correspondências entre as partes e tudo mais que se relaciona com a obra, além de acompanhar *in loco* o próprio avanço físico do empreendimento. Deve apreender todas as dimensões do negócio e estreitar uma saudável e dialógica relação com os contratantes.

O monitoramento concomitante da execução da obra por profissionais altamente qualificados e imparciais é, portanto, o diferencial do *dispute board*, permitindo que o comitê atue em tempo real, evitando a ocorrência do litígio. Razoável classificar o *dispute board* como um mecanismo de gestão contratual preventivo e viabilizador de uma atuação *ex ante* do próprio conflito, dotado de uma racionalidade procedimental extremamente pragmática.

A confiança é o cimento do *dispute board*, porquanto são as próprias partes que indicam os profissionais e *experts* responsáveis pelo monitoramento e acompanhamento da execução do objeto contratual. A construção de uma solução a partir de mecanismos

---

2 SKITNEVSKY, Karin Hlavnicka. *Dispute boards*: meio de prevenção de controvérsia. Belo Horizonte: Arraes, 2016. p. 26.

endocontratuais revela-se o modo mais eficiente para elucidar as intercorrências que surjam no decorrer da realização do empreendimento, criando laços de solidariedade, cooperação e comprometimento entre as partes contratantes.

Mesmo que a atuação do comitê não previna o litígio, é certo que as questões controvertidas entre as partes estarão mais amadurecidas, os distintos pontos de vista, devidamente assentados, assim como os argumentos técnicos estarão racionalmente explicitados, tudo isso já avaliado por um grupo de profissionais especializados, que terão emitido uma opinião a propósito da controvérsia a partir dos elementos fáticos coletados durante a execução do objeto.

Donde se conclui que mesmo quando o *dispute board* não produza o resultado esperado e o litígio efetivamente se instaure, contribui decisivamente para o deslinde da questão.[3]

Explica-se: seja nos domínios de uma arbitragem, seja nos domínios de uma ação judicial, a matéria controversa terá sido objeto de exame técnico aprofundado, com uma opinião abalizada dada quase que em tempo real da ocorrência do conflito.

Outro aspecto importante a ressalvar é a ausência de disciplina legal específica sobre os *dispute boards*, o que remete a sua regulação para o próprio contrato. Para além da liberdade das partes disporem sobre como o *dispute board* funcionará, várias instituições renomadas dispõem de regulamentos que contêm uma disciplina sobre o seu funcionamento, cabendo, entre tantas outras, mencionar a Câmara de Comércio Internacional (www.iccwbo.org), a Federação Internacional dos Engenheiros Consultores (www.fidic.org), a Fundação dos *Dispute Resolution Boards* (http://www.drb.org),

---

3 "However, for the majority of disputes, the advantages of the Board should outweigh its disadvantages. It allows for speedy, interim decisions by technically qualified persons, independent of the parties, and yet familiar with the project. While the decisions of the Board cannot be expected to have necessarily been prepared with the care of arbitration awards, the Board satisfies the need in construction for quick and roughly accurate decisions, by a neutral decision-maker. In most instances, this is as much justice as an international contractor requires and, where a serious error may have occurred, it may still refer the matter to international arbitration" (SEPPALA, Christopher. The new FIDIC provision for a Dispute Adjudication Board. *The International Construction Law Review*, Volume 14, Part 4, October 1997. Disponível em: http://fidic.org/sites/default/files/34%20The%20new%20FIDIC%20provision%20for%20a%20Dispute%20Adjudication%20Board.pdf. Acesso em: 13 dez. 2021.

a Associação dos Árbitros Americanos (www.adr.org) e o Instituto de Engenharia (www.ir.org.br).

O *dispute board* surgiu, pioneiramente, nos Estados Unidos em 1975, por ocasião do contrato de execução do Túnel Eisenhower, no Estado do Colorado.[4]

Grosso modo e com algumas variações entre os regulamentos e as próprias disposições contratuais, é possível identificar três espécies distintas de *dispute boards*. Nas palavras de Arnoldo Wald:

> [...] os *dispute boards* (DB) são painéis, comitês ou conselhos para a solução de litígios cujos membros são nomeados por ocasião da celebração do contrato e que acompanham a sua execução até o fim, podendo, conforme o caso, fazer recomendações (no caso dos *Dispute Review Boards* –DRB) ou tomar decisões (*Dispute Adjudication Boards* – DAB) ou até tendo ambas as funções (*Combined Dispute Boards* – CDB), conforme o caso, e dependendo dos poderes que lhes forem outorgados pelas partes.[5]

O que distingue as formas de *dispute boards* é, como se vê, o grau de vinculação. Podem ser consideradas vinculantes (*binding*) ou não vinculantes (*non-binding*) ou, ainda, apresentar os dois efeitos.

Tomando como referência o Regulamento da ICC e na esteira das detalhadas explicações de Anna Carolina Migueis Pereira,[6] o *dispute review board* prevê que as opiniões ou orientações exaradas têm caráter de mera recomendação e poderão ser, espontaneamente, cumpridas pelos contratantes. A qualidade técnica da recomendação e a consistência dos argumentos são suficientes para o convencimento

---

[4] Conforme nos explicam Gilberto Vaz e Pedro Augusto Nicoli: "Em 1975, o procedimento de DB foi utilizado experimentalmente para acompanhar a execução do grandioso projeto de construção do segundo furo do Eisenhower Tunnel, no estado americano do Colorado, com absoluto sucesso. A partir de então, o método veio ganhando alguma relevância, com utilização em alguns projetos, sobretudo nos Estados Unidos, sendo que sua adoção pelas partes contratantes era objeto de negociações específicas, nem sempre fáceis, pois os proprietários relutavam em abrir mão do seu tradicional poder" (VAZ, Gilberto José; NICOLI, Pedro Augusto Gravatá. Os *dispute boards* e os contratos administrativos: são os DBs uma boa solução para disputas sujeitas a normas de ordem pública?. *Revista de Arbitragem e Mediação*, ano 10, v. 38, jul./set. 2013).

[5] WALD, Arnoldo. *Dispute resolution boards*: evolução recente. *Revista de Arbitragem e Mediação*, v. 8, n. 30, p. 139-151, jul./set. 2011.

[6] PEREIRA, Anna Carolina Migueis. *Dispute boards* e Administração Pública: a utilização dos *dispute boards* como alternativa extrajudicial de solução de conflitos nos contratos administrativos. *Fórum Administrativo*, Belo Horizonte, v. 15, n. 168, p. 9-28, fev. 2015.

das partes, que as adotam *sponte própria*, a bem da estabilidade e do bom funcionamento do contrato.

No caso de silêncio dos contratantes e decorrido um prazo preestabelecido, a recomendação assume efeito vinculante e obrigatório. Caso uma das partes não concorde com a recomendação, poderá objetá-la, aduzindo as razões e motivos da sua discordância, obstando a produção de qualquer efeito. Caso isso ocorra, a matéria deverá ser solucionada em outra esfera (arbitral ou judicial).

No *dispute adjudication board*, a decisão é, desde o início, vinculativa para os contratantes, sem prejuízo do direito das partes a impugnarem, aduzindo as razões da sua discordância. A diferença é que a decisão, mesmo com o questionamento de uma das partes, produz efeitos vinculantes, devendo ser cumprida até que a controvérsia seja eventualmente submetida ao Poder Judiciário ou pelo Tribunal Arbitral.

No *combined dispute board* – que, como o próprio nome sinaliza, indica elementos das duas modalidades anteriores –, para que a decisão ostente caráter vinculante, é necessário que uma das partes requeira expressamente, e a outra, aquiesça ou silencie quando emitirá tacitamente a vontade de tornar obrigatória a decisão proferida pelo comitê. Admite, também, que o próprio comitê profira decisões vinculantes quando o contrato assim disciplinar e em situações previstas e cogitadas no próprio regulamento.

Para além da resolução das controvérsias, o *board* pode auxiliar e aconselhar as partes nas dúvidas relacionadas aos aspectos técnicos, em uma espécie de assistência informal (*informal assistance*), sempre com o dever de manter uma simétrica informação entre os contratantes acerca das ocorrências e questões afetas à execução do contrato.

Numa descrição bastante sintética, são esses os principais contornos do *dispute board* nos contratos privados de construção. Importa, na sequência, examinar a possibilidade da sua assimilação nos contratos administrativos de infraestrutura, em especial naqueles que recorrem à técnica das concessões, sejam elas comum, patrocinada ou administrativa.

Em primeiro lugar, o exame empreendido até aqui permite extrair duas conclusões preliminares: (i) o *dispute board* é uma tecnologia contratual que pode ser utilizada a partir da liberdade das partes em ajustarem procedimentos, formas de execução e gestão do contrato – diz mais com o contrato do que propriamente com a lei –; (ii) pode ser enquadrada como uma forma alternativa de disputa, as conhecidas ADRs (*alternative dispute resolutions*), que tem na arbitragem, mediação e conciliação métodos e técnicas que instrumentalizam uma saudável consensualidade e cuja eficácia vem sendo, hodiernamente, reconhecida nos mais variados campos das atividades econômicas e sociais.

A liberdade contratual e a própria autonomia negocial encontram-se presentes, também, nas contratações públicas. Já tive a oportunidade de sustentar que "novos mecanismos devem ser considerados para flexibilizar rigidez que norteia a elaboração dos contratos, com isso modificando a premissa quase que absoluta de que indisponibilidade do interesse público é sinônimo de vedação de negociação e de arbitrabilidade".[7]

A previsão contratual de um comitê de *experts* para acompanhar e monitorar a execução do objeto, bem como solucionar, em primeira linha, os litígios e controvérsias (essencialmente de índole técnica) que se sucedam durante a sua execução, não implica em nenhuma renúncia a direito ou mesmo avança em qualquer direito indisponível ou inegociável. Trata-se, ao revés, de uma ferramenta que pode se revelar extremamente eficiente e endógena ao contrato, conferindo maior efetividade na gestão e consecução dos seus objetivos.

Nem mesmo nas hipóteses em que a decisão se revele vinculante (caso da *dispute adjudication board* e, ocasionalmente, da *combined dispute board*) o ente público renuncia a qualquer direito indisponível. Explica-se: eventual descumprimento da decisão acarreta como consequência um inadimplemento contratual, suscitando que a parte prejudicada eleve a discussão para outra instância, seja arbitral ou judicial.[8]

---

7 GARCIA, Flávio Amaral. *Licitações e contratos administrativos*: casos e polêmicas. 5. ed. São Paulo: Malheiros, 2018. p. 339.

8 Concorda-se com a posição firmada por Anna Carolina Migueis Pereira: "Negar a utilidade dos *dispute boards* quando figurar dentre os polos negociais o Poder Público pelo fato de as decisões não serem obrigatórias e executáveis por força de lei seria, em *ultima ratio*, negar a utilidade do próprio instituto dos *dispute boards*, pois da mesma forma ocorre para os particulares. Sendo assim, entendemos que mesmo as espécies de DB que emitem

Bem vistas as coisas, as partes se autovinculam espontaneamente e previamente às decisões que advenham do comitê, que não assume ares de definitividade, eis que sempre podem ser reanalisadas por árbitros ou juízes.[9] O não atendimento atrai consequências estritamente contratuais, não havendo óbice a que os entes públicos adiram a tal formato, especialmente porque o acompanhamento do *board* é estritamente focado nos aspectos técnicos, o que, *a priori*, em nada se relaciona com núcleos indisponíveis de públicos interesses.

Claro que o ente público pode não ver a sua posição prevalecer. Não há qualquer garantia para nenhuma das partes de êxito no resultado do litígio submetido ao *dispute board*, como, de resto, ocorre na própria arbitragem.

O tema, contudo, não é pacífico, existindo ponderada corrente doutrinária que sustenta que apenas o *dispute review board*, por emitir meras recomendações, seria compatível com os contratos públicos e, portanto, não atrairia qualquer dúvida acerca da sua admissibilidade.[10]

---

decisões de caráter vinculante podem ser aplicadas à Administração Pública, tendo em vista que referida obrigatoriedade é estabelecida dentro dos limites da autonomia negocial conferida mesmo ao poder público quando se trata de interesses disponíveis. Além disso, a execução propriamente dita da medida imposta pelo comitê em caso de descumprimento se caracteriza como ilícito contratual, ficará a cargo da autoridade competente, e não do DB, o que demonstra a preservação do princípio da inafastabilidade do controle jurisdicional" (PEREIRA, Anna Carolina Migueis. *Dispute boards* e Administração Pública: a utilização dos *dispute boards* como alternativa extrajudicial de solução de conflitos nos contratos administrativos. *Fórum Administrativo*, Belo Horizonte, v. 15, n. 168, p. 9-28, fev. 2015).

9 Nas palavras de David J. A. Cairns e Ignacio Mandela: "Los DBs no se configuran como un tribunal arbitral, por lo que sus determinaciones no serán reconocidas y ejecutadas de la misma manera que una sentencia arbitral, ya que éstas solo obligan contractualmente a las partes (Artículo 1 del Reglamento). Por consiguiente, si una parte incumple una decisión de un DAB (o CDB) o una recomendación de un DRB (o CDB), una vez sea ésta vinculante para las partes, la otra parte podrá someter dicho incumplimiento a un arbitraje (o la jurisdicción ordinaria si no existiese convenio arbitral entre las partes). A no ser que las partes hayan acordado lo contrario, las resoluciones de DBs podrán, en cualquier caso, presentarse como prueba ante cualquier proceso judicial o tribunal arbitral" (CAIRNS, David J. A.; MANDELA, Ignacio. El Reglamento de la ICC relativo a los dispute boards. *Revista de Arbitragem e Mediação*, v. 3, n. 10, jul./set. 2006. p. 184.

10 Conforme Gilberto José Vaz e Pedro Augusto Gravatá Nicoli lecionam: "Todas essas circunstâncias aqui expostas levam a crer que o modelo de DB mais adequado ao regime jurídico administrativo dos países de *civil law*, especialmente no contexto latino-americano, seja o de emissão de decisões não vinculativas, o qual aparelhará a Administração Pública com a possibilidade de, ela própria, verificar a juridicidade da manifestação emitida diante de regras jurídicas às quais se encontra agrilhoada, podendo acatá-la em caso de conformidade com as mesmas ou simplesmente rejeitá-la e submetê-la ao Juízo Arbitral ou ao Poder Judiciário, em caso de desconformidade com o ordenamento jurídico, sem quaisquer

Até recentemente não existia no ordenamento jurídico pátrio um dispositivo legal específico para o *dispute board*, sendo o fundamento para as concessões comuns extraído do artigo 23-A da Lei nº 8.987/95, que admite o emprego de mecanismos privados para resolução de disputas decorrentes ou relacionadas ao contrato, e no artigo 11, inciso III, da Lei nº 11.079/04, que expressa a mesma autorização para as parcerias público-privadas (concessões patrocinadas e concessões administrativas). A Lei nº 14.133/21 estabeleceu como uma de suas principais inovações a previsão genérica de possibilidade de utilização dos *dispute boards*, o que, seguramente, aumentará agudamente a sua utilização nas contratações públicas brasileiras.

Cabe destacar que o Município de São Paulo disciplinou a matéria por ocasião da edição da Lei nº 16.873/2018, regulamentada pelo Decreto nº 60.067/2021, tratando sobre diversos aspectos da regulação dos denominados comitês de prevenção e solução de disputas.[11] O Município de Belo Horizonte, igualmente, disciplinou

---

afrontas aos parâmetros do direito administrativo. Não fora só isso, ainda é preciso lembrar que a falta de costume e intimidade com esse mecanismo específico de solução de controvérsia trará uma natural desconfiança inicial e, portanto, a adoção de DBs com poderes de mera recomendação, em contratos públicos, será recebida com menor resistência não só pela Administração Pública contratante, como também pelos órgãos de controle do Estado, tais como as Procuradorias, os órgãos do Ministério Público e os Tribunais de Contas dos Estados e da União Federal, fator que, consequentemente, tranquilizará o Administrador Público, sempre temeroso da responsabilização por danos eventualmente causados ao Erário" (VAZ, Gilberto José; NICOLI, Pedro Augusto Gravatá. Os *dispute boards* e os contratos administrativos: são os DBs uma boa solução para disputas sujeitas a normas de ordem pública?. *Revista de Arbitragem e Mediação*, ano 10, v. 38, jul./set. 2013).

11 Confiram-se as principais disposições da referida lei municipal:
Art. 1º Os Comitês de Prevenção e Solução de Disputas para dirimir conflitos relativos a direitos patrimoniais disponíveis em contratos continuados da Administração Direta e Indireta do Município de São Paulo observarão as disposições desta lei e deverão, quando aplicáveis, estar previstos, respectivamente, no edital e contrato.
Art. 2. O Comitê de Prevenção e Solução de Disputas poderá ter natureza revisora, adjudicativa ou híbrida, conforme os incisos deste artigo, a depender dos poderes que lhe forem outorgados pelo contrato administrativo de obra celebrado:
I – ao Comitê por Revisão é conferido o poder de emitir recomendações não vinculantes às partes em litígio;
II – ao Comitê por Adjudicação é conferido o poder de emitir decisões contratualmente vinculantes às partes em litígio; e
III – o Comitê Híbrido poderá tanto recomendar quanto decidir sobre os conflitos, cabendo à parte requerente estabelecer a sua competência revisora ou adjudicativa.
Parágrafo único. As decisões emitidas pelos Comitês com poderes de adjudicação poderão ser submetidas à jurisdição judicial ou arbitral em caso de inconformidade de uma das partes.
Art. 3º Reportando-se o edital de licitação ou contrato às regras de alguma instituição especializada, o Comitê será instituído e processado de acordo com as regras de tal

o tema por ocasião da Lei nº 11.241/2020, que regulamenta "a utilização de Comitê de Prevenção e Solução de Disputas para prevenir e para solucionar conflito relativo a direito patrimonial presente em contrato administrativo de execução continuada".[12]

Vale mencionar, também, os exemplos da concessão patrocinada da rodovia MG-050 do estado de Minas Gerais, do edital de concessão administrativa de iluminação pública do município de São Paulo e das linhas 4 e 5 do metrô de São Paulo, que adotaram, pioneiramente, o *dispute board* como mecanismo de prevenção de litígios.

---

instituição, podendo-se, igualmente, definir em anexo contratual a regulamentação própria para a instalação e processamento.
Art. 4º. Os valores a serem desembolsados pelo órgão contratante para pagamento de honorários dos membros do Comitê deverão compor o orçamento da contratação, sendo certo que ao contratado privado caberá o pagamento da integralidade dos custos atinentes à instalação e manutenção do Comitê, enquanto competirá ao órgão contratante reembolsá-lo da metade de tais custos, após aprovação das medições previstas no contrato.
Art. 5º. Os procedimentos atinentes ao Comitê deverão observar a legalidade e o princípio da publicidade. Art. 6º. O Comitê será composto por três pessoas capazes e de confiança das partes, sendo, preferencialmente, dois engenheiros e um advogado.
§1º Competirá ao órgão ou ente público contratante, em conjunto com a entidade contratada, indicar os membros que comporão o Comitê.
§2º O Comitê entrará em funcionamento quando estiver regularmente constituído por meio da assinatura do respectivo Termo de Compromisso pelas partes e membros, o que deverá ocorrer em até 30 (trinta) dias contados da celebração do contrato administrativo.
§3º No desempenho de suas funções, os membros do Comitê deverão proceder com imparcialidade, independência, competência e diligência.
Art. 7º. Estão impedidos de funcionar como membros do Comitê as pessoas que tenham, com as partes ou com o litígio que lhes for submetido, algumas das relações que caracterizam os casos de impedimento ou suspeição de juízes, aplicando-se-lhes, no que couber, os mesmos deveres e responsabilidades, conforme previsto no Código de Processo Civil.
Parágrafo único. As pessoas indicadas para funcionar como membro do Comitê têm o dever de revelar, antes da aceitação da função, qualquer fato que denote dúvida justificada quanto à sua imparcialidade e independência.
Art. 8º. Os membros do Comitê, quando no exercício de suas funções ou em razão delas, ficam equiparados aos funcionários públicos, para os efeitos da legislação penal.

12 Confiram-se as disposições iniciais da referida lei municipal: Art. 1º O Município de Belo Horizonte e seus demais órgãos ou entidades da administração direta e indireta poderão utilizar-se de Comitê de Prevenção e Solução de Disputas para prevenir e para solucionar conflito relativo a direito patrimonial presente em contrato administrativo de execução continuada, observando-se o disposto nesta lei. §1º Entende-se por contrato administrativo de execução continuada aquele que se prolonga no tempo com obrigações contínuas ou periódicas, sem se esgotar em um só ato. §2º Quando aplicável, o Comitê de Prevenção e Solução de Disputas deverá estar previsto expressamente no instrumento convocatório de licitação e no contrato administrativo.
§3º VETADO. §4º O Comitê de Prevenção e Solução de Disputas não é tribunal arbitral, e suas recomendações ou decisões não constituem título executivo judicial. Art. 2º O comitê de que trata esta lei poderá ter natureza revisora, adjudicativa ou híbrida, conforme os poderes que lhe forem outorgados pelo contrato administrativo celebrado, devendo apresentar sempre os fundamentos de suas recomendações e decisões, sob pena de nulidade.

Mas não é só.

Vários enunciados foram expedidos pelo tema, que se destinam a fixar diretrizes hermenêuticas após amplo debate com a comunidade jurídica. Pela importância, vale mencionar os enunciados editados pelo Conselho da Justiça Federal na I Jornada "Prevenção e Solução Extrajudicial de Litígios" sobre o *dispute board*:

> Enunciado 49. Os Comitês de Resolução de Disputas (Dispute board) são métodos de solução consensual de conflito, na forma prevista no §3º do art. 3º do Código de Processo Civil.
>
> Enunciado 76. As decisões proferidas por um Comitê de Resolução de Disputas (Dispute board), quando os contratantes tiverem acordado pela sua adoção obrigatória, vinculam as partes ao seu cumprimento até que o Poder Judiciário ou o juízo arbitral competente emitam nova decisão ou a confirmem, caso venham a ser provocados pela parte inconformada.
>
> Enunciado 80. A utilização dos Comitês de Resolução de Disputas (Dispute board), com a inserção da respectiva cláusula contratual, é recomendável para os contratos de construção ou de obras de infraestrutura, como mecanismo voltado para prevenção de litígios e redução dos custos correlatos, permitindo a imediata resolução de conflitos surgidos no curso da execução dos contratos.

Também foram aprovados enunciados doutrinários sobre o tema pelo Conselho da Justiça Federal na I Jornada de Direito Administrativo. Confira-se:

> Enunciado 10. Em contratos administrativos decorrentes de licitações regidas pela Lei n. 8.666/1993, é facultado à Administração Pública propor aditivo para alterar a cláusula de resolução de conflitos entre as partes, incluindo métodos alternativos ao Poder Judiciário como Mediação, Arbitragem e Dispute Board.
>
> Enunciado 19. As controvérsias acerca de equilíbrio econômico-financeiro dos contratos administrativos integram a categoria das relativas a direitos patrimoniais disponíveis, para cuja solução se admitem meios extrajudiciais adequados de prevenção e resolução de controvérsias, notadamente a conciliação, a mediação, o comitê de resolução de disputas e a arbitragem.

Para além disso, nos contratos financiados com recursos de organismos internacionais, o artigo 1º, §3º da Lei nº 14.133/21 admite expressamente a importação de normas e procedimentos dos entes externos, o que pode resultar na utilização obrigatória do *dispute board*, caso seja considerado indispensável pelo ente financiador. Fernando Marcondes esclarece, por exemplo, que, para liberar financiamentos de obras de grande porte (com valores superiores a US$50 milhões), o Banco Mundial impõe como regra a contratação de um *dispute board*, noticiando, ainda, a sua exitosa utilização em diversos países.[13]

Enfim, contratos incompletos, como são as concessões, podem ser um campo fértil para ferramentas contratuais como o *dispute board*, que agrega eficiência, previsibilidade, gestão e transparência na execução dos contratos administrativos.

Na regulação por contrato, em especial nos setores de serviços e infraestruturas públicas, seria irrealístico considerar viável uma completude absoluta nas previsões e estipulações contratuais.

Os *regulatory contracts* qualificam-se como incompletos, categorização essa que decorre de relevante contribuição da *Economic Analysis of Law* para a teoria geral do contrato. São incompletos porque realisticamente impossibilitados de regular todos os aspectos da relação contratual, o que os torna naturalmente *inacabados* e com *lacunas*, que reclamarão uma tecnologia contratual capaz de resolver a infinidade de contingências que poderão surgir durante a sua execução.

As concessões também se enquadram como contratos relacionais,[14] teoria essa que, entre outras perspectivas e abordagens,

---

13 Nesse sentido, manifesta-se Fernando Marcondes: "A utilização de '*dispute boards*' em contratos de construção é algo há muito tempo estabelecido e pacificado em países como os Estados Unidos, a Inglaterra, membros da União Européia e, na América Latina, principalmente o Chile" (MARCONDES, Fernando. A hora e a vez dos *dispute boards* nas grandes obras brasileiras. *Direto ao Ponto*, 12 jul. 2013. Disponível em: http://direitoaoponto.com.br/a-hora-e-a-vez-dos-dispute-boards-nas-grandes-obras-brasileiras. Acesso em: 13 dez. 2021).

14 Ainda, na visão de Fernando Araújo: "Nessa acepção, o contrato relacional é aquele em que as partes não reduzem termos fulcrais do seu entendimento a obrigações precisamente estipuladas, porque não podem ou porque não querem, e se remetem a modos informais e evolutivos de resolução da infinidade de contingências que podem vir a interferir na interdependência dos seus interesses e no desenvolvimento das suas condutas, afastando-se da intervenção judicial irrestrita como solução para os conflitos endógenos para privilegiarem o recurso a formas alternativas de conciliação de interesses, seja as que

propugna um avanço em relação ao paradigma contratual clássico, com o propósito de dar uma resposta eficiente às questões afetas aos contratos incompletos a partir do reconhecimento da flexibilidade como a mola mestra para a construção de uma dinâmica contratual mutável e permanente cambiável que decorre de relações duradouras, complexas e multilaterais.

Os contratos regulatórios – como os são as concessões e as parcerias público-privadas – enquadram-se como incompletos e com evidentes elementos relacionais, porque construídos a partir de uma relação duradoura que se beneficiará no caso das partes adotarem a cooperação, a confiança e a boa-fé como elementos centrais da construção coordenada das soluções pós-contratuais.

Contratos complexos e incompletos, como são aqueles voltados para o setor de infraestrutura e nos quais jaz subjacente o dever de concretização de interesses públicos primários, devem ser objeto de uma gestão contratual eficiente e de uma governação atenta às suas naturais incompletudes. Sob essa ótica, uma das preocupações centrais da regulação por contrato deve ser com a sua gestão. O delineamento de um processo racional e funcional do seu efetivo monitoramento é absolutamente indispensável para a consecução do interesse público.

Uma boa governação dos contratos regulatórios – como de resto de qualquer contrato – é aquela que cria mecanismos eficientes de gestão que *previnam* o surgimento de litígios. É exatamente o que ocorre, por exemplo, com o mecanismo do *dispute board*, cuja lógica consiste em deslocar o foco do conflito para a própria relação contratual, com acompanhamento permanente da sua execução por *experts* de confiança das partes.

O Direito, como de resto ocorre em outros campos da ciência, deve preferir instrumentos preventivos que evitem a ocorrência do dano, do prejuízo ou do próprio conflito. Precaver significa

---

vão emergindo da evolução da relação contratual, seja as que são oferecidas pelo quadro das normas sociais" (ARAÚJO, Fernando. *Teoria Econômica do Contrato.* Coimbra: Almedina, 2007. p. 395). Autor considerado referência nos contratos relacionais é MACNEIL, Ian. Contracts: adjustment of long-term economic relations under classical, neoclassical, and relation contract Law. *Northwestern University Law Review*, v. 72, n. 6, 1988. No Brasil, ver MACEDO JR., Ronaldo Porto. *Contratos relacionais e defesa do consumidor.* 2. ed. São Paulo: Revista dos Tribunais, 2007.

adotar mecanismos que evitem a ocorrência de eventos ruinosos ao contrato, causando efeitos indesejáveis aos interesses de ambas as partes.

O *dispute board* é, sem dúvida, uma ferramenta de antecipação e prevenção, cuja utilização ainda é muito tímida no Direito público pátrio, não se vislumbrando incompatibilidade com os princípios constitucionais ou setoriais que informam a Administração Pública. Ao revés, trata-se de um instrumento bem alinhado com os paradigmas de um direito administrativo mais consensual, flexível, transparente, eficiente e cooperativo.

Evitar o conflito ou gerenciá-lo de forma eficiente é um modo de atender o interesse público. Interessa para ambas as partes descortinar a verdade real na execução do contrato e, para tanto, indispensável uma atuação concomitante, técnica e atenta para todas as intercorrências supervenientes que surjam em contratos complexos.

O *dispute board* pode contribuir eficazmente para o efetivo aprimoramento na gestão do contrato de concessão e parcerias público-privadas, tal qual ocorre nos contratos de construção.

Não se trata, evidentemente, de uma solução mágica capaz de inibir qualquer conflito, mas de um relevantíssimo instrumento que tem a virtude pragmática de fomentar a cooperação, a confiança, a lealdade e a boa-fé entre as partes, valores tão caros em contratos de longa duração, incompletos e com elementos relacionais, como os são as concessões (comum, patrocinada e administrativa).

Referências

ARAÚJO, Fernando. *Teoria econômica do contrato*. Coimbra: Almedina, 2007.

CAIRNS, David J. A.; MANDELA, Ignacio. El Reglamento de la ICC relativo a los Dispute Boards. *Revista de Arbitragem e Mediação*, v. 3, n. 10, p. 178-198, jul./set. 2006.

GARCIA, Flávio Amaral. *Concessões, parcerias e regulação*. São Paulo: Malheiros, 2019.

GARCIA, Flávio Amaral. *Licitações e contratos administrativos*: casos e polêmicas. 5. ed. São Paulo: Malheiros, 2018.

MACEDO JR., Ronaldo Porto. *Contratos relacionais e defesa do consumidor*. 2. ed. São Paulo: Revista dos Tribunais, 2007.

MARCONDES, Fernando. A hora e a vez dos *dispute boards* nas grandes obras brasileiras. *Direto ao Ponto*, 12 jul. 2013. Disponível em: http://direitoaoponto.com.br/a-hora-e-a-vez-dos-dispute-boards-nas-grandes-obras-brasileiras. Acesso em: 13 dez. 2021.

MACNEIL, Ian. Contracts: adjustment of long-term economic relations under classical, neoclassical, and relation contract Law. *Northwestern University Law Review*, v. 72, n. 6, 1988.

PEREIRA, Anna Carolina Migueis. *Dispute boards* e Administração Pública: a utilização dos *dispute boards* como alternativa extrajudicial de solução de conflitos nos contratos administrativos. *Fórum Administrativo*, Belo Horizonte, v. 15, n. 168, p. 9-28, fev. 2015.

SEPPALA, Christopher. The new FIDIC provision for a Dispute Adjudication Board. *The International Construction Law Review*, Volume 14, Part 4, October 1997. Disponível em: http://fidic.org/sites/default/files/34%20The%20new%20FIDIC%20provision%20for%20a%20Dispute%20Adjudication%20Board.pdf. Acesso em: 13 dez. 2021.

SKITNEVSKY, Karin Hlavnicka. *Dispute boards*: meio de prevenção de controvérsia. Belo Horizonte: Arraes, 2016.

VAZ, Gilberto José; NICOLI, Pedro Augusto Gravatá. Os *dispute boards* e os contratos administrativos: são os DBs uma boa solução para disputas sujeitas a normas de ordem pública?. *Revista de Arbitragem e Mediação*, ano 10, v. 38, jul./set. 2013.

WALD, Arnoldo. *Dispute resolution boards*: evolução recente. *Revista de Arbitragem e Mediação*, v. 8, n. 30, p. 139-151, jul./set. 2011.

Informação bibliográfica deste texto, conforme a NBR 6023:2018 da Associação Brasileira de Normas Técnicas (ABNT):
GARCIA, Flávio Amaral. *Dispute boards* e os contratos de concessão. *In*: CUÉLLAR, Leila; MOREIRA, Egon Bockmann; GARCIA, Flávio Amaral; CRUZ, Elisa Schmidlin. *Direito Administrativo e Alternative Dispute Resolution*: arbitragem, *dispute board*, mediação e negociação. Com comentários à legislação do Rio de Janeiro, São Paulo, Rio Grande do Sul e União sobre arbitragem e mediação em contratos administrativos e desapropriações. 2. ed. Belo Horizonte: Fórum, 2022. p. 161-174. ISBN 978-65-5518-404-4.

ARBITRAGEM EM TEMPOS DE PANDEMIA: O QUE MUDOU E O QUE FICA?[1]

EGON BOCKMANN MOREIRA
ELISA SCHMIDLIN CRUZ

Desde o início de 2020, o coronavírus impõe aos quatro cantos do mundo desafios das mais diversas naturezas. Em meio às incertezas e ao confinamento, todos vivenciamos paralisações e mudanças sem precedentes históricos. Uma retomada gradual segue em curso, mas nada será como antes.

Frente à batalha que vem sendo travada pelos poderes do Estado e pela sociedade, as câmaras de arbitragem responderam de pronto. Com o objetivo de orientar, esclarecer e mitigar o impacto das restrições impostas pela pandemia, as instituições arbitrais editaram resoluções priorizando o engajamento nas medidas preventivas de combate à pandemia.

Protocolos diferenciados de atendimento foram implementados, eventos e cursos presenciais cancelados e audiências adiadas por prazo precário ou negociada sua realização virtual. Tudo pensado para reduzir ao máximo o fluxo de pessoas, com o menor impacto possível na continuidade da prestação dos serviços. As necessárias mudanças, todavia, estavam apenas começando.

A paralisação das atividades presenciais nas câmaras e suas secretarias era temporária e emergencial. Foi feito aquilo que precisava ser feito. Mas os reflexos da situação que vivenciamos não cessaram com a simples retomada gradual do expediente regular. Modificações em procedimentos, atos e ritos são apenas a superfície dos desafios que estavam (e ainda estão) por vir.

---

1 Uma versão anterior deste artigo foi publicada no *Jota*, 23 mar. 2020. Disponível em: https://www.jota.info/opiniao-e-analise/artigos/arbitragem-em-tempos-de-pandemia-o-que-muda-23032020. Acesso em: 15 dez. 2021.

A grave crise econômica que se instalou impacta diretamente o custeio dos procedimentos arbitrais em curso e daqueles na iminência de ser iniciados. Diante do cenário economicamente desfavorável, é natural que haja priorização no emprego de recursos por parte das empresas – que dificilmente contemplará a resolução de conflitos passados. O custo de oportunidade da escolha de se litigar foi agravado, mesmo porque as despesas são assunto muito sério nas arbitragens.

Lado a lado com a atenuação das receitas públicas e privadas, houve a intensificação de conflitos, que são naturais às situações de crise. Escassez de receitas gera contingenciamento de despesas e respectivos inadimplementos seletivos. Variações cambiais matam empresas (e países). Tudo num ambiente de eleições estaduais e presidencial, que pode estimular condutas populistas, a afetar diretamente contratos administrativos com cláusula arbitral (e toda a rede contratual a eles correlata). Renasceram os antigos "fato do príncipe" e "fato da administração" no âmbito dos contratos públicos; ao mesmo tempo que a "força maior" e o "caso fortuito" ganharam força em todos os contratos.

Também o cronograma processual de muitas arbitragens foi afetado. A calendarização prévia das manifestações escritas e a realização de outros atos pertinentes às fases instrutória e probatória precisaram ser revistas e ajustadas. Não só devido a razões econômicas e de logística, mas em especial a fim de atenuar os impactos da crise (e as custas processuais). A não ser nos casos em que isso se torne imprescindível, o momento ainda não é bom para intensificar situações de litígio e respectiva instrução processual.

Mas, afinal, diante de tantas mudanças, o que aprendemos e o que fica? Muito, em especial soluções criativas, *out of the box*, que permitam criar valor no procedimento arbitral e oportunizar que as partes efetivamente vejam seus conflitos solucionados.

Com ou sem medidas emergenciais vigentes, restou comprovado que a tecnologia pode minorar consideravelmente o tempo e o custo das arbitragens. Cumprimento eletrônico de prazos, reuniões e audiências por tele ou videoconferência e notificações por meios remotos (como *e-mail* e até mesmo WhatsApp), são alternativas de contingenciamento que preservam e até melhoram a eficiência do procedimento arbitral.

Igualmente, o acesso a peças processuais e documentos por meio de pastas de armazenagem remota elimina custos (e atenua os deslocamentos físicos). Por que não pensar também nos depoimentos testemunhais por vídeos – e não presenciais ou por atas cartoriais?

Pode-se refletir ainda sobre a importância de procedimentos híbridos ou mais expeditos, como Arb-Med ou a prolação de sentenças arbitrais parciais, em que as partes se esforcem para definir os pontos cuja solução é indispensável no presente – e quais podem ser consensualmente diferidos para enfrentamento futuro. Ou mesmo arranjos que envolvam compartilhamento mais eficiente dos custos e medidas de compensação.

Aprendemos a gerenciar riscos, reduzir incertezas e orquestrar soluções criativas. A via arbitral se mostrou ambiente propício para transpor toda ordem de desafios, eis que mistura competência técnica e respeito intersubjetivo. E para que os avanços não se percam, árbitros, câmaras e advogados devem trabalhar juntos em regime de cooperação e mútua assistência, pautados pela ética e pela boa-fé.

Referências

MOREIRA, Egon Bockmann. CRUZ, Elisa Schmidlin. Arbitragem em tempos de pandemia: o que muda?. *Jota*, 23 mar. 2020. Disponível em: https://www.jota.info/opiniao-e-analise/artigos/arbitragem-em-tempos-de-pandemia-o-que-muda-23032020. Acesso em: 15 dez. 2021.

Informação bibliográfica deste texto, conforme a NBR 6023:2018 da Associação Brasileira de Normas Técnicas (ABNT):
MOREIRA, Egon Bockmann; CRUZ, Elisa Schmidlin. Arbitragem em tempos de pandemia: o que mudou e o que fica?. *In*: CUÉLLAR, Leila; MOREIRA, Egon Bockmann; GARCIA, Flávio Amaral; CRUZ, Elisa Schmidlin. *Direito Administrativo e Alternative Dispute Resolution*: arbitragem, *dispute board*, mediação e negociação. Com comentários à legislação do Rio de Janeiro, São Paulo, Rio Grande do Sul e União sobre arbitragem e mediação em contratos administrativos e desapropriações. 2. ed. Belo Horizonte: Fórum, 2022. p. 175-177. ISBN 978-65-5518-404-4.

ARBITRAGEM E A INFRAESTRUTURA BRASILEIRA

FLÁVIO AMARAL GARCIA

1 Nota introdutória[1]

A utilização da arbitragem como mecanismo de solução de litígios tendo como parte entes públicos já é uma realidade no setor de infraestrutura brasileiro.

O Brasil vivencia um momento crucial, no qual o desenvolvimento nacional – objetivo expressamente consignado no art. 1º da CF – depende de significativos investimentos privados e externos no setor de infraestrutura.[2] Parte desses investimentos está atrelada aos contratos administrativos, designadamente aos contratos de concessão e de parceria público-privada.

O risco de que todos os conflitos decorrentes desses contratos administrativos sejam obrigatoriamente submetidos à jurisdição estatal pode resultar no afastamento de potenciais investidores e empresas, ou mesmo na precificação do risco judicial no momento de elaboração da sua proposta econômica para participar da licitação.

---

[1] O presente artigo contou com a pesquisa e a valiosa contribuição intelectual da acadêmica Luiza Brumati.

[2] "Apesar de toda incerteza relacionada ao futuro do Brasil, há algumas deficiências permanentes, cuja solução torna-se ainda mais relevante para a estratégia de recuperação, como, por exemplo, a necessidade de investimentos na infraestrutura nacional. O déficit de infraestrutura brasileiro é expressivo. Estimativas do Banco Mundial[1] apontam para a necessidade de investimentos anuais da ordem de 4,25% do PIB para aprimorar a qualidade de vida dos brasileiros, em comparação com os menos de 2% atuais" (SEILLIER, Martha; GADELHA, Bertha. Retomada econômica no pós-COVID: o investimento em infraestrutura como indutor de prosperidade. *Brasil: Economia e Governo*, 13 jul. 2020. Disponível em: http://www.brasil-economia-governo.org.br/2020/07/13/retomada-economica-no-pos-covid-o-investimento-em-infraestrutura-como-indutor-de-prosperidade/#respond. Acesso em: 17 ago. 2020.

A flexibilidade do procedimento, com regras menos formalistas do que aquelas que pautam o processo judicial (desde que respeitadas garantias fundamentais do processo), a maior celeridade na resolução dos litígios, além do conhecimento técnico que orienta a escolha e a própria atuação dos árbitros, são vantagens comumente apontadas quando se adota a arbitragem e que, consequentemente, militam a favor da sua admissibilidade no campo das relações administrativas e de Direito público.

A arbitragem revela-se um mecanismo de resolução de litígios de extrema importância em um mundo globalizado, conferindo maior segurança jurídica às partes, que, consensualmente, elegem essa solução como meio adequado de composição de seus interesses e conflitos.

A intervenção de especialistas e *experts* para julgar os litígios, a celeridade na sua resolução e, como consequência, a possibilidade de desafogar o Poder Judiciário são virtudes que tornam a arbitragem um mecanismo que efetiva e realiza o Direito. O Estado não detém o monopólio da justiça, que pode ser concretizada por outros meios dotados de idêntica legitimidade.

Todas essas vantagens da arbitragem não devem ser negadas ao Estado, que, cada vez mais, recorre aos contratos administrativos para operacionalizar os interesses públicos que lhe cabe tutelar.

Governar por contratos[3] é um dos pilares que alicerçam a atividade administrativa no século XXI, e os contratos públicos no campo de infraestrutura vêm prestigiando a arbitragem. A Agência Nacional de Petróleo (ANP),[4] a Agência Nacional de Transportes

---

3 Sobre o tema, ver GAUDIN, Jean-Pierre. *Gouverner par Contrat*: l'action publique en question. Paris: Presses de SciencesPo, 1999. Acentuando a contratualização da ação administrativa, ver CHEVALLIER, Jacques. *L'État post-modern*. 3. ed. Paris: LGDJ., 2008; RICHER, Laurent. La Contractualisation comme Technique de Gestion des Affaires Publiques. *In*: GONOD, Pascale (Org.). *L'Actualité Juridique*: Droit Administratif. Paris: Dalloz, 2003; GONÇALVES, Pedro. *Reflexões sobre o Estado Regulador e o Estado Contratante.* Coimbra: Coimbra, 2013; MELO, Antônio Moreira Barbosa. A ideia de contrato no centro do universo jurídico-político. *In*: GONÇALVES, Pedro (Org.). *Estudos de Contratação Pública - I.* Coimbra: Coimbra, 2008. p. 08-21.

4 Mencione-se, por exemplo, cláusula arbitral nos contratos da 16ª Rodada de Licitações de Blocos; 15ª Rodada de Licitações de Blocos; 13ª Rodada de Licitações de Blocos. Disponível em: http://rodadas.anp.gov.br/pt/concessao-de-blocos-exploratorios-1 Acesso em: 17 ago. 2020.

Terrestres,[5] a Agência Nacional de Aviação Civil[6] e a Agência Nacional de Energia Elétrica,[7] entre outras, têm constantemente incluído em seus contratos cláusulas compromissórias[8] com a previsão expressa da arbitragem como meio de solução de controvérsias.

Essa previsão nos contratos, nos mais diversos segmentos da infraestrutura brasileira, encontra amparo na legislação e na jurisprudência brasileiras, como veremos nos próximos itens.

2 A arquitetura legislativa da arbitragem no Brasil

No Brasil, a regulamentação geral da arbitragem adveio com a edição da Lei nº 9.307/96, mais conhecida como Lei de Arbitragem Brasileira. Entretanto, como a referida lei não previa e, também, não vedava expressamente a possibilidade de os entes públicos recorrerem à arbitragem, pairava controvérsia jurídica acerca do seu cabimento nas relações jurídicas públicas.[9]

---

5 Pode-se mencionar, entre outras, cláusula compromissória nos seguintes contratos: Rodovia Federal: BR-101/RJ, trecho de acesso à Ponte Presidente Costa e Silva (Niterói) - entre RJ-071 e Rodovia Federal BR-101/SC, entre Paulo Lopes (km 244+680) e a divisa SC/RS (km 465+100). Disponíveis, respectivamente, em: http://portal.antt.gov.br/index.php/content/view/38911/Edital_de_Concessao_n__01_2015___Ponte_Rio_Niteroi.html e https://www.antt.gov.br/documents/359170/382172/Contrato.pdf/f9f5f5e6-0f9b-029d-0acd-3f56a36cb8a7?t=1592832775773. Acesso em: 17 ago. 2020.

6 A Consulta Pública nº 3/2020 da ANAC apresentou minutas de Contrato de Concessão e respectivos Anexos relativas à concessão da ampliação, manutenção e exploração de mais de vinte aeroportos. Nessas minutas consta cláusula compromissória. Disponível em: https://www.anac.gov.br/assuntos/paginas-tematicas/concessoes/sexta-rodada/documentos/minuta-de-contrato. Acesso em: 17 ago. 2020.

7 Há cláusula compromissória, por exemplo, nos seguintes contratos: UHE Santa Branca e PCH Paranoá. Disponíveis, respectivamente, em: https://www.aneel.gov.br/documents/10184//15102753//Contrato+de+Concess%C3%A3o+de+Gera%C3%A7%C3%A3o+n%C2%BA+017-2016 e https://www.aneel.gov.br/documents/655808/15017491/Contrato+de+Concess%C3%A3o+de+Gera%C3%A7%C3%A3o+n+001-2016/2c0ae458-74a9-c707-acf1-2e55598316b0?version=1.0. Acesso em: 17 ago. 2020.

8 A convenção de arbitragem, definida pelo art. 3º da Lei nº 9.307/96 (Lei de Arbitragem), é gênero, cujas espécies são a cláusula compromissória e o compromisso arbitral. A cláusula compromissória é a estipulação contratual firmada pelas partes antes de haver qualquer conflito determinado. Segundo a Lei de Arbitragem, a cláusula compromissória pode ser cheia, art. 5º, ou vazia, art. 6º, *caput*. Será cheia quando já dispostas as regras sobre a forma de instituir e processar a arbitragem e será vazia quando não há elementos suficientes prevendo a forma de instituir a arbitragem. O compromisso arbitral, por sua vez, previsto no art. 9º da Lei de Arbitragem, é a convenção através da qual as partes submetem um litígio à arbitragem de uma ou mais pessoas, podendo ser judicial ou extrajudicial.

9 A principal alegação era no sentido de que a adoção da arbitragem dependia de lei expressa autorizando a sua utilização. Também se invocava suposta violação aos princípios da

Essa não é mais uma questão que comporte polêmica. Com o advento da Lei nº 13.129/15, que alterou a Lei nº 9.307/96 (Lei de Arbitragem Brasileira), foi explicitado de forma categórica no parágrafo 1º do art. 1º que "a administração pública direta e indireta poderá utilizar-se da arbitragem para dirimir conflitos relativos a direitos patrimoniais disponíveis".

Saliente-se que várias leis setoriais – antes mesmo da alteração da Lei Geral de Arbitragem – já admitiam de modo expresso a utilização da arbitragem. É o caso, por exemplo, da Lei nº 8.987/95,[10] que disciplina sobre o contrato de concessão de serviço público, e da Lei nº 11.079/04, que dispõe sobre as parcerias público-privadas.[11]

A arbitragem é, atualmente, um método alternativo de solução de conflitos consolidado na maior parte dos setores de infraestrutura, com previsão expressa em suas leis regulamentadoras. Sem qualquer pretensão de esgotar todos os setores, cabe trazer alguns exemplos.

A etapa de comercialização de energia elétrica introduziu a arbitragem de modo expresso. A Lei nº 10.848/04, que dispõe sobre a comercialização de energia elétrica, estabelece que as regras para a resolução das eventuais divergências entre os integrantes da Câmara de Comercialização de Energia Elétrica serão estabelecidas na convenção de comercialização e em seu estatuto social, que deverão tratar do mecanismo e da convenção de arbitragem.[12]

---

inafastabilidade jurisdicional e da indisponibilidade do interesse público. Para aprofundamento da discussão ver: GRAU, Eros Roberto. Arbitragem e contrato administrativo. *Revista da Faculdade de Direito*, Porto Alegre, n. 21, abr. 2017. ISSN 2595-6884. Disponível em: https://seer.ufrgs.br/revfacdir/article/view/72370. Acesso em: 17 ago. 2020.

[10] A Lei nº 8.987/95, alterada pela Lei nº 11.196/05, explicitou no art. 23-A: "Art. 23-A. O contrato de concessão poderá prever o emprego de mecanismos privados para resolução de disputas decorrentes ou relacionadas ao contrato, inclusive a arbitragem, a ser realizada no Brasil e em língua portuguesa, nos termos da Lei no 9.307, de 23 de setembro de 1996 (incluído pela Lei nº 11.196, de 2005).

[11] A Lei nº 11.079/04 prevê no seu artigo 11: "Art. 11. O instrumento convocatório conterá minuta do contrato, indicará expressamente a submissão da licitação às normas desta Lei e observará, no que couber, os §§3º e 4º do art. 15, os arts. 18, 19 e 21 da Lei nº 8.987, de 13 de fevereiro de 1995, podendo ainda prever: III – o emprego dos mecanismos privados de resolução de disputas, inclusive a arbitragem, a ser realizada no Brasil e em língua portuguesa, nos termos da Lei nº 9.307, de 23 de setembro de 1996, para dirimir conflitos decorrentes ou relacionados ao contrato."

[12] O artigo 4º da Lei nº 10.848/04 prescreve: "Art. 4º Fica autorizada a criação da Câmara de Comercialização de Energia Elétrica - CCEE, pessoa jurídica de direito privado, sem fins lucrativos, sob autorização do Poder Concedente e regulação e fiscalização pela Agência Nacional de Energia Elétrica - ANEEL, com a finalidade de viabilizar a comercialização de energia elétrica de que trata esta Lei. [...] §5º As regras para a resolução das eventuais

No setor do petróleo, seguindo a prática internacional, a arbitragem vem sendo amplamente utilizada, tanto para dirimir conflitos no universo dos contratos de concessão,[13] quanto nos contratos de partilha.[14] A Lei nº 9.478/96[15] e a Lei nº 12.351/10,[16] respectivamente, autorizam expressamente o uso da arbitragem para dirimir conflitos nos contratos de concessão e partilha.

Vale mencionar que a minuta padrão do contrato de concessão para exploração e produção de petróleo e gás natural da Agência Nacional do Petróleo para sua 16ª Rodada de Concessões[17] estabelece cláusula compromissória que delimita com maior precisão os direitos patrimoniais que seriam considerados disponíveis, e que, por conseguinte, poderiam ser solucionados pela via arbitral. Tal detalhamento não se encontra previsto na legislação setorial por arbitragem. Ao tema voltar-se-á adiante.

---

divergências entre os agentes integrantes da CCEE serão estabelecidas na convenção de comercialização e em seu estatuto social, que deverão tratar do mecanismo e da convenção de arbitragem, nos termos da Lei nº 9.307, de 23 de setembro de 1996. §6º As empresas públicas e as sociedades de economia mista, suas subsidiárias ou controladas, titulares de concessão, permissão e autorização, ficam autorizadas a integrar a CCEE e a aderir ao mecanismo e à convenção de arbitragem previstos no §5º deste artigo."

13 "No regime de concessão, o risco de investir e encontrar – ou não – petróleo ou gás natural é da empresa concessionária, que tem a propriedade de todo o óleo e gás que venha a ser descoberto e produzido na área concedida. Por esse modelo de contrato, a concessionária paga participações governamentais, tais como: bônus de assinatura, pagamento pela ocupação ou retenção de área (no caso dos blocos terrestres), *royalties* e, em caso de campos de grande produção, a participação especial." Disponível em: http://rodadas.anp.gov.br/pt/entenda-as-rodadas/os-regimes-de-concessao-e-de-partilha. Acesso em: 17 ago. 2020.

14 "Nas licitações de partilha promovidas pela ANP, a empresa vencedora será aquela que oferecer ao Estado brasileiro a maior parcela de petróleo e gás natural (ou seja, a maior parcela do excedente em óleo). Os consórcios que exploram o pré-sal são compostos pela Pré-sal Petróleo S.A. (PPSA), representando a União, e pelas empresas vencedoras da licitação." Disponível em: http://rodadas.anp.gov.br/pt/entenda-as-rodadas/os-regimes-de-concessao-e-de-partilha. Acesso em: 17 ago. 2020.

15 A Lei nº 9.478/1996 prevê expressamente no seu artigo 43: "Art. 43. O contrato de concessão deverá refletir fielmente as condições do edital e da proposta vencedora e terá como cláusulas essenciais: X - as regras sobre solução de controvérsias, relacionadas com o contrato e sua execução, inclusive a conciliação e a arbitragem internacional."

16 A Lei nº 12.351/10 prescreve no artigo 29, inciso XVIII o seguinte: "Art. 29. São cláusulas essenciais do contrato de partilha de produção: [...] XVIII - as regras sobre solução de controvérsias, que poderão prever conciliação e arbitragem."

17 "33.5. Após o procedimento previsto no parágrafo 33.2, caso uma das Partes considere que inexistem condições para uma solução amigável da disputa ou controvérsia a que se refere tal parágrafo, tal questão será submetida a arbitragem. [...]". Disponível em: http://rodadas.anp.gov.br/arquivos/Round16/edital/contrato_R16_08082019.pdf. Acesso em: 11 ago. 2020.

Outro ponto interessante a ser observado na cláusula compromissória da referida minuta padrão da Agência Nacional de Petróleo é o fato de que o procedimento será administrado por uma instituição arbitral, que será escolhida pelas partes em comum acordo. Caso as partes não cheguem a um acordo, a ANP indicará uma das seguintes instituições: (i) Corte Internacional de Arbitragem da Câmara de Comércio Internacional; (ii) Corte Internacional de Arbitragem de Londres; ou (iii) Corte Permanente de Arbitragem de Haia. Como visto, são organizações notoriamente reconhecidas e que asseguram a qualidade na condução do procedimento arbitral.

Em outros setores, a legislação acabou por avançar em aspectos substantivos no uso da arbitragem. É o que ocorre com a Lei nº 13.448/2017, que disciplinou acerca da prorrogação e da relicitação dos contratos de parceria nos setores aeroportuário, rodoviário e ferroviário, com expressa previsão do uso de arbitragem para a solução de disputas relativas à sua disciplina. Não obstante voltada apenas para esses três setores, o referido diploma legal contemplou aspectos especialmente interessantes, inclusive para auxiliar na interpretação dos demais normativos que tratam da arbitragem com a Administração Pública.

A Lei nº 13.448/2017 (i) conferiu ao compromisso arbitral caráter de pré-requisito para a instrumentalização da relicitação, em seu art. 15, inciso III;[18] (ii) disciplinou um rol das matérias consideradas direitos patrimoniais disponíveis;[19] e (iii) determinou que ato do Poder Executivo regulamentará o credenciamento

---

[18] O artigo 15 da Lei nº 13.448/2017 prevê o seguinte: "Art. 15. A relicitação do contrato de parceria será condicionada à celebração de termo aditivo com o atual contratado, do qual constarão, entre outros elementos julgados pertinentes pelo órgão ou pela entidade competente: III - o compromisso arbitral entre as partes com previsão de submissão, à arbitragem ou a outro mecanismo privado de resolução de conflitos admitido na legislação aplicável, das questões que envolvam o cálculo das indenizações pelo órgão ou pela entidade competente, relativamente aos procedimentos estabelecidos por esta Lei."

[19] Confira-se o disposto no artigo 31 da Lei nº 13.448/2017: "Art. 31. As controvérsias surgidas em decorrência dos contratos nos setores de que trata esta Lei após decisão definitiva da autoridade competente, no que se refere aos direitos patrimoniais disponíveis, podem ser submetidas a arbitragem ou a outros mecanismos alternativos de solução de controvérsias. §4º Consideram-se controvérsias sobre direitos patrimoniais disponíveis, para fins desta Lei: I - as questões relacionadas à recomposição do equilíbrio econômico-financeiro dos contratos; II - o cálculo de indenizações decorrentes de extinção ou de transferência do contrato de concessão; e III - o inadimplemento de obrigações contratuais por qualquer das partes."

de câmaras arbitrais para as finalidades sujeitas à sua disciplina jurídica.[20]

Mas não é só. O universo normativo na utilização das arbitragens não se limita apenas às leis. Vários entes da federação regulamentaram, por via de decreto, aspectos relevantes da arbitragem no campo das suas respectivas competências.

No plano federal, a União regulamentou o tema por meio do Decreto Federal nº 10.025/19, disciplinando temas como o objeto da arbitragem, regras gerais do procedimento, convenção de arbitragem, prazos e custos, a escolha da Câmara Arbitral e dos árbitros e a sentença arbitral. O Decreto nº 10.025/19 foi festejado pela doutrina[21] como uma norma que consolidou ainda mais a arbitragem no Brasil.

É relevante destacar que dois importantes Estados da federação brasileira também editaram, os seus atos normativos regulamentando aspectos procedimentais da arbitragem no âmbito das suas respectivas competências. É o caso do Estado do Rio de Janeiro, por ocasião do Decreto nº 46.245/18 e do Estado de São Paulo, com a edição do Decreto nº 64.356/19.

Como se vê, é possível constatar que a arbitragem para a solução de controvérsias nos setores de infraestrutura possui reforçado amparo legislativo e meios para que seja operacionalizada de forma eficiente. A jurisprudência, por sua vez, parece acompanhar essa evolução. É o que examinaremos a seguir.

3 A evolução da jurisprudência brasileira

Nem sempre os Tribunais reconheceram a viabilidade da arbitragem envolvendo a Administração Pública.

---

20 O§5º do mencionado artigo 31 da Lei nº 13.448/2017 prescreve: "§5º Ato do Poder Executivo regulamentará o credenciamento de câmaras arbitrais para os fins desta Lei."

21 "Por isso, a edição do Decreto da Arbitragem de Infraestrutura deve ser vista com bons olhos, principalmente por trazer aprimoramentos técnicos e maior segurança jurídica para um campo de arbitragens que vem crescendo a cada dia mais: as disputas entre Administração Pública (tanto direta, quanto indireta) e os particulares contratados para executar e/ou operar obras de infraestrutura" (TOLEDO, Leonardo; MEDINA, Ricardo; SARRA, Adriana; FARAH, Lucas. *Jota*, 19 out. 2019. O novo decreto da arbitragem de infraestrutura. Disponível em: https://www.jota.info/paywall?redirect_to=//www.jota.info/opiniao-e-analise/artigos/o-novo-decreto-da-arbitragem-de-infraestrutura-19102019. Acesso em: 18 ago. 2020).

Inicialmente, o Tribunal de Contas da União[22] posicionou-se contrariamente à arbitragem envolvendo entes públicos. Sua primeira manifestação nesse sentido foi em 1993, com o Acórdão nº 286/1993,[23] cuja origem se deu por consulta do então Ministro de Estado de Minas e Energia. À época, nem sequer havia sido editada a Lei nº 9.037/96 (Lei de Arbitragem Brasileira), o que pode auxiliar na compreensão do posicionamento conservador da Corte de Contas.

Contudo, mesmo após a edição da Lei nº 9.307/96, o Tribunal de Contas da União[24] manteve-se refratário à utilização da arbitragem, calcando a sua posição restritiva em dois argumentos principais: (i) exigência de lei formal específica que autorizasse o emprego da arbitragem;[25] (ii) o princípio da indisponibilidade do interesse público.

Note-se, inclusive, que, em dois julgados, o Tribunal de Contas da União desconsiderou por completo a existência de legislação setorial prevendo a possibilidade de arbitragem. Nos Acórdãos nºs 1.796/2011 e 2.573/2012,[26] o Tribunal de Contas da União ignorou as previsões legais para decidir que questões econômico-financeiras atinentes ao poder tarifário da Administração Púbica não podiam ser tratadas em arbitragem por serem interesse público indisponível. À época, a Lei nº 8.987/1995 (Lei de Concessões de Serviços Públicos), com a redação dada pela Lei nº 11.196/2005, assim como a Lei

---

22 O Tribunal de Contas da União tem previsão expressa no art. 71 da Constituição Federal, sendo de sua competência auxiliar o Congresso Nacional no controle externo da fiscalização contábil, financeira, orçamentária, operacional e patrimonial da Administração Pública federal. Atualmente, o Tribunal de Contas da União produz uma importante jurisprudência administrativa sobre os mais variados temas envolvendo a Administração Pública, sendo objeto de críticas por parte da doutrina em razão de um certo extravasamento das suas competências. Sobre isso, já tratou o Ministro Bruno Dantas do TCU em artigo chamado "O risco de infantilizar a gestão pública". *O Globo*, 06 jan. 2018. Disponível em: https://oglobo.globo.com/opiniao/o-risco-de-infantilizar-gestao-publica-22258401. Acesso em: 19 ago. 2020.

23 TCU. Decisão 286/93 - Plenário - Ata 29/93. Processo nº TC 008.217/93-9. Interessado: Deputado Federal Paulino Cícero, Ministro de Estado de Minas Energia. Entidade: Companhia Hidro-Elétrica do São Francisco. Relator: Ministro Homero Santos. J. 15.07/1993.

24 Acórdão nº 906/2003, Rel. Min. Lincoln Magalhães da Rocha, J. 16.07.2003 e Decisão 215/04, TC n. 010.139/2002-0. Rel. Min. Ubiratan Aguiar, Plenário, Sessão 10 mar. 2004, ata n. 07/2004, *DOU* 22 mar. 2004.

25 Lembrando que a alteração legislativa prevendo expressamente a possibilidade da arbitragem com a Administração Pública veio a ocorrer apenas com a edição da Lei nº 13.129/15, que alterou a Lei nº 9.307/06.

26 TCU. 2.573/2012. Rel. Min. Raimundo Carreiro, redator para Acórdão ministro Walton Alencar. J. Rodrigues Nardes, J. 26.09.2012.

nº 10.233/2001 (Lei dos Transportes Aquaviários e Terrestres) admitiam expressamente a possibilidade do uso de arbitragem.

O primeiro avanço, na Corte de Contas, veio com a decisão no Acórdão nº 2.094/2009,[27] no qual o Tribunal de Contas da União compreendeu que a Petrobras, por ser uma sociedade de economia mista, poderia fazer uso do procedimento arbitral em razão de estar sujeita ao regime das empresas privadas.

Outros avanços no âmbito do Tribunal de Contas da União podem ser identificados por ocasião do acompanhamento do segundo estágio de concessão de aeroportos em Guarulhos, Campinas e Brasília. Entendeu a Corte de Contas ser admissível a arbitragem quando a questão tratar de índole meramente patrimonial "representativo do interesse público secundário ou instrumental".[28]

No campo da jurisprudência dos Tribunais Judiciais, o entendimento a favor da arbitragem envolvendo os entes públicos sempre se revelou como uma tendência consistente. Sem a pretensão de esgotar os julgados, vale mencionar alguns importantes precedentes judiciais.

O precedente mais antigo e paradigmático é o Caso Lage.[29] A questão iniciou-se com o Decreto-Lei nº 9.521 de 1946, que estabeleceu a incorporação de bens da Organização Lage. O Decreto instituiu a competência do juízo arbitral para a definição do valor da indenização.[30] Em 1948, o Tribunal Arbitral proferiu a sentença,

---

27 Amparado no posicionamento do Superior Tribunal de Justiça foi afirmado que "[...] os contratos celebrados com a PETROBRAS, independentemente de o objeto estar relacionado com a atividade-fim (por exemplo, comércio e transporte de petróleo) ou com a atividade-meio (construção de plataformas), estão sob o abrigo do regime jurídico privado. Disso deriva o seu entendimento de que, diferentemente dos contratos administrativos, não há controvérsia quanto à possibilidade de a PETROBRAS, enquanto sociedade de economia mista, firmar cláusula elegendo a arbitragem, conforme REsp n.º 606.345-RS STJ." TCU. Acórdão nº 2.094/2009, Rel.Min. José Jorge, J. 09.09.2009.

28 TCU. Acórdão nº AC-157-3/12-P. Processo 032.786//2011-5. Rel. Min. Aroldo Cedraz, Plenário, sessão 01.02.2012, ata n.3/2012. Na mesma linha, ver o Acórdão 2.145/2013.

29 STF, AI 52181, Relator: Bilac Pinto, Data de Julgamento: 14.11.1973, Tribunal Pleno, Data de Publicação: *DJ* 15 fev. 1974.

30 O art. 4º do Decreto-Lei nº 9.521 de 1946 instituiu a competência do Tribunal Arbitral: "Art. 4º A União pagará pela incorporação dos bens e direitos especificados no art. 2º uma indenização correspondente ao justo valor que ditos bens e direitos tinham na data em que entrou em vigor o Decreto-Lei nº 4.648, de 2 de setembro de 1942, e o respectivo *quantum* será fixado pelo Juízo Arbitral a ser instituído de acôrdo com o disposto no art. 12 do presente Decreto-Lei."

e o governo encaminhou projeto de lei ao Congresso para abertura de crédito para o pagamento. Entretanto, o projeto foi arquivado com base em parecer do Procurador-Geral da Fazenda, que alegava a inconstitucionalidade da arbitragem.

Diante desse cenário, os herdeiros buscaram o Judiciário, e a questão, após vários recursos, chegou ao Supremo Tribunal Federal. Em 1973, ou seja, muito antes da Lei de Arbitragem, a Corte Constitucional assentou não ser possível impedir a União de submeter questão que possa ser objeto de transação à solução arbitral. Em decisão unânime, decidiu pela legalidade do juízo arbitral para determinar quantia a ser paga a título de indenização devida pela incorporação de bens da Organização Lage durante a Segunda Guerra Mundial.

O Superior Tribunal de Justiça, por sua vez, tem desempenhado um relevantíssimo papel na consolidação e no reconhecimento do uso da arbitragem pela Administração Pública. Vejamos alguns julgados.

Por ocasião do julgamento do Recurso Especial nº 612.439,[31] a Segunda Turma do Superior Tribunal de Justiça decidiu que seria possível a arbitragem em contrato de aquisição de energia firmado entre sociedade de economia mista, concessionária de distribuição de energia, e uma empresa privada, ainda que sem autorização legislativa específica, pois as sociedades de economia mista estão sujeitas ao regime de empresas privadas. No mesmo sentido, decisão no Recurso Especial nº 606.345[32] e no Agravo Regimental interposto contra decisão monocrática do Min. Luiz Fux no Mandado de Segurança nº 11.308.[33]

Também merece destaque o importante precedente do Superior Tribunal de Justiça no Conflito de Competência nº 139.519/RJ,[34] que examinou a disputa entre a Agência Nacional de

---

[31] STJ, REsp 612.439/RS, Segunda Turma, rel. Min. João Otávio de Noronha, j. 25.10.2005, *DJ* 14 set. 2006.

[32] STJ, REsp 606.345/RS, Segunda Turma, Rel. Min. João Otávio de Noronha, J. 17.5.2007, *DJ* 8 jun. 2007.

[33] STJ, AgRg no MS 11.308/DF, Primeira Seção, Rel. Min. Luiz Fux, J. 28.6.2006, *DJ* 14 ago. 2006.

[34] STJ, Conflito de Competência nº 139.519/RJ. Rel. Min. Napoleão Nunes Maia Filho, *DJ* 10 nov. 2017.

Petróleo e a Petrobras,[35] acerca de qual seria o juízo apto a avaliar questões atinentes à existência, à validade e à eficácia de cláusula compromissória de contrato de exploração, desenvolvimento e produção de petróleo e gás natural. O Superior Tribunal de Justiça foi deferente ao Tribunal Arbitral, aplicando o princípio da *Kompetenz-Kompetenz*.[36]

A jurisprudência brasileira vem prestigiando e reconhecendo a validade das leis que admitem a viabilidade da arbitragem envolvendo os entes públicos. Contudo, isso não quer dizer que não remanesçam dúvidas ou mesmos questões ainda pendentes de maior consolidação no âmbito das arbitragens envolvendo os entes públicos, como veremos a seguir.

4 Algumas particularidades da arbitragem envolvendo a Administração Pública

As arbitragens da qual participam os entes públicos sofrem o influxo de normas de Direito Público que atraem discussões que não ocorrem nas arbitragens privadas, afinal, as pessoas jurídicas de Direito Público e as pessoas jurídicas de Direito Privado têm distintos modos de formar as suas respectivas vontades e, consequentemente, de celebrar os atos e contratos delas decorrentes.

Além disso, existem regras de Direito Público que acarretam consequências jurídicas que não são objeto de discussão nas arbitragens privadas. Passa-se a examinar alguns aspectos relevantes que têm sido objeto de debate entre estudiosos no Brasil.

---

35 No referido julgamento, a Ministra Regina Helena Costa foi categórica ao afirmar a possibilidade de a Administração Pública ser parte em arbitragem: "Sempre que a administração contrata, há disponibilidade do direito patrimonial, podendo, desse modo, ser objeto de cláusula arbitral, sem que isso importe em disponibilidade do interesse público".

36 Como se sabe, o Princípio da *Kompetenz-Kompetenz* implica na "competência do árbitro para decidir sobre sua própria competência, resolvendo as impugnações que surjam acerca de sua capacidade de julgar, da extensão de seus poderes, da arbitrabilidade da controvérsia, enfim, avaliando a eficácia e a extensão dos poderes que as partes lhe conferiram tanto por via de cláusula compromissória, quanto por meio do compromisso arbitral" (FONSECA, Rodrigo Garcia da. O princípio competência-competência na arbitragem: uma perspectiva brasileira. *Revista de Arbitragem e Mediação*, v. 9, p. 277-303, 2006).

4.1 A escolha dos árbitros e da Câmara Arbitral[37]

O acolhimento da arbitragem nas contratações administrativas provoca a necessidade de harmonização com determinadas regras de Direito Público que se apresentam mais restritivas e limitadoras da autonomia das partes. Se, em uma relação privada, a escolha da Câmara Arbitral depende da exclusiva vontade das partes, o mesmo não ocorre quando a arbitragem tem como parte ente público. A principal razão para que a autonomia da vontade seja objeto de restrições é o princípio da isonomia.

Todos os particulares que, de alguma forma, estabelecem algum tipo de relação jurídica com entes públicos têm o direito subjetivo a tratamento isonômico. Assim, a vontade pública obedece a uma racionalidade e a um processo de formação distintos daqueles próprios à vontade privada.

As escolhas públicas, além de motivadas, não podem criar tratamento diferenciado que gere contínuas vantagens para um determinado particular, sempre elegendo, por exemplo, a mesma Câmara para solucionar seus litígios pela via arbitral. Essa constatação não acarreta como consequência concluir que o processo de eleição da Câmara Arbitral seja dotado de grau de objetividade que pudesse admitir comparação e escolha por meio de licitação pública.

Como já se teve a oportunidade de aduzir anteriormente,[38] definitivamente, não é a licitação a via adequada para promover a escolha da instituição que se responsabilizará pelo processamento da arbitragem. Contudo, como dito antes, essa escolha precisa ser motivada e, sobretudo, aberta a todos os potenciais interessados que

---

[37] Tema abordado em GARCIA, Flávio Amaral; MOREIRA, Egon Bockmann. Comentários ao Decreto Federal nº 10.025/19. *In*: CUÉLLAR, Leila; MOREIRA, Egon Bockmann; GARCIA, Flávio Amaral; CRUZ, Elisa Schmidlin. *Direito Administrativo e Alternative Dispute Resolution*: arbitragem, *dispute board*, mediação e negociação. Com comentários à legislação do Rio de Janeiro, São Paulo e União sobre arbitragem e mediação em contratos administrativos e desapropriações. Belo Horizonte: Fórum, 2020. p. 226-233. ISBN 978-85-450-0747-0.

[38] "[...] o processo de licitação formal não é o veículo adequado para promover uma escolha eficiente da Câmara Arbitral e muito menos dos árbitros. Se caminharmos no sentido de compreender a licitação como um antecedente lógico e obrigatório destas escolhas, estaremos aniquilando, por via oblíqua, a própria arbitragem na Administração Pública e os inegáveis benefícios que dela poderão ser extraídos nas relações jurídicas administrativas" (GARCIA, Flávio Amaral. *Licitações e contratos administrativos*: casos e polêmicas. 5. ed. São Paulo: Malheiros, 2018. p. 332).

atendam aos requisitos definidos previamente pela Administração Pública.

Além da isonomia, os entes públicos devem igualmente obediência à eficiência, a justificar o estabelecimento de determinados parâmetros que possam viabilizar a escolha de Câmaras Arbitrais experientes e de reconhecida idoneidade.

Tanto melhor que esses parâmetros e requisitos estejam definidos *ex ante*, ou seja, em atos normativos abstratos e gerais que conformem as escolhas públicas quando da celebração da cláusula compromissória ou do compromisso arbitral.

O cadastramento tem se avizinhado como a solução harmonizadora entre o princípio da isonomia (permitindo que qualquer Câmara Arbitral tenha o direito de postular o seu cadastramento) e o princípio da eficiência (com a definição de requisitos mínimos que estabeleçam uma linha de corte assecuratória de padrões de segurança e qualidade).

A solução do cadastramento prévio das Câmaras Arbitrais foi a opção eleita pelo Estado do Rio de Janeiro (Decreto nº 46.245/2018[39]) e pelo Estado de São Paulo (Decreto nº 64.356/2019[40]). Ela consiste, basicamente, em fixar requisitos mínimos para a aceitação das Câmaras Arbitrais que manifestem interesse em, futuramente, atuar em litígios envolvendo a Administração Pública.

Caberia ao contratado, no momento da celebração do contrato administrativo ou da cláusula compromissória, escolher entre as Câmaras cadastradas. Como já se teve a oportunidade de anotar,[41] a possibilidade de o contratado participar da escolha da Câmara

---

39 Art. 14. O órgão arbitral institucional, nacional ou estrangeiro, deverá ser previamente cadastrado junto ao Estado do Rio de Janeiro e atender aos seguintes requisitos: I - disponibilidade de representação no Estado do Rio de Janeiro; II - estar regularmente constituído há, pelo menos, cinco anos; III - estar em regular funcionamento como instituição arbitral; IV - ter reconhecida idoneidade, competência e experiência na administração de procedimentos arbitrais, com a comprovação na condução de, no mínimo, quinze arbitragens no ano calendário anterior ao cadastramento.

40 Artigo 13. O cadastramento de câmaras arbitrais consiste na criação de uma lista referencial das entidades que cumprem requisitos mínimos para serem indicadas para administrar procedimentos arbitrais envolvendo a Administração Pública direta e suas autarquias.

41 "[...] Sendo a arbitragem um mecanismo concretizador da consensualidade, a definição da Câmara Arbitral deve ser, preferencialmente, objeto de uma decisão negociada entre as partes, e não, *a priori*, definida unilateralmente, apenas por uma das partes" (GARCIA, Flávio Amaral. *Licitações e contratos administrativos*: casos e polêmicas. 5. ed. São Paulo: Malheiros, 2018. p. 339).

Arbitral é meritória, não sendo o melhor caminho que essa decisão seja daquelas unilateralmente tomadas no seio da Administração Pública. Permitir que o particular participe da decisão de escolha da Câmara Arbitral concretiza o princípio da consensualidade, conferindo inegável acréscimo de legitimidade ao processo de solução do litígio.

O modelo federal acolheu a solução do credenciamento (cadastramento) como se vê do disposto no art. 10 do Decreto nº 10.025/2019, estabelecendo como requisitos mínimos para as Câmaras Arbitrais: (i) estar em funcionamento regular há, no mínimo, três anos; (ii) ter reconhecida idoneidade, competência e experiência na condução de procedimentos arbitrais; (iii) possuir regulamento próprio, disponível em língua portuguesa.

O artigo 11 do Decreto Federal nº 10.025/19 prescreve que a convenção de arbitragem poderá estipular que a indicação da Câmara que administrará o procedimento arbitral será feita pelo contratado, dentre aquelas previamente credenciadas. O §1º, do art. 11 do Decreto nº 10.025/2019 prevê que a Administração Pública Federal poderá, no prazo de 15 (quinze) dias, manifestar objeção à Câmara escolhida pelo particular, hipótese na qual a parte que solicitou a instauração da arbitragem indicará outra Câmara credenciada, no prazo de 15 (quinze) dias, contado da data da comunicação da objeção.

Em relação à escolha dos árbitros, tem prevalecido o entendimento de que existe um evidente espaço discricionário para que o ente público escolha o árbitro, como se vê no recente Enunciado aprovado na I Jornada de Direito Administrativo do Conselho da Justiça Federal.[42]

Essa discricionariedade na escolha do árbitro não é, entretanto, ilimitada, mas contrastada com a própria *expertise* do árbitro indicado e da demonstração do seu conhecimento na matéria que é objeto do litígio (requisitos positivos), além dos potenciais con-

---

[42] ID 2968 e 2842 - Aglutinados da I Jornada de Direito Administrativo do Conselho da Justiça Federal: "A indicação e a aceitação de árbitros pela Administração Pública não dependem de seleção pública formal, como concurso ou licitação, mas devem ser objeto de fundamentação prévia e por escrito, considerando os elementos relevantes." Esses Enunciados não são vinculantes para a formação da jurisprudência, mas sinalizam entendimento formado por amplo debate com a comunidade jurídica e acadêmica.

flitos de interesse com as partes ou mesmo com o objeto do litígio (requisitos negativos).

Em termos objetivos, a indicação do árbitro pelo ente público deverá ser submetida a uma motivação que seja capaz de fazer um cotejo entre as suas competências, *expertises* e experiência com o objeto do litígio a ser dirimido por intermédio da arbitragem. O artigo 12 do Decreto nº 10.025/2019 estabelece os requisitos para a escolha do árbitro.[43]

O parágrafo único do artigo 12 do Decreto nº 10.025/2019 preocupou-se em facilitar o ingresso no Brasil de árbitros e equipes de apoio residentes no exterior, exclusivamente para participação em audiências de procedimentos arbitrais com sede no país, qualificando essa entrada como hipótese de visita de negócios, conforme estabelecido no §3º, do art. 29 do Decreto nº 9.199/2017.[44]

4.2 A publicidade

A Lei nº 9.037/1996, com a redação conferida pela Lei nº13.129/2015, prevê no §3º do art. 2º que a arbitragem que tenha a Administração Pública como parte respeitará o princípio da publicidade. Não havia como ser diferente. Sendo a publicidade um dos princípios que informam a atuação da Administração Pública, a teor do disposto no *caput* do art. 37 da Constituição Federal, as arbitragens não podem ser sigilosas ou ocultas.

---

[43] Os requisitos são os seguintes: (i) estar no gozo da plena capacidade civil; (ii) deter conhecimento compatível com a natureza do litígio; (iii) não ter, com as partes ou com o litígio que lhe for submetido, relações que caracterizem as hipóteses de impedimento ou suspeição de juízes, conforme previsto no Código de Processo Civil ou outras situações de conflito de interesses prevista em lei ou reconhecidas em diretrizes internacionalmente aceitas ou nas regras da instituição arbitral escolhida.

[44] Confira-se: "Art. 29. O visto de visita poderá ser concedido ao visitante que venha ao País para estada de curta duração, sem intenção de estabelecer residência, para fins de turismo, negócios, trânsito, realização de atividades artísticas ou desportivas ou em situações excepcionais, por interesse nacional. [...] §3º Para os fins do disposto neste artigo, as atividades relativas a negócios compreendem a participação em reuniões, feiras e eventos empresariais, a cobertura jornalística ou a realização de filmagem e reportagem, a prospecção de oportunidades comerciais, a assinatura de contratos, a realização de auditoria ou consultoria, e a atuação como tripulante de aeronave ou embarcação, desde que observado o disposto no §1º e que a atividade realizada não tenha prazo superior àquele previsto no art. 20."

A publicização da arbitragem é, portanto, a regra. A questão que vem sendo objeto de discussão consiste em identificar se cabe ao ente público ou à instituição arbitral promover a divulgação.

O Decreto nº 46.245/2018[45] e o Decreto nº 64.356/2019[46] dos Estados do Rio de Janeiro e de São Paulo, respectivamente, optaram por atribuir essa responsabilidade ao Poder Público. O Decreto nº 10.025/2019 da União, por sua vez, no §1º do art. 3º, atribui à Câmara Arbitral o dever de "fornecer o acesso às informações de que trata o inciso IV do *caput*", exceto se convencionado em outro sentido.

A melhor opção parece ser a posição de que é dever do Estado fornecer acesso às informações da arbitragem. Isso se dá por algumas razões: (i) as Câmaras são instituições privadas com *modus operandi* marcado pela discrição e confidencialidade; (ii) a Administração Pública vive uma cultura da publicidade, com deveres ativos e passivos quanto à transparência dos dados e informações por ela detidas; e (iii) o Poder Público possui estrutura institucional para atender às demandas por publicidade.[47]

O entendimento doutrinário prevalecente parece ser no sentido de que é dever do Poder Público publicizar, como se extrai do recente Enunciado aprovado na I Jornada de Direito Administrativo do Conselho da Justiça Federal. "A Administração Pública promoverá a publicidade das arbitragens das quais seja parte, nos termos da Lei de Acesso à Informação".[48]

---

[45] Art. 13. Os atos do processo arbitral serão públicos, ressalvadas as hipóteses legais de sigilo, de segredo de justiça, de segredo industrial decorrentes da exploração direta de atividade econômica pelo Estado ou por pessoa física ou entidade privada que tenha qualquer vínculo com o Poder Público. [...] §2º A Procuradoria Geral do Estado disponibilizará os atos do processo arbitral mediante requerimento de eventual interessado.

[46] Art. 12. Os atos do procedimento arbitral serão públicos, ressalvadas as hipóteses legais de sigilo ou segredo de justiça. §2º A Procuradoria Geral do Estado disponibilizará os atos do procedimento arbitral na rede mundial de computadores.

[47] Reflexões extraídas de GARCIA, Flávio Amaral; MOREIRA, Egon Bockmann. Comentários ao Decreto Federal nº 10.025/19. *In*: CUÉLLAR, Leila; MOREIRA, Egon Bockmann; GARCIA, Flávio Amaral; CRUZ, Elisa Schmidlin. *Direito Administrativo e Alternative Dispute Resolution*: arbitragem, *dispute board*, mediação e negociação. Com comentários à legislação do Rio de Janeiro, São Paulo e União sobre arbitragem e mediação em contratos administrativos e desapropriações. Belo Horizonte: Fórum, 2020. p. 226-233. ISBN 978-85-450-0747-0.

[48] ID 2430 e 2962 - Aglutinados da I Jornada de Direito Administrativo do Conselho da Justiça Federal.

4.3 O pagamento das custas

Outra questão que merece destaque refere-se aos custos da arbitragem. O entendimento que vem prevalecendo é o de que cabe à parte privada adiantar as custas. A razão de ser dessa opção guarda relação com as restrições de natureza orçamentária, que impedem a Administração Pública de promover, de imediato, o pagamento das custas e das demais despesas iniciais da arbitragem.

A Lei de Arbitragem Brasileira é omissa quanto ao ponto, mas o §2º, do art. 31 da Lei nº 13.448/2017 prescreve que "as custas e despesas relativas ao procedimento arbitral, quando instaurado, serão antecipadas pelo parceiro privado e, quando for o caso, serão restituídas conforme posterior deliberação final em instância arbitral". No mesmo sentido, disciplinou o art. 9º do Decreto Federal nº 10.025/2019.

Muito embora a solução eleita, a nosso ver, seja assimétrica, criando uma desigualdade na arbitragem, fato é que confere segurança jurídica aos agentes econômicos, que já saben de antemão, que serão instados a arcar com os custos iniciais da arbitragem. Enfim, ainda que não seja a solução ideal, é inegável que as regras do jogo já estão postas.

O Decreto do Estado do Rio de Janeiro nº 46.245/2018[49] e o Decreto do Estado de São Paulo nº 64.356/2019,[50] em certa medida, reduziram essa assimetria quando determinaram que a Administração Pública será a responsável pelo custeio das despesas quando for ela a requerente da arbitragem.

4.4 A arbitrabilidade objetiva

Verificar os limites objetivos daquilo que pode ser arbitrável consiste no desafio de maior complexidade na atual quadra. É na

---

[49] "Art. 9º As despesas com a realização da arbitragem serão adiantadas pelo contratado quando for ele o requerente do procedimento arbitral, incluídos os honorários dos árbitros, eventuais custos de perícias e demais despesas com o procedimento."

[50] "Art. 4º A Procuradoria Geral do Estado será responsável pela redação das convenções de arbitragem a serem utilizadas pela Administração Pública direta e suas autarquias. §1º As convenções de arbitragem deverão conter os seguintes elementos: 5. o adiantamento das despesas pelo requerente da arbitragem;...;"

denominada arbitrabilidade objetiva que está centrado o principal debate nas arbitragens públicas brasileiras.

No Direito brasileiro, o art. 1º da Lei nº 9.307/1996 adotou o critério dos direitos patrimoniais disponíveis para definir o que pode ser arbitrável.

As relações jurídicas travadas pelas pessoas jurídicas de Direito Público são permeadas por diversos direitos patrimoniais disponíveis, os quais podem, portanto, ser submetidos à arbitragem. Para compreender o critério adotado, é melhor examinar separadamente o que são direitos patrimoniais e o que são direitos disponíveis.

Direitos patrimoniais são aqueles economicamente avaliáveis, e distinguem-se dos direitos não patrimoniais, que, ao revés, não comportam valoração econômica, como ocorre com os direitos da personalidade e os de família puros. Ora, os contratos administrativos tutelam essencialmente direitos patrimoniais. Preço, forma de pagamento e demais elementos que compõem a noção de equilíbrio econômico-financeiro do ajuste são direitos suscetíveis de valoração econômica.[51]

Tanto é verdade que a Lei nº 13.140/2015 – que dispõe sobre a mediação entre particulares como meio de solução de controvérsias e sobre a auto-composição de conflitos no âmbito da Administração Pública – explicita, no seu art. 32, §5º, que "compreendem-se na competência das Câmaras de que trata o caput a prevenção e a resolução de conflitos que envolvam equilíbrio econômico-financeiro de contratos celebrados pela Administração com particulares" – o que reforça a premissa ora adotada. Também são patrimoniais os direitos decorrentes do inadimplemento de uma das partes que integram a relação contratual e que sejam reparáveis a partir de indenizações economicamente mensuráveis.

Direitos disponíveis são, por sua vez, aqueles direitos que podem ser contratados e negociados pelas partes e que encarnam

---

51 Diogo de Figueiredo Moreira Neto pondera que: "São disponíveis, nesta linha, todos os interesses e os direitos deles derivados que tenham expressão patrimonial, ou seja, que possam ser quantificados monetariamente, e estejam no comércio, e que se constituem, por esse motivo e normalmente, como o objeto da contratação que vise a dotar a Administração ou seus delegados dos meios instrumentais de que necessitem para satisfazer os interesses finalísticos que justificam o próprio Estado" (MOREIRA NETO, Diogo de Figueiredo. Arbitragem nos contratos administrativos. *Revista de Direito da Associação dos Procuradores do Novo Estado do Rio de Janeiro*, Rio de Janeiro, XVIII/33-34, 2006).

suas respectivas vontades na composição dos seus interesses. Existem, ao contrário, relações jurídicas cuja constituição ou extinção não se encontra ao livre alvedrio das partes, tipificando direitos ou interesses indisponíveis.

Por conseguinte, os interesses e direitos contratáveis e negociáveis pela Administração Pública são, a princípio, disponíveis e passíveis de composição por meio do procedimento arbitral. Seria incongruente e ilógico pressupor que os direitos são disponíveis para vincular as partes em uma relação contratual de índole administrativa pautada pela recíproca manifestação de vontade acerca do seu conteúdo e indisponíveis para fins de adoção da solução arbitral.[52]

Não há por parte da Administração Pública qualquer renúncia de direito quando admite a arbitragem como meio de composição de litígio que decorra de um contrato administrativo. No exercício da sua autonomia da vontade, e observando os parâmetros legalmente fixados, simplesmente prefere o juízo arbitral à jurisdição estatal. A forma de composição do conflito é que assume feição distinta.

Em regra, se o direito é patrimonial (avaliável economicamente) e disponível (negociável a partir da vontade das partes), tem lugar a arbitragem como mecanismo legítimo de composição do conflito nos contratos administrativos.

Existem alguns consensos firmados no ordenamento jurídico brasileiro acerca do que é arbitrável. As questões relacionadas à recomposição do equilíbrio econômico-financeiro dos contratos, ao cálculo de indenizações decorrentes de extinção ou de transferência do contrato de concessão e ao inadimplemento de obrigações contratuais por qualquer das partes já foram consideradas arbitráveis pelo legislador, a teor do disposto no §4º, do art. 31 da Lei nº 13.448/17, tendo sido reforçada no artigo 2º, parágrafo único do Decreto nº 10.025/19.

---

52 Como explica Alexandre Santos de Aragão: "Não faz sentido entender que os direitos são disponíveis para efeitos de poderem ser estabelecidos mediante a celebração de um acordo de vontades (contrato administrativo) e, de outro lado, entender que são indisponíveis para vedar que controvérsias acerca dos direitos alegadamente constituídos por esse contrato possam ser voluntariamente submetidas à solução por arbitragem" (ARAGÃO, Alexandre dos Santos de. Arbitragem e regulação. *Revista de Arbitragem e Mediação*, São Paulo, 27/70, 2010).

Isso não quer dizer que apenas essas matérias sejam passíveis de arbitragem. Desde que o direito seja patrimonial e seja disponível, a questão poderá ser submetida à via arbitral. Avizinha-se tendência de que as próprias cláusulas compromissórias possam elencar, de modo exemplificativo, outras controvérsias arbitráveis.

4.5 A sentença arbitral e o pagamento por precatório

Caso a parte privada sagre-se vencedora na arbitragem e a sentença imponha o pagamento de obrigação pecuniária à Administração Pública direta e suas autarquias, deverá, necessariamente, ser observado o regime dos precatórios. Anote-se que essa questão não se colocará quando a arbitragem envolver uma entidade da Administração Pública indireta que tenha personalidade jurídica de Direito privado, como é o caso, por exemplo, das sociedades de economia mista e empresas públicas.

Pois bem. Conforme tivemos a oportunidade de expor, em artigo conjunto com o Professor Egon Bockmann Moreira, os precatórios constituem-se na forma utilizada pelo Poder Judiciário para requisitar o pagamento do valor devido pela Fazenda Pública em razão de decisão irrecorrível, de acordo com o art. 100 da Constituição Federal. O Presidente do Tribunal, após receber ofício de requisição do juiz responsável, requisitará o pagamento à entidade pública devedora, que, por sua vez, incluirá esse valor devido no orçamento do ano imediatamente seguinte. O pagamento dar-se-á por ordem cronológica e de acordo com a natureza do débito.[53]

Assim, no caso de sentenças arbitrais será necessário que a parte dê início a processo judicial de execução da sentença arbitral, ao fim do qual o juiz competente tomará as providências necessárias para que o débito ingresse na ordem de pagamentos. No ponto, a

[53] Assunto tratado em GARCIA, Flávio Amaral; MOREIRA, Egon Bockmann. Comentários ao Decreto Federal nº 10.025/19. *In*: CUÉLLAR, Leila; MOREIRA, Egon Bockmann; GARCIA, Flávio Amaral; CRUZ, Elisa Schmidlin. *Direito Administrativo e Alternative Dispute Resolution*: arbitragem, *dispute board*, mediação e negociação. Com comentários à legislação do Rio de Janeiro, São Paulo e União sobre arbitragem e mediação em contratos administrativos e desapropriações. Belo Horizonte: Fórum, 2020. p. 226/233. ISBN 978-85-450-0747-0.

sentença arbitral não difere de uma sentença judicial transitada em julgado que condene ente público.

O pagamento pela via do precatório encontra fundamento axiológico no princípio da isonomia. Objetivou-se criar procedimento que evite preferências ou privilégios no momento do pagamento das dívidas dos entes públicos, alcançando, indistintamente, sentenças arbitrais ou judiciais.

Entretanto, é inegável que o sistema de precatórios brasileiro agrava sobremaneira a situação do credor, já que, não raro, pode ser um processo moroso. Ele tende a gerar sérias dificuldades no recebimento de valores já tidos como certos e devidos, além de instalar custos extraordinários. Em última análise, cria desincentivos às contratações públicas (ou gera precificações extraordinárias).

A novidade no enfrentamento da matéria foi a interessante solução albergada pelo Decreto Federal nº 10.025/2019, que, no §2º do art. 15, prevê expressamente três hipóteses de recebimento extra de precatórios, desde que estabelecido acordo entre as partes.[54]

5 Breves conclusões

A celeridade é, como notório, reconhecida como uma das grandes virtudes da arbitragem se comparada à solução da controvérsia pela via judicial. Resolver o conflito no menor tempo possível é medida concretizadora da segurança jurídica e da eficiência nas relações contratuais públicas, afinal, o prolongamento dos litígios resulta em significativo aumento dos custos de transação para ambos os contratantes, além de provocar prejuízos para a própria sociedade e usuários.

Em contratos de longo prazo e complexos – como são os contratos de concessão e de parceria público-privada – os conflitos devem ser esperados e considerados até mesmo previsíveis.

[54] §2º O disposto no caput não impede, desde que seja estabelecido acordo entre as partes, que o cumprimento da sentença arbitral ocorra por meio de: I - instrumentos previstos no contrato que substituam a indenização pecuniária, incluídos os mecanismos de reequilíbrio econômico-financeiro;II - compensação de haveres e deveres de natureza não tributária, incluídas as multas, nos termos do disposto no art. 30 da Lei nº 13.448, de 5 de junho de 2017; ou III - atribuição do pagamento a terceiro, nas hipóteses admitidas na legislação brasileira."

Segurança jurídica não é sinônimo de ausência de conflitos, mas do modo, da forma e dos mecanismos aptos a lidar com os conflitos e a solucioná-los. A governança dos litígios é, portanto, tema crucial em qualquer relação duradoura e, naturalmente, mutável.

No setor de infraestrutura, investidores buscam respostas rápidas para as suas demandas e potenciais conflitos. Como se procurou demonstrar, o Brasil tem um arcabouço legislativo e jurisprudencial sólido capaz de amparar os procedimentos arbitrais que envolvam a Administração Pública, o que se comprova com as arbitragens atualmente em andamento nos mais variados segmentos econômicos.

Informação bibliográfica deste texto, conforme a NBR 6023:2018 da Associação Brasileira de Normas Técnicas (ABNT):
GARCIA, Flávio Amaral. Arbitragem e a infraestrutura brasileira. *In*: CUÉLLAR, Leila; MOREIRA, Egon Bockmann; GARCIA, Flávio Amaral; CRUZ, Elisa Schmidlin. *Direito Administrativo e Alternative Dispute Resolution*: arbitragem, *dispute board*, mediação e negociação. Com comentários à legislação do Rio de Janeiro, São Paulo, Rio Grande do Sul e União sobre arbitragem e mediação em contratos administrativos e desapropriações. 2. ed. Belo Horizonte: Fórum, 2022. p. 179-200. ISBN 978-65-5518-404-4.

ARBITRAGEM E PPPS[1]

EGON BOCKMANN MOREIRA

Como fica claro da leitura da Lei nº 11.079/2004 (Lei das Parcerias Público-Privadas – PPPs), é facultado aos editais de licitação prever "o emprego dos mecanismos privados de resolução de disputas, inclusive a arbitragem, a ser realizada no Brasil e em língua portuguesa, nos termos da Lei nº 9.037, de 23 de setembro de 1996, para dirimir conflitos decorrentes ou relacionados ao contrato" (art. 11, inc. III). Demais disso, em março de 2015, a Lei nº 9.037/1996 (Lei da Arbitragem) foi alterada para incluir, em suas disposições gerais, que "a administração pública direta e indireta poderá utilizar-se da arbitragem para dirimir conflitos relativos a direitos materiais disponíveis" (art. 1º, §1º). Essa conjugação é de extrema importância para que possamos compreender a arbitragem como cláusula indispensável nos contratos de PPPs. O interesse público primário está pautado legislativamente.

Em suma, o legislador brasileiro definiu uma conjugação que consolida a arbitragem como o meio legítimo para a composição de conflitos em contratos administrativos – em especial, nas parcerias público-privadas. Isso não importa dizer que os demais contratos administrativos – sejam aqueles celebrados pela Administração direta, sejam os pactuados com a Administração indireta – não possam recorrer à arbitragem. Nada disso: o que a Lei de PPPs fez foi franquear um incentivo a que os gestores incluam cláusulas de arbitragem nos editais dessa ordem de contratos administrativos. Isso devido a vários motivos relevantes. Em contrapartida, a cláusula da Lei de Arbitragem é ampla, geral e irrestrita. Fato, porém, é que as PPPs demandam especial atenção quanto à arbitragem.

---

[1] Uma versão deste ensaio foi publicada no *website Direito do Estado*, em 20 dez. 2015. Disponível em: http://www.direitodoestado.com.br/colunistas/egon-bockmann-moreira/arbitragem-e-ppps. Acesso em: 08 dez. 2021.

Por um lado, sabe-se que os contratos de PPPs são investimentos de longa maturação. O parceiro privado é instado a fazer significativos aportes em projetos de interesse público, os quais gerarão a respectiva amortização e os lucros depois de longo período. Não se assemelham às tradicionais empreitadas de obra ou serviço público, em que a pessoa contratada executa o contrato e, de imediato, obtém a respectiva remuneração. Os ganhos são realizados no longo prazo. Em contratos como esses, que envolvem projeções de receitas e despesas para 10, 20 ou 30 anos, qualquer erro ou desvio nos fluxos de caixa pode importar danos irreversíveis (um déficit mínimo no primeiro ano gera resultados exponenciais desastrosos no longo prazo). Logo, isso implica a necessidade de segurança jurídica reforçada, inclusive em casos de conflitos de interesses. Torna imprescindível a celeridade na resolução dos conflitos – preferencialmente, numa só instância decisória.

Ocorre que o Poder Judiciário brasileiro – quem diz isso é o próprio Conselho Nacional de Justiça (CNJ) – está abarrotado de processos. São milhões de litígios, com as mais diversas configurações, os quais são unidos por três características comuns: a longa duração, os múltiplos níveis decisórios e a ausência de homogeneidade no tratamento das causas. Caso haja litígio entre poder concedente e concessionária e caso esse conflito de interesses se protraia no tempo, o resultado será trágico para o projeto de interesse público consubstanciado na PPP. De imediato, quem sofrerá severas perdas serão os usuários dos serviços e, depois de longo tempo, os contribuintes (que arcarão com os custos do precatório judicial). Isso sem se falar na confiança de futuros investidores em projetos dessa ordem, o que exige a institucionalização de soluções alternativas ao Poder Judiciário a fim de que o projeto concessionário seja mantido íntegro e resista às intempéries.

A arbitragem nas PPPs, portanto, consubstancia legítimo e legal *institutional bypass*, por meio do qual a Administração pode garantir ao parceiro privado que o projeto não será afetado pelas disfunções hoje inerentes ao Poder Judiciário brasileiro.

Por outro lado, os contratos de PPPs albergam significativas complexidades técnicas – tanto em termos econômico-financeiros (os fluxos de caixa, a taxa interna de retorno, a alocação de riscos e suas consequências etc.) quanto em razão da *expertise* demandada para esta ou aquela obra ou serviço (modelagem dos projetos, engenharia sofisticada, tecnologia de informação, melhores práticas setoriais, soluções estratégicas etc.). O que significa dizer que os conflitos de interesse em PPPs normalmente não dizem respeito a assuntos jurídicos em sentido estrito, nem a questões de trato usual nas faculdades de Direito. Ao contrário: o que está em jogo são outras ciências, com as quais o jurista tem pouca afinidade.

Claro que litígios dessa ordem podem ser resolvidos por meio de perícias técnicas, mas isso só aumenta os custos de transação e a possibilidade de captura na relação agente – principal (os peritos, porque de confiança do juiz, produzem documentos que, ao mesmo tempo são irrestritamente prestigiados pelo magistrado, não geram a responsabilidade imediata dos *experts*; afinal, eles só opinam, e quem decide é o juiz).

Para conflitos dessa envergadura, melhor é acentuar a responsabilidade imediata daquele que profere a decisão, sem intermediários. Os árbitros estão diretamente expostos aos juízos que adotarem em suas decisões e, devido a esse fato, precisam se inspirar nas melhores práticas e desenvolver esforços equivalentes para que o laudo arbitral venha a efetivamente compor a controvérsia. Por isso, devem assumir a condição de árbitro apenas e tão somente em causas que representem o núcleo duro de sua especialidade. Ninguém em sã consciência – e nenhuma câmara arbitral que se respeite – indicará árbitros que não sejam os mais prestigiados, detentores de conhecimento específico que legitime a sua futura decisão naquele caso concreto. Além disso, o tempo e os demais custos serão concentrados na própria instância arbitral: ao invés de tomar tempo e dinheiro do Poder Judiciário e dos peritos, cria-se um só foro de interação, com imputação imediata da responsabilidade pelo conteúdo decisório.

De igual modo, é de se rejeitar as eventuais críticas decorrentes da ideia de que a arbitragem em PPPs seria proibida porque incidente sobre bens e serviços *extra commercium*. Com todo respeito àqueles que pensam em sentido contrário, a tese prova demais: se são bens e serviços *extra commercium*, como podem ser objeto de contratos? Se são indisponíveis, como se pautar pela combinação do edital com a proposta vencedora? A bem da verdade, está-se diante de uma comercialidade diferenciada, pautada pelo Direito

Administrativo Econômico e pela disponibilidade dos Direitos postos em conflito. Uma coisa é a indisponibilidade da função administrativa; outra, completamente diversa, é a disponibilidade condicionada do próprio contrato (e da quantificação monetária do seu objeto).

Assim, o que se merece ressaltar é que essa comercialidade de Direito público está submetida a diversos níveis, em vista a ampla heterogeneidade das coisas públicas: basta se contrastar o mar territorial aos livros da biblioteca pública; a praça à estação de metrô; os *aeroshoppings* aos museus. Os diferentes graus de afetação da coisa implicam o correspondente plano de incidência de sua exploração econômica (em intensidade e extensão). Uma coisa, porém, é certa: a tese da extracomercialidade não é apta a inibir a incidência da arbitragem nas PPPs.

Por fim, é de se frisar que a arbitragem não precisa consubstanciar uma despesa previamente quantificada e alocada nas contraprestações e no fundo garantidor da PPP. Não é um custo orçamentário presente e certo, mas é futuro e incerto. Pode ou não ocorrer. A cláusula de arbitragem é como um seguro de vida: existe para dar conforto aos signatários, a fim de que o conflito não se instale – e não para ser usada no cotidiano do contrato administrativo. Por isso, é uma despesa extraordinária, contingencial, que não pode – e não deve – ser quantificada e alocada na matriz econômico-financeira do contrato (sobretudo como uma "despesa obrigatória" do parceiro público). Mesmo porque tais cálculos são faticamente inviáveis para um contrato de 30 anos. A cláusula de arbitragem não depende, portanto, de quantificação e alocação prévias no orçamento público.

Em conclusão, o que se espera é que, cada vez mais, o incentivo instalado pela Lei de PPPs e pela Lei de Arbitragem seja prestigiado pela Administração Pública brasileira. Uma vez que existem tais previsões legislativas, seria um equívoco aos editais suprimir essa possibilidade de composição de conflitos em sede de PPPs – transmitindo aos interessados uma sinalização bastante negativa a propósito do projeto concessionário e da postura cooperativa da Administração Pública.

Referência

MOREIRA, Egon Bockmann. Arbitragem e PPPs. *Direito do Estado*, em 20 dez. 2015. Disponível em: http://www.direitodoestado.com.br/colunistas/egon-bockmann-moreira/arbitragem-e-ppps. Acesso em: 08 dez. 2021.

Informação bibliográfica deste texto, conforme a NBR 6023:2018 da Associação Brasileira de Normas Técnicas (ABNT):
MOREIRA, Egon Bockmann. Arbitragem e PPPs. *In*: CUÉLLAR, Leila; MOREIRA, Egon Bockmann; GARCIA, Flávio Amaral; CRUZ, Elisa Schmidlin. *Direito Administrativo e Alternative Dispute Resolution*: arbitragem, *dispute board*, mediação e negociação. Com comentários à legislação do Rio de Janeiro, São Paulo, Rio Grande do Sul e União sobre arbitragem e mediação em contratos administrativos e desapropriações. 2. ed. Belo Horizonte: Fórum, 2022. p. 201-205. ISBN 978-65-5518-404-4.

A ESCOLHA DOS ÁRBITROS E DAS CÂMARAS ARBITRAIS[1]

FLÁVIO AMARAL GARCIA

Com o advento da Lei nº 13.129/2015, que alterou a Lei nº 9.307/2006, não cabe mais qualquer dúvida acerca do cabimento da utilização da arbitragem pela Administração Pública, que poderá, a teor do disposto no seu artigo 1º, §1º, utilizar esse importante mecanismo de solução de conflitos para dirimir as questões relativas aos direitos patrimoniais disponíveis.

Trata-se de um inegável avanço e uma conquista importante para viabilizar a atração de investimentos para o país, em especial no setor de infraestrutura. A arbitragem é um instrumento que concretiza a segurança jurídica, porquanto permite que o conflito seja solucionado com maior celeridade, com árbitros especializados na matéria e dotados da indispensável neutralidade e imparcialidade.

A tendência natural, superada qualquer dúvida a propósito da arbitrabilidade subjetiva, será o incremento e a previsão de cláusulas compromissórias nos contratos administrativos mais sofisticados e de maior expressão econômica, a exemplo do que já ocorre nas concessões comuns e nas parcerias público-privadas (concessão patrocinada e administrativa), considerando que as respectivas legislações setoriais já admitiam a sua utilização expressamente.

Entrando a arbitragem, como se espera, no cotidiano da Administração Pública, outra consequência se avizinha: o despertar dos órgãos de controle para os processos de escolha dos árbitros e das câmaras arbitrais e a discussão sobre a incidência ou não da licitação como o processo mais adequado para orientar a sua seleção.

---

[1] Versão ampliada de ensaio originalmente publicada em *Concessões, Parcerias e Regulação*. São Paulo: Malheiros, 2019.

Antecipa-se, desde já, a conclusão a que se pretende chegar: o processo de licitação formal não é o veículo adequado para promover uma escolha eficiente da câmara arbitral e muito menos dos árbitros. Se caminharmos no sentido de compreender a licitação como um antecedente lógico e obrigatório dessas escolhas, estaremos aniquilando, por via oblíqua, a própria arbitragem na Administração Pública e os inegáveis benefícios que dela poderão ser extraídos nas relações jurídicas administrativas.

A conclusão acima antecipada não revela qualquer desprezo ou mesmo antipatia pelo instituto da licitação e pela ideia de promover a escolha dos particulares que contratam com a Administração Pública a partir de critérios isonômicos e alicerçados no mérito da proposta mais vantajosa.

Muito ao contrário. A licitação, com todas as suas vicissitudes e problemas crônicos que decorrem da sua interpretação e aplicação por vezes disfuncional no Brasil, é instrumental ao princípio republicano e um indispensável mecanismo de zelo com a coisa pública nos Estados Democráticos de Direito.

No entanto, o que deve ser compreendido são alguns dogmas e crenças que, ainda que no inconsciente coletivo, costumam habitar as mentes e corações dos órgãos de controle. Dentre tantos outros, dois devem ser destacados: (i) a licitação é o único caminho para o atendimento do interesse público, e as hipóteses de contratação direta devem ser examinadas com desconfiança, pois se presume maior discricionariedade na ação do gestor e, via de consequência, abertura para atos ilícitos e desvios éticos; (ii) processo seletivo e de escolha administrativa é sinônimo de licitação formal regida pela Lei nº 14.133/2021.

Ambos são generalizações equivocadas que acarretam inúmeros problemas na compreensão das questões que, diuturnamente, desafiam os operadores do Direito público no país.

Sob o ângulo do atendimento do interesse público, a licitação é meio, e não fim. Não pode ser interpretada ou indevidamente estendida como um dever universal e única salvação para inibir ilicitudes. Existem situações nas quais realizar licitação será um desserviço ao interesse público. Não se trata de retórica vazia, mas de previsão expressa na Constituição Federal e na Lei nº 14.133/2021, que delimitou as hipóteses de dispensa e inexigibilidade de licitação.

A ninguém é dado desconsiderar essa realidade fática e normativa, mas o dado concreto é que o gestor costumeiramente se sente mais "seguro" quando contrata pela via da licitação, eis que minora os riscos de futuras responsabilizações junto aos órgãos de controle, o que, a depender da situação, lhe assegura tranquilidade pessoal, mas desatende os princípios da eficiência e economicidade e a própria finalidade de bem curar a coisa pública.

Por vezes, efetivar a mais eficiente contratação pública reclama uma dose de apreciação subjetiva do administrador público no processo de escolha do particular que com ela vai se relacionar. É ínsito à própria natureza e ao perfil da contratação direta uma margem de discricionariedade maior a ser conferida ao administrador, que pondera valores que não podem ser objeto de uma comparação a partir de critérios estritamente objetivos.

Conferir maior discricionariedade ao administrador nas suas escolhas é, de outro lado, uma das consequências da consensualidade, novo modelo de ação estatal que privilegia relações mais dialógicas com o administrado. Modernamente, a busca do consenso é referenciada como o meio mais legítimo de se promover a eficiência e uma moderna administração de resultados.

Existem múltiplas manifestações de consenso no Direito Administrativo contemporâneo que vem provocando profundas transformações no exercício das atividades administrativas, antes excessivamente hierarquizadas, imperativas e despropositadamente assimétricas e que tinham como único e exclusivo centro de gravidade o próprio Estado.

São exemplos os acordos substitutivos, os procedimentos de manifestação de interesse, os termos de ajustamento de conduta, a delação premiada, os acordos de leniência, a mediação, a conciliação e a arbitragem. Em maior ou menor grau, todos esses mecanismos consensuais do agir administrativo pressupõem maior discricionariedade para o gestor público, o que implica, por exemplo, em negociar, ceder e transigir.

Mesmo os órgãos de controle vêm aquiescendo favoravelmente a essas distintas manifestações de consensualidade, placitando a necessária discricionariedade administrativa para que sejam alcançados resultados mais eficientes e legítimos na ação dos gestores. Porém, quando se trata de discricionariedade que envolva o afastamento da licitação e a escolha por meio de contratação direta, não se descartam interpretações mais rígidas que pretendam impor o dever de licitar, ainda quando impossível estabelecer padrões comparativos e quando, pela natureza da atividade, a escolha deva desvelar um maior conteúdo de carga discricionária, o que não significa, por óbvio, que tais escolhas possam ser arbitrárias e muito menos despidas de uma motivação adequada à luz do substrato fático presente.

Fixadas as premissas de que a licitação não é o único veículo de atendimento ao interesse público e que um Estado mais consensual é, naturalmente, um Estado com maior carga de discrição administrativa, passa-se ao exame da escolha dos árbitros e das câmaras arbitrais.

Com efeito, a indicação de um árbitro é um passo decisivo para o êxito em qualquer processo arbitral, seja público ou privado. O sucesso da arbitragem depende da qualidade dos árbitros, que devem, entre outros atributos, possuir experiência, conhecimento técnico na matéria arbitrada, idoneidade moral e elevados padrões éticos, não apresentando qualquer tipo de impedimento que possa macular a sua neutralidade e imparcialidade no julgamento da questão.

Para além do conhecimento técnico que o árbitro deve possuir na matéria arbitrável, dois aspectos positivos devem, ainda, ser destacados: (i) a possibilidade de as partes indicarem o árbitro, ou seja, a escolha do julgador a partir da sua qualificação profissional; (ii) a circunstância de que o árbitro, via de regra, não tem a quantidade de processos atribuídos a um juiz, o que permite conferir maior celeridade na solução do litígio.

Não obstante existam distintas formas e métodos de indicação dos árbitros, é possível asseverar que a forma mais tradicional e conhecida no processo de escolha dos árbitros é a indicação de um árbitro por cada parte e, em seguida, os dois eleitos e aceitos sem objeção escolhem o terceiro.

A opção pela arbitragem institucional é, sem dúvida, a mais recomendada para a Administração Pública. A arbitragem institucional é aquela instalada perante uma câmara arbitral, o que pressupõe aderir ao seu regulamento e contar com o apoio administrativo. A outra forma é a arbitragem *ad hoc,* na qual as partes escolhem os árbitros e definem as regras que nortearão o procedimento.

Quando uma das partes é a Administração Pública, o processo de escolha do árbitro deverá levar em consideração uma avaliação com inegável dose de discricionariedade e subjetividade, o que tornaria rigorosamente inviável a realização de uma licitação formal. Os resultados seriam simplesmente desastrosos, porquanto escolhas lastreadas na confiança não se amoldam a processos seletivos formais, que pressupõem padrões comparativos dotados de um mínimo de objetividade.

Bem vistas as coisas, nas licitações são os particulares que manifestam interesse em contratar com a Administração Pública. Seria razoável imaginar um edital de licitação para que os árbitros fossem escolhidos? Quais seriam os critérios de escolha? Haveria interesse dos árbitros em participar de processos dessa natureza?

Parece cristalino que os processos licitatórios são rigorosamente incompatíveis com escolhas norteadas por critérios dotados de elevada subjetividade, não podendo o interesse público ficar refém de um processo no qual os árbitros supostamente acudiriam interesse em participar.

Enfim, a escolha é discricionária, mas devidamente motivada, a partir, preferencialmente, de parâmetros previamente fixados nos respectivos atos normativos dos entes públicos, com a indicação das razões de qualificação daquele profissional e da conexão das suas características com o perfil e natureza do litígio instaurado.

Sequencialmente, poder-se-ia dizer que se trata de inequívoca hipótese de inexigibilidade, seja pela absoluta inviabilidade de competição (art. 74, *caput,* da Lei nº 14.133/2021), seja por notória especialização (art. 74, inciso III, da Lei nº 14.133/2021), dada a singularidade do objeto e os próprios atributos personalíssimos do árbitro e o seu conhecimento especializado na matéria.

Há, porém, uma indagação que precede a definição de uma suposta inexigibilidade de licitação na escolha do árbitro. A escolha do árbitro constitui uma relação de índole contratual com o ente público, a sujeitar-se ao regramento da Lei nº 14.133/2021?

A resposta parece ser negativa. Conforme anotado por Marçal Justen Filho,[2] a escolha do árbitro não ostenta natureza contratual, porquanto a sua natureza pressupõe o exercício de uma função jurisdicional. No estudo sobre o tema, o renomado administrativista sustenta, com razão, que essa escolha se configura um ato jurídico unilateral de cunho discricionário.

Ao contrário do que ocorre, por exemplo, na contratação de um assistente técnico ou mesmo de um leiloeiro que preste serviços para a Administração Pública, o árbitro, a despeito de ser indicado pelo ente público, não tem qualquer compromisso em sustentar a tese da parte que o indicou. A sua função é jurisdicional, ainda que não estatal, não se estabelecendo qualquer relação de comutatividade que sinalize para um contrato administrativo a ser celebrado com a Administração Pública.

Em sendo uma função jurisdicional, o seu compromisso é solucionar o litígio da melhor forma possível, sem qualquer aproximação em atender ao interesse da parte que o indicou, o que torna o exercício do seu mister totalmente estranho aos lindes dos contratos de prestação de serviços disciplinados na Lei nº 14.133/2021.

Não sendo contrato administrativo, não há que se cogitar de sujeição à Lei nº 14.133/2021 ou mesmo de qualquer hipótese de contratação direta, já que esse diploma legal regula as situações de contratação pública, o que, como visto, não é o caso da relação que se instaura com o árbitro.

Com evidente tendência de contratualização, o revogado Decreto nº 8.465/2015 – que tratava sobre os critérios de arbitragem para dirimir litígios no âmbito do setor portuário – estabelecia no seu artigo 7º, §3º, que a escolha do árbitro ou de instituição arbitral será considerada contratação direta por inexigibilidade de licitação. Note-se que o Decreto nº 10.025/19 – que dispõe sobre arbitragem para dirimir litígios que envolvam a Administração Pública federal nos setores portuário e de transporte rodoviário, ferroviário,

---

2 JUSTEN FILHO, Marçal. Administração pública e arbitragem: o vínculo com a câmara de arbitragem e os árbitros. *Revista Brasileira da Advocacia*, São Paulo, v. 1, n. 1, abr./jun. 2016.

aquaviário e aeroportuário – corretamente fixou os requisitos mínimos para a escolha dos árbitros, sem, entretanto, mencionar qualquer cogitação de aproximação com regimes contratuais ou mesmo potencial contratação direta por inexigibilidade.

Diverso é o enfoque a propósito da contratação da câmara arbitral. Nos casos em que a arbitragem institucional prevalecer, será necessário ter o apoio administrativo de uma câmara arbitral que possa dar suporte administrativo na condução do processo arbitral, além do próprio regulamento que orientará as regras do processo arbitral.

Aqui, ao contrário do que ocorre com a escolha dos árbitros, identifica-se uma prestação de serviços, porquanto a câmara arbitral se relaciona com as partes oferecendo um conjunto de serviços que envolvem desde o apoio administrativo até a disponibilização das regras e procedimentos. Gustavo Fernandes de Andrade[3] esclarece que as câmaras arbitrais não exercem qualquer função judicante, o que torna a sua situação jurídica completamente distinta do exercício jurisdicional não estatal cometido aos árbitros.

Em sendo a relação que se forma com a Administração Pública de índole contratual, é preciso avançar para saber se o contrato é administrativo (com a presença das cláusulas exorbitantes) ou se trata de um contrato da administração (quando prevalece a horizontalidade entre as partes, com derrogações apenas formais para adequação do regime de Direito público).

Não se vislumbra nenhuma razão para categorizar essa relação como sendo um contrato administrativo típico. Falece qualquer fundamento de interesse público que justifique a presença de cláusulas como a alteração unilateral do contrato ou mesmo aplicações unilaterais de sanções administrativas. A Administração Pública é uma contratante como outra qualquer, não havendo razão fática para desequilibrar essa relação. É o que ocorre com vários contratos celebrados por entes públicos em absoluta igualdade de condições com o particular, tal qual ocorre, por exemplo, com os contratos

---

3 ANDRADE, Gustavo Fernandes de. Arbitragem e Administração Pública: da hostilidade à gradual aceitação. *In*: MELO, Leonardo de Campos; BENEDUZI, Renato (Orgs.). *A reforma da arbitragem*. Rio de Janeiro: Forense, 2016.

celebrados pela Administração Pública, tais como locação, *leasing*, entre outros, cujo conteúdo é regido, predominantemente, por normas de Direito privado.

Eventual entendimento que sinalize para o enquadramento desse contrato como sendo tipicamente administrativo poderá acarretar o indesejável efeito de desestimular a arbitragem nas relações contratuais públicas, afastando o interesse das câmaras arbitrais em atuar junto aos entes públicos.

Avançando na compreensão do tema, não se identifica que a licitação seja o mecanismo apropriado para a contratação das câmaras. Arbitragem pressupõe celeridade. A partida, paralisar o processo arbitral para promover o processo de licitação formal, parece contrariar a dinâmica da própria arbitragem.

Ademais, como escolher câmaras a partir de critérios objetivos? Seria uma licitação por menor preço, por melhor técnica ou por técnica e preço? Licitar pressupõe uma ideia central de fixar critérios que permitam estabelecer parâmetros de competição que sejam objetivamente aferíveis.

Não se identifica que isso seja possível na escolha das câmaras arbitrais, sendo necessário reconhecer a existência de margens de discrição administrativa que deverão ser conferidas aos gestores no processo de escolha, o que pode resultar na sua contratação direta em razão da inexigibilidade de licitação. Essa é uma solução compatível com o ordenamento jurídico, desde que devidamente amparada e motivada.

A solução que vem prevalecendo é a do cadastramento/credenciamento das câmaras arbitrais. Foi essa, por exemplo, a opção federal (Decreto nº 10.025/19) do estado do Rio de Janeiro (Decreto nº 46.245/18) e do estado de São Paulo (Decreto nº 64.356/19). Para tanto, faz-se necessária a fixação de requisitos mínimos garantidores de uma atuação eficiente, que examine a tradição e respeitabilidade da câmara arbitral, a sua especialização, a lista dos árbitros disponíveis, a qualidade do seu regulamento, os custos do processo, a localização da sede e outros critérios ou parâmetros que venham a ser fixados nos respectivos atos normativos de cada um dos entes públicos.

Ainda assim, seria fundamental definir o momento da escolha da câmara arbitral e como essa decisão se processa, a saber, unilateralmente ou consensualmente com o contratado participando da escolha. Existem diversas alternativas que podem ser cogitadas e que devem ser disciplinadas nos respectivos atos normativos dos entes públicos e nas próprias cláusulas compromissórias.

A escolha da câmara arbitral e a sua definição na cláusula compromissória podem ser definidas no momento da celebração do contrato, o que revelaria uma índole mais pragmática e célere, evitando que, uma vez ocorrido o litígio, as partes iniciem a discussão sobre qual será a câmara arbitral eleita. Uma vez prevista no contrato, presume-se a concordância de ambas as partes.

Nada obsta que se confira ao contratado a escolha, dentre aquelas previamente cadastradas, da câmara arbitral, porquanto a Administração Pública já terá feito a sua avaliação prévia por ocasião do cadastramento. Sendo a arbitragem um mecanismo concretizador da consensualidade, a definição da câmara arbitral pode ser conferida ao contratado, desde que a escolha recaia entre uma das câmaras cadastradas. Essa solução foi admitida no modelo federal (Decreto nº 10.025/19) e também nos estados do Rio de Janeiro (Decreto nº 46.245/18) e São Paulo (Decreto nº 64.356/19).

Caso, entretanto, outros entes públicos venham a optar pela definição unilateral pelo ente público, qualquer participante poderá impugnar a cláusula compromissória e a definição prévia da câmara arbitral, exigindo a demonstração das razões que levaram a essa escolha. É direito subjetivo dos licitantes conhecer os critérios que orientaram esse processo de escolha. Possivelmente, eventual impugnação apenas ocorrerá no caso dos licitantes entenderem inadequada a opção por determinada instituição, seja pelo custo, pela qualidade do regulamento, pela especialização ou mesmo pelos árbitros disponíveis. Mas, uma vez assinado o contrato, com a cláusula compromissória definindo a câmara arbitral, presume-se a concordância do contratado.

A escolha da câmara arbitral pode se dar, também, no momento da ocorrência do litígio, podendo as partes, a partir da definição da controvérsia, dispor de mais elementos para a escolha da câmara, fazendo uma avaliação que considere os dados concretos. O risco dessa alternativa é que as partes podem estar em um grau de divergência e animosidade que torne morosa e custosa a escolha da câmara arbitral.

Enfim, caberá a cada ente público, nos seus respectivos atos normativos próprios e nas cláusulas compromissórias, definir os requisitos, parâmetros, métodos e processos de escolha, conformando previamente a discricionariedade do gestor. Certamente, se trata de tema ainda a ser explorado e que deverá ser objeto de reflexão e amadurecimento por parte dos operadores de direito.

Pode-se cogitar que esses atos normativos sejam submetidos à prévia consulta pública, permitindo que os interessados (sociedades empresárias, cidadãos, câmaras arbitrais e órgãos de controle) ofereçam sugestões para o seu aperfeiçoamento. Afinal, se a arbitragem é um mecanismo de consensualidade, é razoável e coerente que essa saudável relação dialógica seja instaurada ouvindo os interessados, e não imposta unilateralmente no seio interno da Administração Pública. Com certeza, os atos normativos serão acrescidos de legitimidade, podendo receber importantes contribuições externas, como, de resto, ocorre nos processos hodiernos de audiência e consulta pública.

Enfim, espera-se que a arbitragem entre em definitivo na órbita dos negócios públicos no país e que as suas virtudes e vantagens beneficiem as relações administrativas, conferindo maior segurança jurídica aos investimentos, o que será vantajoso para o próprio interesse público.

Para tanto, porém, é indispensável que o processo de contratação dos árbitros e das câmaras arbitrais não seja impregnado pela crença de que a licitação é a salvação, estendendo o dever de licitar para situações que, evidentemente, não se afeiçoam aos seus pressupostos. Consensualidade pressupõe discricionariedade. Discricionariedade pressupõe razoabilidade, transparência e motivação. Não devemos temer essas ideias, mas, sim, conformá-las com equilíbrio e moderação.

Referências

ANDRADE, Gustavo Fernandes de. Arbitragem e Administração Pública: da hostilidade à gradual aceitação. *In*: MELO, Leonardo de Campos; BENEDUZI, Renato (Orgs.). *A reforma da arbitragem*. Rio de Janeiro: Forense, 2016.

GARCIA, Flávio Amaral. *Concessões, parcerias e regulação*. São Paulo: Malheiros, 2019.

JUSTEN FILHO, Marçal. Administração Pública e arbitragem: o vínculo com a câmara de arbitragem e os árbitros. *Revista Brasileira da Advocacia*, São Paulo, v. 1, n. 1, abr./jun. 2016.

Informação bibliográfica deste texto, conforme a NBR 6023:2018 da Associação Brasileira de Normas Técnicas (ABNT):
GARCIA, Flávio Amaral. A escolha dos árbitros e das câmaras arbitrais. *In*: CUÉLLAR, Leila; MOREIRA, Egon Bockmann; GARCIA, Flávio Amaral; CRUZ, Elisa Schmidlin. *Direito Administrativo e Alternative Dispute Resolution*: arbitragem, *dispute board*, mediação e negociação. Com comentários à legislação do Rio de Janeiro, São Paulo, Rio Grande do Sul e União sobre arbitragem e mediação em contratos administrativos e desapropriações. 2. ed. Belo Horizonte: Fórum, 2022. p. 207-217. ISBN 978-65-5518-404-4.

CONTRATAÇÃO DE ÁRBITROS E MEDIADORES: INEXIGIBILIDADE[1]

EGON BOCKMANN MOREIRA

Introdução

O Direito Administrativo nasceu exilado. Os seus institutos fundamentais foram construídos por meio de técnicas de exclusão: para algo ser de Direito Administrativo, era necessária sua expulsão do Direito privado. A *summa divisio* não permitia sequer a convivência. Assuntos como autonomia da vontade, liberdade e igualdade eram vedados ao Direito Administrativo, submisso à automática execução da letra da lei. Para o bem e para o mal, foi assim que ele surgiu.

Se no início isso tinha sua razão de ser, com o tempo implicou a multiplicação de formalismos inférteis e imprestáveis. A forma a perverter o conteúdo. Mais: se tais limitações eram próprias de uma Administração Pública simples, típica dos séculos XIX e XX, que detinha pouco mais de um par de preocupações e cujos regulamentos se dirigiam à sua própria cadeia hierárquica, fato é que são incompatíveis com os desafios contemporâneos. O Direito Administrativo de outrora não foi feito para enfrentar a atual complexidade. Assim, a repulsa público-privada precisa ser bem compreendida, com aplicação circunscrita à sua funcionalidade; quando muito, ao exercício de atividades puramente administrativas do Estado.

Afinal de contas, hoje a Administração Pública é muito mais do que a sistematização burocrática da máquina estatal. Sofisticou-se e é organizada por meio de redes dinâmicas de órgãos, entidades e

---

[1] Uma versão deste artigo foi publicada na *Revista Zênite ILC – Informativo de Licitações e Contratos*, Curitiba, n. 301, mar. 2019, seção Ponto de Vista.

contratos (públicos e privados), autônomas entre si. Celebra negócios jurídicos especiais, que exigem investimentos privados de capital intensivo. Precisa avaliar riscos, prevenir-se e precaver-se. Os seus regulamentos são antes socioeconômicos do que administrativos. Já não mais intervém na economia, porque nela está, o que importa dizer que seus recursos – sobretudo tempo e dinheiro – são escassos: caiu por terra a ilusão da plena liquidez pública.

Tais situações instalam tarefas difíceis – senão impossíveis – de serem superadas pelo Direito Administrativo tradicional, adicto à legaliteralidade. As soluções, contempladas pelos princípios da juridicidade e da eficiência, em "atuação conforme a lei e o Direito", devem atentar às suas "consequências práticas" em vista dos "reais obstáculos" dos gestores públicos (para aqui nos valermos da Lei nº 9.784/1999, art. 2º, parágrafo único, inc. I, e da LINDB, arts. 20, 21 e 22) – isso, inclusive, a fim de solucionar controvérsias em que a Administração Pública seja protagonista. O administrador precisa compreender cada um dos casos especiais com que se defronta e desenvolver técnicas e metodologias específicas, peculiares, inclusive no que respeita à aplicação do Direito. Ou seja, é imprescindível que formalismos sejam superados não só quanto às relações administrativas materiais (servidores, contratos, bens, serviços etc.), mas também, e especialmente, nas relações processuais travadas com pessoas físicas e jurídicas, públicas e privadas (processos expropriatórios; sancionatórios; tributários; licitação; construção de normas regulamentares; gestão de contratos; concessão de benefícios; termos de ajuste de conduta/gestão etc.). Também aqui é indevido o prestígio a obstáculos criados pelo Direito Administrativo oitocentista. Não se pode interpretar a legislação e as relações jurídico-administrativas deste século XXI como se o tempo não houvesse passado.

Dentre as provocações contemporâneas, duas assumem especial relevância e serão tratadas neste artigo: por um lado, a arbitragem e a mediação com a Administração Pública; por outro, a contratação de árbitros e mediadores. Ambos os temas revelam questões que, se conjugadas, podem nos ajudar a resolver outros desafios do cotidiano administrativo-estatal.

1 Arbitragem e mediação: aplicabilidade imediata do princípio da eficiência

Se uma coisa é certa quanto às relações entre pessoas, está nas controvérsias que delas brotam. Para além da morte e do aumento de impostos, também os conflitos são uma certeza existencial. Viver é se relacionar; relacionar-se é gerar discussões, polêmicas e contendas. Até monges budistas, papas e mulás discutem entre si. Crianças em jardins de infância, adultos nas ruas e velhinhos em asilos – todos os serem humanos debatem (quase) o tempo inteiro, o que é bom e natural à existência humana. O debate permite a reflexão e a superação – é ele quem produz boa parte do progresso humano.

Logo, diferente não poderia ser quanto à Administração Pública e à aplicação do Direito Administrativo. Aquela é fonte inesgotável de controvérsias; este disciplina o relacionamento dela – interno e com as pessoas privadas. Uma vez que é impossível barrar tais divergências, é necessário que delas nos conscientizemos e que aprendamos a manejá-las. Caso viável, que tiremos proveito das controvérsias, criando valor sob o império da lei.[2] Os conflitos são naturais e podem gerar progresso através de negociações.

Ocorre que a concepção tradicional do Direito Administrativo não se preocupava muito com tal ângulo – as naturais controvérsias e o estudo de suas soluções – das relações jurídico-administrativas. Os cursos e manuais majoritariamente se estruturaram em torno da ideia clássica de ato administrativo – num sistema binário de válido/inválido (mais recentemente, cogitando-se da convalidação).[3] A solução de conflitos era tratada ao final, circunscrita a temas como controle externo, mandado de segurança, ação popular e responsabilidade administrativa. Enfim, o desenlace era cometido ao próprio Estado (sobretudo tribunais de contas e poder judiciário);

---

2 *Cf.* MNOOKIN, Robert. *Beyond Winning*: negotiating to create value in deals and disputes. Cambridge: Harvard University Press, 2000.

3 Citarei apenas dois manuais de gigantes do Direito Administrativo brasileiro: MEIRELLES, Hely Lopes. *Direito Administrativo Brasileiro*. 26. ed. São Paulo: Malheiros, 1990; BANDEIRA DE MELLO, Celso Antônio. *Curso de Direito Administrativo*. 35. ed. São Paulo: Malheiros, 2021. Em ambos os casos, ato administrativo, responsabilidade civil e controle da administração são assuntos-chave.

todavia, no mais das vezes, isso implicava transformar um problema em outro (sem prover sua efetiva resolução).

Mais recentemente, sobremodo neste século XXI, constatou-se o óbvio: anulações de atos e contratos, mandados de segurança, sindicâncias etc., são muito eficazes para determinados tipos de controvérsias, mas não para todas. Há outros mecanismos que podem diminuir os custos e construir vantagens público-privadas de modo muito mais eficiente. Dentre estes, despontam a arbitragem e a mediação.

Arbitragem e mediação são técnicas de solução de controvérsias cujas características e qualidades (rapidez, especialidade técnica dos participantes, menores custos, potencial estímulo à autocomposição etc.) criam condições apropriadas para alguns dos desafios da Administração Pública contemporânea. Originalmente desenvolvidas no seio de relações empresariais privadas e também para solucionar conflitos diplomáticos, ambas há muito passaram pelo teste de resistência: tornaram-se firmes e fortes, não sucumbiram à força dos ventos. Fato é que resolvem determinados conflitos com maior eficiência.

Apesar de ter havido alguma resistência – acadêmica, jurisprudencial e de controladorias – à sua aplicação no Direito Administrativo, isso já passou. Hoje, especialmente devido ao fato de serem previstas em leis que fazem referência expressa à Administração Pública brasileira (Lei de Arbitragem, Lei de Mediação, Código de Processo Civil, leis estaduais etc.), não será demais dizer que sua observância constitui dever administrativo. O princípio da juridicidade, ao configurar as competências primárias dos gestores públicos, lhes atribui expressamente a capacidade jurídica de resolver os conflitos por meio de mediações e arbitragens (isso sem se falar nas negociações administrativas). Competência privativa do agente, órgão ou entidade a quem foi imputada a responsabilidade pelo contrato que deu origem à controvérsia (quem pode contratar, deve resolver, direta ou indiretamente, os conflitos daí advindos).

Atenção: não se trata de escolha binária, com hipóteses fechadas de "conflito = solução por meio da mediação" ou "conflito = solução por meio da arbitragem" (tal como antes havia a regra do "conflito = solução por meio de ações judiciais"). Tal como Leila Cuéllar consignou,

> é preciso que o jurista detenha conhecimentos necessários acerca dos meios de solução, mas também esteja apto a avaliar as peculiaridades dos conflitos, do direito material envolvido, da natureza das partes (e da relação que estas mantêm entre si), dentre outros fatores, para definir o meio de solução mais adequado ao caso concreto.[4]

Em conclusão:

> Não nos olvidemos de que não é porque existe mediação e arbitragem, por exemplo, que estes sempre serão os meios que deverão ser utilizados para a solução do conflito. Inúmeras vezes, a via judicial ainda é a mais adequada para resolver o caso examinado. Não deixemos que a 'moda' nos imponha soluções. Por outro lado, não nos afastemos da evolução. Esse equilíbrio entre o tradicional e o disruptivo é o estado da arte da advocacia contemporânea.[5]

Advocacia pública ou privada, sublinhe-se.

A depender das peculiaridades do caso concreto e das consequências práticas, diante do conflito o gestor público haverá de investigar qual solução dará melhor cumprimento ao princípio da eficiência. Ele detém essa competência, positivada em lei: necessita analisar e concluir pela modalidade que se encaixe no tipo de controvérsia enfrentada (LINDB, arts. 20, 21, 22 e 26). Exceção feita à previsão expressa de cláusula compromissória (que importa a instalação compulsória da arbitragem, salvo se as partes espontaneamente concordarem em dela abdicar), a administração possui leque de alternativas a serem analisadas em graus ou níveis de efi-

---

4 CUÉLLAR, Leila. *O advogado como arquiteto de processos*. *In*: CUÉLLAR, Leila; MOREIRA, Egon Bockmann; GARCIA, Flávio Amaral; CRUZ, Elisa Schmidlin. *Direito Administrativo e Alternative Dispute Resolution*: arbitragem, *dispute board*, mediação e negociação. Com comentários à legislação do Rio de Janeiro, São Paulo e União sobre arbitragem e mediação em contratos administrativos e desapropriações. Belo Horizonte: Fórum, 2020. ISBN 978-85-450-0747-0.

5 CUÉLLAR, Leila. *O advogado como arquiteto de processos*. *In*: CUÉLLAR, Leila; MOREIRA, Egon Bockmann; GARCIA, Flávio Amaral; CRUZ, Elisa Schmidlin. *Direito Administrativo e Alternative Dispute Resolution*: arbitragem, *dispute board*, mediação e negociação. Com comentários à legislação do Rio de Janeiro, São Paulo e União sobre arbitragem e mediação em contratos administrativos e desapropriações. Belo Horizonte: Fórum, 2020. ISBN 978-85-450-0747-0.

ciência: a mediação prestar-se-á a determinados casos (sendo que pode ser interrompida a qualquer momento por vontade unilateral); a arbitragem e a jurisdição estatal, a outros (uma vez instaladas, só podem ser encerradas com fundamento em consenso de todos os envolvidos). São escolhas públicas, que devem ser motivadas e implicam autovinculação da Administração Pública.

Em todos os casos, será necessária a definição do foro – negocial, na mediação; jurisdicional, na arbitragem e no poder judiciário. Também aqui existem peculiaridades, algumas delas cogentes, ou seja, se no caso da jurisdição estatal essas regras são compulsórias (dependem da configuração das competências jurisdicionais previstas na Constituição e nas normas processuais), para a mediação e a arbitragem a situação muda de figura. Isso porque árbitro e mediador, assim como as respectivas câmaras de arbitragem e mediação, não são predefinidos em lei, mas, sim, dependem da vontade das partes.

Aqui entra em cena o processo de escolha de árbitros e mediadores, seja por meio de câmaras institucionais, seja pela criação *ad hoc* de tribunais arbitrais ou processos de mediação. Para as pessoas privadas, essa decisão é mais simples: por meio de protocolos que atendam a requisitos mínimos de *compliance*, situações de mercado e de boa-fé institucional, as empresas tendem a ser mais expeditas na definição de quem serão os árbitros ou os mediadores, pois essa experiência necessita de ser aproveitada pela Administração Pública.

2 Contratação de árbitros e mediadores: inexigibilidade de licitação

Árbitros e mediadores são profissionais cuja qualificação se exige diferenciada. Esse pressuposto é fundamental. Ambos os profissionais devem respeitar número mínimo de atributos, notórios e notáveis. Isto é, não basta que tais peculiaridades positivas que os distinguem dos demais profissionais sejam amplamente conhecidas pelo respectivo público, mas igualmente necessitam de ser patenteadas em todos e cada um dos casos. Tal comprovação objetiva decorrerá da formação profissional e acadêmica do profissional, bem como da prova de sua experiência – acadêmica e/

ou profissional – no assunto tratado pela arbitragem ou mediação (ou mesmo nas técnicas de arbitragem e mediação em si mesmas).

Assim como é evidente que ninguém nasce árbitro ou mediador, tampouco se pode afirmar que um curso a distância ou a participação em *arbitration moots* transforme bacharéis recém-formados em celebridades do tema. De igual modo, se muitas vezes é imprescindível a especialização técnica na área do conflito, outras nem tanto. A depender do caso, talvez seja mais eficiente a contratação de um psicólogo com aptidão em mediações para funcionar numa mediação que envolva divergências com elevada complexidade técnica; afinal, ele será um neutro, facilitador do processo de negociação, não um decisor.

O que faz com que um profissional renomado seja tido como um bom árbitro e/ou mediador é um grupo harmônico de fatores, a começar por sua dedicação, boa fama e comprometimento. Esse conjunto de características aproxima-se, em analogia imperfeita, da ideia de *goodwill*, patrimônio de marca ou fundo de comércio: o coletivo de bens imateriais ligados à reputação da pessoa no desenvolvimento de sua atividade profissional. Trata-se da credibilidade de que o profissional desfruta entre os seus pares e perante aqueles para quem (e contra quem) trabalhou. Traz muito de relacionamento, respeito e ética. Não é mensurável em termos objetivos, nem pode ser definido de modo estático e exauriente. Tampouco se define por meio de um só atributo, mas de uma composição deles: a mistura, em módulos variáveis pessoa a pessoa, de formação, tempo, experiência, estudos, respeito entre os pares etc. De todas, talvez só uma exigência possa ser feita a todos, indiscriminadamente: o comprometimento ético. As demais qualidades positivas são composições que emergem da própria pessoa, tornando-a ímpar.

Árbitros e mediadores não são *commodities*, portanto. Não há dois iguais: podem até se parecer em alguns aspectos, contudo jamais serão gêmeos, nem instalarão os mesmos sentimentos – crença, bem-estar, tranquilidade – nesta ou naquela parte. O mesmo se diz de câmaras arbitrais e de mediação: talvez até mais do que as pessoas físicas, essas instituições devem zelar ao máximo pela permanente e dinâmica consolidação de sua boa fama (eis que transcendem o lapso vital de seus integrantes). Esse dado intangível as caracteriza e faz com que as partes se sintam confortáveis e confiantes em elegê-las para a condução administrativa dos processos.

Bem vistas as coisas, o prestígio subjetivo a tais atributos é inversamente proporcional à objetividade que se exige do Poder Judiciário quando do ajuizamento de ações e definição dos julgadores. Afinal, aqui existe a institucionalização formal do exercício de um dos poderes do Estado, cujos membros ingressam por meio de concurso público (salvo a composição de tribunais) e se submetem a ostensivo controle interno e externo (corregedorias, CNJ, MP e o próprio Judiciário). O processo seletivo dá-se *ex ante*, e os magistrados seguem planos de carreira, submetendo-se à distribuição, objetiva e isonômica, dos processos.

Também os juízes não são *commodities* – não há dois idênticos, com a mesma formação acadêmica e iguais parâmetros éticos –, mas a parte não pode escolher o magistrado, sob pena de subverter a isonomia (e instalar incentivos a favorecimentos indevidos). Bem por isso, quem escolhe os juízes é a lei (ao definir as competências) e a sorte (nos sorteios das distribuições). Em compensação, a lei lhes atribui capacidade decisória ampla: a de julgar todos os conflitos de interesse que recebam por distribuição. Pode-se dizer, portanto, que existe presunção, *iure et de iure*, de que os juízes possuem competência para decidir a unanimidade dos casos que lhes são distribuídos (eis que devem obediência ao *non liquet*: LINDB, art. 4º). Muito embora isso tenha o condão de gerar sérias ineficiências, fato é que os juízes não podem deixar de aceitar e julgar todos os processos que recebem por distribuição: a recusa é proibida. Essa maciça carga de objetividade suprime qualquer subjetividade para a definição do julgador: quem decide é a norma jurídica, e todos os juízes são iguais perante ela. A definição do julgador é, por conseguinte, a mais objetiva possível.

Em oposição, a escolha de árbitros e mediadores está numa fase lógico-cognitiva anterior à dos magistrados. Ao contrário dos juízes, árbitros e mediadores são selecionados caso a caso – e devem atender aos anseios e às peculiaridades do conflito para o qual são indicados. A fim de compensar a escolha subjetiva (e a assimetria de informações das partes em relação à esfera pessoal e profissional), árbitros e mediadores devem cumprir com o dever de *disclosure*: tudo que puder revelar conflitos de interesse, suspeição ou impedimento

– não só aos olhos do indicado (em essência), mas perante câmara arbitral, partes e terceiros (em potência), precisa ser informado. Será a máxima transparência – unida à prerrogativa de declinar do atendimento – que selará a imparcialidade e independência de árbitros e mediadores.

Isso importa dizer que não é possível a seleção de árbitros e mediadores por meio de processos com julgamento objetivo e isonomia entre os concorrentes. Tais atributos são estranhos, senão adversos, à escolha de árbitros e mediadores. Como Renato Geraldo Mendes e eu escrevermos, "dois dos pressupostos da licitação são: a) possibilidade de disputa e b) viabilidade de competição – e esta decorre da possibilidade de realizar uma escolha eficiente, com lastro em critérios objetivos".[6] Isto é,

> não havendo possibilidade de definir, comparar e julgar por critérios objetivos a proposta capaz de atender plenamente à necessidade da Administração ou havendo apenas um possível fornecedor em condições de atender à demanda, a escolha do terceiro será, obrigatoriamente, feita por inexigibilidade.[7]

Atenção: os casos de inexigibilidade não configuram exceção à regra do dever de licitar. Não se trata disso. Muito mais, constituem situações juridicamente equivalentes às da licitação: na hipótese de não ser possível o contraste objetivo entre os possíveis contratados, nasce o dever, obrigatório e indeclinável, de contratação por inexigibilidade. A impossibilidade de disputa (um só prestador) e/ou de competição (prestadores que não existem, nem convivem em igual nível, a bloquear faticamente a competição) instala o dever de contratar por inexigibilidade, sob pena de se instalar licitação ilícita (que pretende "fabricar" concorrência onde ela não existe).

A contratação de árbitros e mediadores, por conseguinte, é típica hipótese de inexigibilidade de licitação. Pretender se contratar um árbitro ou mediador pelo menor preço – ou tentar fraudar

---

6 MENDES, Renato Geraldo; MOREIRA, Egon Bockmann. *Inexigibilidade de Licitação*: repensando a contratação pública e o dever de licitar. Curitiba: Zênite, 2016. p. 56. Existe um terceiro pressuposto que é a inexistência da hipótese legal de dispensa, que é irrelevante para o assunto deste artigo.

7 MENDES, Renato Geraldo; MOREIRA, Egon Bockmann. *Inexigibilidade de licitação*: repensando a contratação pública e o dever de licitar. Curitiba: Zênite, 2016. p. 59.

critérios técnicos a fim de forjar certames por técnica e preço – instala apenas e somente uma certeza: a arbitragem ou mediação será desenvolvida pelo profissional menos qualificado à disposição no mercado. Será péssima. Causará prejuízos desastrosos. Sobre violar a lei, resultará em brutal desatendimento ao interesse público cometido ao agente público. Seria o mesmo que procurar selecionar, pelo menor preço, um médico para cirurgia especializada de alto risco: a crônica de uma morte anunciada.

Como esclarece o professor Flávio Amaral Garcia,

> o processo de escolha do árbitro deverá levar em consideração uma avaliação com inegável dose de discricionariedade e subjetividade, o que tornaria rigorosamente inviável a realização de uma licitação formal. Os resultados seriam simplesmente desastrosos, porquanto escolhas lastreadas na confiança não se amoldam a processos seletivos formais, que pressupõe padrões comparativos dotados de um mínimo de objetividade.[8]

Nos casos de contratação de árbitros e mediadores, deve-se valorizar o núcleo duro da discricionariedade administrativa: aquela competência material, privativa e insindicável, de realizar a livre escolha pública que dê aplicação à lei. Liberdade com responsabilidade, ressalte-se: ao mesmo tempo em que é livre, a escolha é qualificada pela obrigação de conferir motivação e transparência à contratação. Escolhe-se este árbitro ou mediador

---

[8] GARCIA, Flávio Amaral. A escolha dos árbitros e das câmaras arbitrais: licitar ou não? *In*: CUÉLLAR, Leila; MOREIRA, Egon Bockmann; GARCIA, Flávio Amaral; CRUZ, Elisa Schmidlin. *Direito Administrativo e Alternative Dispute Resolution*: arbitragem, *dispute board*, mediação e negociação. Com comentários à legislação do Rio de Janeiro, São Paulo e União sobre arbitragem e mediação em contratos administrativos e desapropriações. Belo Horizonte: Fórum, 2020. ISBN 978-85-450-0747-0. Marçal Justen Filho vai avante e defende, na justa medida em que o contrato celebrado com o árbitro ou câmara não é um contrato administrativo submetido à Lei nº14.133/2021, que seria um "despropósito" a ideia de licitação e "juridicamente impossível submeter uma situação prática ao regime de inexigibilidade de licitação [...]. A escolha do árbitro e da câmara de arbitragem envolve um ato administrativo unilateral, que é praticado no exercício de competência discricionária". Logo, não faria sentido falar-se em "credenciamento", "notória especialização", "convites", "chamadas", entre outros temas oriundos da racionalidade licitatória (JUSTEN FILHO, Marçal. *Administração Pública e arbitragem*: o vínculo com a câmara de arbitragem e os árbitros. Disponível em: http://www.justen.com.br/pdfs/IE110/IE%20110%20-%20MJF%20-%20Escolha%20de%20Institui%C3%A7%C3%B5es%20e%20%C3%81rbitros%20e%20a%20Lei%20de%20Licita%C3%A7%C3%B5es.pdf. Acesso em: 08 dez. 2021).

pela experiência comprovada em arbitragens e notoriedade ética; ou também devido ao seu conhecimento específico, público e notório, acerca do tema objeto da controvérsia. O importante é a fundamentação clara, explícita e congruente, contemporânea à edição do ato que declara a inexigibilidade (Lei nº 9.784/1999, art. 50), a instalar o correspondente dever de *disclosure* do indicado.

O mesmo se diz das câmaras arbitrais e de mediação. Para além dos árbitros e mediadores listados, é sobremaneira importante que elas sejam qualificadas pela ética e responsabilidade. Se é bem verdade que o tempo de funcionamento é um bom indicador, mesmo as mais jovens podem ter atributos que as distingam (membros fundadores, profissionais listados, código de ética, transparência e reconhecimento etc.). A instalação do processo de arbitragem ou mediação por meio de câmaras pode trazer vantagens à Administração e às partes envolvidas (institucionalização, definição dos custos e honorários, controle interno do funcionamento, *disclosure* e prazos, manuais e procedimentos predefinidos, infraestrutura etc.), mas isso é uma questão a ser analisada caso a caso.

Em suma, o Direito Administrativo do presente necessita valer-se dos institutos jurídicos que estão à sua disposição, com nuances de Direito Empresarial privado, mas que trazem nítidas e conhecidas vantagens ao interesse público. O grande trunfo estará em bem administrar tais oportunidades.

Considerações finais

Eu não poderia encerrar este artigo sem explicar a sua razão de ser. Como mencionado na abertura, nestes últimos trinta anos, o Direito Administrativo brasileiro transformou-se radicalmente, em ritmo que se intensifica a cada dia. Está numa espécie de revolução permanente, por meio de mutações que nem sempre foram bem absorvidas pela academia e pela jurisprudência. Arbitragem e mediação são apenas um pequeno exemplo de como precisamos nos adaptar e vencer os desafios.

Referências

BANDEIRA DE MELLO, Celso Antônio. *Curso de Direito Administrativo*. 35. ed. São Paulo: Malheiros, 2021.

JUSTEN FILHO, Marçal. *Administração Pública e Arbitragem*: o vínculo com a câmara de arbitragem e os árbitros. Disponível em: http://www.justen.com.br/pdfs/IE110/IE%20110%20-%20MJF%20-%20Escolha%20de%20Institui%C3%A7%C3%B5es%20e%20%C3%81rbitros%20e%20a%20Lei%20de%20Licita%C3%A7%C3%B5es.pdf. Acesso em: 08 dez. 2021.

MEIRELLES, Hely Lopes. *Direito Administrativo Brasileiro*. 26. ed. São Paulo: Malheiros, 1990.

MENDES, Renato Geraldo; MOREIRA, Egon Bockmann. *Inexigibilidade de Licitação*: repensando a contratação pública e o dever de licitar. Curitiba: Zênite, 2016.

MNOOKIN, Robert. *Beyond Winning*: negotiating to create value in deals and disputes. Cambridge: Harvard University Press, 2000.

MOREIRA, Egon Bockmann. Contratação de árbitros e mediadores: inexigibilidade. *Revista Zênite ILC – Informativo de Licitações e Contratos*, Curitiba, n. 301, mar. 2019, seção Ponto de Vista.

Informação bibliográfica deste texto, conforme a NBR 6023:2018 da Associação Brasileira de Normas Técnicas (ABNT):
MOREIRA, Egon Bockmann. Contratação de árbitros e mediadores: inexigibilidade. *In*: CUÉLLAR, Leila; MOREIRA, Egon Bockmann; GARCIA, Flávio Amaral; CRUZ, Elisa Schmidlin. *Direito Administrativo e Alternative Dispute Resolution*: arbitragem, *dispute board*, mediação e negociação. Com comentários à legislação do Rio de Janeiro, São Paulo, Rio Grande do Sul e União sobre arbitragem e mediação em contratos administrativos e desapropriações. 2. ed. Belo Horizonte: Fórum, 2022. p. 219-230. ISBN 978-65-5518-404-4.

O CREDENCIAMENTO DE CÂMARAS ARBITRAIS PELA ADMINISTRAÇÃO PÚBLICA[1]

EGON BOCKMANN MOREIRA
ELISA SCHMIDLIN CRUZ

1 Introdução

Nos últimos seis anos, o microssistema normativo da arbitragem no Brasil sofreu diversos influxos que não podem ser ignorados. A reforma da Lei de nº 9.307/1996, a promulgação do novo Código de Processo Civil e, especialmente, a profusão de normas próprias do Direito Administrativo voltadas à disciplina da prática arbitral, exigem da doutrina e da jurisprudência novas compreensões, compatibilizações e perspectivas.

As especificidades das arbitragens envolvendo o poder público introduzem questões inéditas, de enfrentamento necessário. Autonomia da vontade, custeio do procedimento, confidencialidade, seleção de árbitros e câmaras arbitrais são apenas alguns dos tantos aspectos práticos que encontram – nas arbitragens com participação da Administração Pública – dimensões inexploradas.

Afinal, a novíssima aproximação jurídico-processual entre sujeitos públicos e privados altera premissas teóricas que (ao menos em tese) permitiam bifurcar os ramos do Direito como se segregados fossem (inclusive em termos processuais). Na dinâmica atual, prerrogativas e sujeições perdem força, dando espaço à necessária coesão do sistema jurídico como um todo.

Bem vistas as coisas, a atuação adequada na via arbitral exige a transposição de antigas condicionantes, que eram próprias da

---

1 Uma versão deste artigo foi publicada na *Revista Jurídica da Procuradoria-Geral do Estado do Paraná*, Curitiba, n. 11, p. 111-132, 2020. Conferir em: https://www.pge.pr.gov.br/sites/default/arquivos_restritos/files/documento/2020-12/2020_007_credenciamento_de_camaras_arbitrais_moreira-cruz.pdf.

Administração Pública. Não por outro motivo, atos administrativos regulamentares (como aqueles já exarados para conflitos no âmbito da União e dos Estados de São Paulo, Rio de Janeiro e Rio Grande do Sul) instalam deveres até então estrangeiros ao mundo da arbitragem e também à atividade administrativa.

O tema escolhido para o presente estudo está imerso nesse contexto: o credenciamento de câmaras arbitrais pelo poder público tem por objetivo não apenas atender condições jurídicas, mas, primordialmente, garantir ao agente público segurança na tomada de decisões. Os aspectos fundamentais a respeito do processo de credenciamento no âmbito das arbitragens público-privadas serão apresentados a seguir.[2]

2 A Câmara de arbitragem

Como se sabe, a Lei de Arbitragem foi originalmente concebida para atender necessidades e interesses de partes privadas (nada obstante desde sempre incidente em conflitos envolvendo a Administração Pública). Com sua reforma, no ano de 2015, a submissão de disputas envolvendo o poder público restou igualmente consolidada (art. 1º, §1º da Lei nº 9.307/1996).[3] A legislação, todavia, deixou de endereçar importantes questões residuais das quais depende a *nova* prática arbitral.

Diante das lacunas legislativas, os esforços da academia se concentram em determinar como seria o *processo arbitral devido e adequado* para casos envolvendo a Administração Pública brasileira.[4]

---

2 Muito embora haja divergência semântica nos decretos regulamentares, este artigo utilizará o termo "credenciamento" – em equivalência à "cadastramento", registrando a não incidência das regras que tratam de credenciamento, cadastramento e registros cadastrais na Lei nº 14.133/2021.

3 Ainda que outras formas de resolução de conflitos sejam frequentemente referidas como arbitragem e outras nomenclaturas afins, considera-se neste artigo apenas a arbitragem concebida pela Lei nº 9.307/1996. Assim, o arbitramento (previsto, por exemplo, no art. 20 da Lei nº 9.478/1997), as arbitragens de investimento e a arbitragem classificada como intragovernamental (como aquelas realizadas no âmbito da CCAF), não estão aqui contempladas.

4 MEGNA, Bruno Lopes. *Arbitragem e Administração Pública*: fundamentos teóricos e soluções práticas. Belo Horizonte: Fórum, 2019. Dentre outros, ampliar em: CARMONA, Carlos Alberto. Arbitragem e Administração Pública: primeiras reflexões sobre a arbitragem envolvendo a Administração Pública. *Revista Brasileira de Arbitragem*, Kluwer Law International: n. 51, p. 07-21, jul./set. 2016.

Assim, considerando a sistemática singular decorrente da participação de novos *players*, todas as fases da arbitragem (pré-arbitral, arbitral e pós-arbitral)[5] vêm sendo revisitadas a partir das limitações do regime jurídico próprio da Administração.

Nesse particular, a definição da câmara arbitral é questão angular, sobretudo quando considerada a predileção – revelada em regulamentos administrativos – pela modalidade de arbitragem institucional, em detrimento daquela denominada *ad hoc* (Decreto Federal nº 10.025/2019, Decreto RJ nº 46.245/2018, Decreto SP nº 64.356/2019 e Decreto RS nº 55.996/2021).[6]

Segundo a Lei nº 9.307/1996, "Reportando-se as partes, na cláusula compromissória, às regras de algum órgão arbitral institucional ou entidade especializada, a arbitragem será instituída e processada de acordo com tais regras [...]" (art. 5º). Logo, a relevância da câmara no processo arbitral é notória.

A principal vantagem de operacionalizar um procedimento institucional consiste na segurança conferida à condução imparcial e supervisão da demanda sob a égide de uma câmara especializada. Embora não sejam órgãos julgadores, as câmaras (i) fornecem o set de regras aplicáveis ao procedimento; (ii) prestam serviços singulares de cunho administrativo; (iii) podem atuar como autoridades nomeadoras na indicação/substituição de árbitros e, (iv) quando necessário, editam atos procedimentais de caráter decisório de acordo com seus regulamentos e regimentos.[7]

Em síntese, seu objetivo é oferecer aos usuários respostas rápidas, tecnicamente precisas, seguras e financeiramente razoáveis, reservando aos árbitros apenas a atividade jurisdicional. Inibe-se a

---

5 A respeito das fases da arbitragem, *cf.* MARTINS, Pedro Antonio Batista. As três fases da arbitragem. *Revista do Advogado*, São Paulo, n. 87, v. 26, p. 87-93, 2006.

6 Na dicção de Joaquim Muniz, "[...] as arbitragens podem ser processadas perante uma entidade administradora pré-constituída (*rectius*, arbitragem institucional ou administrada) ou por um árbitro ou painel de árbitros nomeados exclusivamente para aquele fim, sem a administração de qualquer entidade (i.e, arbitragem *ad hoc* ou avulsa)". MUNIZ, Joaquim de Paiva. *Curso de Direito Arbitral*: aspectos práticos do procedimento. 2. ed. rev. e ampl. Curitiba: CRV, 2014, p. 64.

7 Ampliar em: SILVA, Eduardo Silva da; GUERRERO Luís Fernando; NUNES, Thiago Marinho. *Regras da arbitragem brasileira*: comentários aos regulamentos das Câmaras de Arbitragem. São Paulo: Marcial Pons; CAM-CCBC, 2015; VASCONCELOS, Ronaldo *et al.* (Orgs.). *Análise prática das câmaras arbitrais e da arbitragem no Brasil*. São Paulo: Editora IASP, 2019.

confusão, bem como eventuais condutas oportunistas das partes, entre a gestão interna e externa ao processo arbitral.

Para tanto, os regulamentos e tabelas de custas são elementos diferenciais, que pautam a concorrência entre instituições.[8] Afinal, não podemos nos esquecer de que câmaras são instituições privadas, que sobrevivem à custa da receita gerada pelos processos arbitrais. Logo, têm todos os incentivos para se esmerar na eficiência e moralidade no cumprimento de suas tarefas, a fim de que se destaquem no ambiente arbitral.

Dentre diversas opções disponíveis com qualidades à primeira vista pouco distinguíveis (CAM-CCBC, FIESP-CIESP, CAMARB, ARBITAC, CAM-FIEP, CBMA, FGV, AMCHAM e CAMERS, para citar algumas), os pontos-chave para seleção são a *reputação* e a *confiança*.[9] Assim, o apontamento da câmara de arbitragem comporta juízo de *conveniência* e *oportunidade*, porém, tal qual registrado em outra ocasião, sua contratação não se submete às regras de licitação.[10] O desafio, portanto, reside no ato da *escolha pública*.

---

[8] O *Anuário da Arbitragem no Brasil* (referente ao ano de 2017), elaborado pelo Comitê Temático de Arbitragem do Centro de Estudos das Sociedades de Advogados – CESA, oferece elementos comparativos que permitem traçar os perfis de instituições arbitrais nacionais (15 câmaras). A pesquisa está disponível em: http://www.cesa.org.br/media/files/CESAAnuariodaArbitragem2017.pdf. Acesso em: 15 dez. 2021.

[9] Conforme nota explicativa do item II do *Código de Ética das Instituições* do Conselho Nacional das Instituições de Mediação e Arbitragem (CONIMA), "A escolha da instituição é derivada da confiança nela depositada pelas partes, desde o início, com sua indicação, durante todo o decorrer do procedimento, até o seu final. Essa confiança é imanente à sua conduta quanto ao desenrolar de todo o procedimento, motivo pelo qual a instituição deverá sempre ser imparcial, no sentido de evitar qualquer privilégio a uma das partes em detrimento da outra; independente, entendendo-se não estar vinculada a qualquer das partes envolvidas na controvérsia; competente, no sentido de conhecer profundamente os parâmetros ditados pelas partes e pelo seu próprio regulamento para a organização e a administração do procedimento; e diligente, pressupondo-se que não poupará esforços para proceder da melhor maneira possível quanto à execução das suas funções". Disponível em: https://conima.org.br/institucional/codigo-de-etica-das-instituicoes/. Acesso em 15 dez. 2021.

[10] MOREIRA, Egon Bockmann; CRUZ, Elisa Schmidlin. Editais de licitação e definição de câmaras arbitrais: como transpor os desafios. *In*: CUÉLLAR, Leila; MOREIRA, Egon Bockmann; GARCIA, Flávio Amaral; CRUZ, Elisa Schmidlin. *Direito Administrativo e Alternative Dispute Resolution*: arbitragem, *dispute board*, mediação e negociação. Com comentários à legislação do Rio de Janeiro, São Paulo e União sobre arbitragem e mediação em contratos administrativos e desapropriações. Belo Horizonte: Fórum, 2020. ISBN 978-85-450-0747-0. Em igual sentido, mas por fundamentação diversa: JUSTEN FILHO, Marçal. Administração Pública e arbitragem: o vínculo com a câmara de arbitragem e os árbitros. *Revista Brasileira da Advocacia*, São Paulo, v.1, p.103-150, 2016.

3 O processo de credenciamento

A superação da controvérsia quanto à (des)necessidade de licitação para seleção da câmara arbitral responsável por administrar o procedimento em quase nada serviu ao fomento da arbitragem público-privada diante do chamado *apagão das canetas* (a inibição de escolhas públicas diante do abuso de controle externo).

No âmbito das arbitragens *tradicionais*, praticam-se condutas impensáveis em procedimentos aqui classificados como *híbridos*, passíveis de controle. É preciso reconhecer que desafios culturais não podem ser ignorados: o regime jurídico de Direito público resiste ao acolhimento de práticas arbitrais bem sedimentadas, pois frequentemente calcadas na autonomia da vontade.

Seguindo a lógica administrativista do passado (que ainda é tão presente), obrigar escolhas livres de qualquer sorte faz com que o agente público responsável se sinta em risco. Paralisado, a tendência é que iniba o agir necessário pelo justo receio de ser punido ao exercer seu mister – mesmo inexistindo dolo ou erro grosseiro – caso o controlador dele discorde.

Com efeito, para reduzir a discricionariedade, gerar confiança e conforto, bem como evitar que o administrador público seja compelido a fazer escolhas sensíveis sem respaldo de parâmetros objetivos, alguns entes administrativos passaram a exigir o credenciamento prévio de câmaras arbitrais.

Oferecendo elementos concretos destinados a, ao menos em tese, inferir e atestar a confiabilidade e a notória especialização das instituições existentes, trata-se de medida que atende integralmente o art. 30 da LINDB, pois incrementa a segurança jurídica "[...] por meio do aperfeiçoamento do desenho institucional da ordem normativa".[11]

Além de serem voltados aos agentes públicos, os atos normativos que regulam a criação de listas referenciais não têm conteúdo processual, mas administrativo, a ser observado na assinatura de

---

11 MOREIRA, Egon Bockmann; PEREIRA, Paula Pessoa. Art. 30 da LINDB - O dever público de incrementar a segurança jurídica. *Revista de Direito Administrativo, Edição Especial:* Direito Público na Lei de Introdução às Normas de Direito Brasileiro – LINDB (Lei nº 13.655/2018), Rio de Janeiro, p. 243-274, nov. 2018, p. 244.

convenções arbitrais. Bem por isso, é direito subjetivo dos contratados conhecer os critérios que orientam a escolha.[12]

Os regulamentos administrativos existentes indicam que o referido credenciamento pode ser postulado pelos interessados a qualquer tempo. Em âmbito federal, o cadastramento será válido por 05 (cinco) anos. Já nos estados que regulamentam a matéria, eventual registro da câmara não está sujeito a prazo certo e determinado (art. 14, §2º do Decreto fluminense e art. 5º, §1º da Resolução PGE-SP nº 45/2019), podendo ser revista de ofício em caso de "notório descumprimento" das condições previstas em resolução específica (art. 5º, §2º da Resolução PGE-SP nº 45/2019).

Ainda, depreende-se que o credenciamento não caracteriza vínculo contratual com o poder público (art. 10, §1º Decreto Federal) e tampouco gera direito subjetivo de escolha para as câmaras registradas (art. 14, par. único do Decreto paulista e art. 10, par. único do Decreto gaúcho). Apenas é uma técnica de formalização prévia dos requisitos mínimos e correspondente transparência na definição das câmaras que podem funcionar em processos arbitrais público-privados.

Apenas ilustrando o que será melhor trabalhado no próximo tópico, para administrar procedimentos que tenham o poder público como parte, as câmaras arbitrais precisam atender requisitos mínimos que vão desde seu tempo de funcionamento, até o atestado de reconhecida idoneidade e experiência na condução de procedimentos envolvendo entes da Administração Pública direta ou indireta.

Na solução que vem prevalecendo, as instituições interessadas em integrar os diferentes registros de câmaras arbitrais deverão submeter requerimento na forma previamente veiculada e comprovar documentalmente o atendimento de todas as exigências impostas pelo respectivo ente público. A decisão quanto ao credenciamento será informada à parte solicitante e publicada no Diário Oficial.

---

12 GARCIA, Flávio Amaral. A escolha dos árbitros e das câmaras arbitrais. *In*: CUÉLLAR, Leila; MOREIRA, Egon Bockmann; GARCIA, Flávio Amaral; CRUZ, Elisa Schmidlin. *Direito Administrativo e Alternative Dispute Resolution*: arbitragem, *dispute board,* mediação e negociação. Com comentários à legislação do Rio de Janeiro, São Paulo e União sobre arbitragem e mediação em contratos administrativos e desapropriações. Belo Horizonte: Fórum, 2020. ISBN 978-85-450-0747-0.

Em caso de indeferimento, é cabível recurso administrativo (o que não é expressamente previsto para os casos de descredenciamento).

O processo é relativamente novo. Idealizado pelo Decreto fluminense que regulamenta o uso da arbitragem pela Administração Pública (nº 46.245/2018), foi replicado com pequenas alterações nos Decretos paulista (nº 64.356/2019) e gaúcho (nº 55.996/2021) de mesma finalidade e também no Decreto Federal nº 10.025/2019, que "dispõe sobre a arbitragem, no âmbito do setor portuário e de transportes rodoviário, ferroviário, aquaviário e aeroportuário".[13]

O ineditismo do regime, todavia, se valeu de conceitos antes estampados em outros atos normativos. Diferente do que possa parecer, a fixação de condições de observância obrigatória para eleição de câmaras arbitrais em leis e atos infralegais não é novidade. Sua origem remonta ao ano de 2011.

Previsto pela primeira vez na Lei Mineira de Arbitragem, que "dispõe sobre a adoção do juízo arbitral para a solução de litígios em que o Estado seja parte", o rol de exigências para escolha da instituição arbitral determina que seja dada preferência à câmara com sede no Estado, devendo ainda observar o conjunto de condições que segue (art. 10 da Lei nº 19.477/2011):

> [...] I - estar regularmente constituída por, pelo menos, três anos; II - estar em regular funcionamento como instituição arbitral; III - ter como fundadora, associada ou mantenedora entidade que exerça atividade de interesse coletivo; IV - ter reconhecida idoneidade, competência e experiência na administração de procedimentos arbitrais.[14]

A justificativa institucional para promulgação da referida Lei foi assentada na tríade *cautela, segurança jurídica* e *eficiência administrativa.* Ainda assim, as razões políticas (em tudo complementares) não podem ser ignoradas: "[a] finalidade mais imediata da Lei Mineira de Arbitragem parece ter sido a de criar uma estrutura de

---

[13] *En passant*, a técnica também é mencionada no artigo 31, §5º, da Lei nº 13.448/2017, que versa sobre prorrogação e relicitação nos contratos do Programa de Parceria de Investimentos (PPI); e no art. 10-B da Lei nº 13.867/2019, que autoriza o uso da arbitragem e da mediação nas disputas sobre indenizações decorrentes de atos de desapropriação.

[14] Disponível em: https://www.almg.gov.br/consulte/legislacao/completa/completa.html?tipo=LEI&num=19477&comp=&ano=2011. Acesso em: 15 dez. 2021.

incentivos cujo objetivo é favorecer a captação de investimentos privados dentro do Estado de Minas Gerais".[15]

Na mesma linha de fomento à economia local, regular a escolha da câmara de arbitragem foi efeito político secundário, notadamente por apenas uma instituição arbitral cumprir as condições estipuladas. Constituída em 1998 com o nome de Câmara de Arbitragem de Minas Gerais, a CAMARB – Câmara de Mediação e Arbitragem Empresarial, hoje figura dentre as principais instituições do país, tendo administrado pelo menos 18 (dezoito) procedimentos envolvendo partes sujeitas ao regime de Direito público.[16]

A iniciativa, até então isolada, ecoou e o já revogado Decreto Federal nº 8.465/2015, igualmente condicionou a eleição da câmara de arbitragem. Agora para disputas do setor portuário, foram estabelecidos os seguintes requisitos para atuação das câmaras (art. 7º, §3º): "I - ter sede no Brasil; II - estar regularmente constituída há pelo menos três anos; III - estar em regular funcionamento como instituição arbitral; e IV - ter reconhecidas idoneidade, competência e experiência na administração de procedimentos arbitrais".[17]

Demonstrando cabal interesse da Administração Pública federal pela arbitragem, a complexa e controversa regra legal foi editada com o propósito de regulamentar a atuação dos agentes públicos encarregados da resolução de conflitos decorrentes dos contratos portuários, inclusive naqueles já em curso.[18] Após duras críticas por parte de arbitralistas,[19] acabou revogado e substituído em 2019 pelo já mencionado Decreto nº 10.025, que suprimiu as normas mais problemáticas e aprimorou a regulamentação da matéria.

---

[15] PRADO, Maria da Graça de Almeida. Lei Mineira de Arbitragem: uma abordagem institucional. *Revista de Arbitragem e Mediação*, v. 33, p. 35-60, abr./jun. 2012.

[16] A apresentação completa da CAMARB está disponível no *website* da instituição: http://camarb.com.br/. Acesso em: 15 dez. 2021.

[17] Disponível em: http://www.planalto.gov.br/ccivil_03/_Ato2015-2018/2015/Decreto/D8465.htm. Acesso em: 15 dez. 2021.

[18] A respeito do Decreto, dentre outros, *cf.* MUNHOZ DE MELLO, Rafael. Arbitragem no Setor Portuário: análise do Decreto nº 8.465/2015. *In*: PEREIRA, Cesar Guimarães; SCHWIND, Rafael Wallbach (Coords.). *Direito Portuário Brasileiro*. 3. ed. Belo Horizonte: Fórum, 2020.

[19] Por todos, ver a obra coletiva MUNIZ, Joaquim de Paiva; BONIZZI, Marcelo José Magalhães (Coords.). *Arbitragem e Administração Pública*: temas polêmicos. Ribeirão Preto: Migalhas, 2018.

Como se infere, ainda que o uso da arbitragem pela Administração Pública não demande a edição de qualquer regulamento administrativo e que a exigência de cadastramento prévio nem sequer existisse até recentemente, sua essência – a despeito da inquietação na comunidade arbitral –, estava há muito assentada no ordenamento jurídico brasileiro.

Por outro lado, dentro da moldura da Lei nº 9.307/1996, tanto a lei estadual específica (limitada à unidade federativa em que foi editada) quanto o decreto federal (que alcança a apenas a estrutura hierárquica da Administração Pública em âmbito federal) ostentam caráter assessório. Não resta dúvida de sua dispensabilidade, o que não significa dizer que a edição por conveniência do Poder Executivo estava vedada.[20]

4 Os parâmetros objetivos do credenciamento prévio

Se para melhor ou para pior, fato é que a margem de discricionariedade administrativa é reduzida pela edição de atos regulamentares. Quando a regulamentação é orientada por balizamento técnico, presta-se a pautar adequadamente o administrador público no processo de escolha. Nesses casos, estabelecendo parâmetros mínimos de conduta, pode trazer benefícios. De pronto, referem-se a segurança e conforto decisório para os gestores, além de redução

---

[20] Por analogia, cabe registrar a lição de José Emílio Nunes Pinto: "É justamente por essa razão que entendemos que as disposições relativas à arbitragem e inseridas nas leis especiais que regulamentam determinados setores e atividades não se constituem em exceção a um princípio que teoricamente impediria que o Estado e suas empresas se sujeitassem à arbitragem. Essas leis, por não serem específicas em relação à arbitragem, estão alinhadas com a autorização geral contida na Lei de Arbitragem. Se examinarmos o conteúdo dessas disposições, constataremos que têm elas o objetivo precípuo de autorizar que as controvérsias surgidas nos contratos por elas regulados sejam dirimidas por arbitragem. O foco central dessas disposições é determinar as cláusulas contratuais que são tidas como essenciais em contratos da natureza daqueles por ela regulados para assegurar a validade e legalidade dos mesmos. Assim sendo, baseadas na autorização geral contidas na Lei de Arbitragem e requerida pelo princípio da legalidade, outorgam elas à cláusula que regule a utilização da arbitragem nesses contratos o caráter de essencialidade. É claro que, por serem leis de mesma hierarquia, a declaração do caráter de essencialidade reitera (mas, sublinhe-se, não cria) qualquer tipo de autorização legal, até porque esta já existe". PINTO, José Emilio Nunes. A arbitrabilidade de controvérsias nos contratos com o Estado e empresas estatais. *Revista Brasileira de Arbitragem*. São Paulo: n. 01, jan./mar. 2004, p. 16.

dos custos de transação e dificuldades extras para comportamentos oportunistas.

Com redação enxuta, as soluções admitidas no modelo federal (Decreto nº 10.025/2010) e também nos estados do Rio de Janeiro (Decreto nº 46.245/2018), São Paulo (Decreto nº 64.356/2019) e Rio Grande do Sul (Decreto nº 55.996/2021) guardam constância e regularidade. Como usualmente acontece, a maior parte dos dispositivos se limitam a reproduzir ou ajustar pontualmente conceitos existentes no ato primevo (confira-se resumo na Tabela 1, ao final do trabalho).

Seguindo a sistemática padrão replicada em todos os regulamentos administrativos, caberá ao órgão encarregado da representação jurídica do respectivo ente público estabelecer a forma de comprovação dos requisitos previstos nos Decretos, além de credenciar as entidades habilitadas mediante expedição de certidão declaratória, sendo facultada a fixação de condições adicionais (art. 10, §2º, Decreto Federal; art. 14, §1º, Decreto RJ; art. 15, par. ún., Decreto SP; e arts. 10 e 11, Decreto RS).

Atendendo o comando normativo constante do correspondente decreto, a Portaria Normativa AGU nº 21 de 22 de julho de 2021 e as Resoluções nº 45/2019, da Procuradoria-Geral do Estado de São Paulo, e nº 4.768/2021, da Procuradoria-Geral do Estado do Rio de Janeiro, disciplinam o credenciamento de órgãos nacionais e estrangeiros com pouca inovação. É o que se analisa a seguir.

Em síntese, para administrar arbitragens envolvendo a Administração Pública no Estado de São Paulo, as câmaras arbitrais devem: (i) disponibilizar espaço físico para operacionalização dos serviços de secretariado e realização de audiências na cidade de São Paulo, o que também pode ser feito em sede própria ou por convênio, em qualquer caso sem onerar às partes (art. 2º, inc. I e §1º); (ii) estar regulamente constituídas e em funcionamento por 5 (cinco) anos ou mais (art. 2º, inc. II e §2º); (iii) atender aos requisitos legais para receber pagamentos pela Administração Pública (art. 2º, inc. III e §3º e 4º); e (iv) ter notória reputação na condução de procedimentos arbitrais envolvendo o poder o público, comprovando o início de pelo menos 15 (quinze) arbitragens no ano calendário anterior ao credenciamento, sendo uma delas com valor da causa superior a

R$50.000.000,00 (cinquenta milhões de reais)[21] e, cumulativamente, a existência de pelo menos uma arbitragem em curso ou já finalizada que tenha como parte a Administração Pública direta e/ou indireta (art. 2º, inc. IV e §5º).

O Estado do Rio de Janeiro revisou recentemente suas exigências,[22] fixando em resolução os seguintes requisitos mínimos para credenciamento de câmaras arbitrais: (i) oferecer estrutura no RJ – própria ou conveniada –, disponibilizando espaço para realização de audiências e serviços de secretaria (admitido courier), sem custo adicional às partes (art. 3º, inc. I e §1º); (ii) estar regularmente constituída e em funcionamento por no mínimo 3 (três) anos (art. 3º, inc. II e III); (iii) ostentar reconhecida idoneidade, competência e experiência na condução de procedimentos arbitrais, tendo conduzido no mínimo 03 arbitragens no ano calendário anterior ao requerimento do credenciamento (art. 3º, inc. IV); e (iv) conter em seu quadro de árbitros profissionais com notória experiência ou especialização em temas afetos ao Direito Público, além de possuir regulamento próprio, disponível em língua portuguesa (art. 3º, inc. V).

No Rio de Janeiro, a análise dos documentos será realizada por Comissão composta por 3 (três) Procuradores do Estado designados pelo Procurador-Geral a cada termo de 12 (doze) meses (art. 5º e 6º da Resolução PGE-RJ nº 4.768/2021). Já em São Paulo, cabe ao

---

21 O problema do piso de valor para a contratação também instala desafios, que não serão tratados neste artigo. Apenas para consignar um juízo comparativo, registre-se o valor-piso para contratações em projetos de parceria público-privadas federais: R$10.000,00 (dez milhões de reais), nos termos do art. 2º, §4º, inc. I, da Lei nº 11.079/2004. Logo, a lei federal autoriza contratos administrativos complexos de longo prazo, com cláusula arbitral expressa (as PPPs são seu local próprio), em valores a partir de dez milhões de reais, mas os decretos exigem arbitragens pelo dobro (Federal) e o quíntuplo (São Paulo) dessa quantia. Talvez algo excessivo, a ser investigado, a exemplo da postura adotada pelo Rio de Janeiro na revisão de suas exigências. Antes, ao menos uma das arbitragens administradas pela câmara interessada deveria envolver valor superior a R$20.000.000,00 (vinte milhões de reais). Agora, o valor de referência serve apenas como limitação à administração de causas de grande valor pela instituição: "[f]ica facultado ao órgão arbitral, em atendimento aos requisitos do §2º deste artigo e desde que cumpridas as demais exigências previstas nesta Resolução, demonstrar sua participação em controvérsias que envolvam valores inferiores a R$20.000.000, 00 (vinte milhões de reais), hipótese em que sua atuação em arbitragens envolvendo o Estado do Rio de Janeiro ficará adstrita às causas cujo valor envolvido seja igual ou inferior ao montante referido neste parágrafo" (art. 3º, §3º da Resolução nº 4.768/2021 PGE-RJ).

22 A Resolução nº 4213/2018 PGE-RJ foi integralmente revogada pela Resolução nº 4.768/2021 PGE-RJ.

Procurador do Estado Coordenador da Assistência de Arbitragens apreciar a documentação submetida (art. 3º, *caput*, da Resolução PGE-SP nº 45/2019).

No Rio Grande do Sul, a Procuradoria-Geral do Estado não editou regulamentação complementar até a escrita deste artigo. Justamente por isso, os requisitos por ora aferíveis são apenas os constantes do art. 10, do Decreto nº 55.996/2021: (i) estar em funcionamento regular há pelo menos 03 (três) anos; (ii) ter reconhecida idoneidade, competência e experiência na condução de procedimentos arbitrais; e (iii) dispor de regulamento próprio, em língua portuguesa.

Na esfera federal, o órgão responsável pelo cadastramento de câmaras e manutenção dos registros é o Núcleo Especializado em Arbitragem da Advocacia-Geral da União. Os requisitos a serem cumpridos pelas câmaras interessadas são: (i) estar em funcionamento, no Brasil ou no exterior, há no mínimo 03 (três) anos (art. 3º, inc. I); (ii) ter reconhecidas idoneidade, competência e experiência na condução de arbitragens (art. 3º, inc. II), tendo administrado pelo menos 03 (três) procedimentos arbitrais envolvendo a Administração Pública direta ou indireta, ou ente de Estado estrangeiro (ainda que não sentenciados) e, cumulativamente, ter administrado, no mínimo, 15 (quinze) arbitragens no ano calendário anterior, ainda que não iniciados ou sentenciados no período, envolvendo, em ao menos um caso, valor superior a R$20.000.000,00 (vinte milhões de reais) (art. 3º, §3º, inc. I e II); (iii) possuir regulamento próprio, em língua portuguesa (art. 3º, inc. III); (iv) comprometer-se a respeitar o princípio da publicidade, de acordo com a LBA (art. 3º, inc. IV), (v) administrar procedimentos arbitrais em português (art. 3º, inc. V); (vi) operacionalizar a realização de audiências físicas e outros atos na sede da arbitragem ou outras localidades (art. 3º, inc. VI); e (vii) no caso de remuneração de árbitros por hora trabalhada, apresentar relatório de horas detalhado para fundamentar o valor do pagamento devido (art. 3º, inc. VII).

Em primeira análise, admite-se que as exigências para credenciamento seriam passíveis de cumprimento pelas principais câmaras arbitrais do país, pelo que dispensariam maior inquirição. Todavia, um olhar mais detido permite pontuar rapidamente algumas questões de relevância prática.

Quanto ao aspecto *estrutural*, a pouca tradição na utilização da arbitragem pode ser apontada como responsável pela condição que determina que as câmaras ofereçam estrutura física na capital do ente federado ou na sede da arbitragem. Isso porque o acolhimento da tecnologia em procedimentos arbitrais torna absolutamente inócuo o requisito, o que restou comprovado já no início da pandemia de COVID-19.[23]

Como bem demonstram as resoluções administrativas editadas pelas instituições de arbitragem no afã de mitigar o impacto das restrições impostas pelas medidas de distanciamento social, a impossibilidade de realização de atos presenciais (dentre os quais destacam-se protocolos e audiências) em nada afeta os procedimentos. A despeito das medidas emergenciais vigentes, a maior parte das arbitragens seguiu seu curso regular, com o cumprimento eletrônico de prazos, reuniões e audiências por tele ou videoconferência e notificações por meios remotos (como *e-mail* e até mesmo WhatsApp).[24]

Quanto aos aspectos *qualificação e idoneidade*, pertinente a preocupação externada pelos entes públicos. Afinal, em ambientes controlados não há espaço para amadores. Dito isso, resta saber como a instituição demonstrará o atendimento à condição imposta diante da imperativa confidencialidade dos procedimentos que não envolvam a Administração.

A priori, basta que a câmara interessada instrua seu requerimento com a declaração, sob as penas da lei, de atendimento aos parâmetros pré-fixados. A obrigação está limitada ao fornecimento de simples declaração, providência que não demanda a quebra do sigilo que resguarda grande parcela das arbitragens em curso. Ainda assim, a medida tende a causar certo desconforto na medida em que poderão ser exigidos *documentos adicionais* para aferição do que fora declarado.

---

[23] Outras razões são elencadas com precisão no seguinte artigo: PROCOPIAK, Maria Claudia. Resolução nº 45 da Procuradoria-Geral do Estado sobre o Cadastramento de Câmaras Arbitrais pelo Estado de São Paulo: um Comentário. *Revista Brasileira de Arbitragem*. Kluwer Law International, n. 65, p. 202-212, jan./mar. 2020.

[24] AGUIAR, Adriana. Câmaras arbitrais passam a julgar todos os casos por meio eletrônico. *Valor Econômico*, 20 abr. 2020. Disponível em: https://valor.globo.com/legislacao/noticia/2020/04/20/camaras-arbitrais-passam-a-julgar-todos-os-casos-por-meio-eletronico.ghtml. Acesso em: 15 dez. 2021.

Exemplo disso são as exigências de comprovação (i) da administração de um certo número de procedimentos arbitrais no ano calendário anterior; e (ii) de ao menos uma arbitragem envolvendo valor específico (seja do contrato ou da causa). Nas duas hipóteses, caso seja requerida evidência do que fora declarado e a informação diga respeito a um ou mais procedimentos entre particulares, a câmara poderá se deparar com restrição instransponível.

Outro dado importante é semelhante ao que aflige as habilitações em licitações públicas, desde o seu nascedouro.[25] O problema é antes lógico do que jurídico: para ser credenciado, é necessário ter realizado arbitragens com a Administração Pública. Mas, a partir da edição dos decretos, só podem ser credenciados aqueles que já realizaram arbitragens com a Administração Pública. Logo, restringe-se a competição das câmaras e se inibe a instalação de novas – afinal, mesmo como o passar do tempo e excelência dos serviços, jamais poderão atender a arbitragens com a Administração Pública sem antes ter... atendido a arbitragens com a Administração Pública. Essa reserva de mercado precisa ser debatida e revistos os critérios, a exemplo do que fez o Rio de Janeiro na (nova) Resolução PGE-RJ nº 4.768/2021.

Por fim, quanto à *habilitação para receber pagamentos pela Administração Pública,* ainda que se verifique a intenção de permitir o credenciamento de instituições internacionais, a previsão desta condicionante inviabiliza totalmente o credenciamento de câmaras estrangeiras. Na sua disciplina imediata, impõe-se a apresentação de documentos como CNPJ, decreto de autorização para funcionamento no país, certificado de regularidade do FGTS e outras certidões de natureza tributária que acabam por excluir de pronto sofisticadas instituições de grande reputação internacional. O próximo passo – que se espera seja dado em breve – reside na equiparação de tais

---

[25] O problema está em definir como critério condicionante da contratação a prestação de serviços semelhantes (critério objetivo) a um mesmo grupo de sujeitos (critério subjetivo). O que exclui novos entrantes e, assim, gera estímulos à inibição da concorrência, à concentração de contratos numa mesma entidade e, no limite, à cartelização. A lógica da habilitação, que poderia ser, *cum grano salis,* replicada no credenciamento, deve ser "o máximo a ser exigido deve ser o mínimo possível de se exigir". Sobre o tema, v. MOREIRA, Egon Bockmann; GUIMARÃES, Fernando Vernalha. *Licitação Pública.* 2. ed. São Paulo: Malheiros, 2015, p. 288-366.

exigências, ou mesmo na supressão de algumas delas, quanto a entidades estrangeiras.[26]

As advertências acima são especialmente relevantes para evitar a limitação injustificada de opções disponíveis. Até a conclusão deste artigo, estavam autorizadas a conduzir arbitragens em pelo menos um dos entes públicos aqui analisados as seguintes instituições: AMCHAM; CBMA; CAESP; CAM-CCBC; CAM-B3, CAMARB; Câmara da FGV; CIESP/FIESP; e CCI.[27] [28] [29] Todas altamente qualificadas e idôneas, mas fato é que existem outras, com qualidades equivalentes.[30]

5 Considerações finais

Como se pode constatar, o acolhimento da via arbitral na resolução de conflitos envolvendo a Administração Pública provoca a necessidade de harmonização entre regras de Direito público e privado, especialmente aquelas que se apresentam mais restritivas e limitadoras da autonomia das partes.

Com efeito, se nas relações privadas a escolha da câmara arbitral depende exclusivamente da vontade dos contratantes, o cenário é outro quando a arbitragem tem como parte ente público. Aqui, é preciso fortalecer o processo de escolha – abrandando a discricionariedade pela técnica e pela segurança jurídica.

Ainda recente, a solução que vem prevalecendo com constância e regularidade é a do credenciamento das câmaras arbitrais. Foi essa, como visto, a opção federal (Decreto nº 10.025/2019) do Estado do

---

26 Como se deu nas licitações internacionais. Ampliar em: MOREIRA, Egon Bockmann; GUIMARÃES, Bernardo Strobel; TORGAL, Lino. Licitação internacional e empresa estrangeira: os cenários brasileiro e europeu. *Revista de Direito Administrativo*, Rio de Janeiro, v. 269, p. 67-106, maio 2015. Disponível em: http://bibliotecadigital.fgv.br/ojs/index.php/rda/article/view/57595. Acesso em: 15 dez. 2021.

27 PGE-RJ: Disponível em: https://pge.rj.gov.br/entendimentos/arbitragem. Acesso em: 24 maio 2020.

28 PGE-SP: Disponível em: http://www.pge.sp.gov.br/Portal_PGE/Portal_Arbitragens/Arquivos/Camaras.pdf. Acesso em: 15 dez. 2021.

29 AGU: Disponível em: https://www.gov.br/agu/pt-br/composicao/cgu/cgu/neadir/arquivos/211111PLANILHADECMARASCREDENCIADAS.pdf. Acesso em: 15 dez. 2021.

30 A título exemplificativo, confira-se o *ranking* publicado pelo Leaders League em 2021. Disponível em: https://www.leadersleague.com/pt/rankings/resolucao-de-conflitos-ranking-2021-camaras-de-arbitragem-brasil. Acesso em: 15 dez. 2021.

Rio de Janeiro (Decreto nº 46.245/2018), do Estado de São Paulo (Decreto nº 64.356/2019) e do Estado do Rio Grande do Sul (Decreto nº 55.996/2021).

Para trazer segurança ao administrador público, os atos normativos em questão fixaram parâmetros mínimos a orientar escolhas motivadas. No caso das câmaras arbitrais, exigem-se comprovações que permitam aferir, além da especialização, sua tradição e respeitabilidade, dentre outros critérios garantidores de uma atuação eficiente na administração dos procedimentos.

Do exposto decorre que o credenciamento de câmaras de arbitragem: (i) se destina a disciplinar o exercício de competência atribuída a cada um dos entes públicos pela Lei nº 9.307/1996; (ii) dá cumprimento ao art. 30 da LINDB; (iii) autovincula as câmaras credenciadas; e (iv) quando simples e direto, limitado ao conteúdo estritamente necessário, favorece à arbitragem.

Certamente, o exercício de sopesar a utilidade e as possíveis consequências do processo de credenciamento no âmbito das arbitragens público-privadas ainda depende de reflexão e amadurecimento por parte dos operadores de Direito. Ao correlacionar a teoria com a prática, esperamos ter contribuído modestamente para aprimorar a questão.

Referências

CARMONA, Carlos Alberto. Arbitragem e Administração Pública: primeiras reflexões sobre a arbitragem envolvendo a Administração Pública. *Revista Brasileira de Arbitragem*, Kluwer Law International: n. 51, p. 07-21, jul./set. 2016.

GARCIA, Flávio Amaral. A escolha dos árbitros e das câmaras arbitrais. *In*: CUÉLLAR, Leila; MOREIRA, Egon Bockmann; GARCIA, Flávio Amaral; CRUZ, Elisa Schmidlin. *Direito Administrativo e Alternative Dispute Resolution*: arbitragem, *dispute board*, mediação e negociação. Com comentários à legislação do Rio de Janeiro, São Paulo e União sobre arbitragem e mediação em contratos administrativos e desapropriações. Belo Horizonte: Fórum, 2020. ISBN 978-85-450-0747-0.

JUSTEN FILHO, Marçal. Administração Pública e arbitragem: o vínculo com a câmara de arbitragem e os árbitros. *Revista Brasileira da Advocacia*, São Paulo, v.1, p.103-150, 2016.

MARTINS, Pedro Antonio Batista. As três fases da arbitragem. *Revista do Advogado*, São Paulo, n. 87, v. 26, p. 87-93, 2006.

MEGNA, Bruno Lopes. *Arbitragem e Administração Pública*: fundamentos teóricos e soluções práticas. Belo Horizonte: Fórum, 2019.

MOREIRA, Egon Bockmann; CRUZ, Elisa Schmidlin. Editais de licitação e definição de câmaras arbitrais: como transpor os desafios. *In*: CUÉLLAR, Leila; MOREIRA, Egon Bockmann; GARCIA, Flávio Amaral; CRUZ, Elisa Schmidlin. *Direito Administrativo e Alternative Dispute Resolution*: arbitragem, *dispute board*, mediação e negociação. Com comentários à legislação do Rio de Janeiro, São Paulo e União sobre arbitragem e mediação em contratos administrativos e desapropriações. Belo Horizonte: Fórum, 2020. ISBN 978-85-450-0747-0.

MOREIRA, Egon Bockmann; GUIMARÃES, Bernardo Strobel; TORGAL, Lino. Licitação internacional e empresa estrangeira: os cenários brasileiro e europeu. *Revista de Direito Administrativo*, Rio de Janeiro, v. 269, p. 67-106, maio 2015. Disponível em: http://bibliotecadigital.fgv.br/ojs/index.php/rda/article/view/57595. Acesso em: 15 dez. 2021.

MOREIRA, Egon Bockmann; GUIMARÃES, Fernando Vernalha, *Licitação Pública*. 2. ed. São Paulo: Malheiros, 2015.

MOREIRA, Egon Bockmann; PEREIRA, Paula Pessoa. Art. 30 da LINDB - O dever público de incrementar a segurança jurídica. *Revista de Direito Administrativo, Edição Especial:* Direito Público na Lei de Introdução às Normas de Direito Brasileiro – LINDB (Lei nº 13.655/2018), Rio de Janeiro, p. 243-274, nov. 2018.

MUNHOZ DE MELLO, Rafael. Arbitragem no Setor Portuário: análise do Decreto nº 8.465/2015. *In*: PEREIRA, Cesar Guimarães; SCHWIND, Rafael Wallbach (Coords.). *Direito Portuário Brasileiro*. 3. ed. Belo Horizonte: Fórum, 2020.

MUNIZ, Joaquim de Paiva. *Curso de Direito Arbitral*: aspectos práticos do procedimento. 2. ed. rev. e ampl. Curitiba: CRV, 2014.

PEREIRA, Cesar Guimarães. Arbitragem no Setor Portuário e o Decreto 8.465/2015. *In*: PEREIRA, Cesar Guimarães; SCHWIND, Rafael Wallbach (Coords.). *Direito Portuário Brasileiro*. 3. ed. Belo Horizonte: Fórum, 2020.

PINTO, José Emilio Nunes. A arbitrabilidade de controvérsias nos contratos com o Estado e empresas estatais. *Revista Brasileira de Arbitragem*, São Paulo, n. 01, jan./mar., p. 9-26, 2004.

PRADO, Maria da Graça de Almeida. Lei Mineira de Arbitragem: uma abordagem institucional. *Revista de Arbitragem e Mediação*, v. 33, p. 35-60, abr./jun. 2012.

PROCOPIAK, Maria Claudia. Resolução nº 45 da Procuradoria-Geral do Estado sobre o Cadastramento de Câmaras Arbitrais pelo Estado de São Paulo: um Comentário. *Revista Brasileira de Arbitragem*. Kluwer Law International, n. 65, p. 202-212, jan./mar. 2020.

SILVA, Eduardo Silva da; GUERRERO Luís Fernando; NUNES, Thiago Marinho. *Regras da arbitragem brasileira*: comentários aos regulamentos das Câmaras de Arbitragem. São Paulo: Marcial Pons; CAM-CCBC, 2015.

VASCONCELOS, Ronaldo *et al.* (Orgs.). *Análise prática das câmaras arbitrais e da arbitragem no Brasil*. São Paulo: Editora IASP, 2019.

TABELA 1

RESUMO COMPARATIVO ENTRE O DECRETO FEDERAL Nº 10.025/2010 E OS DECRETOS ESTADUAIS Nº 46.245/2018-RJ, 64.356/2019-SP E 55.996/2021-RS

	Decreto RJ nº 46.245/2018	**Decreto SP nº 64.356/2019**	**Decreto RS nº 55.996/2021**	**Decreto Federal nº 10.025/2010**
Exigência de credenciamento prévio	Art. 14, *caput*	Art. 7º, *caput*	Art. 7º, par. ún.	Art. 3º, inc. VI; e Art. 10, §1º
Tempo mínimo de funcionamento	Art. 14, inc. II, modificado no Art. 3º, II da Resolução.	Art. 15, inc. II	Art. 10, inc. I	Art. 10, inc. I
Reputação na condução de procedimentos arbitrais	Art. 14, inc. IV	Art. 15, inc. IV	Art. 10, inc. II	Art. 10, inc. II
Regulamento próprio, em português	Art. III, V da Resolução	---	Art. 10, inc. III	Art. 10, inc. III
Escolha da câmara feita pelo particular/ contratado	Art. 8º	Art. 7º	---	Art. 11, caput e §1º
Possibilidade de substituição	Art. 8º, par. único	---	---	Art. 11, §3º
Estrutura na sede da arbitragem	Art. 14, inc. I, §3º e §4º	Art. 15, inc. I	---	Art. 3º, VI da Portaria
Habilitação legal para receber pagamentos	---	Art. 15, inc. III	---	---
Outros critérios estabelecidos	Resolução 4.768/2021 PGE-RJ	Resolução 45/2019 PGE-SP	---	Portaria Normativa AGU nº. 21, de 22.07.2021

Informação bibliográfica deste texto, conforme a NBR 6023:2018 da Associação Brasileira de Normas Técnicas (ABNT):
MOREIRA, Egon Bockmann; CRUZ, Elisa Schmidlin. O credenciamento de câmaras arbitrais pela Administração Pública. *In*: CUÉLLAR, Leila; MOREIRA, Egon Bockmann; GARCIA, Flávio Amaral; CRUZ, Elisa Schmidlin. *Direito Administrativo e Alternative Dispute Resolution*: arbitragem, *dispute board*, mediação e negociação. Com comentários à legislação do Rio de Janeiro, São Paulo, Rio Grande do Sul e União sobre arbitragem e mediação em contratos administrativos e desapropriações. 2. ed. Belo Horizonte: Fórum, 2022. p. 231-248. ISBN 978-65-5518-404-4.

EDITAIS DE LICITAÇÃO E DEFINIÇÃO DE CÂMARAS ARBITRAIS: COMO TRANSPOR OS DESAFIOS[1]

EGON BOCKMANN MOREIRA

ELISA SCHMIDLIN CRUZ

Introdução

Se há tempos a arbitragem era uma estranha no Direito Administrativo brasileiro, hoje ela é um dado de seu cotidiano. Tal como se deu no Direito privado, contratos administrativos complexos tendem a ter os seus conflitos solucionados pela jurisdição arbitral.

Todavia, persistem alguns desafios, sobretudo oriundos da pseudotensão entre a "indisponibilidade do interesse público" e a "autonomia da vontade". Se tais máximas forem tomadas em termos absolutos, haverá problemas difíceis, senão impossíveis, de serem transpostos. Daí a necessidade de estudos avançados sobre o tema que compreendam as peculiaridades do setor público-privado e aproximem os conceitos.

Neste artigo, pretendemos tratar de um desses desafios: como compatibilizar a ideia do edital de licitação (sua elaboração e vinculação dele resultante) com a viabilidade de as câmaras arbitrais serem consensualmente definidas pelas partes interessadas.

1 Uma versão deste artigo foi publicada na *Revista Zênite ILC – Informativo de Licitações e Contratos*, Curitiba, n. 306, ago. 2019, seção Ponto de Vista.

1 A lógica dos editais e a nova integração público-privada

Quando se pensa em contratos públicos brasileiros, a primeira palavra que vem à consciência é "licitação". Queiramos ou não, essa ideia impregnou nossas contratações administrativas – o que é ótimo, desde que aplicado de modo sensato. Isso porque imaginar as licitações como a única forma de contratar é contraproducente e gera exageros que agridem a legalidade e a eficiência, inclusive para a aplicação dos métodos alternativos de soluções de conflitos. O assunto mediadores, árbitros, câmaras e tribunais arbitrais tem de ser pensado de modo alternativo às contratações tradicionais, eis que não se submete à lógica das licitações, seus procedimentos e fases fechadas.

Tradicionalmente, as fases das licitações são divididas em interna e externa. A primeira exclui as pessoas privadas, vez que se destina à elaboração do ato convocatório. É indevassável e carregada de discricionariedade: só os agentes públicos definem a licitação e o futuro contrato administrativo. Impera a competência decisória da Administração, que precisa saber tudo a respeito do certame antes de lançar o edital.

Em contrapartida, a externa é vinculada. Reduz-se a quase zero a discricionariedade. Uma vez publicado, o edital obriga à Administração e a todos que tenham interesse no certame. Trata-se de ato que constitui nova situação jurídica com força de lei. Caso haja necessidade de transpor cláusulas editalícias, a solução é revogar, anular ou suspender a licitação.

Essa característica marcava a Lei nº 8.666/1993 e perdura na Lei nº 14.133/2021. É um de seus pontos fortes, cumpridor da lógica inerente a seus contratos: negócios jurídicos nos quais se presume que a Administração Pública disponha de todas as informações para a definição da necessidade pública, modo de execução, encargos e prazo. Típicos pactos em que só uma das partes – o poder público – define quando, onde, como, o que e por que deverá ser executada a prestação. Em contrapartida, assume o desembolso de verbas públicas. Estamos falando de contratos de compra e venda, lado a lado com as empreitadas de obras ou serviços.

Nesses contratos clássicos, descendentes da permuta (bilateral, comutativa e sinalagmática), caso haja conflitos, a solução experimenta dois momentos: o primeiro desenvolve-se em processo administrativo conduzido e decidido pela própria Administração; o segundo, no inevitável Poder Judiciário.

Em outras palavras, conflitos a se eternizarem e incrementarem os custos de transação, com pagamento de indenizações sob o regime dos precatórios (um dos círculos brasileiros do "Inferno", de Dante, de nº 9 e 3/4, que fica entre o Nono – o da fraude – e o Décimo – o da traição); litígios que geram processos concebidos para perpetuar problemas, não criar soluções. O ciclo é vicioso: a Administração litiga ao invés de compor; a pessoa privada, idem. Ambos incrementam a desconfiança e precificam tais custos na próxima licitação.

Contudo, há décadas tais contratos de desembolso coexistem com os de investimento (concessões, PPPs, autorizações etc.). Esses pactos possuem outra racionalidade, inclusive quanto à convivência igualitária entre os contratantes. Sua lógica integrativa permite a dissipação de fronteiras entre a fase interna e a externa, bem como modulações das competências e prerrogativas das partes. Já não se está diante de imposições, mas contínuas composições dinâmicas, solucionando hoje o futuro de contratos que têm de permanecer íntegros durante décadas (muitos envolvem prestação de serviços em benefício da população).

Nessas contratações, sabe-se de antemão quão impossível é a Administração Pública deter todas as informações e ser capaz de definir a unanimidade das alternativas disponíveis para o longo prazo. Mais: tais negócios valem-se de tecnologias desenvolvidas no espaço global, muitas delas inéditas ao caso brasileiro. Logo, necessário se faz que os poderes públicos compreendam quão vantajoso é enxergar o contratante privado como um aliado, que colaborará na construção de soluções de interesse público – concepção que não se limita aos tempos de paz, vale também para eventuais conflitos.

Afinal, se existe algo de inevitável em contratos complexos de longo prazo são as controvérsias. Isso é fato. Haverá disputas, que merecem ser encaradas, de antemão, como naturais. Nada de mais, nem nada de mal: quanto mais longo e sofisticado o pacto, mais usuais serão as contraposições, a exigir cautela extraordinária quanto à sua solução, sob pena de o contrato viver amaldiçoado e só causar danos às partes e a terceiros, o que faz nascer um dever indeclinável para essa ordem de contratações públicas.

Trata-se da necessidade de serem previstos – prévia, expressa e consensualmente – métodos alternativos ao Judiciário. Ferramentas mais expeditas, tecnicamente qualificadas e que permitem a execução eficaz do contrato, que não pode ficar refém de suas controvérsias; preferencialmente, estatuídas desde a licitação. Caso contrário, haverá incentivos a reproduzir práticas negativas e onerosas, a afastarem contratantes sérios. Ambientes com elevado risco de litigiosidade insolúvel geram estímulos a aventureiros (e oportunidades de condutas ilícitas). Exige-se, portanto, a inibição de tais práticas.

2 Contratos administrativos, métodos alternativos de solução de litígios e instituições arbitrais

Os métodos extrajudiciais de solução de controvérsias – como *dispute boards*, negociações, mediações e arbitragens – foram originalmente desenvolvidos para disputas entre particulares, do alto de sua autonomia de vontade e submetidos à *pacta sunt servanda*. Tais expressões existem, mas não têm o mesmo significado nos contratos administrativos. Daí a especial atenção que compromissos arbitrais e cláusulas compromissórias demandam nessa ordem de negócios jurídicos público-privados. Dentre eles, um dos mais sensíveis é a escolha da câmara que se responsabilizará pela mediação e/ou arbitragem. Aqui, volta à tona o tema da licitação.

Câmaras são entidades privadas que estatuem regulamentos e procedimentos por meio dos quais tais métodos de solução serão desenvolvidos. Ao lado de controlar custos, oferecer *know-how* e infraestrutura (zelando pelo bom andamento dos trabalhos), tais instituições asseguram a nomeação e, por vezes, referenciam árbitros e mediadores.[2] Instalam a confiança de que a mediação e a

---

[2] O *Anuário da Arbitragem no Brasil* (referente ao ano de 2017), elaborado pelo Comitê Temático de Arbitragem do Centro de Estudos das Sociedades de Advogados – CESA,

arbitragem serão desenvolvidas por pessoas qualificadas, segundo boas práticas internacionais, a culminar num acordo exequível, ou numa decisão respeitável.

Como se vê, o papel da câmara é decisivo para o sucesso da mediação e do procedimento arbitral. O seu prestígio depende de gestão ágil, profissional e eficiente, que atenda os anseios das partes, mediadores e árbitros. Para além da infraestrutura, o suporte adequado em todas as fases de administração do litígio é o que mantém a boa reputação de um centro de mediação e arbitragem, bem como amplia seu reconhecimento.[3]

Comparáveis às sociedades fiduciárias, que dependem da credibilidade de que desfrutam, as câmaras publicam regulamentos para que usuários em potencial, por referência em convenção de arbitragem, incorporem seus termos na eventualidade de desavenças. A remissão a determinado regulamento institucional completa a cláusula compromissória e, com isso, reduz o risco de omissões que venham a dificultar a instauração imediata do procedimento.

Em sentido amplo, os regulamentos das câmaras arbitrais apresentam características similares, o que decorre da tendência mundialmente praticada de acolher as regras criadas pela UNCITRAL e principais instituições que atuam no cenário internacional, a exemplo da ICC, LCIA e ICDR. Na diversidade peculiar do juízo arbitral, a seleção de um conjunto de regramentos é de grande importância prática.[4]

---

oferece elementos comparativos que permitem traçar os perfis de instituições arbitrais nacionais (15 câmaras). A pesquisa está disponível em: http://www.cesa.org.br/media/files/CESAAnuariodaArbitragem2017.pdf. Acesso em: 08 dez. 2021.

3 *Survey* sobre arbitragem internacional conduzido pela Universidade Queen Mary em 2015 demonstra que a competência e qualificação técnica da secretaria, rapidez e agilidade no trato dos procedimentos e o custo da arbitragem são elementos diferenciais na escolha da instituição arbitral. Disponível em: http://www.arbitration.qmul.ac.uk/media/arbitration/docs/2015_International_Arbitration_Survey.pdf. Acesso em: 08 dez. 2021.

4 Em pesquisa de opinião realizada pelo Comitê Brasileiro de Arbitragem (CBAr) em parceria com o Instituto de Pesquisas Ipsos no ano de 2021, a qualidade do regulamento aparece dentre os elementos de maior recorrência citados pelos profissionais entrevistados ao responderem sobre as características mais importantes de uma câmara. Os resultados da pesquisa estão disponíveis em: https://cbar.org.br/site/wp-content/uploads/2021/09/pesquisa-cbar-ipsos-2021-arbitragem-no-brasil.pdf. Acesso em: 08 dez. 2021.

Para dimensionar o impacto do regulamento no desenvolvimento da arbitragem, consideremos alguns aspectos: (i) requisitos formais para a sujeição do litígio à câmara; (ii) formas de apresentação da solicitação de arbitragem e resposta; (iii) critérios relativos à configuração de intimações, manifestações e prazos; (iv) constituição do tribunal arbitral e procedimento para a nomeação/impugnação/substituição de árbitros; (v) disponibilidade, imparcialidade e independência dos árbitros; (vi) audiências, tentativa de conciliação, produção probatória e medidas de urgência; (vii) sigilo, representação por procuradores, sede e idioma da arbitragem e regras de Direito Processual e material aplicáveis; (viii) requisitos da sentença arbitral; (ix) fixação e distribuição de custas e honorários; e (x) atribuições da instituição em cada fase do procedimento.

Seguindo tendência recente, as câmaras podem ser divididas em dois grandes grupos: multissetoriais e especializadas. Tradicionalmente, a regra é que apresentem competência geral a fim de administrar controvérsias de variadas naturezas (multissetoriais).[5] Nesse grupo, estão incluídos os centros ligados a federações de indústrias, câmaras de comércio e associações comerciais.

Porém, com a intenção de atender de forma adequada às necessidades de seus usuários, estão conquistando espaço órgãos especializados em determinado setor; por exemplo, centros especialistas em disputas de natureza essencialmente corporativa, envolvendo a Administração Pública, ou decorrentes do comércio internacional. O mesmo acontece com tantas outras matérias específicas (mercado de capitais, seguros, franquia, esportes, tecnologia, propriedade intelectual, petróleo e gás, energia, mercado imobiliário e construção civil, *commodities* agrícolas, disputas marítimas e de aviação etc.).

Com características díspares e matrizes variadas, tais centros promotores da mediação e da arbitragem não respeitam padrão específico, mas todos perseguem o objetivo comum de administrar procedimentos e promover formas extrajudiciais de solução de controvérsias. Logo, não há duas câmaras iguais. Como competem

---

5 Estatísticas sobre as principais matérias submetidas à arbitragem são atualizadas anualmente por Selma Ferreira Lemes. A pesquisa de 2020, baseada em dados fornecidos por oito câmaras arbitrais, está disponível em: http://selmalemes.adv.br/artigos/Analise-Pesquisa-ArbitragensNseValores-2020.pdf. Acesso em: 08 dez. 2021.

entre si, sua principal característica são as diferenças que procuram oferecer aos usuários: integridade, discrição, preços adequados, mediadores e árbitros qualificados, boas instalações, vínculo a instituições de renome, atualizações acadêmicas e tecnológicas etc. O que instala a primeira peculiaridade frente aos negócios jurídicos administrativos: a sua forma de contratação. Como o gestor público pode escolher esta em detrimento daquelas?

Ora, na justa medida em que fornecem serviços singulares especializados, as câmaras não podem ser contratadas por meio de licitação. Trata-se de típica hipótese de ausência de critérios objetivos para a comparação. Como o fazer, de modo a permitir a seleção com objetividade? Tempo de funcionamento? Nome dos mediadores e árbitros? Preço? Integridade? Respeito? Como se constata com facilidade, esse *mix* de atributos permite concluir que a licitação para selecionar a câmara de mediação/arbitragem seria um desastre, agressor do interesse público. Uma coisa é certa, portanto: não cabe licitação para selecionar a câmara.[6] O que fazer, então?

3 A escolha consensual da instituição arbitral: uma alternativa prática para os editais

A experiência privada pode oferecer algumas pistas. Aqui, especialmente em razão de sua origem contratual, a cooperação entre as partes permeia todas as fases do processo e está intimamente vinculada à essência da arbitragem, que tem por espinha dorsal a autonomia da vontade. É certo que a organização, celeridade, razoabilidade de custo e eficácia do procedimento dependem, em grande medida, da cooperação entre os envolvidos. Ela é essencial ao próprio objetivo das câmaras de arbitragem: oferecer aos usuários uma resposta rápida, tecnicamente precisa, segura e financeiramente razoável.

---

[6] Do mesmo modo, não cabe licitação para selecionar árbitros e mediadores. Sobre o tema, *cf.* MOREIRA, Egon Bockmann. Contratação de árbitros e mediadores: inexigibilidade. *In*: CUÉLLAR, Leila; MOREIRA, Egon Bockmann; GARCIA, Flávio Amaral; CRUZ, Elisa Schmidlin. *Direito Administrativo e Alternative Dispute Resolution*: arbitragem, *dispute board*, mediação e negociação. Com comentários à legislação do Rio de Janeiro, São Paulo e União sobre arbitragem e mediação em contratos administrativos e desapropriações. Belo Horizonte: Fórum, 2020. ISBN 978-85-450-0747-0.

Todavia, ante as inegáveis restrições negociais enfrentadas pela Administração Pública, resta evidente que é necessária uma nova conformação sobre a partição adequada de responsabilidades na elaboração da convenção de arbitragem e consequente seleção da câmara arbitral. É imprescindível ficar atento a tais peculiaridades e atuar positivamente para inibir futuros contratempos. A solução está em matizar tons de discricionariedade com outros de vinculação, isso porque, desde a primeira etapa, configurada pela celebração da convenção de arbitragem – com a inserção de cláusula compromissória no edital de licitação –, a colaboração dos envolvidos é indispensável. Nesse momento, a eleição da espécie de arbitragem, que pode ser institucional (câmara) ou *ad hoc* (avulsa), é medida que se impõe. Veja-se que os requisitos, princípios e características norteadores da arbitragem estão presentes em ambas as espécies. Porém, a principal vantagem de operacionalizar um procedimento institucional consiste na segurança conferida à condução imparcial e supervisão da demanda sob a égide de uma câmara especializada.

Essa convivência interinstitucional (Administração e câmara) permite aumentar o conforto do gestor público no processo arbitral, situação que faz despertar o processo cooperativo de escolha, além de muitas dúvidas. Afinal, como isso funciona? Novamente, basta refletir a propósito de como operam as licitações brasileiras. Aqui renasce a competência discricionária do órgão competente para a elaboração do edital – que, preferencialmente, deverá dialogar com terceiros interessados (no Procedimento de Manifestação de Interesse – PMI ou em consultas e audiências públicas). O máximo de publicidade e transparência permite a legitimidade da eleição – ao final, puramente discricionária – da respectiva modalidade (institucional ou *ad hoc*). Inclusive, pode-se dar um passo avante em favor da segurança jurídica.

Optando pela arbitragem institucional, a pluralidade de câmaras arbitrais disponíveis enseja nova etapa colaborativa, agora para eleição da instituição responsável pela Administração de eventual litígio e, consequentemente, de seu regulamento e tabela de custos.[7] Em termos de racionalidade econômica, a escolha adequada torna ainda mais eficiente a solução via arbitral.

---

[7] Instituições nacionalmente reconhecidas, como a ICC, CAM-CCBC, CAMARB, CAM-B3,

Pensando em mitigar objetivamente a carga discricionária que recairia sobre o poder público na escolha da câmara contrato a contrato, talvez a solução mais adequada se aproxime da Resolução PGE nº 4.212/2018, da Procuradoria-Geral do Estado do Rio de Janeiro, que define a minuta-padrão de cláusula compromissória, a ser preenchida também com indicação *ex ante* do órgão institucional escolhido.[8] Pode-se, porém, dar um passo avante.

Na prática, com alguns ajustes e adequações ora propostas, a dinâmica pode ser resumida nos seguintes passos: (i) insere-se cláusula compromissória cheia institucional já no edital, deixando em branco apenas a lacuna para preenchimento do nome da câmara; (ii) abaixo do texto-padrão, arrolam-se, no próprio edital, múltiplas câmaras arbitrais consideradas pelo poder público aptas a administrar eventuais controvérsias (no mínimo três opções); (iii) a escolha final é então facultada ao particular, que, na apresentação da proposta, informa a câmara de sua preferência dentre aquelas listadas, complementando, assim, o teor da convenção de arbitragem. Essa proposta visa integrar a escolha pública (mediação, arbitragem e rol *numerus clausus* de câmaras possíveis) à do particular, que proporá a que reputa mais vantajosa para ambas as partes daquele contrato. Caso vencedor, fechada está a cláusula arbitral.

Outra opção seria inverter essa racionalidade: o edital a exigir que os particulares ofereçam as câmaras de sua livre escolha, no mínimo três por proposta (se houver, dentre as credenciadas pelo órgão ou entidade). De posse do nome das escolhidas pelo vencedor, a Administração escolhe – ou sorteia – uma delas a fim de dar completude à cláusula compromissória. O importante é a escolha, ato que deve ser definido como obrigatório pelo edital.

Aquilatada para atender ao interesse público, a formatação ora proposta desempenha papel central na modulação das interações entre Administração Pública e particulares e pode se prestar a atenuar a concentração da mesma câmara em contratos privilegiados (que podem durar décadas) – evitando rumores quanto a determinadas

---

CIESP/FIESP, Amcham Brasil, CAESP, ARBITAC e CAMFIEP, indicam já ter administrado procedimentos envolvendo partes integrantes da Administração Pública direta ou indireta brasileira.

[8] O teor da cláusula compromissória em referência pode ser consultado no seguinte *link*: https://www.pge.rj.gov.br/comum/code/MostrarArquivo.php?C=MzQzNw%2C%2C. Acesso em: 08 dez. 2021.

características desta ou daquela e mitigando os riscos inerentes a qualquer decisão. Ao mesmo tempo que é livre, a escolha não deixa de ser motivada e transparente.

Conclusão

Conhecidos os desafios, é chegada a hora de repensar as técnicas tradicionalmente adotadas e prestigiar o diálogo cooperativo a fim de uniformizar boas práticas que, implementadas de acordo com propriedades técnicas indispensáveis, impedem manobras protelatórias de partes recalcitrantes e garantem a eficiência da arbitragem em litígios envolvendo o poder público.

Referências

ABBUD, Albuquerque Cavalcanti. *Arbitragem no Brasil* – Pesquisa CBAr-Ipsos. 2021. Disponível em: https://cbar.org.br/site/wp-content/uploads/2021/09/pesquisa-cbar-ipsos-2021-arbitragem-no-brasil.pdf. Acesso em: 08 dez. 2021.

COMITÊ TEMÁTICO DE ARBITRAGEM DO CENTRO DE ESTUDOS DAS SOCIEDADES DE ADVOGADOS – CESA. *Anuário da Arbitragem no Brasil*. 2017. Disponível em: http://www.cesa.org.br/media/files/CESAAnuariodaArbitragem2017.pdf. Acesso em: 08 dez. 2021.

ESTADO DO RIO DE JANEIRO. *Diário Oficial do Estado do Rio de Janeiro*. ano XLIV, n. 94, parte I, 24 maio 2018. Disponível em: https://www.pge.rj.gov.br/comum/code/MostrarArquivo.php?C=MzQzNw%2C%2C. Acesso em: 08 dez. 2021.

LEMES, Selma Ferreira. *Arbitragem em Números e Valores. Oito Câmaras. 2 anos Período de 2018 (jan./dez) a 2019 (jan./dez.)*. Disponível em: http://selmalemes.adv.br/artigos/Analise-Pesquisa-ArbitragensNseValores-2020.pdf. Acesso em: 08 dez. 2021.

MOREIRA, Egon Bockmann; CRUZ, Elisa Schmidlin. Editais de licitação e definição de câmaras arbitrais: como transpor os desafios. *Revista Zênite ILC – Informativo de Licitações e Contratos*, Curitiba, n. 306, ago. 2019, seção Ponto de Vista.

QUEEN MARY UNIVERSITY. *Survey*. 2015. Disponível em: http://www.arbitration.qmul.ac.uk/media/arbitration/docs/2015_International_Arbitration_Survey.pdf. Acesso em: 08 dez. 2021.

Informação bibliográfica deste texto, conforme a NBR 6023:2018 da Associação Brasileira de Normas Técnicas (ABNT):
MOREIRA, Egon Bockmann; CRUZ, Elisa Schmidlin. Editais de licitação e definição de câmaras arbitrais: como transpor os desafios. *In*: CUÉLLAR, Leila; MOREIRA, Egon Bockmann; GARCIA, Flávio Amaral; CRUZ, Elisa Schmidlin. *Direito Administrativo e Alternative Dispute Resolution*: arbitragem, *dispute board*, mediação e negociação. Com comentários à legislação do Rio de Janeiro, São Paulo, Rio Grande do Sul e União sobre arbitragem e mediação em contratos administrativos e desapropriações. 2. ed. Belo Horizonte: Fórum, 2022. p. 249-258. ISBN 978-65-5518-404-4.

ARBITRAGEM, PODERES PÚBICOS E A ESCOLHA DO(S) ÁRBITRO(S): DEVER VINCULADO OU DISCRICIONÁRIO?

ELISA SCHMIDLIN CRUZ

A possibilidade de seleção e indicação dos árbitros pelas partes é frequentemente referida como um dos grandes diferenciais da arbitragem. Repete-se – à exaustão na doutrina arbitral – que a *arbitragem vale o que vale o árbitro*. E não é por um acaso. Em conflitos de alta complexidade técnico-jurídica, a faculdade de escolha de um julgador com *expertise* técnica é prerrogativa que justifica *per se* a adoção dessa via de resolução de conflitos. Sob o viés particular dos princípios e singularidades que regem a atividade administrativa, o que se pretende neste trabalho é trazer a debate novas reflexões sobre um importante tema: a *escolha* do árbitro.

No Brasil, a arbitragem é infraconstitucionalmente disciplinada pela Lei nº 9.307, de 23 de setembro de 1996. O marco normativo, também aludido como Lei Marco Maciel e Lei de Arbitragem, foi atualizado e alterado em parte pela Lei nº 13.129, de 26 de maio de 2015. Porém, mesmo com o advento da referida legislação há mais de duas décadas – e muito embora já não houvesse proibição legislativa de qualquer natureza para que a Administração Pública pudesse se valer da via arbitral –, foi apenas a partir de sua reforma que o uso da arbitragem por poderes públicos passou a receber maior atenção e intensificação do prestígio.[1]

Com novos *players*, agregadores de potencial inestimável de crescimento, os procedimentos arbitrais incluindo partes sujeitas ao regime de Direito público, são realidade. Pesquisa anual realizada

---

1 Dentre as inovações, o artigo 1º passou a admitir expressamente o uso da arbitragem pela Administração Pública direta e indireta para dirimir conflitos de natureza patrimonial e disponível.

por Selma Ferreira Lemes indica que, no ano de 2019, foram iniciadas 48 novas arbitragens com a participação da Administração Pública direta e indireta.[2]

Reforçando a expressividade estatística, a pesquisa aponta que quase de 17% (dezessete por cento) dos procedimentos arbitrais em curso nas principais instituições que atuam em território nacional envolvem entes federativos e administrativos brasileiros.[3] A bem da verdade, ao inserir de modo indeclinável os poderes públicos na realidade arbitral, o legislador instalou novas fronteiras e oportunidades.

Nesse ponto, nada obstante estejamos em momento ainda incipiente, o que importa dizer é que arbitragem com entes públicos – seja feita entre órgãos e/ou entidades administrativas, seja em face de pessoas privadas – merece especial atenção. E isso se dá porque não é possível aplicarmos, sem maior reflexão, ditames legais específicos, pensados para vínculos entre particulares, aos procedimentos arbitrais em que é parte a Administração. Na oportuna lição de Thomas Clay, *"ya no hay un arbitraje sino arbitrajes"*.[4] Os desafios estão apenas começando.

E, se não é admissível simples transplante, às cegas, da experiência privada consolidada, por outro lado é impensável desconsiderar por completo a lógica e a cultura existentes, que fundamentam e alicerçam a legitimidade do sistema arbitral como um todo. Afinal, ao optarem por arbitrar seus conflitos, as partes acessam uma nova possibilidade: de "regular o ambiente normativo a que se submeterão em caso de disputas".[5]

Assim, embora ostente natureza heterocompositiva, a arbitragem impõe às partes, para além do suporte de todos os custos

---

2 A pesquisa *Arbitragem em Números e Valores. Oito Câmaras. 2 anos. Período de 2018 (jan./dez.) a 2019 (jan./dez.)* considera informações de sete câmaras arbitrais. Disponível em: http://selmalemes.adv.br/artigos/Analise-Pesquisa-ArbitragensNseValores-2020.pdf. Acesso em: 09 dez. 2021.

3 O documento completo está disponível em: http://selmalemes.adv.br/artigos/Analise-Pesquisa-ArbitragensNseValores-2020.pdf. Acesso em: 09 dez. 2021.

4 CLAY, Thomas. El mercado del arbitraje. *Revista Brasileira de Arbitragem*, Curitiba, v. 11, n. 41, abr./jun. 2014, p. 281.

5 PUGLIESE, Antonio Celso Fonseca; SALAMA, Bruno Meyerhof. A economia da arbitragem: escolha racional e geração de valor. *Revista GV*, São Paulo, v. 4, n. 1, jan./jun. 2008, p. 15.

inerentes à utilização do sistema, o ônus de fazer escolhas. Conforme premissa inicial, o recorte deste estudo permite a análise de apenas uma delas, a escolha do árbitro, que será endereçada a seguir.

Pode ser árbitro qualquer pessoa capaz que goze da confiança das partes, desde que observados os critérios (i) objetivo de independência e (ii) subjetivo de imparcialidade. O(s) árbitro(s), julgador(es) eleito(s) pelos próprios litigantes, exerce(m) função de *"juiz[es] de fato e de direito"*[6] e, dentro dos limites da arbitrabilidade, decidirá(ão) o conflito definitivamente, com a força impositiva de uma sentença judicial. Que não há arbitragem sem árbitro é certo, tanto quanto o dizer de um bom provérbio popular.

Os árbitros são, portanto, a própria essência desse instrumento privado legalmente legitimado a assegurar a harmonização das vontades individuais e a realização da justiça fora do âmbito estatal.[7] Dessarte, o que confere a alguém jurisdição para processar e julgar litígios oriundos de relações jurídicas atreladas à arbitragem é precisamente a *escolha* e, em realidade envolvendo o Direito público, escolha é – não raras as vezes – sinônimo de obstáculo.

Ao contrário das manifestações de vontade nas arbitragens entre pessoas privadas, cuja matriz é a livre escolha dos envolvidos segundo suas prioridades e preferências, nos procedimentos que têm entes federativos e entes da Administração indireta na condição de parte, as escolhas estão vinculadas. Tal vínculo se dá na exata medida da esfera própria dos órgãos e entidades ligados aos poderes públicos. Em vista de possíveis repercussões sociais, políticas e administrativas, o ato de escolher pode deixar de ser prerrogativa de fácil solução.

Ocorre que a instituição da arbitragem só se dá quando aceita a nomeação pelo(s) árbitro(s). Para instauração do procedimento, portanto, a indicação de árbitro(s) – sempre em número ímpar – é elemento indispensável. Não obstante, como a arbitragem é estruturada em complexo de deveres estabelecidos àqueles que

---

6 *Cf.* artigo 18 da Lei de Arbitragem: "O árbitro é juiz de fato e de direito, e a sentença que proferir não fica sujeita a recurso ou a homologação pelo Poder Judiciário".

7 Análise acurada sobre a questão da legitimidade da arbitragem é feita na Parte I da coletânea de artigos de Ricci, com a colaboração e tradução de Mariulza Franco (RICCI, Edoardo Flavio. *Lei de Arbitragem Brasileira*: oito anos de reflexão: questões polêmicas. São Paulo: Editora Revista dos Tribunais, 2004. p. 18-91).

são também partes, em determinados casos, a ausência da referida *escolha* por qualquer delas acaba por impedir que o procedimento se inicie, violando o princípio constitucional de acesso à ordem jurídica justa.

Lamentavelmente, pelos mais diversos motivos, muitas vezes as partes – inclusive a Administração Pública – adotam condutas oportunistas para frustrar a nomeação de árbitros, o que impede tanto que a arbitragem prossiga como que o litígio de fundo seja levado ao Judiciário. O resultado é o pior dos mundos: escolhida para gerar eficiência na solução mais adequada do conflito, a arbitragem pode ser transformada num problema próximo do insolúvel.

Para evitar o oneroso prejuízo, a essencialidade da escolha é patente, tanto que há norma cogente transmutando o direito em dever. O artigo 13 da Lei de Arbitragem prescreve, expressamente, o dever de atuação das partes para fins de viabilizar a constituição (ainda que indireta) do tribunal arbitral.[8] Trata-se de dever puramente normativo, que depende de ação objetiva.

A omissão do comportamento devido afronta o princípio da legalidade, consubstanciando *non facere quod debeatur*: não fazer o que é devido, tal como prescrito em lei. Em outras palavras, trata-se de obrigação, previsível e incontestável, de um dever cogente de praticar ato processual. Existe o dever de concretizar ato certo e específico, cujo conteúdo (o nome e a qualificação do árbitro) é de definição discricionária pela parte (que pode ser a Administração – e aqui surge a parcela mais sensível do problema).

Ademais, em razão da flexibilidade conferida ao procedimento, é certo que a norma legal pode ser complementada pela convenção de arbitragem e/ou por eventual regulamento de instituição arbitral responsável pela administração do litígio.[9] Essa situação, no entanto, não desqualifica o dever jurídico existente, especialmente porque a obrigação específica de indicar árbitro – mesmo que por delegação –

---

8 A expressão *tribunal arbitral* é aqui empregada indistintamente para referir ao árbitro ou árbitros, independentemente do número de integrantes em sua composição.

9 *Cf.* artigo 21 da Lei de Arbitragem: "A arbitragem obedecerá ao procedimento estabelecido pelas partes na convenção de arbitragem, que poderá reportar-se às regras de um órgão arbitral institucional ou entidade especializada, facultando-se, ainda, às partes delegar ao próprio árbitro, ou ao tribunal arbitral, regular o procedimento".

não deixará de estar previamente positivada em diploma normativo próprio, sendo, assim, igualmente imputável às partes. Anote-se ainda que não se trata de dever abstrato, mas de norma de conduta em sentido estrito.[10] Dito isso, não nos esqueçamos: "[a] poderosa positivação de um fazer positivo traz consigo as consequências oriundas de seu desrespeito".[11]

Não por outro motivo, a própria legislação oferece – em seu artigo 7º –mecanismo para, em caso de inércia ou omissão (e não havendo disposição contratual prévia a respeito),[12] a parte interessada compelir a outra à instalação forçada da arbitragem.

Eis o que estatui o referido dispositivo:

> Art. 7º Existindo cláusula compromissória e havendo resistência quanto à instituição da arbitragem, poderá a parte interessada requerer a citação da outra parte para comparecer em juízo a fim de lavrar-se o compromisso, designando o juiz audiência especial para tal fim.
>
> §1º O autor indicará, com precisão, o objeto da arbitragem, instruindo o pedido com o documento que contiver a cláusula compromissória.
>
> §2º Comparecendo as partes à audiência, o juiz tentará, previamente, a conciliação acerca do litígio. Não obtendo sucesso, tentará o juiz conduzir as partes à celebração, de comum acordo, do compromisso arbitral.
>
> §3º Não concordando as partes sobre os termos do compromisso, decidirá o juiz, após ouvir o réu, sobre seu conteúdo, na própria audiência ou no prazo de dez dias, respeitadas as disposições da cláusula compromissória e atendendo ao disposto nos arts. 10 e 21, §2º, desta Lei.
>
> §4º Se a cláusula compromissória nada dispuser sobre a nomeação de árbitros, caberá ao juiz, ouvidas as partes, estatuir a respeito, podendo nomear árbitro único para a solução do litígio.
>
> §5º A ausência do autor, sem justo motivo, à audiência designada para a lavratura do compromisso arbitral, importará a extinção do processo sem julgamento de mérito.

---

10 *Cf.* §1º do artigo 13 da Lei de Arbitragem: "As partes nomearão um ou mais árbitros, sempre em número ímpar, podendo nomear, também, os respectivos suplentes" (sublinhamos).

11 MOREIRA, Egon Bockmann. *Processo Administrativo*: princípios constitucionais, a Lei 9.784/1999 e o Código de Processo Civil/2015. 5. ed. São Paulo: Malheiros, 2017. p. 204.

12 A aplicabilidade do artigo 7º da Lei de Arbitragem está restrita aos casos de cláusula compromissória vazia ou patológica, em que não seja possível, de plano, a instauração da arbitragem por meio da formação do tribunal arbitral. Assim, caso as partes tenham, desde logo, pactuado cláusula arbitral cheia (que, ainda que indiretamente, viabilize a nomeação dos árbitros) ou compromisso arbitral contendo todos os requisitos legais, não será necessário qualquer intervenção do Poder Judiciário, podendo a parte interessada dar início ao procedimento arbitral a despeito da colaboração da outra.

> §6º Não comparecendo o réu à audiência, caberá ao juiz, ouvido o autor, estatuir a respeito do conteúdo do compromisso, nomeando árbitro único.
> §7º A sentença que julgar procedente o pedido valerá como compromisso arbitral.

Em breve síntese, para atender requisito de procedibilidade, a petição inicial deve (i) demonstrar inequivocamente a resistência da contraparte à instauração da arbitragem[13] e (ii) delimitar o objeto da arbitragem, sendo, ainda, instruída com a convenção arbitral vazia ou patológica. Observadas as regras ordinárias de competência,[14] o magistrado fará o juízo de admissibilidade e receberá a inicial determinando a intimação das partes para comparecerem à audiência una. Em caso de insucesso na celebração consensual de compromisso arbitral, o juiz deverá, ouvidas as partes, decidir a questão suprindo as lacunas da convenção de arbitragem e lavrando compromisso arbitral judicial. A sentença que decidir a ação é, por força de lei, instrumento suficiente para instauração do procedimento arbitral.

Garantindo a efetivação da via arbitral conforme previamente pactuado, a atuação do magistrado nos casos de execução específica da cláusula compromissória é um *minus* em relação à própria arbitragem, sendo sua decisão destinada, apenas e tão somente, a garantir a nomeação de um dos árbitros (ou mais),[15] que, por sua vez, receberá a incumbência de decidir o mérito do litígio. Mas, por alcançar a Administração Pública, o que muda na adequada interpretação e utilização do remédio judicial?

O estudo do descumprimento do poder-dever, particular, próprio e positivo de indicar árbitro (derivado de específico agir cogente e vinculado à manifestação da vontade funcional), interessa especialmente à arbitragem envolvendo os poderes públicos

---

[13] *Cf.* o artigo 6º da Lei de Arbitragem: "Não havendo acordo prévio sobre a forma de instituir a arbitragem, a parte interessada manifestará à outra parte sua intenção de dar início à arbitragem, por via postal ou por outro meio qualquer de comunicação, mediante comprovação de recebimento, convocando-a para, em dia, hora e local certos, firmar o compromisso arbitral".

[14] Oportuno registrar a criação de varas especializadas em arbitragem na maior parte dos tribunais de justiça, em atenção à orientação do CNJ.

[15] Sobre os limites da atuação do magistrado, importa ressaltar que a garantia de nomeação dos árbitros não se dá apenas por intermédio de sua nomeação direta. Pode o juiz, para além de indicar nominalmente o(s) árbitro(s), delegar a tarefa apontando uma instituição arbitral (e seu respectivo regulamento) para administração do conflito.

por instalar situação *sui generis* relacionada à discricionariedade administrativa.

Não obstante se tratar de uma escolha, entende-se que o exercício do dever de indicação do arbitro é de competência vinculada, ainda que venha acompanhado de elemento discricionário em seu conteúdo. A construção proposta remete ao raciocínio de que o ato omissivo por parte da administração gera a inobservância de um dever jurídico que causa dano a terceiro (a parte a quem interessa a instalação da arbitragem), e a solução reside justamente na propositura da ação judicial disciplinada pelo art. 7º da Lei de Arbitragem.

Ao envolver o poder público, a atuação do juiz precisa respeitar pressupostos que regem o regime jurídico de Direito Administrativo e, assim, é dotada de contornos até então estranhos ao seu âmbito originário de aplicação. Ao tempo em que não é o caso de uma contenda que intenciona suprir o desencontro de vontades entre privados, também não diz respeito à reparação derivada de conduta omissiva relativa a atos administrativos discricionários ou vinculados. Trata-se, admitida sua singularidade, de competência translativa intraestatal. Explicamos.

O artigo 11 da Lei nº 9.784/1999 – que regula o processo administrativo no âmbito da Administração Pública federal – dispõe que "[a] competência é irrenunciável e se exerce pelos órgãos administrativos a que foi atribuída como própria, salvo os casos de delegação e avocação legalmente admitidos". No caso em análise, a competência primária para a escolha e indicação de árbitro é do gestor administrativo, mas, sem exercício em tempo e modo certos, esta é, *ope legis*, transferida ao Poder Judiciário. A migração de competência é expressa, eis que o seu contrário equivale à denegação de acesso à justiça.

Considerando tudo aquilo que já tiver sido convencionado pelas partes quando da celebração da convenção arbitral, a sentença deve apontar claramente as razões que motivaram a decisão, atendendo, inclusive, às disposições da nova Lei de Introdução às Normas do Direito Brasileiro.[16]

---

16 Sobre a Lei de Introdução às Normas de Direito Brasileiro (Lei nº 13.655/2018), ver: *Revista de Direito Administrativo*, Rio de Janeiro, nov. 2018. Disponível em: http://bibliotecadigital.fgv.br/ojs/index.php/rda/article/view/77647/74310. Acesso em: 09 dez. 2021.

Em sentido objetivo, quando a Administração deixa de assegurar a necessária nomeação, adotando comportamento avesso à previsão normativa, a Lei de Arbitragem, prestigiando a boa-fé contratual, atribui ao juiz competência substitutiva com o escopo de permitir a efetiva instauração da arbitragem. Há pressuposto normativo explícito no sentido de que, caso a Administração deixe de indicar árbitro, o juiz o fará.

Diante dessa atribuição, o juiz seguirá o rito previsto no art. 7º da Lei nº 9.307/1996, operando indireta e subsidiariamente função administrativa. Isso se revela através da compreensão de que, ao pleitear a tutela específica, o autor recebe uma decisão que supre a ausência de declaração de vontade do réu. Assim, por intermédio da prestação jurisdicional, obtém-se o apoio necessário a garantir o efeito positivo da convenção de arbitragem e o irrefutável acesso à via arbitral.

Como se infere, não cabe à parte escolher se vai ou não viabilizar a composição do tribunal arbitral. Bem vistas as coisas, a inércia não é alternativa juridicamente válida, de modo que o descumprimento omissivo da conduta exigida acarreta inevitáveis consequências. A omissão de fazer o que é estabelecido como certo em lei firma o nexo causal entre a não observância ao dever de indicação de árbitro e a impossibilidade de instauração da arbitragem. Por consequência, esse não fazer gera o efeito necessário de complementação da convenção de arbitragem pela via judicial, ou outra, eleita pelas partes.

A intervenção do Poder Judiciário remove obstáculo que deriva diretamente da conduta de desatendimento ao ato vinculado adotada pela Administração. Assim, a escolha do(s) árbitro(s) reveste-se tão somente da aparência de voluntária, pois a Lei de Arbitragem impõe aos seus usuários atribuição expressa de ordem específica: o dever de indicar árbitro em tempo e modo certos.

Referências

CLAY, Thomas. El mercado del arbitraje. *Revista Brasileira de Arbitragem*, Curitiba, v. 11, n. 41, abr./jun. 2014.

LEMES, Selma Ferreira. *Arbitragem em números e valores*. Oito Câmaras. 2 anos. Período de 2018 (jan./dez.) a 2019 (jan./dez.). Disponível em: http://selmalemes.adv.br/artigos/Analise-Pesquisa-ArbitragensNseValores-2020.pdf. Acesso em: 09 dez. 2021.

MOREIRA, Egon Bockmann. *Processo Administrativo*: princípios constitucionais, a Lei 9.784/1999 e o Código de Processo Civil/2015. 5. ed. São Paulo: Malheiros, 2017.

PUGLIESE, Antonio Celso Fonseca; SALAMA, Bruno Meyerhof. A economia da arbitragem: escolha racional e geração de valor. *Revista GV*, São Paulo, v. 4, n. 1, jan./jun. 2008.

RICCI, Edoardo Flavio. *Lei de Arbitragem Brasileira*: oito anos de reflexão: questões polêmicas. São Paulo: Revista dos Tribunais, 2004.

Informação bibliográfica deste texto, conforme a NBR 6023:2018 da Associação Brasileira de Normas Técnicas (ABNT):
CRUZ, Elisa Schmidlin. Arbitragem, poderes púbicos e a escolha do(s) árbitro(s): dever vinculado ou discricionário?. *In*: CUÉLLAR, Leila; MOREIRA, Egon Bockmann; GARCIA, Flávio Amaral; CRUZ, Elisa Schmidlin. *Direito Administrativo e Alternative Dispute Resolution*: arbitragem, *dispute board*, mediação e negociação. Com comentários à legislação do Rio de Janeiro, São Paulo, Rio Grande do Sul e União sobre arbitragem e mediação em contratos administrativos e desapropriações. 2. ed. Belo Horizonte: Fórum, 2022. p. 259-267. ISBN 978-65-5518-404-4.

ARBITRAGEM, ADMINISTRAÇÃO PÚBLICA E A NOVA LEI DE INTRODUÇÃO[1]

EGON BOCKMANN MOREIRA

Se no começo eram a dúvida e a resistência, hoje é pacífica a incidência da Lei de Arbitragem a controvérsias que envolvam a Administração Pública brasileira. Muito embora a versão original da Lei nº 9.037/1996 já autorizasse a instalação de procedimentos arbitrais sobre assuntos de Direito Administrativo – tanto mediante cláusulas compromissórias quanto por meio de compromissos arbitrais –, fato é que o conservadorismo e o trato ortodoxo do princípio da legalidade exigiram a positivação da Lei nº 13.219/2015, que acrescentou dispositivos expressos sobre o tema (em especial o §1º do art. 1º: "A administração pública direta e indireta poderá utilizar-se da arbitragem para dirimir conflitos relativos a direitos patrimoniais disponíveis").

Note-se que a letra da lei se valeu da expressão "administração pública" em caixa baixa, sem maiúsculas, muito provavelmente para não restringir sua aplicação ao Poder Executivo, eis que parte da doutrina – igualmente tradicionalista – reserva caráter subjetivo à expressão "Administração Pública", oriunda das maiúsculas(!), com incidência apenas a um dos Poderes do Estado em sua função típica.

Contudo, certo é que a Lei de Arbitragem não faz essa restrição: também a ela se submetem os litígios que tenham como parte o Legislativo e o Judiciário, quando do exercício da função administrativa atípica (como se dá nos contratos celebrados pelas respectivas entidades). Tampouco há qualquer restrição de ordem federativa, eis que a arbitragem é processo que encerra jurisdição

---

[1] Uma versão deste ensaio foi publicada no jornal *Gazeta do Povo*, 8 jun. 2018. Disponível em: https:///www.gazetadopovo.com.br/justica/colunistas/egon-bockmann-moreira/arbitragem-administracao-publica-e-a-nova-lei-de-introducao-er5ijd6ikbfhozqn2n-v4zvh6o/. Acesso em: 09 dez. 2021.

específica (assunto cuja competência legislativa é de titularidade da União).

Por isso, hoje se pode dizer que é o próprio princípio da juridicidade que positiva a arbitragem como alternativa a ser obrigatoriamente levada em consideração nos litígios que envolvam a Administração Pública, direta e indireta, de todos os Poderes e entidades federativas. A todos os órgãos e entidades administrativas foi acrescida essa nota distintiva, sem qualquer exceção. Trata-se de competência administrativa universal, portanto. As restrições são objetivas e equivalentes àquelas existentes para as demais pessoas: que os conflitos de interesse sejam circunscritos "a direitos patrimoniais disponíveis" (Lei nº 9.037/1996, art. 1º, *caput*).

Ora, como nos contratos e ajustes administrativos o que a Administração faz é exatamente dispor a respeito de seus interesses, modulando-os à hipótese factual, é por demais evidente que se trata de campo fértil a soluções por meio da arbitragem.

Na medida em que a Administração disponibiliza os editais e minutas de contratos, constituindo novas relações jurídicas com particulares (com densidade e características próprias, caso a caso), nada de espantoso em se constatar o óbvio: se houve a disponibilidade prévia por parte da autoridade competente, essa característica persiste firme nos conflitos de interesse que porventura dela resultarem. Uma vez dentro dos negócios jurídicos administrativos, o ato de disposição de tais interesses convola-se em direitos e obrigações disponíveis, cuja fonte imediata não é a lei, mas, sim, o pacto.

Quem pode o mais (elaborar o edital e o contrato, especificando direitos e obrigações), pode o menos (submeter os conflitos oriundos do exercício de tais direitos e obrigações ao juízo arbitral). As restrições resultarão apenas se a cláusula contratual fizer remissão à aplicabilidade imediata da lei, trazendo para dentro do contrato deveres normativos com fonte primária legal – mas, a bem da verdade, aqui não se estará discutindo o contrato, mas a aplicação indeclinável de deveres legais, cujo controle escapa à arbitragem.

De qualquer modo, fato é que a sentença arbitral, a propósito de tais conflitos de interesse, poderá implicar a alteração de situações jurídicas pré-constituídas, com decisões executórias que julguem rescindido determinado contrato (em desfavor de qualquer uma das partes), ou mesmo decretem a nulidade de alguma de suas cláusulas e/ou indenizações e reequilíbrios.

O julgamento do tribunal arbitral haverá de ser obediente à legalidade (*rectius*: "será sempre de direito", como preceitua o artigo 1º, §3º, da Lei de Arbitragem, orientado pelo mandamento de "atuação conforme a lei e o Direito", positivado pela Lei nº 9.784/1999 em seu art. 2º, parágrafo único, inc. I).

À toda evidência, as sentenças arbitrais não serão apenas decisões executórias da letra fria da lei (meramente declaratórias), haverão de ser muito mais do que isso, tal como aquelas do Poder Judiciário, constatação que traz consigo a incidência da nova Lei de Introdução às Normas do Direito Brasileiro (LINDB) – Decreto-Lei nº 4.657/1942, com dispositivos acrescentados pela Lei nº 13.655/2018 –, cujos preceitos se dirigem especificamente a litígios que versem sobre atos, contratos e ajustes de Direito Administrativo. Em vigor desde o dia 25 de abril de 2018, os 10 novos artigos da LINDB são verdadeiros condicionantes de validade das sentenças que dizem respeito a decisões afetas à esfera administrativa do Estado brasileiro. Alguns dos artigos merecem especial atenção frente à Lei de Arbitragem, como demonstrado pelo par de exemplos abaixo.

Em primeiro lugar e da mesma forma que os tribunais arbitrais não podem proferir decisões violadoras do ato jurídico perfeito, do direito adquirido e da coisa julgada (LINDB, art. 6º, §§1º a 3º), tampouco elas podem ser proferidas "com base em valores jurídicos abstratos sem que sejam consideradas as consequências práticas da decisão" (LINDB, art. 20, *caput*). Se o fizerem, haverão de demonstrar "a necessidade e a adequação da medida imposta ou da invalidação de ato, contrato, ajuste, processo ou norma administrativa, inclusive em face das possíveis alternativas" (LINDB, art. 20, parágrafo único).

Por outro lado, o art. 21 da LINDB preceitua que as sentenças que decretarem "a invalidação de ato, contrato, ajuste" certamente necessitarão também "indicar de modo expresso suas consequências jurídicas e administrativas", isso muito embora a redação do artigo mencione "decisão" proferida "nas esferas administrativa, controladora ou judicial". Afinal e a toda evidência, trata-se de rol exemplificativo, que, seja por interpretação extensiva, seja por analogia, deverá ser aplicado às arbitragens (sob pena, inclusive, de potencial controle de nulidade da sentença pelo Poder Judiciário – fragilidade que precisa ser evitada ao máximo).

O mesmo se diz quanto ao parâmetro interpretativo preceituado pelo art. 22 da LINDB, ao estabelecer o seguinte critério de equidade: "Na interpretação de normas sobre gestão pública, serão considerados os obstáculos e as dificuldades reais do gestor e as exigências das políticas públicas a seu cargo, sem prejuízo dos direitos dos administrados". Isto é, o princípio da juridicidade determina que os julgadores – sejam eles da Administração, do Judiciário ou da arbitragem – não desprezem o mundo dos fatos, as efetivas circunstâncias e a exigibilidade da vida real que levaram o gestor a adotar esta ou aquela decisão administrativa.

Isso, porém, é só o começo. Como se nota com clareza nesses poucos exemplos da nova Lei de Introdução, os tribunais arbitrais precisam estar atentos não só aos contratos e normas (legais e regulamentares) que os regem, mas também e especialmente a tais condições de validade normativa para toda e qualquer decisão que pretenda arbitrar atos, procedimentos e contratos administrativos.

Referência

MOREIRA, Egon Bockmann. Arbitragem, administração pública e a Nova Lei de Introdução. *Gazeta do Povo*, 8 jun. 2018. Disponível em: https:///www.gazetadopovo.com.br/justica/colunistas/egon-bockmann-moreira/arbitragem-administracao-publica-e-a-nova-lei-de-introducao-er5ijd6ikbfhozqn2nv4zvh6o/. Acesso em: 09 dez. 2021.

Informação bibliográfica deste texto, conforme a NBR 6023:2018 da Associação Brasileira de Normas Técnicas (ABNT):
MOREIRA, Egon Bockmann. Arbitragem, Administração Pública e a nova Lei de Introdução. *In*: CUÉLLAR, Leila; MOREIRA, Egon Bockmann; GARCIA, Flávio Amaral; CRUZ, Elisa Schmidlin. *Direito Administrativo e Alternative Dispute Resolution*: arbitragem, *dispute board*, mediação e negociação. Com comentários à legislação do Rio de Janeiro, São Paulo, Rio Grande do Sul e União sobre arbitragem e mediação em contratos administrativos e desapropriações. 2. ed. Belo Horizonte: Fórum, 2022. p. 269-272. ISBN 978-65-5518-404-4.

ADMINISTRAÇÃO PÚBLICA, ARBITRAGEM E CONTROLE EXTERNO[1]

EGON BOCKMANN MOREIRA

Se um dia houve incertezas, hoje é inequívoco que a Administração Pública brasileira pode se valer de métodos autônomos e não adversariais para a solução de controvérsias (conciliação e mediação), bem como recorrer a soluções heterônomas e não jurisdicionais (arbitragem). Melhor dizendo: a Administração Pública tem o dever de se esforçar ao máximo para prestigiar aquela solução que, simultaneamente, não resulte na multiplicação de ações perante o Poder Judiciário e concretize a boa-fé e a eficiência. A antiga regra do ajuizamento irrestrito de demandas atualmente precisa ser compreendida como exceção. Assim, o prestígio ao interesse público exige que se evitem os conflitos, mas, caso surjam os impasses, a solução precisa evitar o acesso ao Judiciário – que só pode ser acionado em último caso.

Isto é, na justa medida em que técnicas extrajudiciais para a resolução de conflitos são expressamente previstas em vários diplomas normativos – por exemplo, Lei nº 9.037/1996, Resolução CNJ nº 125/2010, Lei nº 13.105/2015 e Lei nº 13.140/2015 –, todas essas opções são prestigiadas pelo princípio da legalidade como equivalentes à jurisdição. Está positivado no ordenamento jurídico brasileiro o sistema do tribunal multiportas – no qual não existe uma só alternativa cogente para a solução de qualquer controvérsia, mas várias (algumas sucessivas), todas à disposição da Administração Pública. Quem regerá a escolha administrativa será a combinação do caso concreto com a norma jurídica que o rege (legal, regulamentar

---

1 Uma versão deste ensaio foi publicada no jornal *Gazeta do Povo*, 13 nov. 2017. Disponível em: https://www.gazetadopovo.com.br/justica/colunistas/egon-bockmann-moreira/administracao-publica-arbitragem-e-controle-externo-4716pmigha5z0l6u2zw07v28d/. Acesso em: 09 dez. 2021.

e contratual), em vista dos direitos e interesses postos em jogo, o que importa à positivação automática de competências administrativas equivalentes, advindas das novas leis.

Com efeito, não se imagina que a legalidade possa ser deixada de lado pela Administração Pública, isso desde o momento prévio (a definição da modalidade que será aplicada para a solução do conflito, quando couber) até aquele posterior (a aplicação/incidência da decisão de modo *erga omnes*, inclusive com o necessário respeito pelos órgãos de controle externo). Todas essas competências merecem ser exercitadas de modo eficiente, de molde a não frustrar o desiderato normativo. Não se pode supor como inexistentes ou ineficazes as leis definidoras de conciliação, mediação e arbitragem. Não há administradores públicos imunes a elas. Afinal, institucionalizam deveres imputados aos respectivos agentes, tanto *ex ante* (a escolha, discricionária ou vinculada, do método de solução e respectivo tribunal) quanto *ex post* (a deferência ao resultado e sua eficácia).

Em outras palavras, o que o princípio da legalidade dá com uma mão, ele não tira com a outra. A mesma ordem jurídica que exige obediência a específicas condições para a celebração de contratos (licitações, procedimentos, critérios, impedimentos etc.) preceitua que a solução para os eventuais conflitos que surgirem nesses mesmos pactos deverão ser solucionados por meio de determinadas técnicas (conciliação, mediação, arbitragem etc.). Quem positiva esses deveres-poderes é a lei, a ser executada por meio da função administrativa do Estado. Isso implica a reconfiguração objetiva da competência outrora detida pelos respectivos agentes públicos.

Com a nova legalidade substancial relativa à conciliação, mediação e arbitragem, as competências administrativas foram modificadas, *ope legis*, ao seu interno. Houve a mutação material do título jurídico que habilita este ou aquele agente público a praticar determinados atos administrativos. Nenhum deles detém competência para revogar administrativamente nem a Lei de Arbitragem, nem a de Mediação, nem, muito menos, o Código de Processo Civil (entre outros diplomas). Ao contrário: devem-lhes plena aplicação, sob pena de concretizarem condutas *contra legem*. Por isso que precisam cumprir os deveres públicos de conciliar, servirem-se de mediadores e, quando disso não advier resultado positivo, procurarem a arbitragem.

Todavia, como se dá a aplicação dessas normas em face dos órgãos de controle externo? A resposta é simples: exatamente da mesma forma, em obediência ao princípio da legalidade. Afinal de contas, também o Ministério Público e os tribunais de contas submetem-se à lei e ao direito (Constituição Federal, artigo 37; Lei nº 9.784/1999, artigo 2º, parágrafo único, inciso I). Exercitam condutas *secundum legis*. Assim, ao redefinirem competências administrativas, as leis reconfiguraram, de modo equivalente e simétrico, as competências dos órgãos de controle. Todos eles integram o Estado e exercem função administrativa (não jurisdicional, não legislativa). Em decorrência, devem respeito à conciliação, mediação e arbitragem promovidas pela Administração Pública.

Os órgãos de controle precisam tratar com deferência institucional o cumprimento da lei – e de cláusulas contratuais – por parte do gestor público. Não podem se imiscuir no mérito da decisão adotada em sede de conciliação, mediação e arbitragem – como se pudessem se substituir ao administrador público e/ou à corte arbitral e produzir soluções "melhores" ou "mais adequadas". Essa ordem de invasão institucional implica subversão ao princípio da legalidade. Para nos valermos de expressão clássica, importa invadir o "mérito" das decisões e substituir-se ao órgão que a lei definiu como competente (a própria Administração, na conciliação e mediação; a corte arbitral, na arbitragem).

Inclusive, tal obstáculo significa a impossibilidade de tais órgãos de controle externo pretenderem se substituir aos tribunais arbitrais – seja para impedir a sua instalação, seja para declarar a invalidade de cláusulas (inclusive a compromissória, direta ou indiretamente), seja para usurpar a competência quanto ao mérito da decisão final. Por exemplo, caso o contrato administrativo possua uma cláusula compromissória fechada, o Tribunal de Contas está impedido de pretender substituir-se à câmara arbitral e julgar o contrato (inclusive quanto à sua validade). Isso, quando menos, em razão do princípio da *Kompetenz-Kompetenz* (Lei nº 9.307/1996, artigo 8º, §1º), que torna privativa a competência do próprio tribunal arbitral para apreciar a controvérsia e definir se é (ou não) competente para julgá-la. Ou seja, o Tribunal de Contas, o Ministério Público e o próprio Poder Judiciário não detêm competência para dizer se a corte arbitral pode (ou não) conhecer do caso concreto. Só quem pode fazer isso – inclusive para decidir pela própria incompetência – é o órgão arbitral definido no contrato administrativo.

Pode-se cogitar, inclusive, casos em que órgãos de controle determinem que a Administração Pública instale a arbitragem – ou cumpra as determinações da sentença arbitral. Isto é, diante de um caso em que exista potencial conflito de interesses ou práticas deletérias ao interesse público, no qual o agente público e a pessoa privada se omitam quanto ao cumprimento da cláusula compromissória, nada impede que o Tribunal de Contas ou o Ministério Público faça com que o tribunal arbitral seja instalado, ordenando ao agente responsável que isso se dê (sob pena de punição individual), o que representará a exigência institucional ao cumprimento da lei e do contrato. Afinal de contas, não se pode supor que a cláusula compromissória possa significar omissão indevida do dever de boa administração.

Em conclusão e como se mencionou na abertura deste texto, fato é que a conciliação, mediação e arbitragem fazem parte do ordenamento jurídico brasileiro, inclusive em sede de Direito Administrativo. O que hoje se demanda é a aplicação das leis que as instituíram, especialmente pelo próprio Estado.

Referência

MOREIRA, Egon Bockmann. Administração pública, arbitragem e controle externo. *Gazeta do Povo,* 13 nov. 2017. Disponível em: https://www.gazetadopovo.com.br/justica/colunistas/egon-bockmann-moreira/administracao-publica-arbitragem-e-controle-externo-4716pmigha5z0l6u2zw07v28d/. Acesso em: 09 dez. 2021.

Informação bibliográfica deste texto, conforme a NBR 6023:2018 da Associação Brasileira de Normas Técnicas (ABNT):
MOREIRA, Egon Bockmann. Administração Pública, arbitragem e controle externo. *In*: CUÉLLAR, Leila; MOREIRA, Egon Bockmann; GARCIA, Flávio Amaral; CRUZ, Elisa Schmidlin. *Direito Administrativo e Alternative Dispute Resolution*: arbitragem, *dispute board*, mediação e negociação. Com comentários à legislação do Rio de Janeiro, São Paulo, Rio Grande do Sul e União sobre arbitragem e mediação em contratos administrativos e desapropriações. 2. ed. Belo Horizonte: Fórum, 2022. p. 273-276. ISBN 978-65-5518-404-4.

ARBITRAGEM, ADMINISTRAÇÃO PÚBLICA E CONFIDENCIALIDADE[1]

EGON BOCKMANN MOREIRA

Consolidada a certeza de que a arbitragem se aplica a controvérsias em que a Administração Pública seja parte, necessário o exame de seus aspectos primordiais. Este artigo versará a respeito da colisão entre publicidade administrativa e confidencialidade dos procedimentos arbitrais. A bem da verdade, ele se prestará a demonstrar que não existe tal oposição. O princípio da publicidade dos atos, processos e contratos administrativos convive muito bem com o sigilo próprio da arbitragem. O que se faz necessário é a eventual gradação – subjetiva, objetiva e cronológica – da publicidade e do sigilo.

Ao contrário dos processos judiciais, em que a publicidade é a regra, nas arbitragens, ela é a exceção. Nesses procedimentos privados, pautados pela autonomia da vontade das partes, a premissa é a do sigilo, cuja matriz é a livre escolha dos envolvidos em não se submeterem à jurisdição estatal. Tal opção à arbitragem – que necessita de ser expressa – faz com que aquilo que era sigiloso no negócio jurídico originário assim persista quando da solução de eventuais controvérsias por terceiros. As partes posicionam o bom andamento dos negócios acima dos litígios e impedem que o próprio conflito seja levado a conhecimento público.

Por isso que aos árbitros é estabelecido o dever de discrição (Lei nº 9.307/1996, art. 13, §6º). Trata-se de mandamento legal, pouco importa quem sejam as partes – câmaras ou tribunais arbitrais. Os árbitros não dispõem de escolha quanto ao silêncio. Veja bem: discrição é qualidade daquele que é comedido e, por isso, não revela segredos de outrem. Essa obrigação legal, no mais das vezes,

[1] Uma versão deste ensaio foi publicada no jornal *Gazeta do Povo*, 9 nov. 2018. Disponível em: https://www.gazetadopovo.com.br/justica/colunistas/egon-bockmann-moreira/arbitragem-administracao-publica-e-confidencialidade-5aedj771xjw25bzzgt1kda594/. Acesso em: 09 dez. 2021.

é reforçada nos regulamentos das câmaras de arbitragem. Isso faz com que, ao acolherem esta ou aquela câmara, as partes envolvidas prestem aderência a tais regulamentos e os incorporem ao seu relacionamento no curso da arbitragem, expandindo a determinação normativa quanto à reserva. Isso faz com que o dever cometido aos árbitros abranja também as partes, advogados e terceiros participantes. O importante é que as câmaras, os árbitros e todos os demais envolvidos (secretários, peritos, testemunhas, funcionários etc.) cumpram à risca o dever de confidencialidade – a não ser que as partes decidam expressamente em sentido contrário. Aqui está o dever de preservação objetiva da arbitragem como instituto jurídico que preza pela discrição. Tanto isso é verdade que o art. 189 do Código de Processo Civil (CPC) blindou o procedimento arbitral, caso levado ao Poder Judiciário, excetuando a publicidade: "Os atos processuais são públicos, todavia tramitam em segredo de justiça os processos: (...) IV – que versem sobre arbitragem, inclusive sobre cumprimento de carta arbitral, desde que a confidencialidade estipulada na arbitragem seja comprovada perante o juízo".

Note-se, porém, que tal confidencialidade não é absoluta. Exceção feita ao indeclinável dever dos árbitros, ela pode ser superada por manifestação de vontade unânime das partes ou através de previsão normativa que excepcione a obrigação de sigilo. Por exemplo, companhias abertas têm o dever de divulgar informações sobre fato relevante assim qualificado pela Instrução CVM nº 358/2002: "Qualquer decisão de acionista controlador, deliberação da assembléia geral ou dos órgãos de administração da companhia aberta, ou qualquer outro ato ou fato de caráter político-administrativo, técnico, negocial ou econômico-financeiro ocorrido ou relacionado aos seus negócios que possa influir de modo ponderável: I – na cotação dos valores mobiliários de emissão da companhia aberta ou a eles referenciados; II – na decisão dos investidores de comprar, vender ou manter aqueles valores mobiliários; III – na decisão dos investidores de exercer quaisquer direitos inerentes à condição de titular de valores mobiliários emitidos pela companhia ou a eles referenciados" (art. 2ª). Isso inclusive no que respeita a "procedimento administrativo ou arbitral que possa vir a afetar a situação econômico-financeira da companhia" (Instrução CVM 358/2002, art. 2º, parágrafo único, inc. com redação dada pela Instrução CVM nº 590/2017). Em tais casos, tanto o contrato quanto o regulamento da câmara e a vontade das partes são atenuados.

Esse é o cenário da arbitragem entre pessoas privadas, que se submete a determinadas especificidades quando nela ingressam os poderes públicos na condição de parte. Afinal, a Administração Pública brasileira deve obediência ao princípio da publicidade, de forma ativa (dever de levar a conhecimento público os atos e fatos administrativos) e passiva (dever de prestar as informações requeridas pelo público).

Como fica, portanto, a aplicação desse princípio nos procedimentos arbitrais? Bem vistas as coisas, pouco ou nada se altera, isso porque a publicidade é subjetiva e diz respeito à esfera própria dos órgãos e entidades vinculados aos poderes públicos. Estes – e não os tribunais arbitrais, nem, muito menos, os próprios árbitros – têm de cumprir deveres relativos a tornarem públicos os atos e fatos da arbitragem, publicidade essa que deve atender às circunstâncias da controvérsia. Afinal de contas, também na esfera pública, a publicidade não é absoluta; pode ser derrogada e/ou suspensa em vista do conteúdo da informação e respectivas repercussões sociais, políticas e administrativas.

Com efeito, apesar de o sigilo, previsto também na Lei de Acesso à Informação (Lei nº 12.527/2011), ser exceção a documentos, atos e fatos pertinentes a negócios públicos, fato é que pode existir e, uma vez definido, deve ser respeitado em nível máximo. Isso, inclusive, quanto a informações e documentos produzidos ou manuseados pelo próprio Estado – pouco importa perante quais pessoas ou instituições. Todas as informações que sejam sigilosas necessitam de ser protegidas ativamente, também em sede de procedimentos arbitrais. Essa percepção não é única da arbitragem, mas faz parte do cotidiano dos poderes públicos.

Por exemplo, nada obstante a natural publicidade dos órgãos de controle, o Tribunal de Contas da União editou a Resolução-TCU nº 254/2013, por meio da qual disciplina o resguardo de informações específicas – como, por exemplo, aquelas blindadas pelo "sigilo fiscal, bancário, de operação e serviços no mercado de capitais, comercial, profissional e industrial, bem assim aquelas envolvendo segredo de justiça e denúncias". Tal como os órgãos de controle externo – que se submetem à dupla incidência do princípio da publicidade (de seus atos e dos da administração controlada) – podem atenuar, a depender do caso concreto e respectiva fundamentação, o livre acesso às informações, o mesmo se dá nas arbitragens.

Assim, pode-se falar em níveis, subjetivos, objetivos e cronológicos, quanto à confidencialidade na arbitragem. Uma coisa é o sigilo cometido legislativamente aos árbitros; outra, é o dever de a Administração, na condição de parte no procedimento, cumprir o dever de publicidade. Também o conteúdo das informações pode se submeter a graus distintos de publicidade: aquelas que são blindadas por sigilo anterior à própria arbitragem assim permanecerão para todos os envolvidos e terceiros. O mesmo se diz quanto à cronologia da publicidade: em vista da privacidade do procedimento, não pode ser de acesso imediato a terceiros – mas, uma vez proferida a sentença, nada obsta que atas e gravações das sessões sejam disponibilizadas ao público. Cada caso definirá as peculiaridades e os níveis – subjetivo, objetivo e cronológico – da confidencialidade, que precisará constar de decisão fundamentada (preferencialmente, a constar desde a ata de missão).

O mais importante é tomarmos consciência de que a confidencialidade não se destina a proteger nem as partes, nem os árbitros, nem os tribunais arbitrais, nem as câmaras institucionais. Visa à defesa do próprio instituto da arbitragem. Assim precisa ser compreendida e preservada.

Referência

MOREIRA, Egon Bockmann. Arbitragem, Administração Pública e confidencialidade. *Gazeta do Povo*, 9 nov. 2018. Disponível em: https://www.gazetadopovo.com.br/justica/colunistas/egon-bockmann-moreira/arbitragem-administracao-publica-e-confidencialidade-5aedj771xjw25bzzgt1kda594/. Acesso em: 09 dez. 2021.

Informação bibliográfica deste texto, conforme a NBR 6023:2018 da Associação Brasileira de Normas Técnicas (ABNT):
MOREIRA, Egon Bockmann. Arbitragem, Administração Pública e confidencialidade. *In*: CUÉLLAR, Leila; MOREIRA, Egon Bockmann; GARCIA, Flávio Amaral; CRUZ, Elisa Schmidlin. *Direito Administrativo e Alternative Dispute Resolution*: arbitragem, *dispute board*, mediação e negociação. Com comentários à legislação do Rio de Janeiro, São Paulo, Rio Grande do Sul e União sobre arbitragem e mediação em contratos administrativos e desapropriações. 2. ed. Belo Horizonte: Fórum, 2022. p. 277-280. ISBN 978-65-5518-404-4.

DEVER DE REVELAÇÃO DOS ÁRBITROS E HIGIDEZ DAS SENTENÇAS ARBITRAIS: É PASSADA A HORA DE COMPARTILHAMENTO DAS RESPONSABILIDADES[1]

EGON BOCKMANN MOREIRA
ELISA SCHMIDLIN CRUZ

Nos últimos meses, a comunidade arbitral vem sendo surpreendida por decisões judiciais que acolheram impugnações a sentenças arbitrais, algumas das quais fundamentadas na suposta ausência de imparcialidade/independência de integrantes do tribunal arbitral. Nestas ações, o exercício do dever de revelação (e não a efetiva parcialidade) é elo de conexão.

Note-se que a seleção e indicação dos árbitros pelas partes é um dos grandes diferenciais da arbitragem. Em conflitos de alta complexidade, a escolha de julgador com *expertise* técnica é prerrogativa que justifica *per se* esta via de resolução de conflitos. Porém, a tecnicidade não é requisito único. Disponibilidade, imparcialidade e independência também integram os deveres a ser observados antes do aceite e durante o exercício da função de árbitro.

Por derivar da confiança, a legitimidade dos árbitros depende de credibilidade não-presumida. Na ausência de parâmetros claros e objetivos, o árbitro apontado, ao escrutinar possíveis conflitos, pode não identificar ou simplesmente não considerar relevante determinado fato ou circunstância que, aos olhos de uma das partes, "[...] denote dúvida justificada quanto à sua imparcialidade e independência" (LBA, art. 14, §1º).

1 Uma versão deste artigo foi publicada no *Jota*, em 02.04.2021, seção Opinião & Análise. Conferir em: https://www.jota.info/opiniao-e-analise/artigos/dever-de-revelacao-dos-arbitros-e-higidez-das-sentencas-arbitrais-02042021.

Não por outro motivo, o incidente de impugnação e recusa é direito reconhecido na Lei nº 9.307/1996 (LBA). O art. 15 é nítido ao legitimar qualquer das partes a endereçar o requerimento. Basta que o faça nos termos do art. 20 da LBA: na primeira oportunidade, sob pena de preclusão. Sua finalidade é assegurar a regular e legítima constituição do tribunal arbitral.

Com maior recorrência, nos casos de tribunal tríplice, a exceção é levada a cabo pela parte contrária daquela que fez a indicação do coárbitro. Em se tratando de (i) árbitro único; (ii) presidente do tribunal; ou (iii) árbitros indicados pela instituição, qualquer das partes poderá exercer o direito de recusa. Caso haja dúvida fundamentada quanto à parcialidade ou outro motivo justificado, as partes poderão oferecer impugnação. A decisão é sensível e tem seu preço.

Isso porque a exceção de impugnação e recusa onera a arbitragem em duas frentes: tempo e custo. Os dois elementos devem ser estrategicamente considerados pela parte que intende suscitar o incidente. Quanto ao tempo, os potenciais efeitos na dinâmica procedimental merecem cuidado: é possível que diversos atos sejam afetados na hipótese de afastamento do árbitro. No que diz respeito ao custo, algumas instituições exigem o pagamento de taxas para processar a impugnação, cuja responsabilidade é da parte suscitante. Com esse ônus, cria-se mecanismo de contenção para alegações frívolas e descabidas.

Ainda que não seja possível delimitar uma única sequência de atos, a prática demonstra que a exceção será formulada por escrito e endereçada à autoridade responsável por decidir a questão. Em que pese o art. 15 da LBA indicar que ela será feita "diretamente ao árbitro ou ao presidente do tribunal arbitral", nos procedimentos institucionais existirá previsão regulamentar de órgão decisório imbuído da tarefa de solucionar os casos de impugnação e recusa.

Quanto ao conteúdo, as alegações devem ser técnicas, objetivas, fundamentadas e, sempre que possível, acompanhadas de prova relevante. Não se trata de um passeio no parque, tampouco se permite a irresponsabilidade da parte impugnante. Os fundamentos estão sedimentados no art. 14 da LBA, mas podem ser elastecidos ou complementados por ajuste das partes. É possível identificar, por exemplo, motivadores substanciais não previstos em lei, como a impossibilidade de atuação de fato (*e.g.* ausência de conhecimento técnico) e de direito (*v.g.* perda da capacidade legal).

Seja precedente ou posterior à constituição do tribunal, o procedimento de impugnação gera incidente processual, sem, contudo, instaurar contencioso paralelo entre o profissional impugnado e as partes. A sistemática padrão preconiza que, uma vez recusado, o árbitro prestará informações (e não defesa) em relação aos fatos suscitados. Alguns regulamentos admitem o contraditório pela parte que indicou o árbitro impugnado (a lei nada diz a respeito).

Assim, o árbitro e a contraparte – quando for o caso – responderão por escrito, sendo recomendado que suas respectivas manifestações estejam cuidadosamente adstritas aos fatos alegados, resguardando o indispensável profissionalismo e neutralidade. A boa prática exige respaldo nas diretrizes internacionalmente aceitas e nas regras gerais que disciplinam a arbitragem.

A situação é delicada e exige tranquilidade do árbitro, que poderá renunciar ou prestar informações para subsidiar a decisão (i) do tribunal arbitral ou, se for o caso, (ii) da câmara de arbitragem/ comitê especial. Importa registrar que eventual renúncia não configura aceitação dos fatos alegados, tampouco reconhecimento de parcialidade ou ausência de independência. Quando necessária, a decisão colegiada dos outros árbitros ou da instituição arbitral será terminativa, não comportando revisão ou recurso.

Conforme a legislação brasileira, todo o procedimento de impugnação será conduzido na fase arbitral, sendo incabível a propositura de ação judicial com idêntica finalidade. Aliás, a análise do pedido de recusa dentro da própria arbitragem reserva à jurisdição estatal controle posterior da decisão, permitindo a arguição da matéria em sede de anulação da sentença arbitral (LBA, art. 32, incs. II e VIII).

E aqui subjaz a questão central que motiva a redação desta breve inquietação: se é censurável a indicação de árbitros não imparciais e independentes, também o é o abuso do mecanismo de impugnação – mais ainda quando travestido da roupagem dada pelo art. 32, VIII da LBA (anulação da sentença arbitral). Assim como a aceitação do encargo pelo árbitro envolve enorme responsabilidade, em situação equivalente está a parte – e seus advogados – que deduz pleitos impugnatórios *a posteriori*, sob o manto da ação anulatória.

Em alguns casos, tal ordem de expediente aproxima-se do abuso de direito: a parte a aguardar a decisão arbitral para, em caso de derrota, arguir a parcialidade do árbitro, muitas vezes recorrendo ao controle objetivo do dever de revelação.

Bem vistas as coisas, a arbitragem é sistema de resolução de litígios que ostenta *status* jurisdicional. Mas um *status* diferenciado, eis que atribui às partes o poder de escolha dos árbitros, com o correspondente dever de zelar pela fidedignidade de tal eleição. Talvez ainda mais do que na jurisdição estatal, a cautela e a segurança jurídica devem prevalecer, o que não quer dizer que toda e qualquer impugnação formulada pelas partes deva ser acolhida (merecendo alguma desconfiança aquelas apresentadas quando já conhecido o resultado final do procedimento).

Dito isso, não obstante existir previsão legal que permita a resolução das questões dessa natureza na própria arbitragem, fato é que o Poder Judiciário sempre será o detentor da *última palavra*. E, diante dos interesses que estão em jogo, é fundamental a análise conservadora de aspectos objetivos e subjetivos, que permita neutralizar táticas dilatórias e tumultuosas. Isso além de qualquer iniciativa que intencione fazer prosperar mera insurgência reflexa quanto ao resultado da arbitragem (blindado pela ausência de sistemática recursal própria).

Ora, não se pode ignorar que, salvo raríssimas e justificadas exceções, muitas vezes a parte aguarda a sentença para questionar a imparcialidade e/ou independência de integrantes do tribunal arbitral. Assim o faz mesmo detendo mecanismo próprio para solucionar o impasse na via arbitral – ao tempo e modo certos.

Há aqui uma linha tênue, mas cirurgicamente eficaz, capaz de deslegitimar grande parte das arguições a respeito da imparcialidade e independência perante o Poder Judiciário: o momento em que a parte tomou conhecimento dos fatos que motivam sua impugnação. Sabedora de que pode impugnar, não será justificada a espera da decisão.

Como microssistema autônomo, a arbitragem não se furta de decidir a questão com prudência técnica e segurança jurídica. Todavia, é preciso que os motivos sejam tempestivamente postos às claras. Assim, se pretendemos garantir a higidez das sentenças arbitrais e manter elevado o prestígio dado à arbitragem pelas mais diversas instâncias do Poder Judiciário, é passada a hora de compartilhamento das responsabilidades.

O dever de revelação segue sendo dos árbitros e deve, sem escusas, ser por eles cumprido na exata extensão que garanta seu pleno atendimento caso a caso. Por outro lado, é daqueles que representam as partes a obrigação de jogar o jogo conforme as regras, desautorizando o emprego de subterfúgios e primando por resolver em arbitragem o que é de arbitragem.

Referências

MOREIRA, Egon Bockmann. CRUZ, Elisa Schmidlin. Dever de revelação dos árbitros e higidez das sentenças arbitrais: é passada a hora de compartilhamento das responsabilidades. *Jota*, 02 abr. 2021. Disponível em: https://www.jota.info/opiniao-e-analise/artigos/dever-de-revelacao-dos-arbitros-e-higidez-das-sentencas-arbitrais-02042021. Acesso em: 15 dez. 2021.

Informação bibliográfica deste texto, conforme a NBR 6023:2018 da Associação Brasileira de Normas Técnicas (ABNT):
MOREIRA, Egon Bockmann; CRUZ, Elisa Schmidlin. Dever de revelação dos árbitros e higidez das sentenças arbitrais: é passada a hora de compartilhamento das responsabilidades. *In*: CUÉLLAR, Leila; MOREIRA, Egon Bockmann; GARCIA, Flávio Amaral; CRUZ, Elisa Schmidlin. *Direito Administrativo e Alternative Dispute Resolution*: arbitragem, *dispute board*, mediação e negociação. Com comentários à legislação do Rio de Janeiro, São Paulo, Rio Grande do Sul e União sobre arbitragem e mediação em contratos administrativos e desapropriações. 2. ed. Belo Horizonte: Fórum, 2022. p. 281-285. ISBN 978-65-5518-404-4.

A DINÂMICA DE CUSTEIO DAS ARBITRAGENS PÚBLICO-PRIVADAS INSTITUCIONAIS: COMPARTILHAMENTO DE DESPESAS E INCENTIVOS DE COOPERAÇÃO[1]

ELISA SCHMIDLIN CRUZ

Introdução: arbitragem e a disponibilidade de recursos para a adequada prestação jurisdicional

O debate em torno da dinâmica de custeio dos procedimentos arbitrais parte da seguinte premissa: a condução de qualquer processo, seja ele judicial ou extrajudicial, custa. Assim, todo mecanismo heterocompositivo que viabilize a administração adequada do litígio, prestigiando a produção de provas pertinentes e a aplicação do Direito com vistas a solucionar o conflito, demanda, concretamente, a destinação de recursos financeiros.

Nesse sentido, quando consideramos a jurisdição tradicional, os altos custos do aparato operacional necessário ao alcance do equacionamento satisfatório da controvérsia são, em grande parte, subvencionados pela máquina pública.[2] Afinal, os magistrados são funcionários públicos, as instalações são mantidas com verbas provenientes do erário, aos cidadãos é assegurado o pleno acesso à

---

1 Trabalho elaborado a partir de reflexões desenvolvidas na dissertação apresentada pela autora como requisito obrigatório para obtenção do título de Mestre em Direito Social e Econômico pela PUCPR. *Arbitragem comercial financiada por terceiros*: um estudo da perspectiva regulatória a partir da Nova Economia Institucional, 2017. Disponível em: https://archivum.grupomarista.org.br/pergamumweb/vinculos//000060/00006088.pdf. Acesso em: 09 dez. 2021.

2 Para um panorama geral do custo da justiça no Brasil contendo, inclusive, análise comparativa com a realidade de outros países, *cf. newsletter* do Observatório de Elites Políticas e Sociais do Brasil: *O custo da Justiça no Brasil*: uma análise comparativa exploratória. Disponível em: http://observatory-elites.org/wp-content/uploads/2012/06/newsletter-Observatorio-v.-2-n.-9.pdf. Acesso em: 09 dez. 2021.

justiça – inclusive com a garantia da gratuidade –, e à Administração Pública é conferida a prerrogativa de litigar sem ônus financeiro,[3] o que não significa dizer que inexiste emprego de recursos em cada demanda que adentra o sistema judiciário.

Em contraponto, a arbitragem – por sua origem privada – não comporta possibilidade de subsídio estatal para fins de mitigação dos (elevados) encargos financeiros decorrentes de sua utilização. Nada obstante, em relações jurídicas enlaçadas à via arbitral, a instauração do procedimento é medida obrigatória, que, por sua vez, pressupõe o pagamento de taxas administrativas, honorários dos julgadores e demais despesas que se fizerem necessárias. Em outras palavras, atribui-se exclusivamente às partes o ônus de custeio.[4]

Aliás, a prática demonstra que a alocação eficiente e equilibrada dos custos é preocupação patente entre os usuários da arbitragem, aqui incluídos árbitros, partes, advogados e outros prestadores de serviços. Como bem salientam Eric A. Schwartz e Yves Derains, "[a] part from the ultimate outcome and the time that may be required for the conduct of an arbitration, there is usually no aspect of the arbitration process that is of greater concern to the parties than cost".[5]

Corroborando tal afirmação, resultado da pesquisa empírica anual sobre arbitragem internacional conduzida pela universidade britânica *Queen Mary*, com suporte do *White & Case LLP*, aponta que o custo foi indicado pelos entrevistados como a pior característica da arbitragem internacional.[6] Intitulado *Improvements and Innovations in Iternational Arbitration*, o estudo foi realizado no ano de 2015 em duas

---

[3] Como acentua Bruno Megna "[a]o litigar na sua própria Justiça (caso dos Estados e da União), a Administração [...] é isenta de custas [...]". *Arbitragem e Administração Pública*: fundamentos teóricos e soluções práticas. Belo Horizonte: Fórum, 2019. p. 172.

[4] No mesmo sentido, *cf.* LEE, João Bosco; VALENÇA FILHO, Clávio. *A arbitragem no Brasil*. 1. ed. Brasília, 2001, p. 28: "[a] justiça estatal, se não gratuita, ao menos não tem finalidade econômica, não sendo necessário que as partes remunerem o juízo. O acesso à justiça arbitral, diversamente, não é gratuito, pois, tratando-se de forma privada de solução de controvérsia, os árbitros e as câmaras são remunerados pelo seu trabalho. Diretamente correlacionado a estas características está o fato de que o juiz é investido do seu poder jurisdicional pelo Estado – o árbitro o é pelas partes".

[5] Foreword. *In*: CREMADES; DIMOLITSA (eds.). *Third Party funding in International Arbitration*: Dossiers – ICC, v. 10. Paris: Kluwer Law International; International Chamber of Commerce (ICC), 2013, p. 5-6.

[6] International Arbitration Survey: *Improvements and Innovations in International Arbitration*. Disponível em: https://www.whitecase.com/sites/whitecase/files/files/download/publications/qmul-international-arbitration-survey-2015_0.pdf. Acesso em: 09 dez. 2021.

fases: os resultados da primeira fase, quantitativa, foram obtidos através de 763 questionários respondidos *on-line*; e, para aferir os resultados da segunda fase, qualitativa, foram feitas 105 entrevistas pessoais. Questionados sobre qual seria, na sua percepção individual, a pior característica arbitragem internacional, 68% (sessenta e oito por cento) dos respondentes informaram o *custo*.[7]

Revela-se, assim, dilema que precisa ser enfrentado com atenção nas arbitragens envolvendo os poderes públicos: a voluntariedade que dá vida à arbitragem instala inafastável dever de custeio pelos próprios litigantes.[8] Por isso, a indisponibilidade de recursos pode gerar uma série de incentivos e sanções, que culminam em potencial desequilíbrio de poder e interação disfuncional entre as partes envolvidas.[9]

É com essa visão que se pretende oferecer algumas reflexões sobre a dinâmica de custeio das arbitragens público-privadas. Para tanto, partindo da perspectiva prática, serão considerados conceitos,

---

7 Merece menção o resumo do relatório no tópico (p. 11) The worst characteristics of arbitration: "We also asked respondents what they perceived as the worst characteristics of international arbitration. 'Cost' was by far the most complained of characteristic, followed by 'lack of effective sanctions during the arbitral process', 'lack of insight into arbitrators' efficiency' and 'lack of speed'. The common denominator of these characteristics is that they relate to the internal workings of the arbitral system which can be influenced by its stakeholders. Factors such as 'lack of third party mechanism' or 'national court intervention', which are not within the control of stakeholders, were listed markedly less often. Dissatisfaction with these four characteristics, particularly when encountered together, was also a recurring theme in the interviews. The lack of effective sanctions during the arbitral process was thought to fail to incentive efficiency by counsel, whilst the desire to appoint productive arbitrators was hindered by lack of insight into arbitrators' efficiency. Interviewees often stated that these two characteristics caused delay, which in turn resulted in increased cost. A desire for more transparency regarding arbitrator performance to allow for informed appointments by parties was also articulated in the 2010 Survey. Whilst a number of institutions have introduced feedback mechanisms on both institution and arbitrator performance, the results of the current survey suggest that this concern has yet to be addressed sufficiently" (International Arbitration Survey: Improvements and Innovations in International Arbitration. Disponível em: https://www.whitecase.com/sites/whitecase/files/files/download/publications/qmul-international-arbitration-survey-2015_0.pdf. Acesso em: 09 dez. 2021.

8 Rememorando Yves Derains, "[t]hat there is no such thing as a free lunch remains a debatable statement. But that there is no such thing as a free arbitration is not" (Foreword. *In*: CREMADES; DIMOLITSA (Eds.). *Third Party funding in International Arbitration*: Dossiers – ICC, v. 10. Paris: Kluwer Law International; International Chamber of Commerce (ICC), 2013, p. 5-6).

9 A respeito da interferência gerada pela alocação dos custos no comportamento das partes na arbitragem *cf.* GONZÁLES DE COSSIO, Francisco. *Arbitraje*. 4. ed. Guadalajara: Porrúa, 2014. p. 1.410.

regramentos e modais usualmente aplicados na distribuição dos custos do procedimento arbitral e, então, analisados incentivos que diferentes alocações podem ocasionar.

1 Os custos do procedimento arbitral institucional e a antecipação das despesas: panorama prático a partir dos regulamentos

Aspecto importante a ser avaliado por partes e advogados no momento da opção pela arbitragem é o custo. Os valores despendidos para se instaurar um procedimento arbitral podem impactar não só na decisão pela adoção da arbitragem como forma adequada de solução de disputas, como, eventualmente, até mesmo inviabilizar a submissão do litígio ao(s) árbitro(s). Não por outro motivo, o custeio figura entre os temas mais atuais e relevantes no cenário da arbitragem nacional e internacional.

Ainda que a Lei nº 9.307/1996 não defina o que se entende por *custo da arbitragem*, falamos aqui de todas as despesas necessárias ao bom desenvolvimento do procedimento arbitral, que englobam honorários e gastos dos árbitros, advogados e peritos, custos administrativos cobrados pela câmara de arbitragem, outros dispêndios inerentes à produção probatória e pagamentos de todos os provedores terceiros que estão, de alguma forma, vinculados ao procedimento, como, por exemplo, pareceristas, tradutores e estenotipistas. Como se vê, instala-se verdadeiro ecossistema dependente dos laços econômicos que vinculam as partes da arbitragem.

Acerca da questão ora apresentada, considerando que cada órgão arbitral tem autonomia para fixar a própria tabela de despesas, é incontroverso que a análise estimativa dos custos da arbitragem – comparando pormenorizadamente a prática de mercado nas diversas instituições disponíveis – mereça atenção. Ao definir qual centro administrará eventual disputa, ainda que este não seja o único critério a ser valorado quando da escolha da câmara, as partes devem conhecer quais serão as despesas decorrentes da possível contratação.[10]

Dentro dessa perspectiva, a partir do estudo dos regulamentos das principais instituições arbitrais com sede no Brasil, apresenta-se panorama prático (i) dos gastos usualmente suportados com a realização da arbitragem e (ii) da dinâmica de custeio habitualmente padronizada pelas câmaras.[11]

1.1 Custas institucionais

As verbas reivindicadas em arbitragens institucionais a título de custas administrativas destinam-se à remuneração dos trabalhos desenvolvidos pela câmara na condução do procedimento.[12] Comumente, são cobradas duas: taxa de registro (também denominada de taxa de "instituição" ou "abertura") e taxa de administração.

---

10 Sobre a escolha da câmara arbitral em casos envolvendo a Administração Pública, *cf.* MOREIRA, Egon Bockmann; CRUZ, Elisa Schmidlin. Editais de licitação e definição de câmaras arbitrais: como transpor os desafios. *In*: CUÉLLAR, Leila; MOREIRA, Egon Bockmann; GARCIA, Flávio Amaral; CRUZ, Elisa Schmidlin. *Direito Administrativo e Alternative Dispute Resolution*: arbitragem, *dispute board*, mediação e negociação. Com comentários à legislação do Rio de Janeiro, São Paulo e União sobre arbitragem e mediação em contratos administrativos e desapropriações. Belo Horizonte: Fórum, 2020. ISBN 978-85-450-0747-0.

11 Para construção desta seção, foram consultados os regulamentos e tabelas de despesas disponibilizados no *website* de cada uma das seguintes câmaras de arbitragem (listadas em ordem alfabética): Câmara Arbitral Marítima do Rio de Janeiro – CAMRJ; Câmara de Arbitragem do Mercado – CAM; Câmara de Arbitragem e Mediação da Federação das Indústrias do Paraná – CAMFIEP; Câmara de Arbitragem Empresarial – Brasil – CAMARB; Câmara de Arbitragem, Mediação e Conciliação do Centro das Indústrias do Rio Grande do Sul – CAMERS; Câmara de Conciliação, Mediação e Arbitragem CIESP/FIESP; Câmara de Mediação e Arbitragem da Associação Comercial – ARBITAC; Câmara de Mediação e Arbitragem da Italcam – Camital; Câmara de Mediação e Arbitragem das Eurocâmaras (CAE); Câmara FGV de Mediação e Arbitragem – CAM/FGV; Centro Brasileiro de Mediação e Arbitragem – CBMA; Centro de Arbitragem e Mediação AMCHAM (AMCHAM Brasil); Centro de Arbitragem e Mediação da Câmara de Comércio Brasil-Canadá – CAM-CCBC; Centro de Mediação e Arbitragem da Câmara Portuguesa de Comércio no Brasil (Centro de Mediação e Arbitragem da CPCB); Conselho Arbitral do Estado de São Paulo (CAESP).

12 Custos administrativos (como envio de documentos, cópias, impressões, contratação de serviços de tradução, gravação e estenotipia para auxílio em audiência, entre outros), custos inerentes à realização de diligência em local diverso da sede da câmara de arbitragem, além dos custos envolvidos no eventual deslocamento dos árbitros (passagens, hospedagem e alimentação), geralmente não estão incluídos nas taxas administrativas. Assim, quase todos os regulamentos apresentam previsão de um "fundo de despesas" que autoriza a solicitação às partes de recolhimento antecipado de um montante estimado para o adimplemento de tais dispêndios. A prestação de contas e o ressarcimento de eventual saldo não utilizado são feitos por ocasião da entrega da sentença arbitral.

O momento para pagamento das taxas e a responsabilidade pelo recolhimento são com frequência previstos em regulamento, inclusive enunciando as questões da alocação das despesas e eventual necessidade reembolso dos valores despendidos pelo vencido. Os mecanismos de aferição, porém, são variados.

Com relação à taxa de registro, verifica-se que costumeiramente não é reembolsável e fica a cargo da parte requerente, devendo ser recolhida na distribuição do pedido de instauração de procedimento arbitral. Conforme normativa da câmara escolhida, o valor estabelecido pode ser único (independendo do montante em disputa), escalonado (que varia de acordo com as faixas estipuladas pela câmara arbitral) ou calculado por percentual (em razão do valor em disputa, respeitando limites mínimo e máximo predefinidos).

Por sua vez, o cômputo da taxa de administração segue metodologia própria. Usualmente, seu preço final é calculado de acordo com o valor econômico do litígio e respeita uma taxa mínima e um teto máximo, mas as cifras e sistemática se diferem conforme a instituição responsável pela administração do procedimento. Assim, sempre levando em consideração o valor da causa, podem ser definidos patamares escalonados de cobrança ou percentual – por vezes fixo, ou progressivo e cumulativo – que determinará o valor exato a ser recolhido. Inexistindo definição de valor certo para a demanda, a câmara fixará o montante a ser arrecadado, tendo por base o número de árbitros, o tempo estimado como necessário para resolver a controvérsia, a natureza da disputa e sua complexidade, entre outros fatores pertinentes.

Ainda sobre o recolhimento das taxas administrativas, algumas câmaras de arbitragem efetuam a cobrança no formato de mensalidade, instituindo um custo mensal invariável ou gradual para o gerenciamento da arbitragem. Outras estipulam o pagamento das taxas em sua integralidade por todos os participantes do procedimento. Nesse caso, a título de remuneração pelos serviços prestados em uma arbitragem em que haja múltiplas partes, cada uma delas, separadamente, deverá recolher o valor total das taxas institucionais.

Finalmente, importa destacar que a mesma disciplina é adotada por quase todas as câmaras que admitem a hipótese de pleito reconvencional: cobram-se novas taxas (de registro e administração) por ocasião do oferecimento do pedido contraposto. Mais uma vez, o que difere é a fórmula empregada para a obtenção do total devido. Em parte das câmaras, o valor da reconvenção é somado ao valor do pleito principal, e as taxas são aferidas com base no montante final. Nas demais, a estimativa de custo é individual, sendo a cobrança singularizada em razão dos valores correspondentes aos pedidos de cada uma das partes.

1.2 Honorários dos árbitros

De forma independente e em escala diversa, são regulamentados os honorários do(s) árbitro(s). Aqui, é atribuição da câmara arbitral determinar quais serão os critérios e parâmetros aplicados para a fixação da verba remuneratória (os quais poderão variar de acordo com o valor da causa, ou complexidade e natureza do litígio), mas, via de regra, o valor final acaba estabelecido pelo(s) próprio(s) árbitro(s), que tem a prerrogativa de adequar o valor da disputa a qualquer tempo.[13]

Ao tabelar os honorários, os órgãos arbitrais buscam, essencialmente, oferecer uma estimativa de gastos e estipular limites que transmitam maior segurança às partes litigantes. Novamente, as formatações são inúmeras. Algumas câmaras fornecem tabela meramente indicativa, deixando a proposta de honorários livre de regulação e a critério do tribunal arbitral. Outras estabelecem remuneração por hora trabalhada, estipulando (ou não) o valor da hora (que pode ser único ou variável) e qual será o mínimo e/ou máximo devido para cada árbitro. Outras, ainda, apresentam apenas cifras balizadoras, indicando que o preço final será oportunamente ajustado conforme determinação da câmara, que respeitará condições previamente entabuladas. Existem, também, as que estipulam preço fixo mínimo combinado ao percentual do valor da causa, o

[13] Quanto à alteração da importância estimada para consolidação do valor da disputa, considerando sua evidenciada relevância na apuração dos custos devidos, observou-se que as diversas tabelas e regulamentos apontam unanimemente na mesma direção. Assim, se no curso da arbitragem ou por ocasião da prolação da sentença se verificar que o valor do litígio informado pelas partes é inferior ao valor real apurado durante o procedimento, a câmara – de ofício ou por determinação dos(s) árbitro(s) – procederá o ajustamento, solicitando às partes que realizem complementação dos valores inicialmente depositados.

que aumenta gradualmente o valor dos honorários. Finalmente, algumas adotam a combinação de mais de uma dessas fórmulas, tentando alcançar um equilíbrio ideal entre o serviço prestado pelo(s) árbitro(s) e a remuneração devida.

A questão do equilíbrio, porém, é delicada. Isso porque, caso a câmara de arbitragem estabeleça parâmetros muito rígidos para o cálculo de honorários, pode acabar gerando recusa de aceitação por parte dos árbitros, que, em virtude da remuneração insuficiente, deixarão de atuar em casos submetidos à administração daquele centro arbitral. De outro lado, a ausência de regramento axial produz insegurança para as partes e, por vezes, pode resultar em cobranças exorbitantes a título de honorários. O desafio reside justamente em alcançar uma métrica razoável.

1.3 Outras despesas a serem consideradas

O custo final do procedimento arbitral não inclui apenas as taxas administrativas cobradas pela câmara e os honorários devidos ao(s) árbitro(s). A remuneração dos advogados e eventuais despesas envolvidas na produção probatória também podem integrar o cálculo, majorando o resultado significativamente. Como parâmetro de referência dessa distribuição, é digno de nota o relatório produzido pela CCI em 2007: em média, as despesas com advogados, peritos e outros gastos envolvidos na produção probatória representam 82% do custo total da arbitragem. Do saldo remanescente, os honorários de árbitro(s) representam 16%, e as taxas administrativas, apenas 2%.[14]

Curioso observar que cada instituição apresenta dispositivos particulares que repercutem diretamente no custo do procedimento arbitral e, portanto, também devem ser considerados. Podem-se citar, a título exemplificativo, dispositivos como a autorização de aumento do valor dos honorários previstos em tabela para além do limite para remuneração do presidente do tribunal arbitral ou

[14] *Techniques for Controlling Time and Costs in Arbitration*: Report from the ICC Commission on Arbitration. Disponível em: https://iccwbo.org/publication/icc-arbitration-commission-report-on-techniques-for-controlling-time-and-costs-in-arbitration/. Acesso em: 09 dez. 2021.

de árbitro único; a flexibilização do momento de recolhimento das taxas, sendo admitido seu parcelamento ou alguma forma de garantia bancária; a possibilidade de majoração da tabela de custos e dos honorários em casos excepcionais, nos quais as circunstâncias da disputa tornem o procedimento especialmente complexo, vagaroso e/ou trabalhoso; a regulamentação específica de valores diferenciados para os casos em que as partes alcancem acordo antes de prolatada a sentença arbitral etc.

E não é só. Para além das taxas administrativas de praxe e da remuneração dos árbitros, as instituições arbitrais podem assentar em seus regulamentos e tabelas a cobrança por serviços adicionais, como, por exemplo, acionamento de árbitro de emergência e instalação de comitê especial para apreciação de arguição de suspeição de árbitros.[15] Embora não se pretenda aprofundar o assunto, certo é que os mecanismos mencionados buscam oferecer às partes uma multiplicidade de serviços, o que reforça a ideia de fundamental disponibilidade de recursos para alcance da adequada prestação jurisdicional.

1.4 Dinâmica de custeio usualmente adotada em regulamentos institucionais

As regras básicas previstas na Lei de Arbitragem (LBA) não estabelecem os conceitos de *custos* e de *despesas*. Ainda assim, na prática, a lacuna não deve antecipar maiores problemas, pois é frequentemente suprida pelo regulamento institucional que regerá eventual procedimento. Em síntese, as definições, a metodologia de rateio e as regras para distribuição dos custos, quando não previstas na convenção de arbitragem ou expressas no próprio regulamento, serão derradeiramente determinadas pelo tribunal arbitral.

---

[15] O CAM-CCBC, por exemplo, exige o provisionamento de honorários na ordem mínima de R$20.000,00 (vinte mil reais) – por árbitro impugnado – da parte que suscitou o incidente de impugnação, sob pena de extinção. *Cf.* resolução a respeito, com valores atualizados no ano de 2019: https://ccbc.org.br/cam-ccbc-centro-arbitragem-mediacao/resolucao-de-disputas/resolucoes-administrativas/ra-06-2013-pagamento-de-honorarios-de-comite-especial/. Acesso em: 09 dez. 2021.

Assim, para o que importa aqui destacar, a LBA faculta às partes a regulação do tema (direta ou indiretamente), inexistindo desenho pré-fixado quanto à responsabilidade pela antecipação de eventuais despesas decorrentes da realização da arbitragem. De igual forma, não há dever legal que obrigue o ressarcimento dos gastos suportados pela parte vencedora – a qualquer título – pela parte que restar vencida. O que se tem é a discricionariedade das partes para tratar do assunto – mas não a obrigação – e, na ausência de sua manifestação, o dever é imposto ao(s) árbitro(s).

Diante da ausência de clara definição normativa daquilo que se entende por *custo da arbitragem*, a preferência por regramentos que permitam a previsibilidade de gastos é fortemente recomendada, especialmente para que as partes não sejam surpreendidas no curso de seu procedimento arbitral com cifras exorbitantes que dificultem o seguimento do feito. Em cenário de ampla elasticidade de formas e fórmulas, quanto menores as incertezas, mais relevante a minimização dos riscos e dos custos de litigância próprios da arbitragem.

Na prática, porém, seja qual for o regulamento adotado de antemão, a previsão do custo total da arbitragem depende de cálculo complexo e frequentemente subestimado. De usual, outro aspecto que passa despercebido é a dinâmica de custeio adotada no regulamento institucional,[16] que merece especial destaque para fins deste estudo.

Como regra, salvo disposição diversa adotada pelas partes, as taxas administrativas e honorários de árbitros são rateados em igual proporção entre os litigantes. Nas arbitragens em que haja múltiplas partes, os custos são alocados entre polos. Em todos os casos, a liberação da sentença arbitral fica vinculada à quitação dos débitos pendentes por decorrência da arbitragem. Assim, enquanto nenhuma das partes se disponha a efetuar o pagamento, a sentença permanecerá retida junto à secretaria da câmara.

---

[16] Fala-se aqui da delimitação da responsabilidade de cada parte pela antecipação dos valores devidos, antecipação, registre-se, que não se confunde com a responsabilidade final pelo pagamento dos custos da arbitragem (que será definida pelo tribunal arbitral quando da prolação da sentença).

Se uma das partes, porém, deixar de adimplir com sua respectiva parcela, o ônus financeiro recai sobre a outra, que deverá adiantar o valor de modo a permitir o prosseguimento da arbitragem até a determinação de acerto das contas na sentença arbitral. Caso a contraparte não efetue o pagamento, a arbitragem será suspensa até a regularização da pendência. Para tal hipótese, alguns regulamentos trazem, inclusive, prazo determinado de suspensão e a previsão de posterior arquivamento definitivo da arbitragem.

Todavia, as regras de rateio e de compartilhamento de responsabilidade nem sempre são aplicáveis, especialmente nos casos em que haja pleito reconvencional. Nesse sentido, a Tabela de Despesas do CAM CCBC, por exemplo, prevê rito alternativo que possibilita a segregação das custas:

> Quando houver pedido contraposto, qualquer das Partes poderá solicitar a segregação do valor para fins de pagamento da taxa de administração e honorários de árbitros. Dessa forma, Requerente e Requerida ficarão integralmente responsáveis pelo pagamento dos valores relacionados aos seus respectivos pedidos.[17]

Em síntese, o pedido de fracionamento das despesas induz a responsabilidade individualizada pelo pagamento dos valores aos quais cada parte deu causa. Nessas circunstâncias, qualquer inadimplemento ensejará consequências que podem culminar na retirada forçada dos pleitos da parte inadimplente, se existentes.

Bem vistas as coisas, fica claro que, em termos de racionalidade econômica, a dinâmica de custeio desenhada pela instituição arbitral serve como verdadeiro sistema de incentivos que se presta a parametrizar limites, reforçar garantias, abreviar caminhos e diminuir custos de transação entre as partes contratantes.

---

17 Calculadora e Tabela de Despesas em vigor a partir de 1º de janeiro de 2019, com alterações aprovadas em 24 de maio de 2019. Disponível em: https://ccbc.org.br/cam-ccbc-centro-arbitragem-mediacao/resolucao-de-disputas/arbitragem/tabela-despesas-calculadora-2019/. Acesso em 09 dez. 2021.

2 Antecipação de despesas e o dilema dos incentivos

Na arbitragem, recursos financeiros representam equilíbrio de poder, pois promovem a igualdade de oportunidade. Ao pactuar a convenção arbitral, as partes sabem – ou, ao menos, deveriam saber – que terão a obrigação de internalizar os custos de eventual demanda. Nessa perspectiva, importa reforçar que a internalização do custo do litígio na arbitragem torna cada parte ainda mais responsável pelos reflexos processuais ocasionados por seus comportamentos.[18] Em outras palavras, a arbitragem obriga os litigantes a suportarem as consequências de suas próprias decisões, sendo o custo uma delas.

Independentemente de consenso, não há dúvida de que as câmaras arbitrais, árbitros, peritos, advogados e outros profissionais envolvidos na adequada administração do conflito precisam ser devidamente remunerados. De usual, parte deles recebe por hora trabalhada, o que permite o seguinte raciocínio: quanto menos bélica for uma arbitragem, menos custosa será. Daí, por certo, se ambas as partes compreendessem essa dinâmica, desde o primeiro momento, pautariam ainda para fase negocial a discussão sobre a responsabilidade solidária de antecipação dos custos de eventual arbitragem.[19]

E aqui reside a importância de definir com antecedência o regramento que regerá o procedimento, pois este é o momento de prevalência do interesse comum. Não obstante, no que tange à alocação de responsabilidades na dinâmica de custeio, sem explicação clara que justifique tal postura, "[e]xperience shows that parties often do not take the time or the energy to properly consider this issue while drafting the underlying agreement and engaging

---

[18] ALMEIDA, Caroline Sampaio de. *Cláusula Compromissória Arbitral*: uma perspectiva comparada do Direito canadense e do Direito brasileiro. Disponível em: https://www.teses.usp.br/teses/disponiveis/2/2133/tde-05122013-151903/pt-br.php. Acesso em: 09 dez. 2021.

[19] Em uma análise de direito e economia, os autores Luciano Timm, Bruno Guandalini e Marcelo Richter afirmam que "[...] o custo da solução de um conflito é variável de acordo com o grau de hostilidade da disputa (intensidade do conflito), ou seja, quanto maior o grau de litigiosidade do conflito, maior o seu custo" (Reflexões sobre uma análise econômica da ideia de arbitragem no Brasil. *In*: CARMONA, Carlos Alberto; LEMES, Selma Ferreira; MARTINS, Pedro Batista (Orgs.). *20 anos da lei de arbitragem*: homenagem a Petrônio R. Muniz. São Paulo: Atlas, 2017.

in their relationship [...]".[20] Toda oportunidade desperdiçada cobra seu preço.

A relevância e utilidade do emprego dos custos como mecanismo de incentivo, que pauta a conduta individual das partes litigantes, é quase sempre ignorada por juristas.[21] Todavia, a boa *performance* da arbitragem depende intimamente do estímulo produzido por suas estruturas de incentivo, pois é a fusão dos comportamentos cooperativos e das escolhas individuais que determina o *set* de regras aplicáveis ao procedimento.

Veja-se que, quando as partes negociam uma contratação optando desde logo pela arbitragem, cada uma delas precisa calcular os riscos para a eventualidade de um litígio, colocando-se na posição tanto de requerente quanto de requerida. Como anteriormente assinalado, o custo do procedimento pode se tornar fator restritivo ou, na melhor hipótese, altamente limitante no âmbito da arbitragem, porquanto não se trabalha com a possibilidade de subsídios públicos, tampouco com a viabilidade de um regime diferenciado de acesso à justiça.[22] Nessa ordem de ideias, não é desarrazoado concluir que a cooperação é diretriz relevante.

Aliás, uma vez instaurada a arbitragem, a cooperação é, de fato, essencial para diminuir os custos do procedimento. A forma de realização de perícia, a dispensa de protocolos físicos das manifestações, uma delimitação bem desenhada do escopo da prova documental, além da desnecessidade de tradução juramentada de documentos e a possibilidade de utilização de videoconferência para oitiva de testemunhas são alguns exemplos que, contando com a concordância de todos os envolvidos, podem reduzir custos consideravelmente.[23] Por essas e outras razões, a previsão regulamentar ou contratual de compartilhamento das despesas do procedimento

---

20 PIMENTEL, Wilson. Efficiency and Equilibrium in the Allocation of Arbitration Costs. *Revista Brasileira de Arbitragem*, Curitiba, v. 12, n. 48, p. 59-67, out./dez. 2015, p. 61.

21 GONZÁLES DE COSSIO, Francisco. *Arbitraje*. 4. ed. Guadalajara: Porrúa, 2014. p. 1.410.

22 Não raramente, os agentes econômicos envolvidos em uma transação, além de restrições informacionais, detêm condições financeiras assimétricas. A constatação é elementar, mas relevante para fins do presente estudo, pois, ainda que de forma distorcida, a convenção arbitral pode ser utilizada como mecanismo hábil a restringir condutas futuras na ocorrência de problemas derivados da relação contratual.

23 Sobre os custos envolvidos no procedimento arbitral, *cf.*: ULMER, Nicolas. The Cost Conundrum. *Arbitration International*, Oxford, v. 2, n. 26, p. 221-250, jun. 2010.

arbitral por todas as partes envolvidas é uma robusta estrutura de incentivos em termos de cooperação processual.

Cooperar, todavia, pode ser desde o início ou passar a ser desinteressante para uma das partes,[24] e este cenário é facilmente verificável em circunstâncias nas quais o dever de antecipação dos custos da arbitragem recai integralmente sobre uma delas. É exatamente aqui que encontra respaldo o dilema dos incentivos na dinâmica de custeio que vem sendo proposta para as arbitragens público-privadas.

3 A dinâmica de custeio adotada nas arbitragens público-privadas

Como visto, o consentimento em arbitrar potenciais litígios resulta na inafastável vinculação das partes à arbitragem, o que, por sua vez, exige contraprestação pecuniária. Os custos do procedimento nada mais são do que contraprestações das partes ao serviço da câmara e dos árbitros, sendo inegável que a opção pela via arbitral pressupõe, em qualquer caso, disponibilidade financeira que permita arcar com os ônus inerentes à sua utilização. O ponto nevrálgico da questão nas arbitragens público-privadas é precisar a quem imputar o dever de antecipar os gastos envolvidos.

Nos últimos anos, foram editados pelo menos quatro importantes atos administrativos regulamentares que tratam da arbitragem com a Administração Pública: os Decretos Estaduais nº 46.245/2018-RJ, 64.356/2019-SP e 55.996/2021-RS e o Decreto Federal nº 10.025/2019. Em todos os casos, a dinâmica de custeio adotada segue lógica própria, que vai na contramão da estrutura de incentivos formatada com base na repartição da responsabilidade de adiantamento das despesas ocasionadas pelo procedimento. Essa previsão, entretanto, não deixa de ostentar fundamento legítimo.

Em razão das limitações orçamentárias e das particularidades que cercam o contingenciamento de gastos públicos, com a intenção primária de evitar impedimentos burocráticos que retardassem ou

24 Em função das limitações deste trabalho, não cabe aqui um aprofundamento do tema. Sobra a Teoria da Cooperação, *cf.* AXELROD, Robert. *A evolução da cooperação*. 1. ed. São Paulo: Leopardo, 2010.

mesmo inviabilizassem a instalação das arbitragens, os poderes públicos optaram por normatizar sistemática unilateral para a antecipação dos custos da arbitragem. Afinal, se mais nada, a possibilidade de subsidiar a arbitragem através da fonte privada de capital preserva a higidez da convenção arbitral.

Assim, o Decreto Federal nº 10.025/2019, que "[d]ispõe sobre a arbitragem para dirimir litígios que envolvam a administração pública federal nos setores portuário e de transporte rodoviário, ferroviário, aquaviário e aeroportuário", dedica seu sexto capítulo aos custos da arbitragem. Do *caput* do artigo 9º, extrai-se que "[a]s custas e as despesas relativas ao procedimento arbitral serão antecipadas pelo contratado e, quando for o caso, restituídas conforme deliberação final em instância arbitral [...]".

A mera leitura do dispositivo permite aferir que a responsabilidade pela antecipação dos custos da arbitragem recai sobre uma única parte – no caso, o contratado –, sequer importando se sua participação no procedimento se dá na qualidade de requerente ou requerido. Ao final, o tribunal arbitral decidirá sobre eventual restituição dos valores adiantados, levando em consideração a proporcionalidade da sucumbência (art. 9º, §2º).

De igual forma, os Decretos Estaduais nºs 55.996/2021-RS, 64.356/2019-SP e 46.245/2018-RJ, que regulamentam o uso da arbitragem para resolução de conflitos envolvendo a respectiva Administração Pública, estabelecem dinâmica unilateral de antecipação dos custos da arbitragem.

O ato regulamentar fluminense dita que "[a]s despesas com a realização da arbitragem serão adiantadas pelo contratado quando for ele o requerente do procedimento arbitral, incluídos os honorários dos árbitros, eventuais custos de perícias e demais despesas com o procedimento" (art. 9º). Na mesma linha, o Decreto gaúcho estabelece que o adiantamento das despesas será feito pelo contratado (art. 5º, VII). Por sua vez, o decreto paulista preconiza apenas "o adiantamento das despesas pelo requerente da arbitragem" (art. 4º, §1º, item 5).

Nesses termos, retomando o raciocínio econômico sobre o desenho de incentivos, os decretos, ao eximirem uma das partes do dever de enfrentar os custos da empreitada processual, tendem a alterar o equilíbrio da estrutura de estímulos e comportamentos no contexto de racionalidade natural da arbitragem.

Assim, em anseio egoístico e oportunista, a parte incumbida de custear a arbitragem pode pretender dificultar e, até mesmo, obstaculizar o devido equacionamento do litígio e, no caso da arbitragem, a estratégia chega a ser juridicamente insuplantável.[25] A seguir, a construção teórica é ilustrada com três exemplos práticos:

(i) ao impor a uma das partes a responsabilidade pelo pagamento de todos os custos relacionados à produção de prova pericial, incluídos os honorários periciais, o decreto federal pode incentivar conduta processual indesejável caso esta parte não tenha interesse na produção da referida prova;

(ii) ao estabelecer que o contratado arcará com a integralidade das despesas com a realização da arbitragem, os Decretos nº 46.245/2018-RJ e 55.996/2021-RS, deixam de considerar possível desincentivo ao custeio de eventual pleito reconvencional apresentado pela Administração Pública (caso em que, possivelmente, o inadimplemento levará à desconsideração dos pleitos reconvencionais pelo tribunal arbitral, sem prejuízo de que sejam reapresentados em procedimento arbitral autônomo);

(iii) de igual forma, mas em sentido reverso, ao prever que o solicitante da arbitragem ficará responsável pela antecipação das despesas com a realização do procedimento arbitral, o Decreto nº 64.356/2019-SP pode desincentivar a conduta processual correta do particular quando a ele não interesse o seguimento do feito (considere-se, para fins deste exemplo, caso em que a arbitragem seja instalada por iniciativa da Administração Pública).

Nesses casos, para além dos riscos de não ter seu pedido contraposto conhecido e impossibilidade de realização da perícia, não se pode descartar a hipótese ainda mais gravosa perpetrada pelo litigante mal intencionado que, sustentando posição de dominância

---

[25] A teoria dos jogos permite uma melhor compreensão do tema das escolhas estratégicas. Porém, por extrapolar o escopo do presente estudo, não será objeto de análise. Para uma visão geral do assunto, cf. o Capítulo 2 da Parte I, da obra de MACKAAY, Ejan; ROUSSEAU, Stéphane. *Análise Econômica do Direito*. 2. ed. São Paulo: Atlas, 2015.

na dinâmica de custeio, deixa deliberadamente de honrar com o pagamento dos custos que lhe cabem com o único intuito de inviabilizar a continuidade da arbitragem.

Sendo assim, ao menos em termos de incentivo, a disposição padrão geralmente inserta nos regulamentos das câmaras arbitrais – que prevê o rateio em igual proporção da antecipação das despesas da arbitragem – parece ser a melhor opção disponível. Sem esquecer que, via de regra, a sentença atribuirá às partes, na proporção de seus respectivos êxitos, o direito ao reembolso dos custos e despesas incorridos na arbitragem e, nos casos das arbitragens público-privadas regidas pelos decretos acima referidos, poderá ainda aplicar por analogia o regime de sucumbência do Código de Processo Civil (Lei nº 13.105/2015), excluídos para todos os efeitos os honorários advocatícios contratuais.

Para encerrar, diante da compreensão e prognose das potenciais consequências da alocação unilateral do dever de antecipação dos custos nas arbitragens público-privadas, importa registrar que o decreto de São Paulo oferece solução que, se adaptada, pode servir como alternativa que viabilize o adequado contingenciamento de recursos por parte da administração visando custear (em regime de mútua cooperação) eventuais procedimentos arbitrais. Trata-se do parágrafo único do art. 8º, a saber:

> Os agentes públicos responsáveis pela gestão de instrumentos obrigacionais que contenham cláusula compromissória adotarão as providências de sua alçada para solicitação de recursos orçamentários para o adimplemento de despesas incorridas com o procedimento arbitral.

Ainda que originalmente concebido para finalidade diversa (custeio integral das arbitragens em que a Administração Pública figure como requerente) – e em estado inegavelmente embrionário (tanto quanto o próprio ato regulamentar) –, é certo que o dispositivo em referência aponta para a viabilidade de uma nova conformação da dinâmica de custeio adotada nas arbitragens público-privadas.

Porém, se um sistema de incentivos que fomente a cooperação processual e otimize os benefícios da arbitragem é desejável, o alcance prático da solução ora proposta passa pelo necessário reconhecimento, antecipação e minoração das dificuldades enfrentadas pelos gestores públicos em decorrência das limitações e outras particularidades que cercam o desembolso de recursos por parte da Administração Pública. Compreender essa realidade é medida fundamental para neutralizar ou, ao menos, permitir o controle da ocorrência de potenciais externalidades negativas e assimetria informacional, preservando a integridade e a legitimidade do sistema de arbitragem como um todo.

Considerações finais

Não resta dúvida de que a dinâmica de custeio da arbitragem representa um complexo sistema de incentivos, que, quando bem equilibrado, direciona expectativa positiva de boa-fé e cooperação processual, impactando diretamente a eficiência e efetividade do procedimento arbitral como um todo. Todavia, como em qualquer estrutura de notável interdependência, partes que não colaboram entre si acabam possibilitando a adoção de verdadeiras táticas de guerrilha processuais, instalando uma série de medidas protelatórias e antiarbitragem, que tendem a encarecer ainda mais o procedimento arbitral.

Assim, com vistas a evitar situações que podem culminar em potencial desequilíbrio de poder e interação disfuncional entre os envolvidos, é preciso repensar o modal de custeio introduzido pelos decretos regulamentares que tratam da arbitragem com a Administração Pública. Com a participação igualitária do poder público e do particular na antecipação dos custos do procedimento arbitral, a utilização da arbitragem como mecanismo de solução de litígios que decorram de contratos administrativos ficará ainda mais aperfeiçoada.

Referências

ALMEIDA, Caroline Sampaio de. *Cláusula Compromissória Arbitral*: uma perspectiva comparada do Direito canadense e do Direito brasileiro. Disponível em: https://www.teses.usp.br/teses/disponiveis/2/2133/tde-05122013-151903/pt-br.php. Acesso em: 09 dez. 2021.

AXELROD, Robert. *A evolução da cooperação*. 1. ed. São Paulo: Leopardo, 2010.

CENTRO DE ARBITRAGEM E MEDIAÇÃO CAM-CCBC. *RA 06/2013*: Comissão da Adm. Pública na Arbitragem. Disponível em: https://ccbc.org.br/cam-ccbc-centro-arbitragem-mediacao/resolucao-de-disputas/resolucoes-administrativas/ra-06-2013-pagamento-de-honorarios-de-comite-especial/. Acesso em: 09 dez. 2021.

CENTRO DE ARBITRAGEM E MEDIAÇÃO CAM-CCBC. Calculadora e Tabela de Despesas em vigor a partir de 1º de janeiro de 2019, com alterações aprovadas em 24 de maio de 2019. Disponível em: https://ccbc.org.br/cam-ccbc-centro-arbitragem-mediacao/resolucao-de-disputas/arbitragem/tabela-despesas-calculadora-2019/. Acesso em: 09 dez. 2021.

CRUZ, Elisa Schmidlin. *Arbitragem Comercial Financiada por Terceiros*: um estudo da perspectiva regulatória a partir da Nova Economia Institucional. 2017. Disponível em: https://archivum.grupomarista.org.br/pergamumweb/vinculos//000060/00006088.pdf. Acesso em: 09 dez. 2021.

DERAINS, Yves. Foreword. *In*: CREMADES, Bernardo; DIMOLITSA, Antonias (Eds.). *Third Party funding in International Arbitration*: Dossiers – ICC, v. 10. Paris: Kluwer Law International; International Chamber of Commerce (ICC), 2013.

GONZÁLES DE COSSIO, Francisco. *Arbitraje*. 4. ed. Guadalajara: Porrúa, 2014.

INTERNATIONAL ARBITRATION INFORMATION. *Techniques for Controlling Time and Costs in Arbitration*: Report from the ICC Commission on Arbitration. Disponível em: https://iccwbo.org/publication/icc-arbitration-commission-report-on-techniques-for-controlling-time-and-costs-in-arbitration/. Acesso em: 09 dez. 2021.

LEE, João Bosco; VALENÇA FILHO, Clávio. *A arbitragem no Brasil*. 1. ed. Brasília, 2001.

MACKAAY, Ejan; ROUSSEAU, Stéphane. *Análise Econômica do Direito*. 2. ed. São Paulo: Atlas, 2015.

MEGNA, Bruno. *Arbitragem e Administração Pública*: fundamentos teóricos e soluções práticas. Belo Horizonte: Fórum, 2019.

PIMENTEL, Wilson. Efficiency and Equilibrium in the Allocation of Arbitration Costs. *Revista Brasileira de Arbitragem*, Curitiba, v. 12, n. 48, p. 59-67, out./dez. 2015.

QUEEN MARY UNIVERSITY. *2015 International Arbitration Survey*: Improvements and Innovations in International Arbitration. Disponível em: https://www.whitecase.com/sites/whitecase/files/files/download/publications/qmul-international-arbitration-survey-2015_0.pdf. Acesso em: 09 dez. 2021.

ROS, Luciano da. *Observatório de elites políticas e sociais do Brasil*: o custo da Justiça no Brasil: uma análise comparativa exploratória. Disponível em: http://observatory-elites.org/wp-content/uploads/2012/06/newsletter-Observatorio-v.-2-n.-9.pdf. Acesso em: 09 dez. 2021.

SCHWARTZ, Eric A.; DERAINS, Yves. Foreword. *In*: CREMADES; DIMOLITSA (Eds.). *Third Party funding in International Arbitration*: Dossiers – ICC, v. 10. Paris: Kluwer Law International; International Chamber of Commerce (ICC), 2013.

TIMM, Luciano; GUANDALINI, Bruno; RICHTER, Marcelo. Reflexões sobre uma análise econômica da ideia de arbitragem no Brasil. *In*: CARMONA, Carlos Alberto; LEMES, Selma Ferreira; MARTINS, Pedro Batista (Orgs.). *20 anos da lei de arbitragem*: homenagem a Petrônio R. Muniz. São Paulo: Atlas, 2017.

ULMER, Nicolas. The Cost Conundrum. *Arbitration International*, Oxford, v. 2, n. 26, p. 221-250, jun. 2010.

Informação bibliográfica deste texto, conforme a NBR 6023:2018 da Associação Brasileira de Normas Técnicas (ABNT):
CRUZ, Elisa Schmidlin. A dinâmica de custeio das arbitragens público-privadas institucionais: compartilhamento de despesas e incentivos de cooperação. *In*: CUÉLLAR, Leila; MOREIRA, Egon Bockmann; GARCIA, Flávio Amaral; CRUZ, Elisa Schmidlin. *Direito Administrativo e Alternative Dispute Resolution*: arbitragem, *dispute board*, mediação e negociação. Com comentários à legislação do Rio de Janeiro, São Paulo, Rio Grande do Sul e União sobre arbitragem e mediação em contratos administrativos e desapropriações. 2. ed. Belo Horizonte: Fórum, 2022. p. 287-306. ISBN 978-65-5518-404-4.

A CONTRATAÇÃO DE ASSISTENTES TÉCNICOS PELOS ENTES PÚBLICOS NAS ARBITRAGENS

FLÁVIO AMARAL GARCIA

Questão jurídica que desafia a Advocacia Pública na gestão e condução das arbitragens é saber se é possível e como seria viável a contratação de assistente técnico, sem vínculo funcional com o ente público para atuação em procedimento arbitral.

No rigor do exame, os entes públicos precisam estar adequadamente preparados para o enfrentamento dos novos e instigantes desafios que se instalam com as arbitragens, sendo certo que a contratação de assistentes técnicos pode ser decisiva para o êxito no resultado final.

Como se sabe, a arbitragem é o meio alternativo de solução de controvérsias mais adequado para contratos complexos no setor de infraestrutura, tais como concessões de serviços públicos, parcerias público-privadas e obras públicas de grande vulto.

Não raro, as questões que se apresentam para solução via arbitral não se circunscrevem aos aspectos jurídicos. Ao contrário, o mais comum é que os aspectos econômicos, financeiros e técnicos sejam decisivos para o deslinde adequado da arbitragem.

O momento de produção de provas é de fundamental importância para eventual êxito no contencioso arbitral, a atrair, consequentemente, o dever de o ente público se organizar com antecedência, o que pressupõe estar devidamente amparado por profissionais e *experts* que possam interagir com os advogados públicos que conduzem a arbitragem e com o próprio perito a ser indicado pelos árbitros.

Não parece fazer sentido cogitar de licitação para a contratação de assistentes técnicos. Suponha-se, por exemplo, que se realize certame público para a escolha de *experts*, seja por pregão (quando o menor preço será obrigatório) ou mesmo concorrência por técnica e preço, por exemplo.

Alguns problemas poderão se avizinhar. Será o menor preço o critério mais adequado para uma atividade com alto grau de exercício intelectual e de indispensável relação de confiança? Como coordenar o tempo da arbitragem com o tempo da licitação (imagine-se, por hipótese, eventual judicialização)?

E mais: como verificar os eventuais conflitos que possam existir a partir da definição da sociedade empresária vencedora da licitação? Ora, assim como os árbitros, as sociedades empresárias que atuam em arbitragens poderão apresentar conflitos em relação às partes que litigam na arbitragem. Antes, portanto, de contratar a empresa que auxiliará o ente público em uma determinada arbitragem, será indispensável exigir que a empresa ou mesmo a pessoa física revele eventuais conflitos e impedimentos. Tudo isso não é compatível com a rigidez dos procedimentos licitatórios.

Assim, a princípio, a alternativa que melhor se adequa ao atendimento dos interesses públicos é a via da contratação direta que, como notório, não implica em qualquer descuido com o atendimento dos princípios que informam a atuação da Administração Pública, devendo a escolha atender aos princípios da motivação, eficiência e economicidade.

Contudo, é inerente a qualquer processo de contratação direta maior grau de espaço para o exercício de competências discricionárias, com flexibilidade para o exercício de escolhas que, se pautadas por critérios muito rígidos e inflexíveis, poderão não atender o interesse público.

Fixadas tais premissas, necessário examinar as alternativas de contratação direta à luz da Lei nº 8.666/93 e da Lei nº 14.133/21, considerando que, a teor do artigo 193, inciso II os dois regimes jurídicos poderão conviver por até dois anos.[1]

A contratação direta por inexigibilidade, considerando a notória especialização é plenamente viável desde que atendidos

---

[1] Art. 190. Ficam revogados: [...] II – a Lei nº 8.666, de 21 de junho de 1993, a Lei nº 10.520, de 17 de julho de 2002, e os arts. 1º a 47 da Lei nº 12.462, de 4 de agosto de 2011, após decorridos 2 (dois) anos da publicação oficial desta Lei.

os requisitos do artigo 25, inciso II, da Lei nº 8.666/93:[2] (i) serviço técnico especializado; (ii) natureza singular do serviço; e (iii) notória especialização do contratado.

O atendimento de tais requisitos deverá ser concretamente demonstrado em cada caso específico, por meio de motivação adequada, assim como a observância das demais exigências formais e substanciais previstas em lei para a contratação direta, seja no regime da Lei nº 8.666/93.

O regime da Lei nº 14.133/21 também prevê a contratação por inexigibilidade de licitação com profissionais de notória especialização, mas com uma modificação em relação ao regramento da Lei nº 8.666/93: o artigo 74, inciso III substituiu o requisito da *singularidade* pelo requisito da *natureza predominantemente intelectual*.[3] Tal mudança legal não modificará o atual panorama, já que, indubitavelmente, os serviços de assistência técnica em arbitragens se enquadram como sendo de natureza predominantemente intelectual.

Antecipo, contudo, um problema prático que poderá advir da contratação direta com profissional notoriamente especializado. Como reconhece a doutrina[4] e a jurisprudência do Tribunal de Contas da União,[5] a sociedade empresária ou mesmo a pessoa

---

[2] O artigo 25, inciso II, tem a seguinte dicção: "Art. 25. É inexigível a licitação quando houver inviabilidade de competição, em especial: [...] II - para a contratação de serviços técnicos enumerados no art. 13 desta Lei, de natureza singular, com profissionais ou empresas de notória especialização, vedada a inexigibilidade para serviços de publicidade e divulgação;"

[3] O artigo 73, inciso III, alínea b, do PL nº 4.253/2020 dispõe: "Art. 73. É inexigível a licitação quando inviável a competição, em especial nos casos de: [...] III – contratação dos seguintes serviços técnicos especializados *de natureza predominantemente intelectual* com profissionais ou empresas de notória especialização, vedada a inexigibilidade para serviços de publicidade e divulgação: [...] b) pareceres, perícias e avaliações em geral; c-) assessorias ou consultorias técnicas e auditorias financeiras ou tributárias.

[4] "A notoriedade significa o reconhecimento da qualificação do sujeito por parte da comunidade profissional. Ou seja, trata-se de evitar que a qualificação seja avaliada exclusivamente no âmbito interno da Administração. Não basta a Administração reputar que o sujeito apresenta qualificação, pois é necessário que esse juízo seja exercitado pela comunidade profissional. Não se exige notoriedade no tocante ao público em geral, mas que o conjunto dos profissionais de um certo setor reconheça no contratado um sujeito dotado de requisitos de especialização" (JUSTEN FILHO, Marçal. *Comentários à lei de licitações e contratos administrativos*: Lei nº 8.666/1993. 16. ed. São Paulo: Revista dos Tribunais, 2014, p. 502.)

[5] "Análise: tem-se que as alegações não mereçam prosperar. Os critérios para admissão da inexigibilidade de licitação centram-se na ideia de que a licitação, afinal, é inviável. Os pontos são que, se os serviços referidos no art. 13 da Lei n. 8.666/1993 exigem a especialização

física que vier a ser contratada deverá ter uma atuação com elevado destaque no seu meio profissional.

Como já tive a oportunidade de sustentar,[6] a notória especialização consiste na *expertise*, desenvolvida por profissional ou empresa, que os coloca em patamar diferenciado dos demais concorrentes. Sua fama ou notoriedade não é calcada em casuísmos ou subjetivismos, mas, significativamente, na prática e vivência que abonou o executor de determinado serviço e o reconhecimento de seus pares. A notória especialização pressupõe reputação e habilitação superiores, que objetivamente transcendem a pura imputação da Administração Pública e que autorizam o profissional a receber o timbre da notória especialização.

A depender do objeto da contratação e do perfil do *expert*, razoável supor que nem sempre será simples atender ao requisito da notória especialização, o que pode, na prática, inviabilizar a contratação direta de assistentes técnicos para as arbitragens.

Uma solução alternativa que se vislumbra é a adoção de um modelo similar ao do cadastramento das Câmaras Arbitrais previsto no art. 14 do Decreto nº 46.245/2018 do Estado do Rio de Janeiro.

Transpondo a solução do cadastramento para o universo da contratação de assistentes técnicos em arbitragens, poderia ser avaliado o cabimento na fixação de requisitos mínimos para as sociedades empresárias que atuam no auxílio e na elaboração de perícias técnicas, o que facilitaria posterior identificação ou mesmo negociação com o potencial contratado.

A depender do objeto da contratação, poderá fazer mais sentido contratar uma determinada empresa cadastrada, seja em razão da sua experiência e adequação das suas *expertises* ao objeto

---

profissional, o art. 25, decisivamente, exige por seu inciso II a efetiva singularidade dos serviços a prestar, e por seu § 1º define o que é a notória especialização. Assim é que o recurso à notoriedade do prestador significa comprovação do amplo reconhecimento de suas qualidades por parte do meio profissional e do mercado especializados. Nenhum destes pontos restam bem configurados no caso concreto. A alegada experiência dos contratados com a entidade, uma vez que inclui ex-empregados, não justifica a suposta inexigibilidade, mas macula a impessoalidade e a isonomia da contratação se critério assumido como relevante à contratação." (Acórdão 817/2006, Plenário, Relator Ministro Marcos Bemquerer)

6 GARCIA, Flávio Amaral. *Licitações e contratos administrativos*: casos e polêmicas. 4. ed. São Paulo: Malheiros, 2016, p. 321.

da arbitragem, seja pela inexistência de conflitos ou impedimentos no caso concreto ou mesmo a partir do critério exclusivamente econômico. Tal contratação se aperfeiçoaria por inexigibilidade, não com fundamento na notória especialização, mas lastreada no *caput* do artigo 25 da Lei nº 8.666/03 e no *caput* do artigo 74, da Lei nº 14.133/21.

Nada obsta, também, que seja elaborado, em paralelo, um cadastro apenas de pessoas físicas, com profissionais e *experts* capacitados que possam, igualmente, auxiliar diretamente os entes públicos nas suas arbitragens, a depender das especificidades de cada caso concreto.

A vantagem do cadastramento é que poderia ser objeto de ampla e direcionada publicidade voltada ao segmento das sociedades empresárias e pessoas físicas que atuam no setor de perícias, destacadamente as que envolvam arbitragens, facilitando o mapeamento do mercado em momento anterior ao surgimento da necessidade concreta.

O cadastro não teria limitação temporal, ficando permanentemente aberto para os eventuais interessados que atendam requisitos mínimos a serem fixados, o que militaria a favor da competitividade (inclusão do maior número de alternativas) e da eficiência (possibilidade de promover as melhores escolhas).

A contratação direta por inexigibilidade de *experts* não deveria ficar restrita às sociedades empresárias ou pessoas físicas cadastradas, na exata medida em que poderá, em uma arbitragem específica, proceder-se a contratação de particular não cadastrado, seja em razão dos aspectos singulares do objeto da arbitragem, seja em razão de ser um profissional notoriamente especializado.

De todo modo, o cadastramento poderá racionalizar o processo de escolha a partir de critérios objetivos previamente definidos, sem suprimir a indispensável margem de discricionariedade administrativa a ser exercitada em cada situação concreta, permitindo a necessária flexibilização e verificação de requisitos como confiança, ausência de impedimentos e adequação entre a experiência do contratado e o objeto da arbitragem.

A solução do cadastramento acima alvitrada parece atender a critérios isonômicos, técnicos e transparentes, como exigido no artigo 154 da Lei nº 14.133/21para o processo de escolha dos árbitros, dos colegiados arbitrais e dos Comitês de Resolução de Disputas.

Outro aspecto a destacar é que o processo de contratação do assistente técnico não deve, a princípio, ser iniciado na etapa de produção de provas. É bem plausível supor que logo no início da instauração do processo arbitral já será possível perceber a necessidade de contar com um auxílio de profissional capacitado, a justificar que os procedimentos voltados à contratação se iniciem o quanto antes possível. A questão temporal é relevante, porquanto a interação com os assistentes técnicos deve permear todo o processo, podendo, inclusive, influenciar decisivamente na estruturação dos argumentos jurídicos.

Vale lembrar a possibilidade que surgiu com o advento da Lei nº 14.133/21, tendo por objeto a contratação de serviços por dispensa de licitação em razão do valor. O artigo 75, inciso II da Lei nº 14.133/21 estabelece um valor mais elevado para dispensa em razão do valor no caso de serviços e compras, alcançando o teto de R$54.020,41 (cinquenta e quatro mil vinte reais e quarenta e um centavos.[7]

Não obstante esta pareça ser uma alternativa mais remota, considerando que os honorários de assistentes técnicos nas arbitragens tendem a superar esse valor, relevante anotar a existência desta possibilidade para arbitragens menos complexas, solução esta que, evidentemente, não é excludente da sugestão do cadastramento. A diferença seria apenas o fundamento da contratação direta, que passaria a ser dispensa em razão do valor e não inexigibilidade.

Informação bibliográfica deste texto, conforme a NBR 6023:2018 da Associação Brasileira de Normas Técnicas (ABNT):
GARCIA, Flávio Amaral. A contratação de assistentes técnicos pelos entes públicos nas arbitragens. *In*: CUÉLLAR, Leila; MOREIRA, Egon Bockmann; GARCIA, Flávio Amaral; CRUZ, Elisa Schmidlin. *Direito Administrativo e Alternative Dispute Resolution*: arbitragem, *dispute board*, mediação e negociação. Com comentários à legislação do Rio de Janeiro, São Paulo, Rio Grande do Sul e União sobre arbitragem e mediação em contratos administrativos e desapropriações. 2. ed. Belo Horizonte: Fórum, 2022. p. 307-312. ISBN 978-65-5518-404-4.

[7] Conforme atualização implementada pelo Decreto nº 10.922, de 30.12.21.

TRIBUTAÇÃO DOS ÁRBITROS-ADVOGADOS NO BRASIL: EPÍLOGO DA SAGA ARRECADATÓRIA[1]

EGON BOCKMANN MOREIRA
ELISA SCHMIDLIN CRUZ

1 Introdução

A tributação dos honorários de árbitros que têm por atividade técnica primordial a advocacia vem recebendo desmedida atenção do Fisco há quase uma década. Nas esferas tributárias competentes, os rendimentos auferidos pela investidura na função de árbitro têm sido objeto de reiteradas autuações que pretenderam dissociar, para fins fiscais, o exercício da advocacia daquele desempenhado quando se contrata um profissional advogado para atuar como árbitro.

Polêmica e sensível, a questão ganhou grande repercussão na comunidade arbitral brasileira: ensejou debates acadêmicos acalorados, foi submetida ao Poder Judiciário, enfrentada pelo Conselho Administrativo de Recursos Fiscais – CARF e tornou-se objeto de provimento do Conselho Federal da OAB.

Com caráter declaratório-interpretativo, o Provimento 196/2020 (i) estatui como advocatícias as funções desempenhadas por conciliadores, mediadores e árbitros, sempre que exercidas por advogados; (ii) esclarece que a atuação de advogado em qualquer das funções ali referidas não é estranha à advocacia e, portanto, não

---

[1] Versão revisada, consolidada e ampliada dos seguintes ensaios originalmente publicados pelos autores na *Revista Eletrônica Consultor Jurídico - CONJUR*, aos 14 de maio de 2020 e 14 de abril de 2021, respectivamente: "Arbitragem e o Provimento 196/202 da OAB: o fim de uma saga?" e "Arbitragem e a saga tributária: *spoiler* da quinta temporada". Disponíveis em: https://www.conjur.com.br/2020-mai-14/moreira-cruz-arbitragem-provimento-1962020-oab; e https://www.conjur.com.br/2021-abr-17/cruz-moreira-arbitragem-saga-tributaria. Acesso em: 16 dez. 2021.

desnatura a prática da sociedade profissional da qual seja sócio; e (iii) estabelece que a remuneração percebida por conciliadores, mediadores e árbitros – quando advogados – ostenta natureza de honorários advocatícios, podendo ser recebida tanto pela pessoa física prestadora do serviço, quanto pela sociedade na qual esta figure como sócia.

Ao promover este enquadramento, a OAB disciplina que os conhecimentos técnicos e científicos exigidos para o bom desempenho das funções nominadas no Provimento integram o *know-how* e são próprios (ainda que não exclusivos) da advocacia. Tal ato constitui regulamento que disciplina o exercício da profissão. Os inscritos na OAB devem pautar sua conduta profissional com lastro nesse provimento, que lhes é vinculante: ao atuar nessas atividades, o fazem na condição de advogado.

Bem vistas as coisas, seu conteúdo é resposta à verdadeira *cruzada tributária* travada contra renomados advogados brasileiros, todos eles também árbitros, no intuito de incrementar a tributação dos honorários decorrentes desta função.

Ainda no primeiro semestre de 2021, o tão aguardado desfecho parecia emergir de outro campo de batalha: no EAREsp nº 31.084/MS, a Primeira Seção do STJ decidiu caso semelhante, de outra categoria profissional, fixando precedente judicial com ampla eficácia normativa que sepultou quaisquer discussões a respeito do enquadramento tributário dos rendimentos auferidos como contraprestação ao exercício da função de árbitro por advogados e suas repercussões fiscais no regime jurídico-tributário das sociedades de advocacia.

Surpreendentemente, mesmo as dúvidas dos mais desconfiados se dissiparam em reviravolta revelada no segundo semestre do ano. O CARF, em nova composição, revisitou entendimento anterior e, acolhendo os argumentos da defesa do contribuinte em recurso voluntário, decidiu que os serviços de árbitro estão contemplados no escopo de atividades possíveis dos advogados.

Mas, em linha com os roteiros de sagas intermináveis, mesmo exposto à prenunciada derrota, o Município de São Paulo tentou, novamente sem sucesso, reverter o jogo a favor do Fisco em pelo menos outras duas oportunidades: AREsp nº 1.852.325/SP e AREsp nº 1.891.277/SP.

Este artigo pretende analisar esses ímpetos de avidez fiscal, que muitas vezes parece desconhecer as peculiaridades da profissão de advogado – e a razão pela qual profissionais inscritos na OAB são nomeados para funcionar em tribunais arbitrais.

2 Fisco *v.* árbitros-advogados: breve síntese

Como nas melhores séries por *streaming*, a compreensão desta saga exige breve retrospecto fático que alude às personagens mais importantes da trama (quem pular o resumo não entenderá como se chegou ao episódio final).

Na *primeira temporada*, em 2012, a Receita Federal Brasileira – RFB pretendeu acessar dados de procedimentos arbitrais por intermédio das Câmaras de Arbitragem. Notificando a abertura de processos de fiscalização, a RFB – ignorando o dever de confidencialidade oponível às Câmaras – solicitava a prestação de informações de terceiros, como nome das partes e dos árbitros, valores envolvidos nos procedimentos por si administrados, notas fiscais emitidas pelos árbitros e cópia (!) de todas as sentenças arbitrais proferidas desde 2008.[2] A toda evidência, o Fisco ultrapassou a linha do sigilo profissional legalmente assegurado.

Na ocasião, preocupadas em proteger as cláusulas de confidencialidade de seus regulamentos, pelo menos três instituições (CAMARB, CAM-CCBC e CBMA) impetraram mandado de segurança com vistas a reprimir o ato praticado pela RFB. Das Câmaras notificadas, apenas uma franqueou o acesso dos dados ao Fisco.[3] Vendo frustrada sua pretensão inicial em razão das ordens judiciais que consideraram ilegal a fiscalização e impediram a coleta forçada de informações dos procedimentos arbitrais, proibindo a imposição de qualquer punição contra as Câmaras (autos 0011011-83.2013.403.6100/JFSP; 0025812-68.2013.4.03.0000/TRF3 e 0017682-42.2013.4.02.5101/TRF2), o foco do órgão fazendário mudou.

---

[2] À época, a situação foi amplamente noticiada, a exemplo das seguintes publicações até hoje disponíveis: https://www.migalhas.com.br/depeso/192334/os-limites-da-atuacao-do-fisco-em-face-da-confidencialidade-em-arbitragem; e https://www.conjur.com.br/2013-abr-26/receita-fiscaliza-camaras-arbitrais-exige-acesso-sentencas. Acesso em: 25jun. 2021.

[3] Disponível em: https://cbar.org.br/site/en/valor-economico-receita-nao-pode-fiscalizar-arbitragem/. Acesso em: 25 jun. 2021.

O Fisco então inaugurou a *segunda temporada,* direcionando seus esforços a advogados que exercem a função de árbitro. Alegando que a arbitragem é atividade desenvolvida por pessoa física, a RFB deixou de homologar o recolhimento de impostos feito através da sociedade de advogados (que o árbitro integra na qualidade de sócio) e redirecionou a tributação. Sujeitos à incidência das alíquotas progressivas de IRPF, os rendimentos auferidos pela prestação de serviços intelectuais foram submetidos à bitributação.

Não bastasse as investidas da administração tributária federal, a *terceira temporada* foi marcada pelo ingresso de nova protagonista: o Município de São Paulo. Ator coadjuvante até então, ingressou na trama para defender a exclusão das sociedades de advogados com atuação em arbitragem da tributação fixa do ISS (por suposta descaracterização da natureza uniprofissional). A administração tributária paulistana autuou diversas bancas que indicavam em seus respectivos *websites* prática em arbitragem.[4]

Levado ao Poder Judiciário, o impasse foi neutralizado em sede recursal, restando mantido o enquadramento das sociedades advocatícias no regime de tributação específico, mesmo que um ou mais de seus integrantes estejam investidos na função de árbitro (TJSP, autos 2154733-26.2019.8.26.0000). Ainda que não guarde relação direta com o caso, vale mencionar que o STF já firmou entendimento a respeito do ISS aplicável à advocacia (RE nº 940.769).

Por fim, na *quarta temporada,* o CARF definiu, por voto de qualidade, que honorários percebidos por advogados que funcionam como árbitros são rendimentos auferidos por pessoa física (Acórdão nº 2402-008.171, 2ª Seção de Julgamento/4ª Câmara/2ª Turma Ordinária, j. 03.03.2020). Para além da reclassificação, o CARF entendeu que o recolhimento de impostos feito através da sociedade de advogados é considerado indevido e não pode ser aproveitado

---

4 PACHIKOSKI, Silvia Rodrigues. A fome de arrecadação e as sociedades uniprofissionais. *AASP,* 08 jun. 2020. Disponível em: https://www.aasp.org.br/em-pauta/a-fome-de-arrecadacao-e-as-sociedades-uniprofissionais/. Acesso em: 27 jun. 2021.

para compensar eventuais débitos da pessoa física.[5] A decisão foi objeto de recurso, que ainda aguarda julgamento.[6]

Perdida a batalha, mas não a guerra, a saga arrecadatória parecia distante do fim. Mas fato é que o enredo perdeu consistência, antes denunciando o interesse na manutenção da franquia do que a criatividade dos roteiristas. Assim, sem adentrar no debate tributário, analisaremos os principais argumentos da fundamentação das decisões administrativas, à luz do Provimento nº 196/2020 do Conselho Federal da OAB.

3 A ofensiva da OAB: Provimento nº 196/2020

No Brasil, o exercício de qualquer trabalho, ofício ou profissão é garantido constitucionalmente (art. 5º, inc. XIII). A interferência do legislador nessa liberdade se justifica pela potencialidade de danos sociais decorrentes de seu exercício. Quando pensamos na medicina, por exemplo, a utilidade prática de normas regulamentares limitadoras é facilmente verificada (sobretudo em tempos de pandemia).

Tendo por fundamento a habilitação técnico-científica, a regulamentação de dado segmento econômico-profissional impõe restrições e, ao mesmo tempo, assegura prerrogativas aos profissionais que o integram. Os elementos diferenciais são a *qualificação* e o *conhecimento*.

Esta regulamentação das atividades profissionais é feita por diversos Conselhos Federais, encontrando previsão na parte final do dispositivo constitucional: "atendidas as qualificações profissionais que a lei estabelecer" (art. 5º, inciso XIII). Pretende-se resguardar o indispensável domínio de conhecimentos técnicos e científicos

---

5 Relevante registrar que o julgamento ocorreu antes da alteração provocada pela Lei nº 13.988/2020, que, entre disposições destinadas à disciplina da transação tributária em âmbito federal, extinguiu o voto de qualidade nos processos administrativos de controle interno da legalidade do crédito tributário. Com isso, havendo empate nos julgamentos levados a efeito por órgãos colegiados – tal qual ocorreu no caso em exame –, a prevalência será da decisão favorável ao contribuinte.

6 Acompanhamento disponível em: http://carf.fazenda.gov.br/sincon/public/pages/ConsultarInformacoesProcessuais/exibirProcesso.jsf. Acesso em: 26 jun. 2021.

para o exercício de algumas profissões.[7] No caso da advocacia, a prerrogativa regulamentar é da OAB.

Dentre suas competências, o Conselho Federal da OAB exerce funções típicas dos órgãos de classe e outras mais abrangentes. Afinal, em 2011, o STF decidiu ser a OAB entidade independente, *sui generis*, classificando a advocacia como serviço público de relevância social, com funções institucionais de natureza constitucional (ADI nº 3.026/DF, Rel. Ministro Eros Grau).

Daí as atribuições do Conselho Federal para editar o Regulamento Geral, o Código de Ética e Disciplina e os Provimentos que regulam o exercício da advocacia. São delegações normativas que conferem competência privativa à OAB para disciplinar o exercício da profissão em âmbito nacional. Esta atuação institucional visa resguardar a independência, as prerrogativas e a dignidade profissional da advocacia. Logo, todos os advogados devem obediência aos regulamentos da OAB: seus efeitos são *erga omnes advocatorum*.

Exemplo recente do exercício destas competências se deu justamente com a edição do Provimento nº 196/2020, que "dispõe sobre o reconhecimento da atividade advocatícia decorrente da atuação de advogados como conciliadores ou mediadores, árbitros ou pareceristas e no testemunho (*expert witness*) ou no assessoramento às partes em arbitragem e dá outras providências".

Como antecipado nas linhas acima, o Provimento se presta a combater as duas principais teses da fundamentação das decisões administrativas que buscam incrementar a tributação dos honorários decorrentes do exercício da função de árbitro.

O primeiro argumento pode ser assim sintetizado: *Para ser árbitro não é necessário ser advogado.* Aqui, temos um problema de lógica: do fato de não ser necessária a qualificação de advogado para ser árbitro não implica a conclusão de que tais profissionais deixem de ser advogados mesmo na função de árbitros. Trata-se de uma falácia: um raciocínio incorreto, uma armadilha que subverte a lógica.

---

[7] Sobre as ordens profissionais e seu regime jurídico brasileiro, v. MOREIRA, Egon Bockmann. Liberdade de iniciativa, ordens profissionais e autorregulação – Caso *Música e Polícia*: STF, ADPF nº 183. *In*: MARQUES NETO, Floriano de Azevedo; MOREIRA, Egon Bockmann; GERRA, Sérgio. *Dinâmica da Regulação*. 2. ed. Belo Horizonte: Fórum, 2021, p. 297-310.

Muito antes do Provimento nº 196, o exercício da advocacia já contemplava funções variadas. Advogados, no desempenho de sua atividade profissional e empregando sua *expertise* jurídica, podem desenvolver múltiplas tarefas – judicial e extrajudicialmente –, inclusive algumas que não são privativas da advocacia.

Para citar apenas um exemplo, a função de administrador judicial não é exclusiva de advogados. De acordo com a lei, pode também ser realizada por economistas, contadores e administradores de empresas (art. 21 da Lei nº 11.101/2005). Ainda assim, quando desempenhada por profissional da advocacia, é uma das formas de exercício da atividade jurídica, pois as habilidades profissionais e o conhecimento especializado são os motivadores da nomeação pelo juízo.

O mesmo se diga de árbitros (além de mediadores e conciliadores), que representam a própria essência de instrumentos legitimados a assegurar a harmonização das vontades individuais e a realização da justiça mesmo fora do âmbito estatal. Sempre que as partes elegem um advogado, ele leva consigo essa condição e não poderia ser diferente: enquanto a função ocupada é temporária, a atividade exercida é permanente. Os advogados não são indicados por seus lindos olhos azuis, mas só e tão somente porque são advogados.

Pense-se num árbitro escolhido pela Administração Pública, por meio de inexigibilidade de licitação (Lei nº 8.666/1993, art. 25). Ela pode escolher engenheiros ou economistas, mas a fundamentação do ato discricionário de escolha de um advogado deverá reportar-se às suas qualidades jurídicas, a revelar a "natureza singular" dos "serviços técnicos especializados" cuja função o advogado exercerá na arbitragem. Se o gestor indicar que escolhe esse advogado como árbitro por qualquer motivo que não a respectiva qualificação jurídica (*expert* em cálculos complexos de engenharia, por exemplo), ou se escolhe um jurista sem inscrição na OAB, o ato administrativo poderá ser questionado.

Mesmo porque o desempenho adequado da missão conferida ao árbitro exige a entrega de decisão tecnicamente escorreita. Na seleção do profissional, a *expertise* é, sem dúvida, critério de grande importância. Assim, quando advogados funcionam como árbitros, persistem no exercício da profissão, pois sua atividade (advocacia) é o vetor definitivo da escolha feita pelos litigantes.[8] É a formação jurídica que orienta a escolha do advogado, que assim persiste no exercício da função arbitral (incidindo, inclusive, as proibições e deveres do Código de Ética).

No uso das atribuições que lhe são legalmente conferidas, é, em síntese, precisamente o que afirma o Conselho Federal da OAB no Provimento nº 196/2020: "[c]onstitui atividade advocatícia, para todos os fins, a atuação de advogados como conciliadores ou mediadores, nos termos da Lei n. 13.140/2015, ou árbitros, nos moldes preconizados pela Lei 9.307/1996" (art. 1º).

Aliás, o Provimento vem em linha com orientações anteriores do Conselho Federal da OAB, que já em 2013 indicava como atividade própria da advocacia o exercício da função de árbitro por qualquer advogado integrante da sociedade profissional (Proposição nº 49.0000.2013.011843-1/COP).[9]

Ao orientar as partes, analisar os fatos e proferir decisões, a técnica do árbitro-advogado advém de sua formação jurídica, o que se acentua nos casos das arbitragens "de Direito", modalidade que vincula a validade da sentença à interpretação e aplicação de leis. Daí emerge inegável relação simbiótica entre *ser* advogado e *estar* árbitro.

Em arremate, vale registrar que não há regulamentação da atividade de árbitro que a torne pertencente à categoria profissional autônoma e específica. Daí porque a própria Justiça do Trabalho, respaldada pelo Ministério Público, enfrentou questão relacionada à constituição de sindicato classificando como *encargo decorrente de especialidade detida* e não *profissão*, o mister desempenhado por aqueles investidos na função de árbitro (Autos nº 0000913-03.2013.5.10.008/

---

8 No mesmo sentido: PINHEIRO, Hendrick; PEREZ, Ane Elise. Arbitragem como função da Advocacia: consequências em relação ao Imposto Sobre Serviços. *Revista Direito Tributário Atual*, São Paulo, n. 44, p. 194-212, 1º semestre 2020.

9 "Ementa n. 024/2013. Arbitragem – modalidade legítima e que faz parte da natureza da advocacia, do que decorre que as receitas provenientes dessa atuação podem ser tratadas para todos os efeitos, inclusive fiscais, como receita da sociedade de advogados cujo integrante oficiou como árbitro. Modificação do entendimento da Ementa 0108/2013 do Órgão Especial deste Conselho Federal, advinda da Consulta 49.0000.2012.003317-8/OEP" (ORDEM DOS ADVOGADOS DO BRASIL. Conselho Federal. Proposição nº 49.0000.2013.011843-1/COP, do Conselho Pleno, Brasília, DF, 02 dez. 2013. Disponível em: https://www.conjur.com.br/dl/ementa-cfoab-receita-arbitragem-conta.pdf. Acesso em: 25 jun. 2021).

TRT-10, 2ª Turma).[10] Ou seja, mesmo perante a Justiça do Trabalho, fato é que não existe uma profissão autônoma de árbitro (como pretende a RFB), mas ela é um atributo angariado por determinados profissionais, enquanto e porque detentores de especialidade técnica diferenciada.

Indo adiante, o segundo argumento combatido pelo Provimento pode ser representado nesta sentença: *A contratação (do árbitro) é de pessoa física*. Esta pseudológica pretende criar distinção que não existe no mundo dos fatos. Mesmo porque a pessoa jurídica "sociedade de advogados" só pode ser composta por advogados (pessoas físicas) e exercita suas atividades por meio de advogados (pessoas físicas). Chegaria a ser um truísmo dizer que só advogados pessoas físicas podem exercer a advocacia – e nem por isso as pessoas jurídicas por eles constituídas estariam impedidas de ser contratadas.

O que não constitui um privilégio dos advogados. Não raras vezes, médicos, dentistas, psicólogos, arquitetos – e diversos outros profissionais que exploram a atividade intelectual – desempenham seu trabalho sob a forma pessoal, em nome de sociedade (uniprofissional ou com outros profissionais). Trata-se de ficção jurídica largamente aceita, que permite melhor organização de indivíduos que desempenham a mesma ou correlata profissão.

Mais: o contratante de qualquer desses serviços seleciona o prestador por ser pessoa física tecnicamente habilitada. A tomada de decisão é lastreada em pelo menos dois pilares (*qualificação* e *conhecimento*), que, de forma absolutamente natural e legítima, inauguram uma relação de confiança. Esta dinâmica decorre do caráter reconhecidamente personalíssimo do mister profissional.

Em outras palavras, a capacidade subjetiva de executar a prestação contratada aqui se confunde com a objetiva. O fator decisivo é a detenção de conhecimento especializado. Desconsiderados os novos feitos da robótica, para executar cirurgia cardíaca de alta complexidade se contrata o indivíduo e não a sociedade. Porém, o sujeito é contratado por meio da sociedade da qual faz parte – como expressamente autorizado em lei.

---

[10] Também o arquivamento sumário do Projeto de Lei nº 4.891/2005, no ano de 2019, evidencia a impertinência jurídica da pretendida disciplina da "profissão árbitro".

A mesma lógica se aplica na contratação do advogado, especialmente quando a escolha se dá em razão de notório conhecimento e saber.

Diante de critério técnico, a motivação e a função do contrato não podem ser ignoradas. É exatamente o que ocorre no desempenho das funções de árbitro, mediador e parecerista, nas quais o nexo de causalidade é evidente. O que se acentua devido ao fato de que as sociedades destinadas a serviços de advocacia só podem ter advogados como sócios. Logo, são advogados os únicos contratados por meio de negócios jurídicos com sociedades de advogados.

Ora, a possibilidade de seleção e indicação dos árbitros pelas partes é frequentemente referida como um dos grandes diferenciais da arbitragem. Repete-se à exaustão que a *arbitragem vale o que vale o árbitro*. E não é por um acaso. Em conflitos de alta complexidade técnico-jurídica, a faculdade de escolha de julgador com *expertise* técnica é prerrogativa que justifica *per se* a adoção dessa via de resolução de conflitos. O mesmo se diga do mediador para a mediação, do parecerista para o parecer e do testemunho legal.

Nesse contexto, o Provimento dispõe que "[a] atuação de advogados como conciliadores, mediadores, árbitros ou pareceristas e no testemunho (*expert witness*) ou no assessoramento às partes em arbitragem não desconfigura a atividade advocatícia por eles prestada exclusivamente no âmbito das sociedades individuais de advocacia ou das sociedades de advogados das quais figuram como sócios" (§1º).

Dito isso, admitir que há impedimento para que a sociedade receba a receita oriunda da atuação de um de seus integrantes na função de árbitro (ou outra equivalente) é o mesmo que afirmar que nenhum profissional liberal escolhido em razão de suas qualificações pessoais poderá emitir fatura através da sociedade que integra. Traçado este paralelo, resta evidente o equívoco interpretativo das decisões administrativas da RFB.

Nesse sentido, o §2º do Provimento espanca qualquer dúvida ao estabelecer que "[a] remuneração pela prática da atividade referida no *caput* tem natureza de honorários advocatícios e pode ser recebida pelos advogados como pessoas físicas ou pelas sociedades das quais sejam sócios".

Para o que disciplina, a redação do Provimento nº 196/2020 não poderia ter sido mais clara. Advogados só estão árbitros (mediadores, conciliadores...) enquanto e porque advogados – e isso não pode ser ignorado pelas autoridades públicas, especialmente o Fisco.

4 EAREsp nº 31.084/MS: solução em outro campo de batalha?

Se até aqui a trama parecia longe do fim, não se antecipava que os *spoilers* da quinta temporada derivassem de *spin-off* protagonizado por categoria profissional diversa e em outro campo de batalha.

As boas novas advieram de história paralela. São duas narrativas separadas, mas ligadas por personagem às vezes magnânimo e, outras tantas, perverso: o Fisco brasileiro. Tentemos conferir alguma linearidade a esse recente episódio, eis que repercute na série principal.

Em síntese, aos 24 de março de 2021, ao julgar o EAREsp nº 31.084/MS, a Primeira Seção do STJ pacificou a jurisprudência da Corte sobre a possibilidade de sociedades uniprofissionais constituídas como sociedades empresárias recolherem ISSQN mediante alíquota fixa, independentemente do tipo societário adotado. A questão de fundo certamente repercutirá no tema dos honorários dos árbitros sócios de escritórios de advocacia.

Os Embargos de Divergência foram interpostos por sociedade limitada de serviços médicos em face de município. Com relatoria do Min. Napoleão Nunes Maia Filho, a tese do contribuinte foi acolhida por maioria. Restaram vencidos os Ministros Og Fernandes, Herman Benjamin e Assusete Magalhães. Todavia, uma coisa é certa: a Primeira Seção do STJ já definiu como deve ser a interpretação legislativa para casos semelhantes.

Bem vistas as coisas, ainda que aparentemente não guarde relação direta com o núcleo temático do *script* que nos interessa, o acórdão trata exatamente da tributação de sociedade *(i)* que tenha por objeto a exploração de profissão intelectual de seus sócios, os quais, por sua vez, *(ii)* desempenhem seu trabalho sob a forma pessoal, em nome da sociedade. Em casos como esses – pouco importa se são médicos, dentistas, arquitetos ou advogados – a legislação ordinária brasileira já possui interpretação certa.

Ou seja, o caso configura precedente que não pode ser ignorado pela comunidade arbitral. Nem, muito menos, pelo Fisco. Afinal, o acórdão não trata desta ou daquela profissão, mas da forma pela qual determinados profissionais liberais se organizam para prestar serviços intelectuais. Essa é a questão de fundo decidida. Ao falar de "médicos", o julgado da Primeira Seção do STJ uniformizou também o entendimento quanto a advogados que exercem sua profissão, inclusive sob as vestes da arbitragem. São todos profissionais liberais abrangidos pela *ratio decidendi* que consolida o precedente da Corte.

Com fundamento no art. 9º, §§1º e 3º do Decreto Lei nº 406/68, o racional decisório extraído do voto vencedor atesta que "quando a atividade desempenhada não se sobrepuser à atuação profissional e direta dos sócios na condução do objeto social da empresa", a sociedade faz jus ao recolhimento do ISSQN na forma privilegiada. Esse é o coração do julgado, o núcleo essencial da questão de Direito, a funcionar em casos cuja questão de fundo seja análoga ou semelhante.

Sem adentrar no debate tributário, é inegável que o precedente da Primeira Seção atrai a incidência dos arts. 489, § 1º, inc. VI, e 926, do CPC, e do art. 30 da LINDB.[11] Confere segurança jurídica ao exercício de certas profissões. Assim, estabiliza a matéria analisada também naquilo que alcança o exercício da função de árbitro por advogado.

Diretamente, a *ratio decidendi* afasta a restrição de enquadramento das sociedades de advogados com atuação em arbitragem deste mesmo regime de tributação, o que deve assegurar segurança jurídica na aplicação das normas pela administração tributária municipal. O fundamento jurídico e todos os argumentos relativos aos médicos são aplicáveis aos advogados-árbitros – e respectivas sociedades civis. Profissões diversas, exercidas sob a mesma forma jurídico-societária, a consagrar uma só tese jurídica – assim assentada pela Primeira Seção do STJ.

---

[11] A esse respeito, v. MOREIRA, Egon Bockmann; PEREIRA, Paula Pessoa. Art. 30 da LINDB - O dever público de incrementar a segurança jurídica. *Revista de Direito Administrativo - RDA*, p. 243-274, 2018. Disponível em: https://doi.org/10.12660/rda.v0.2018.77657. Acesso em: 29 jun. 2021.

Reflexamente, o precedente ainda neutraliza as investidas da administração tributária federal. Assim o faz por reforçar a interpretação de que embora assumindo responsabilidade pessoal na prestação dos serviços, desde que organizados em sociedades, os profissionais liberais que exploram atividade intelectual – dentre eles os advogados investidos na função de árbitro – estão legalmente autorizados a receber as receitas oriundas da sua atuação por intermédio das sociedades que integram.

Aliás, exatamente por este fundamento, a 2ª Turma da 2ª Câmara da 2ª Seção do CARF revisitou entendimento anterior e, acolhendo os argumentos da defesa do contribuinte em recurso voluntário, decidiu – por cinco votos a três – que advogados podem ser tributados na pessoa jurídica ao exercer a função de árbitro:

> ARBITRAGEM. FORMAÇÃO PROFISSIONAL. ATIVIDADE INSERIDA NO ÂMBITO DA ADVOCACIA. HONORÁRIOS. SOCIEDADE DE ADVOGADOS. LEI Nº 9.430/96. SERVIÇO INTELECTUAL EM CARÁTER PERSONALÍSSIMO. LEI Nº 11.196/2005. TRIBUTAÇÃO APLICÁVEL ÀS PESSOAS JURÍDICAS. O exercício da arbitragem, embora não seja privativa de bacharel em Direito, encontra-se inserida no âmbito da advocacia, razão pela qual os honorários podem ser recebidos e tributados pela sociedade de advogados, da qual integre o árbitro - *ex vi* do art. 55 da Lei nº 9.430/66.
>
> O art. 129 da Lei nº 11.196/2005, cuja constitucionalidade foi chancelada na ADC nº 66/DF, prevê que, na hipótese de contratação de um serviço intelectual, inclusive os de natureza científica, artística ou cultural, ainda que com designação de obrigações em caráter personalíssimo, passível a tributação aplicável às pessoas jurídicas. A atuação de advogado como árbitro, por ser serviço de natureza intelectual que se insere na atividade advocatícia, atrai a aplicação do disposto no art. 129 da Lei nº 11.196/2005, podendo ser a remuneração pela prática recebida pela pessoa física ou pela sociedade da qual seja sócio.[12]

Diante dos inesperados *twists*, é preciso admitir que a narrativa do Fisco ficou sem aderência: foi frustrada, corrompida. Aliás, para confirmar a precisão deste *spoiler*, basta substituir por "advogados-árbitros" o vocábulo "médicos" indicado no tema síntese

---

12 Acórdão 2202-008.531, 2ª Seção de Julgamento/2ª Câmara/2ª Turma Ordinária, j. 11.08.2021. Acompanhamento disponível em: https://carf.fazenda.gov.br/sincon/public/pages/ConsultarJurisprudencia/listaJurisprudencia.jsf. Acesso em: 17 dez. 2021.

do EAREsp nº 31.084/MS: "ISSQN. Sociedades simples no regime limitado. Quadro societário composto por *médicos*. Recolhimento de ISSQN pela alíquota fixa. Regime no artigo 9º, §3º, do Decreto--Lei nº 406/1968. Serviço prestado em caráter pessoal e em nome da sociedade". Não se trata de decisão judicial em sentido estrito, mas de um precedente judicial com ampla eficácia normativa. Ao que tudo indica, a trama está definitivamente resolvida, mas ainda não estamos diante do fim.

5 AREsp nº 1.852.325 e AREsp nº 1.891.277: dois novos ataques frustrados

Quando se pensava que a saga teria terminado, o Município de São Paulo tentou, novamente sem sucesso, reverter o jogo a favor do Fisco em pelo menos duas oportunidades.

No AREsp nº 1.852.325/SP, de relatoria da Ministra Regina Helena Costa, o apelo fazendário não foi admitido, sob o fundamento de que o acórdão do Tribunal de Justiça de São Paulo, contra o qual se insurgia o recorrente, não atacara todos os fundamentos da decisão *a quo*, o que, na visão da Relatora, ensejou o não conhecimento do especial, fundamentado na aplicação analógica da Súmula nº 283, do Supremo Tribunal Federal.[13]

Já no AREsp nº 1.891.277/SP,[14] o Ministro Og Fernandes, também em decisão monocrática, entendeu que o afastamento da tributação privilegiada do ISS, pretendida pelo Fisco, esbarra na Súmula nº 7 da Corte, porquanto demandaria a análise da composição da sociedade de advogados e de seu objeto social, matéria fático probatória de exame necessário a fim de fixar premissa fática diversa daquela estabelecida pelo Tribunal de origem.

---

[13] Disponível em: https://processo.stj.jus.br/processo/dj/documento/mediado/?tipo_documento=documento&componente=MON&sequencial=127045619&tipo_documento=documento&num_registro=202100668451&data=20210518&formato=PDF. Acesso em: 17 dez. 2021.

[14] Disponível em: https://processo.stj.jus.br/processo/dj/documento/mediado/?tipo_documento=documento&componente=MON&sequencial=133046044&tipo_documento=documento&num_registro=202101409864&data=20210825&formato=PDF. Acesso em: 17 dez. 2021.

6 Considerações finais

Com base no panorama traçado acima, é possível afirmar que o profissional da advocacia procurado para oficiar como árbitro não presta serviço dissociado de sua atividade técnica primordial. Mais: nesses casos, a atuação como árbitro compõe modalidade de exercício da advocacia e, por consequência, é faturável por intermédio da sociedade da qual dito profissional seja sócio, sem que isso produza qualquer impacto no enquadramento tributário.

Pela própria redação da Lei nº 9.307/1996, é notório que a investidura na função de árbitro se dá pela escolha das partes (direta ou delegada) e perdura enquanto a sentença arbitral não for proferida. O exercício do encargo é momentâneo e pressupõe a execução de serviços técnicos de natureza intelectual, que – no caso da profissão analisada – estão diretamente relacionados à *expertise* jurídica. Não desnatura, portanto, a atividade principal (advocacia) e menos ainda se presta a desenquadrar as sociedades de seu regime especial.

Este breve epílogo anuncia, assim, o desfecho da saga arrecadatória travada contra árbitros-advogados no Brasil: inesperadamente, por forças externas instransponíveis, a quinta temporada termina à sobra de outra narrativa; antes mesmo de começar. Ainda assim, a prenunciada derrota não parece impedir novos ataques...

Referências

CRISTO, Alessandro. Receita fiscaliza câmaras arbitrais e exige sentenças. *Consultor Jurídico – Conjur*, 26 abr. 2013. Disponível em: https://www.conjur.com.br/2013-abr-26/receita-fiscaliza-camaras-arbitrais-exige-acesso-sentencas. Acesso em: 25 jun. 2021.

CRUZ, Elisa Schmidlin; MOREIRA, Egon Bockmann. Arbitragem e o Provimento 196/202 da OAB: o fim de uma saga? *Consultor Jurídico – Conjur*, 14 maio 2020. Disponível em: https://www.conjur.com.br/2020-mai-14/moreira-cruz-arbitragem-provimento-1962020-oab. Acesso em: 07 set. 2021.

CRUZ, Elisa Schmidlin; MOREIRA, Egon Bockmann. Arbitragem e a saga tributária: *spoiler* da quinta temporada. *Consultor Jurídico – Conjur*, 17 abr. 2021. Disponível em: https://www.conjur.com.br/2021-abr-17/cruz-moreira-arbitragem-saga-tributaria. Acesso em: 29 jun. 2021.

LEVITINAS, Marcelo; FERREIRA, Renato. Os limites da atuação do Fisco em face da confidencialidade em arbitragem. *Migalhas*. 17 dez. 2013. Disponível em: https://www.migalhas.com.br/depeso/192334/os-limites-da-atuacao-do-fisco-em-face-da-confidencialidade-em-arbitragem. Acesso em: 07 set. 2021.

MENGARDO, Bárbara. Receita não pode fiscalizar arbitragem. *Valor Econômico*, Disponível em: https://cbar.org.br/site/en/valor-economico-receita-nao-pode-fiscalizar-arbitragem/. Acesso em: 25 jun. 2021.

MINISTÉRIO DA ECONOMIA. *Conselho Administrativo de Recursos Fiscais*. Disponível em: http://carf.fazenda.gov.br/sincon/public/pages/ConsultarInformacoesProcessuais/exibirProcesso.jsf. Acesso em: 26 jun. 2021.

MOREIRA, Egon Bockmann. Liberdade de iniciativa, ordens profissionais e autorregulação – Caso música e polícia: STF, ADPF n. 183. *In*: MARQUES NETO, Floriano de Azevedo; MOREIRA, Egon Bockmann; GUERRA, Sérgio. *Dinâmica da regulação*. 2. ed. Belo Horizonte: Fórum, 2021.

MOREIRA, Egon Bockmann; PEREIRA, Paula Pessoa. Art. 30 da LINDB – o dever público de incrementar a segurança jurídica. *Revista de Direito Administrativo (RDA)*, p. 243-274, 2018. Disponível em: https://doi.org/10. Acesso em: 07 set. 2021.

ORDEM DOS ADVOGADOS DO BRASIL. Conselho Federal. *Proposição n. 49.0000.2013.011843-1/COP*, do Conselho Pleno, Brasília, DF, 02 dez. 2013. Disponível em: https://www.conjur.com.br/dl/ementa-cfoab-receita-arbitragem-conta.pdf. Acesso em: 25 jun. 2021.

PACHIKOSKI, Silvia Rodrigues. A fome de arrecadação e as sociedades uniprofissionais. *AASP*, 08 jun. 2020. Disponível em: https://www.aasp.org.br/em-pauta/a-fome-de-arrecadacao-e-as-sociedades-uniprofissionais/. Acesso em: 27 jun. 2021.

PINHEIRO, Hendrick; PEREZ, Ane Elise. Arbitragem como função da advocacia: consequências em relação ao Imposto Sobre Serviços. *Revista Direito Tributário Atual*, São Paulo, n. 44, p. 194-212, 1 sem. 2020.

Informação bibliográfica deste texto, conforme a NBR 6023:2018 da Associação Brasileira de Normas Técnicas (ABNT):
MOREIRA, Egon Bockmann; CRUZ, Elisa Schmidlin. Tributação dos árbitros-advogados no Brasil: epílogo da saga arrecadatória. *In*: CUÉLLAR, Leila; MOREIRA, Egon Bockmann; GARCIA, Flávio Amaral; CRUZ, Elisa Schmidlin. *Direito Administrativo e Alternative Dispute Resolution*: arbitragem, *dispute board*, mediação e negociação. Com comentários à legislação do Rio de Janeiro, São Paulo, Rio Grande do Sul e União sobre arbitragem e mediação em contratos administrativos e desapropriações. 2. ed. Belo Horizonte: Fórum, 2022. p. 313-328. ISBN 978-65-5518-404-4.

PARTE III

DIREITO ADMINISTRATIVO E ADRS: COMENTÁRIOS AOS MARCOS LEGAIS E REGULAMENTOS ADMINISTRATIVOS

COMENTÁRIOS AO DECRETO FEDERAL Nº 10.025/2019[1]

EGON BOCKMANN MOREIRA
FLÁVIO AMARAL GARCIA

Introdução

Estes comentários ao Decreto Federal nº 10.025/2019 adotaram a metodologia de selecionar os artigos mais importantes e, assim, congregá-los substancialmente, de molde a permitir o estudo completo e integrado do texto normativo. Igualmente, o escopo foi o de pôr em foco as peculiaridades do Direito Administrativo em face dos desafios da arbitragem e demais métodos de solução adequada de conflitos.

1 Artigo 1º: a razão de ser do decreto regulamentar, seus sujeitos e efeitos

O Decreto nº 10.025/2019 veio em boa hora, pois consolida a institucionalização de soluções adequadas de conflitos no âmbito da Administração Pública federal. Muito embora a arbitragem público-privada já estivesse literalmente prevista em lei, fato é que havia receios de parte dos agentes públicos e resistência dos órgãos de controle externo. Hoje, isso não pode mais existir devido a, ao menos, dois motivos.

Por um lado, o decreto é ato regulamentar expedido pelo chefe do Executivo (competência privativa, nos termos do art. 84, inc. IV, da Constituição) a fim de disciplinar a conduta de todos os agentes

[1] Os autores agradecem a Elisa Schmidlin Cruz pela revisão do presente texto, além das valiosas sugestões de conteúdo.

públicos a ele subordinados (Administração direta e indireta). Como leciona Rafael Carvalho Rezende Oliveira, trata-se da forma pela qual se exprime o ato administrativo normativo: "Comandos gerais e abstratos emanados pela Administração Pública, cujo objetivo é a fiel execução da lei". Assim, o Decreto nº 10.025/2019 é ato interno à Administração Pública federal, que "fixa normas gerais e abstratas, com fundamento na lei".[2] Tais normas são dirigidas a servidores públicos, preceituando como a legalidade deve ser executada, o que importa dizer que suprime dúvidas ou incertezas quanto à aplicabilidade da arbitragem nos setores e contratos a que se refere.

Por outro lado, os agentes públicos federais vinculados aos órgãos e entidades neles referidos estão obrigados a cumprir o Decreto nº 10.025/2019. Trata-se de aplicação do *princípio da hierarquia*, que, na lição de Diogo de Figueiredo Moreira Neto, decorre da necessidade de se fixarem as relações entre órgãos e agentes públicos, "de tal forma que se concilie o máximo de *eficiência* operativa com um satisfatório grau de *controle* de resultados [...] diz respeito, assim, à *coordenação* e à *subordinação* desses entes, órgãos e agentes entre si e à *distribuição escalonada das respectivas funções*".[3] Se, antes, a instalação da arbitragem poderia se aproximar da ideia de "permitida", hoje ela é "obrigatória" nos casos descritos no decreto, bem como naqueles em que o contrato contenha cláusula compromissória, e "recomendada" mesmo naquelas situações em que não haja previsão contratual expressa. A tendência, portanto, é a de institucionalização e ampliação da cultura arbitralista nos contratos administrativos.[4] Porém, esta específica regulação circunscreve-se aos temas previstos no Decreto nº 10.025/2019, que dá aplicabilidade imediata àquelas normas por si expressamente mencionadas: Lei nº 9.037/1996

---

2 OLIVEIRA, Rafael Carvalho Rezende. *Curso de Direito Administrativo*. 7. ed. São Paulo: Método, 2019. p. 339.

3 MOREIRA NETO, Diogo de Figueiredo. *Curso de Direito Administrativo*. 16. ed. Rio de Janeiro: Forense, 2014. p. 113.

4 Com significativos efeitos para a execução contratual, pois, como acentuou Marçal Justen Filho: "A cultura da arbitragem privilegia o contrato, cujas regras são a fonte primordial para disciplinar o relacionamento entre as partes" (JUSTEN FILHO, Marçal. A revolução secreta nos contratos públicos. Coluna Publicistas. *Jota*, 24 set. 2019. Disponível em: https://www.jota.info/opiniao-e-analise/colunas/publicistas/a-revolucao-secreta-nos-contratos-publicos-24092019. Acesso em: 14 dez. 2021). Logo, haverá valorização do contrato administrativo, tanto em termos formais como materiais – eis que estarão submetidos à "cultura da arbitragem", e não à "dos litígios infindáveis".

(*Arbitragem*); Lei nº 10.233/2001 (*Agência Nacional de Transportes Terrestres – ANTT* e *Agência Nacional de Transportes Aquaviários – ANTAQ*); Lei nº 12.815/2013 (*Portos*) e Lei nº 13.448/2017 (*Prorrogação e relicitação dos contratos de parceria*). Esse é o seu campo de incidência, material-objetiva (conflitos advindos de negócios jurídicos vinculados às leis mencionadas) e subjetiva (agentes públicos e pessoas privadas relacionadas a tais leis).

Vejamos rapidamente cada um desses diplomas aos quais se refere o decreto.

A menção à Lei de Arbitragem é a abertura do ato administrativo regulamentar. Desde 2015, os acréscimos advindos da Lei nº 13.129 à Lei nº 9.037/1996 já espancavam qualquer dúvida quanto à arbitragem em pactos com a Administração Pública direta e indireta. Com a devida licença pelo óbvio, é de se sublinhar que será a Lei de Arbitragem – e não o CPC ou a Lei nº 9.784/1999 (Lei de Processo Administrativo) – que orientará os agentes públicos. Muito embora a aplicabilidade da Lei de Arbitragem a negócios jurídicos administrativos prescinda do regulamento, fato é que sua edição facilita e delimita os trabalhos dos gestores – não só ao afastar incertezas, mas, especialmente, ao positivar o dever de aplicação. Essa é a regra-matriz para a solução de conflitos envolvendo a Administração Pública.

O Decreto nº 10.025/2019 reporta-se a setores econômicos específicos e respectivas agências reguladoras. Isso importa limitações objetivo-subjetivas à sua incidência – o que não significa "proibição" à arbitragem em outras controvérsias, mas apenas e tão somente a inaplicabilidade imediata desse ato regulamentar específico, que pode servir de referência/subsídio para os demais casos.

Consta do art. 1º do Decreto nº 10.025 que ele se circunscreve ao "setor portuário e de transportes rodoviário, ferroviário, aquaviário e aeroportuário", o que, combinado com a ementa – que menciona a ANTT e ANTAQ, bem como a Lei de Portos e a de Prorrogação e Relicitação[5] –, define quais são os sujeitos e negócios jurídicos a cujos eventuais conflitos se dirige a norma regulamentar.

---

5 A bibliografia brasileira a respeito de tais setores é bastante ampla, cabendo citar exemplificativamente: GARCIA, Flavio Amaral. *Regulação jurídica das rodovias concedidas*. Rio de Janeiro: Lumen Juris, 2004; FREITAS, Rafael Véras de. *Concessão de rodovias*. Belo

Demais disso, o mesmo art. 1º consigna que os litígios são os que envolverem, de um lado, "a União ou as entidades de Administração Pública federal" e, de outro, os "concessionários, subconcessionários, permissionários, arrendatários, autorizatários ou operadores portuários". Isso importa dizer que o Decreto nº 10.025/2019 não se aplica aos demais sujeitos e contratos, nem nos mesmos setores econômicos (por exemplo, a casos de responsabilidade civil por acidentes com terceiros ou contratos de trabalho), mas é exigível para as pessoas a casos expressamente mencionados, cujos conceitos têm sede normativa.

A União é pessoa jurídica de Direito público interno (Constituição, art. 18 ss.; Código Civil, art. 41, inc. I). "Entidade" é, nos termos da Lei nº 9.784/1999, "a unidade de atuação dotada de personalidade jurídica" (art. 1º, §2º, inc. II, c/c Código Civil, art. 41, incs. IV e V). Já os concessionários, permissionários e subconcessionários são definidos na Lei Geral de Concessões por meio da menção aos respectivos contratos (Lei nº 8.987/1995, arts. 1º a 5º, 26 e 40).[6] Os sujeitos arrendatários, autorizatários e operadores portuários vêm descritos especialmente no art. 2º da Lei nº 12.815/2013, que rege o respectivo setor.

As agências reguladoras expressamente referidas são a ANTT e a ANTAQ, ambas criadas pela Lei nº 10.233/2001 e lá qualificadas como "submetidas ao regime autárquico especial", [...] "caracterizado pela independência administrativa, autonomia financeira e funcional e mandato fixo de seus dirigentes" (art. 21, *caput* e §2º). São, portanto, agências reguladoras independentes, com poder

---

Horizonte: Fórum, 2017; FEIGELSON, Bruno; FREITAS, Rafael Véras de; RIBEIRO, Leonardo Coelho (Orgs.). *A nova regulação da infraestrutura e da mineração*. Belo Horizonte: Fórum, 2014; CASTELAR PINHEIRO, Armando; RIBEIRO, Leonardo Coelho. *Regulação das ferrovias*. Rio de Janeiro: FGV, 2017; MOREIRA, Egon Bockmann (Coord.). *Portos e seus regimes jurídicos*. Belo Horizonte: Fórum, 2014; FREITAS, Rafael Véras de. As prorrogações e a relicitação previstas na Lei nº 13.448/2017. *Revista de Direito Público da Economia – RDPE*, Belo Horizonte: Fórum, v. 59, p. 175-199, jul./set. 2017; OLIVEIRA, Carolina Zaja Almada Campanate de. *Contratos administrativos complexos e de longo prazo*: a prorrogação antecipada e a relicitação na teoria dos contratos públicos. 2018. 235 p. Dissertação (Mestrado em Direito da Regulação) – FGV Rio de Janeiro, 2019. Disponível em: https://bibliotecadigital.fgv.br/dspace/handle/10438/27347. Acesso em: 14 dez. 2021. Para exame mais amplo de todos esses contratos e legislações, *v.* JUSTEN FILHO, Marçal. *Curso de Direito Administrativo*. 13. ed. São Paulo: Revista dos Tribunais, 2018. p. 631-772.

6 Sobre tais conceitos a respeito do polo ativo dos contratos, ampliar em MOREIRA, Egon Bockmann, *Direito das Concessões de Serviços Públicos*. São Paulo: Malheiros, 2010, p. 71-86.

normativo próprio, o que não inibe a competência da presidência da República para emanar regulamentos que disciplinem o exercício de suas funções atípicas (aquelas não privativas da regulação do setor, nos termos dos arts. 22 e 23 da Lei nº 10.233/2001).[7] Ou seja, o decreto presidencial disciplina a arbitragem como procedimento a ser adotado pelas agências reguladoras na solução de controvérsias – nada mais do que isso – e assim deve ser aplicado por elas.

Quanto ao setor aeroportuário, a Lei nº 11.182/2005 define que compete à Agência Nacional de Aviação Civil – ANAC "observar e implementar as obrigações, diretrizes e políticas estabelecidas pelo governo federal, especialmente no que se refere" [...] ao "estabelecimento do modelo de concessão de infraestrutura aeroportuária" – e à sua diretoria cabe "aprovar minutas de editais de licitação, homologar adjudicações, transferência e extinção de contratos de concessão e permissão" (art. 3º, inc. V, e art. 11, inc. VI). Ao seu tempo, a Empresa Brasileira de Infraestrutura Aeroportuária (Infraero) é disciplinada pela Lei nº 5.862/1972 (com modificações supervenientes) e regulada pelo Decreto nº 8.756/2016 ("regulamenta a atribuição pela União, por intermédio da Secretaria de Aviação Civil da Presidência da República, da exploração de infraestrutura aeroportuária à Empresa Brasileira de Infraestrutura Aeroportuária – Infraero, ou suas subsidiárias" – art. 1º).[8]

As prorrogações e relicitações são tratadas na Lei nº 13.448/2017, cujo art. 1º as circunscreve aos setores rodoviário, ferroviário e aeroportuário, e são assim definidas em seu art. 4º:

> Art. 4º Para os fins desta Lei, considera-se:
> I – prorrogação contratual: alteração do prazo de vigência do contrato de parceria, expressamente admitida no respectivo edital ou no instrumento contratual original, realizada a critério do órgão ou da entidade competente e de comum acordo com o contratado, em razão do término da vigência do ajuste;

---

7 A respeito da preservação da competência do art. 84, inc. IV, mesmo frente aos regulamentos emanados pelas agências reguladoras independentes, v. MOREIRA, Egon Bockmann. Os limites à competência normativa das agências reguladoras. *In*: ARAGÃO, Alexandre Santos de (Org.). *O poder normativo das agências reguladoras*. Rio de Janeiro: Forense, 2006, p. 188.

8 Todo o setor aeroportuário brasileiro tem suas informações (institucionais e operacionais) divulgadas no "sistema Hórus", da Secretaria Nacional de Aviação Civil, órgão da Presidência da República: https://horus.labtrans.ufsc.br/gerencial/#Principal. Acesso em: 13 dez. 2021.

> II – prorrogação antecipada: alteração do prazo de vigência do contrato de parceria, quando expressamente admitida a prorrogação contratual no respectivo edital ou no instrumento contratual original, realizada a critério do órgão ou da entidade competente e de comum acordo com o contratado, produzindo efeitos antes do término da vigência do ajuste;
> III – relicitação: procedimento que compreende a extinção amigável do contrato de parceria e a celebração de novo ajuste negocial para o empreendimento, em novas condições contratuais e com novos contratados, mediante licitação promovida para esse fim.

Para que existam tais ordens de alterações contratuais, necessário se faz que o contrato tenha sido qualificado pelo Programa de Parcerias de Investimentos (PPI) – Lei nº 13.334/2016[9] –, que traz a seguinte definição em seu art. 1º, §2º:

> Consideram-se contratos de parceria a concessão comum, a concessão patrocinada, a concessão administrativa, a concessão regida por legislação setorial, a permissão de serviço público, o arrendamento de bem público, a concessão de direito real e os outros negócios público-privados que, em função de seu caráter estratégico e de sua complexidade, especificidade, volume de investimentos, longo prazo, riscos ou incertezas envolvidos, adotem estrutura jurídica semelhante.

Por fim, anote-se que a Lei de Prorrogações e Relicitações foi regulamentada pelo Decreto nº 9.957/2019, que disciplina o "procedimento para relicitação dos contratos de parceria nos setores rodoviário, ferroviário e aeroportuário". Esse tema – a relicitação e suas consequências econômico-financeiras – é de suma importância nas arbitragens ora em comento, como será visto mais abaixo.

Antes de seguirmos para o próximo tópico, sublinhe-se: o fato de o Decreto nº 10.025/2019 especificar o seu âmbito de incidência objetivo-subjetivo não significa a vedação, nem mesmo inibição, de aplicabilidade da Lei de Arbitragem às demais relações jurídicas

---

[9] Sobre o PPI, v. FREITAS, Rafael Véras de. O Programa de Parcerias de Investimentos (PPI) e o seu regime jurídico. *Revista de Contratos Públicos – RCP*, Belo Horizonte, v. 11, p. 137, mar./ago. 2017. A Lei do PPI teve inspiração no projeto de lei do PPP MAIS, oriundo de comissão vinculada ao Ministério da Fazenda (2015), da qual os autores destes comentários tiveram a honra de fazer parte. A respeito do PPP MAIS, *v.* SUNDFELD, Carlos Ari; MOREIRA, Egon Bockmann. PPP MAIS: um caminho para práticas avançadas nas parcerias estatais com a iniciativa privada. *Revista de Direito Público da Economia – RDPE*, Belo Horizonte, v. 53, p. 9-49, jan./mar. 2016.

que envolvam a Administração Pública.[10] Ele não possui – nem poderia possuir – essa ordem de efeitos negativos. Ao contrário: deve ser visto como vetor positivo de incentivos à instalação de procedimentos de arbitragem público-privada (inclusive em outros entes federativos).

2 Artigo 2º: o objeto da arbitragem em contratos complexos de infraestrutura

O art. 2º do Decreto nº 10.025 especifica que as controvérsias "sobre direitos patrimoniais disponíveis" são aquelas que podem ser submetidas à arbitragem por si regulada, fazendo eco ao art. 1º da Lei nº 9.037/1996. Ou seja, trata da *arbitrabilidade* do conflito,[11] mais propriamente de sua *arbitrabilidade objetiva.*

Direitos patrimoniais são aqueles vinculados àquela universalidade constituída pelo conjunto de bens, direitos e obrigações da pessoa, a que denominamos de *patrimônio*. De suas três características – (i) valor econômico; (ii) denominação coletiva de um agregado de

---

[10] Ao analisar o art. 31 da Lei nº 13.448/2017 – "Art. 31. As controvérsias surgidas em decorrência dos contratos nos setores de que trata esta Lei após decisão definitiva da autoridade competente, no que se refere aos direitos patrimoniais disponíveis, podem ser submetidas a arbitragem ou a outros mecanismos alternativos de solução de controvérsias" –, Marçal Justen Filho extrai efeitos mais amplos, os quais são aqui integralmente acolhidos: "Ainda que o dispositivo tenha estabelecido que tais regras eram aplicáveis nos limites da Lei em questão, é evidente que a regra afastou a impugnação à arbitrabilidade dos temas referidos. Afinal, não teria cabimento argumentar que a recomposição do equilíbrio econômico-financeiro de contrato administrativo envolveria direito disponível apenas naqueles contratos subordinados à Lei 13.448. Essa disciplina aplica-se amplamente a todo e qualquer contrato administrativo" (JUSTEN FILHO, Marçal. *Curso de Direito Administrativo*. 13. ed. São Paulo: Revista dos Tribunais, 2018, p. 738).

[11] Termo assim definido por Patrícia Baptista: "significa a possibilidade, à luz da legislação nacional, de submissão de um dado conflito à arbitragem, ou seja, a permissão conferida pela ordem jurídica de que a controvérsia seja resolvida perante um juízo arbitral" (BAPTISTA, Patrícia. A inarbitrabilidade objetiva do conflito entre Petrobras e a ANP. *Revista de Direito Administrativo – RDA*, Rio de Janeiro, v. 275, p. 254, maio/ago. 2017. Disponível em: http://bibliotecadigital.fgv.br/ojs/index.php/rda/article/view/71654/69328. Acesso em: 13 dez. 2021). Em específico quanto às questões advindas da Administração Pública brasileira, ampliar em: MEGNA, Bruno Lopes. *Arbitragem e Administração Pública*. Belo Horizonte: Fórum, 2019. p. 142-146 e 159-164; e TIBURCIO, Carmen. Arbitragem envolvendo a Administração Pública: arbitrabilidade subjetiva e objetiva. Histórico e situação atual. *In*: MUNIZ, Joaquim de Paiva; BONIZZI, Marcelo José Magalhães; FERREIRA, Olavo Alves (Coords.). *Arbitragem e Administração Pública*. Ribeirão Preto: Migalhas, 2018. p. 111-129.

bens, direitos e obrigações; (iii) referência associativa a um sujeito –, nas arbitragens avulta a expressão econômica do direito posto em conflito. Como anotou o clássico Biondi, o "primeiro elemento constitutivo do conceito de patrimônio é dado pelo valor econômico, entendido como avaliável em dinheiro".[12] Isso nos importa sobremaneira, eis que as arbitragens frente à Administração Pública versarão, direta ou indiretamente, a respeito de litígios que se distinguem dos outros porque sempre poderão ser, ao fim e ao cabo, expressados em pecúnia, em moeda corrente – eis que integrados e/ou oriundos de contratos.

Não basta ser um direito patrimonial, eis que a Lei nº 9.037/1996 e o Decreto nº 10.025/2019 exigem a respectiva *disponibilidade*. Esta é a marca das controvérsias patrimoniais submetidas à arbitragem: aquelas a respeito das quais não há impedimentos legais quanto à sua utilização, organização, proveito ou transação. Para Carmona, são arbitráveis:

> [...] as causas que tratem de matéria a respeito das quais o Estado não crie reserva específica por conta de resguardo dos interesses fundamentais da coletividade, e desde que as partes possam livremente dispor acerca do bem sobre que controvertem [...] são arbitráveis as controvérsias a cujo respeito os litigantes possam transigir.[13]

A contrario sensu, indisponibilidade é a situação em que existe vedação legal à tomada de decisão: só quem pode fazer a escolha é o legislador (que assim limita a liberdade das pessoas privadas e vincula as competências dos agentes públicos), não a pessoa a quem foi atribuída a titularidade e/ou a gestão do bem ou serviço.

No entanto, preste-se bem atenção: o que está em jogo não é a vontade atual, real, do administrador em praticar atos de disponibilidade patrimonial referidos ao contrato administrativo. Ele pode até reputar que não é o caso de realizar qualquer ato nesse sentido ou imaginar que não dispõe de liberdade para tanto, mas isso é irrelevante e impertinente: irrelevante devido ao fato de que a

---

[12] BIONDI, Biondo. Patrimonio. *In*: AZARA, Antonio; EULA, Ernesto (Coord.). *Novissimo Digesto Italiano*, 3. ed. t. XII. Torino: UTET, 1957, p. 615 – tradução livre.

[13] CARMONA, Carlos Alberto. *Arbitragem e processo*: um comentário à Lei 9.037/96. 3. ed. São Paulo: Atlas, 2009. p. 38-39.

disponibilidade (ou não) é um dado objetivo, presente em potência em todos os contratos administrativos; impertinente porque a Lei de Arbitragem e o Decreto nº 10.025/2019 não se referem à vontade da parte como requisito à instalação da arbitragem, mas, sim, à conjugação "conflito" + "direito patrimonial disponível", este a ser examinado privativamente pelo próprio tribunal arbitral (como reza a máxima da "competência-competência").

Ora, todos os negócios jurídico-administrativos indiretamente descritos pelo art. 1º do decreto (concessionários e subconcessionários = *concessões*; permissionários = *permissões*; arrendatários = *arrendamentos*; autorizatários = *autorizações*; operadores portuários = *pré-qualificações*) tratam de contratos administrativos (concessões, permissões, arrendamentos) e atos administrativos negociais (autorizações e pré-qualificações) marcados pela disponibilidade dos direitos transacionados. Em outras palavras: nenhum deles se dá em cenários de indisponibilidade, mas, ao contrário, existem justamente em razão da efetiva disposição, pelas partes contratantes, dos respectivos direitos e interesses. Se existem as concessões e autorizações administrativas, é porque a Administração dispôs a respeito delas em regulamentos, editais e contratos.[14] Nenhum desses contratos advém diretamente da lei (só quem pode positivar proibições à disponibilidade e transação, a serem interpretadas de modo restritivo).

Em seguida, o parágrafo único do art. 2º versa expressamente a propósito de três hipóteses de "controvérsias sobre direitos patrimoniais disponíveis" que atraem a incidência do decreto, quais sejam: "Questões relacionadas à recomposição do equilíbrio econômico-financeiro dos contratos" (inc. I); "cálculo de indenizações decorrentes de extinção ou de transferência do contrato de parceria" (inc. II); e "inadimplemento de obrigações contratuais por quaisquer das partes, incluídas a incidência das suas penalidades e o seu

[14] Ampliar em MOREIRA, Egon Bockmann; CRUZ, Elisa Schmidlin. Regulação e arbitragem: caso "Petrobras v. ANP": CC nº 139.519-RJ, STJ. *In*: MARQUES NETO, Floriano de Azevedo; MOREIRA, Egon Bockmann; GUERRA, Sérgio. *Dinâmica da Regulação*: estudos de casos da jurisprudência brasileira – a convivência dos tribunais e órgãos de controle com agências reguladoras, autoridades de concorrência e livre iniciativa. 2. ed. Belo Horizonte: Fórum, 2021. p. 261-280.

cálculo" (inc. III).[15] Trata-se de enumeração exemplificativa, *numerus apertus*, que admite outras tantas controvérsias (inclusive para os temas do decreto), a depender da configuração concreta do litígio. Todavia, uma coisa é certa: esses três temas literalmente previstos tratam de direitos patrimoniais disponíveis (não só aqui, mas em todo e qualquer contrato administrativo).

O caso do inciso I do parágrafo único do art. 2º é exemplo típico para arbitragens, seja em razão da celeridade do procedimento (quanto mais demorada a solução para o desequilíbrio, maior o seu agravamento e maiores os ônus para todos os envolvidos), seja da especialidade técnica dos árbitros (temas que envolvem a compreensão jurídica de finanças e economia contratuais).[16] Conforme sublinhou José Emílio Nunes Pinto, tal ordem de contratação situa-se,

> na maioria dos casos, diante de cadeias contratuais complexas, algumas vezes capitaneadas por contratos de concessão, mas seguidos de outros que com ele se relacionam, destinados que são à implementação de obra necessária à exploração do direito concedido, sem mencionar os que asseguram o fornecimento de insumos e viabilizam a operação e a manutenção da obra construída. A análise da cadeia contratual, em que os contratos são ligados e se vinculam, reflete um grau de complexidade tal que, ao surgimento de qualquer evento que caracterize um desvio de tora, terá ele impacto em toda a cadeia.[17]

Contratos administrativos, sobretudo os complexos de longo prazo, necessitam de equilíbrio permanente, que garanta a execução tempestiva das obras, a prestação dos serviços aos usuários, a

---

15 O texto regulamentar transcreve, com poucas adaptações, o dispositivo do art. 31, §4º, da Lei nº 13.448/2017: "§4º Consideram-se controvérsias sobre direitos patrimoniais disponíveis, para fins desta Lei: I – as questões relacionadas à recomposição do equilíbrio econômico-financeiro dos contratos; II – o cálculo de indenizações decorrentes de extinção ou de transferência do contrato de concessão; e III – o inadimplemento de obrigações contratuais por qualquer das partes".

16 Ampliar nos estudos publicados em MOREIRA, Egon Bockmann (Coord.). *Tratado do Equilíbrio Econômico-Financeiro*: contratos administrativos, concessões, parcerias público-privadas, taxa interna de retorno, prorrogação antecipada e relicitação. 2. ed. Belo Horizonte: Fórum, 2019.

17 Reflexões indispensáveis sobre a utilização da arbitragem e de meios extrajudiciais de solução de controvérsias. *In*: LEMES, Selma Ferreira; CARMONA, Carlos Alberto; MARTINS, Pedro Batista (Coords.). *Arbitragem*. São Paulo: Atlas, 2007. p. 316. A compreensão das teorias das "relações jurídicas multilaterais" e das "redes contratuais" aplicada aos contratos de concessão de serviço público pode ser vista em: MOREIRA, Egon Bockmann. *Direito das Concessões de Serviços Públicos*. São Paulo: Malheiros, 2010. p. 89-102 e 275-285.

manutenção de toda a rede de contratantes e contratados, bem como a rentabilidade dos investimentos.

O inciso II é um pouco mais restrito: trata de "contrato de parceria" e respectivas "indenizações" oriundas de "extinção" ou "transferência". Logo, o seu objeto diz respeito preferencialmente às relicitações: aquela forma típica de extinção do vínculo contratual entre as partes, positivada na Lei nº 13.448/2017, que implica a permanência do negócio jurídico por meio de sua transferência a terceiro. Trata-se de transação entre os contratantes originais, que importa a substituição do polo passivo por outro sujeito privado (que não aquele que venceu a licitação inicial e lá foi contratado), com as devidas adaptações.

Ao invés de encampar, decretar a caducidade, rescindir e/ou anular o pacto (Lei nº 8.987/1995, art. 35, incs. II a V), com todos os ônus decorrentes da intensa litigiosidade dessa ordem de soluções, a Administração deve envidar esforços para a manutenção do contrato e sua reassunção por parte de terceiro, selecionado em processo licitatório *sui generis*. A relicitação prestigia o *princípio da eficiência*: o contrato é mantido, e os serviços e/ou obras, executados, sem maiores prejuízos e com menores custos, relegando eventual cálculo de indenizações ao foro arbitral.

Os pressupostos da relicitação podem ser de duas ordens: (i) o desatendimento a disposições contratuais ou (ii) contratados que demonstrem incapacidade de adimplir obrigações contratuais ou financeiras (Lei nº 13.448/2017, art. 13). Como anota Carolina Zaja Almada Campanate de Oliveira,

> em se tratando de um instrumento que envolve inadimplemento contratual, inviabilidade dos ajustes e problemas de modelagem, a sua interpretação e aplicação devem ocorrer em um contexto bem delimitado. Assim, quando a lei fala em contratos de parceria "cujas disposições não estejam sendo atendidas" ou "cujos contratados demonstrem incapacidade de adimplir as obrigações contratuais ou financeiras assumidas originalmente", não é possível interpretá-la de modo a admitir a aplicação da relicitação nos casos em que o investidor vê suas expectativas frustradas e, assim, resolve restituir o objeto adjudicado.[18]

---

[18] OLIVEIRA, Carolina Zaja Almada Campanate de. *Contratos administrativos complexos e de longo prazo*: a prorrogação antecipada e a relicitação na teoria dos contratos públicos. 2018. 235 p. Dissertação (Mestrado em Direito da Regulação) – FGV Rio de Janeiro, 2019.

A relicitação depende de acordo entre as partes, devidamente justificado (art. 14) e formalizado em termo aditivo, do qual constará o compromisso arbitral (art. 15). A arbitragem estatuída exemplificativamente pelo decreto tem objeto restrito, de comum acordo definido entre as partes: as "questões que envolvam o cálculo das indenizações pelo órgão ou pela entidade competente" (art. 15, inc. III). Isto é, ativos a serem indenizados, critérios e modelos de cálculo etc.

Por fim, o inciso III do parágrafo único do art. 2º diz respeito a "inadimplementos contratuais" em sentido amplo, de responsabilidade de qualquer uma das partes contratantes, inclusive aquelas pertinentes à "incidência das suas penalidades e o seu cálculo". A figura do *inadimplemento* diz respeito ao descumprimento de obrigações previstas no contrato e às consequências da responsabilidade civil contratual (Código Civil, arts. 389-420). Como anota Anderson Schraiber, há duas espécies de inadimplemento: "(a) o inadimplemento absoluto e (b) o inadimplemento relativo. O inadimplemento absoluto consiste no descumprimento definitivo da obrigação. O inadimplemento relativo ou mora configura-se quando a inexecução da obrigação não é definitiva, afigurando-se ainda possível seu cumprimento pelo devedor de modo a atender o interesse útil do credor".[19]

Nesse sentido, a arbitragem avaliará a culpa e respectiva imputação da conduta indevida a uma das partes (exceções feitas, por exemplo, a eventuais excludentes de caso fortuito ou força maior), bem como perdas e danos daí decorrentes – e penalidades expressamente previstas em lei ou no contrato. Se a sanção tiver como fonte primária o contrato, pode-se cogitar de sua avaliação/modulação pela sentença arbitral. Todavia, se decorrer de previsão legal expressa, não se submeterá à arbitragem – que se limitará a avaliar a ocorrência (ou não) do inadimplemento, bem como eventual dosimetria da pena.

Disponível em: https://bibliotecadigital.fgv.br/dspace/handle/10438/27347. Acesso em: 14 dez. 2021.

[19] SCHRAIBER, Anderson. *Manual de Direito Civil Contemporâneo*. 4. ed. São Paulo: Saraiva, 2021. p. 348. Sobre o inadimplemento da Administração Pública e suas peculiaridades, *v.* TOURINHO, Ana Carolina Morizot. *O poder público inadimplente*. Rio de Janeiro: Lumen Juris, 2019.

3 Artigo 3º: condições, regras e limites da arbitragem

O art. 3º do Decreto nº 10.025/2019 traz oito critérios que denomina de "condições da arbitragem", isto é, as circunstâncias e requisitos de observância obrigatória pelas partes, câmaras, tribunais e árbitros. Muitas delas reproduzem a legislação vigente, inclusive a Lei nº 9.037/1996. Tais condições são abaixo classificadas e comentadas em cinco grandes grupos: (i) arbitragem de direito e vedação ao julgamento (só) por equidade; (ii) idioma e local; (iii) publicidade; (iv) arbitragem institucional; e (v) exaurimento de instância administrativa. Examinemos minuciosamente cada uma dessas categorias.

Em *primeiro lugar*, o inciso I e §2º do art. 3º vedam a arbitragem por equidade, reproduzindo o §3º do art. 2º da Lei de Arbitragem ("§3º A arbitragem que envolva a Administração Pública será sempre de direito e respeitará o princípio da publicidade"). O julgamento por equidade é aquele que abstrai de previsões legais concretas, mas se baseia no sentimento de justiça nutrido pelo julgador – pode ser, inclusive, *praeter legem* e até mesmo *contra legem*, incorporando-se à aplicação da máxima *summum jus, summa injuria*,[20] o que definitivamente não pode ser aplicado em arbitragens que envolvam a Administração Pública brasileira, submetida que está à Constituição e à legislação positiva, constatação que reforça os sérios entraves à aplicação ilimitada e abstrata dos *princípios jurídicos*.

Afinal e como se sabe, no caso brasileiro os princípios experimentaram expansão quase irrestrita, prestando-se a substituir a aplicação de dispositivos legais com lastro no sentimento de justiça do magistrado, das cortes de contas ou do gestor público. Basta nos lembrarmos do impacto gerado por decisões que optaram pela escolha abstrata da "supremacia do interesse público", "moralidade", "dignidade da pessoa humana" ou "razoabilidade" em detrimento de normas legais expressas. Ao assim proceder, o julgador instala

---

20 A propósito do julgamento por equidade nas arbitragens, sua submissão aos parâmetros do direito vigente e seu mínimo ético, distinguindo-a do julgamento pelo direito em sentido estrito, *v.* AMARAL, Diogo Freitas do; QUADROS, Fausto de; ANDRADE, José Carlos Vieira de. *Aspectos jurídicos da empreitada de obra pública.* Coimbra: Almedina, 2002. p. 33-37. Ampliar em: MARTINS, Pedro Batista. *Apontamentos sobre a Lei de Arbitragem.* Rio de Janeiro: Forense, 2008. p. 44-59; VALLE, Martim Della. *Arbitragem e equidade.* São Paulo: Atlas, 2012, ambos com amplas referências.

verdadeiras decisões por equidade – que, se são questionáveis no Poder Judiciário, nas arbitragens envolvendo a Administração Pública são terminantemente proibidas. Em suma: se lei houver – e ela é necessária para arbitragens regidas pelo Decreto nº 10.025/2019, que exige julgamentos "de direito" e veda os "de equidade" –, ela não poderá ser substituída/derrogada por meio da aplicação genérica dos princípios.

Como já consignado por Edoardo Ricci, se é bem verdade que nos julgamentos por equidade o árbitro está habilitado a aplicar as normas da lei, a recíproca não é verdadeira: nos julgamentos arbitrais "de direito", é proibida a escolha da equidade.[21] Uma decisão equânime pode aplicar a lei, mas uma decisão de direito não pode ter por lastro apenas a equidade, conclusão que se intensifica no caso dos princípios – a inibir, inclusive, o art. 20 da LINDB,[22] eis que as decisões em arbitragens das quais façam parte a Administração Pública brasileira não podem advir de "valores jurídicos abstratos" (ainda que levem em conta as consequências da escolha), mas, sim, da aplicação do direito vigente.

Nesse sentido, o inciso II do art. 3º do Decreto nº 10.025/2019 amarra as arbitragens ao direito material positivado na "legislação brasileira". Deverão ser, portanto, em obediência ao princípio da legalidade e às leis que conformam os contratos administrativos brasileiros (em especial, as mencionadas no tópico 1 deste artigo). A eventual divergência quanto à aplicação da norma – por exemplo, se

---

[21] RICCI, Edoardo. *Lei de Arbitragem Brasileira*. Tradução de M. Franco. São Paulo: Revista dos Tribunais, 2004. p. 155-166.

[22] Art. 20. Nas esferas administrativa, controladora e judicial, não se decidirá com base em valores jurídicos abstratos sem que sejam consideradas as consequências práticas da decisão. Parágrafo único. A motivação demonstrará a necessidade e a adequação da medida imposta ou da invalidação de ato, contrato, ajuste, processo ou norma administrativa, inclusive em face das possíveis alternativas.
Ora na medida em que a arbitragem necessita ser "de direito", segundo a "legislação brasileira", estão proibidas sentenças arbitrais que tenham por base "valores jurídicos abstratos" (leia-se: princípios). Isto é, nem mesmo se levar em conta as consequências práticas, poderá o árbitro decidir com lastro em valores jurídicos abstratos. A respeito do art. 20 da LINDB, *v.* JUSTEN FILHO, Marçal. Art. 20 da LINDB – Dever de transparência, concretude e proporcionalidade nas decisões públicas. *Número Especial da Revista de Direito Administrativo – RDA*, Rio de Janeiro, p. 13-41, nov. 2018. Disponível em: http://bibliotecadigital.fgv.br/ojs/index.php/rda/article/view/77648. Acesso em: 14 dez. 2021; MARQUES NETO, Floriano de Azevedo; FREITAS, Rafael Véras de. *Comentários à Lei 13.655/2018*. Belo Horizonte: Fórum, 2019. p. 21-42.

incidem dispositivos da Lei nº 14.133/2021 (Lei Geral de Licitações) ou da Lei nº 8.987/1995 (Lei Geral de Concessões) ou a Lei nº 12.815/2013 (Lei de Portos)[23] – deverá ser revolvida caso a caso, com lastro em critérios prestigiados pelo direito positivo (como o art. 2º da LINDB).

A *segunda condição* estatuída pelo art. 3º refere-se ao local e idioma da arbitragem: "Será realizada na República Federativa do Brasil e em língua portuguesa" (inc. III). Mesmo em casos que envolvam investimentos estrangeiros e financiamentos internacionais (submetidos às respectivas *guidelines*), são obrigatórios o idioma português e a sede situada no território brasileiro. Somente se admitem arbitragens domésticas, portanto.

Assim, a sentença arbitral deverá ser proferida no Brasil, em localização predefinida pelas partes no compromisso. No caso das arbitragens administrativas, é de todo indicado que, desde a convenção de arbitragem, conste o local onde se desenvolverá a arbitragem e será proferida a sentença – sem que isso impeça que atos sejam praticados, a juízo do tribunal e das partes, em endereços variados (inclusive os virtuais). Como anotou Carmona, é facultado às partes

> programar o local que funcionará como 'sede' da arbitragem (de ordinário, onde se realizarão as eventuais audiências, onde serão ouvidas as testemunhas, onde estará situada a secretaria etc.). Considerando a autonomia da vontade das partes, podem elas avençar que sejam desenvolvidos atos processuais em diversos locais (oitiva de testemunhas, apresentação de memoriais, oitiva das partes, perícias), cabendo aos árbitros (ou ao árbitro instrutor, se um deles receber esta incumbência, o que não é vedado) deslocarem-se entre os diversos locais escolhidos pelos contratantes (dentro ou fora do território nacional).[24]

De igual modo, nada impede – antes, é recomendado em vista da eficiência e economia de custos – que as partes e os árbitros optem também pela utilização de meios tecnológicos de comunicação

---

[23] A propósito de tais conflitos normativos (sucessão de leis no tempo, lei geral – lei especial etc.) no setor de autorizações, concessões e permissões de serviços públicos, *v.* MOREIRA, Egon Bockmann. Os serviços públicos brasileiros e sua lógica jurídico-econômica: reflexões a partir do artigo 175 da Constituição. *Revista de Direito Público da Economia – RDPE*, Belo Horizonte, v. 68, p. 9-43, out./dez. 2019.

[24] CARMONA, Carlos Alberto. *Arbitragem e processo*: um comentário à Lei 9.037/96. 3. ed. São Paulo: Atlas, 2009. p. 209.

(*conference call*, com ou sem imagens; pastas compartilhadas de arquivos; documentos digitais, *e-mails* etc.).

A *terceira condição* estabelecida pelo Decreto nº 10.025/2019 diz respeito à aplicação do princípio da publicidade nas arbitragens e seus limites.

Muito embora já positivada no art. 2º, §3º, da Lei nº 9.037/1996 (com redação dada pela Lei nº 13.129/2015), fato é que o ato regulamentar deu um passo avante e ressalvou o sigilo oriundo de "segredo industrial ou comercial" e das informações "consideradas sigilosas pela legislação brasileira" (art. 3º, inc. IV). Por exemplo, trata-se de matérias regidas pela Lei nº 5.172/1966 (Código Tributário Nacional), Decreto nº 1.355/1994 (Acordo sobre Aspectos dos Direitos de Propriedade Intelectual Relacionados – TRIPS), Lei nº 9.279/1996 (Lei de Propriedade Industrial), Lei Complementar nº 105/2001 (sigilo de operações financeiras), Lei nº 10.603/2002 (informação não divulgada submetida para aprovação da comercialização de produtos), Lei nº 12.527/2011 (Lei de Acesso à Informação), Lei nº 12.529/2011 (Sistema Brasileiro de Defesa da Concorrência) e Lei nº 13.079/2018 (Lei Geral de Proteção de Dados Pessoais). A aplicação de muitas dessas previsões dependerá de iniciativa da parte interessada, que deverá comunicar à outra parte, aos árbitros e respectiva câmara a proteção do sigilo legal.

De igual modo, são sigilosas as estratégias processuais definidas pelos advogados vinculados aos órgãos e entidades públicas e às pessoas privadas. Essa ordem de debates, tanto na esfera pública quanto na privada, é blindada pelo Estatuto da OAB (Lei nº 8.906/1994), pelo Código de Ética e Disciplina da OAB e, em específico quanto à Advocacia-Geral da União (AGU) e Procuradoria-Geral Federal (PGF), pela Portaria AGU nº 529/2016 (regulamenta o procedimento de acesso à informação e estabelece diretrizes relativas ao sigilo profissional decorrente do exercício da advocacia pública e à gestão da informação de natureza restrita e classificada).[25]

---

[25] Sobre o tema, v. LOBO, Paulo Neto. Sigilo profissional é mais dever que direito do advogado. *Consultor Jurídico – Conjur*, 09 maio 2019. Disponível em: https://www.conjur.com.br/2019-mai-09/paulo-lobo-sigilo-profissional-nao-privilegio-advogado. Acesso em: 14 dez. 2021; e MOREIRA, Egon Bockmann. *Advocacia*: imunidades e sigilo profissional. *Gazeta do Povo*, 11 mar. 2019. Disponível em: https://www.gazetadopovo.com.br/opiniao/artigos/advocacia-imunidades-e-sigilo-profissional-0svhyn6rw6jtm3ur8jn0eqj9j/. Acesso em: 14 dez. 2021.

Em hipótese alguma, portanto, pode-se confundir a publicidade que deve ser conferida às peças processuais protocoladas e respectivos documentos do processo arbitral com os estudos e documentos dos advogados que nele atuam (privados e comunicações com as partes). O mesmo se diz dos atos e debates internos ao tribunal: os árbitros têm assegurado o sigilo de seus estudos, cogitações, minutas – e mesmo do debate interorgânico.

Ocorre que o §1º desse art. 3º atribui à câmara arbitral o dever de "fornecer o acesso às informações de que trata o inciso IV do *caput*", exceto se convencionado em outro sentido. Todavia, a atribuição à câmara não parece ser a solução mais adequada para a publicidade em arbitragens (quaisquer delas, mas especialmente as público-privadas). Isso por ao menos dois motivos.

Por um lado, câmaras são instituições privadas com *modus operandi* marcado pela discrição e confidencialidade. Tradicionalmente, esse é o seu caráter distintivo: elas não foram criadas para divulgar informações, mas, sim, para guardar reserva quanto a elas. Em contrapartida, órgãos e entidades da Administração Pública vivem no extremo oposto, com deveres ativos e passivos quanto à transparência dos dados e informações por si detidas. São regidos pelo princípio da publicidade. Logo, não se trata apenas de uma questão de custos, mas da cultura da publicidade – que é própria da Administração Pública. Inverter essa lógica não faz qualquer sentido, nem traz vantagens.

Além disso, fato é que as câmaras possuem os próprios estatutos e regulamentos, vincados na confidencialidade. Elas não integram a Administração Pública. Ao prescrever deveres às câmaras, o Decreto nº 10.025/2019 pretende gerar efeitos externos aos seus sujeitos passivos (os agentes públicos federais vinculados aos órgãos e entidades expressamente referidos no ato), instalando obrigações inéditas às câmaras (típicas da Administração Pública, mas atípicas às pessoas privadas e tradicionalmente proibidas no ambiente arbitral).

Por outro lado, o dever de publicidade leva consigo os pedidos de acesso a dados e informações – feitos por órgãos de controle (Ministério Público e tribunais de contas) e por pessoas privadas (com lastro na Lei de Acesso à Informação – ou mesmo na Lei de Ação Popular). Ao alocar o dever de prestar publicidade a dados públicos para instituições privadas, o decreto leva o toque de Midas do Direito público às câmaras (e respectiva responsabilização). Não é interessante que isso se dê, sobretudo para imunizar as câmaras, como órgãos fiduciários que são, de investidas advindas dos excessos controladores que podem ser instalados em determinados conflitos oriundos de contratos administrativos. Quem dispõe de estatura institucional equivalente é a própria pessoa pública contratante, que deve ser a responsável por cumprir a publicidade necessária às arbitragens público-privadas (preferencialmente por meio de *sites* de acesso público).[26]

A *quarta condição* vem prevista nos incisos V e VI do *caput* do art. 3º, que, combinados com seu §3º, estatuem que a regra nas arbitragens será a institucional (o que traz consigo a norma do art. 5º da Lei nº 9.037/1996).[27] *Arbitragem institucional* é aquela instalada e desenvolvida perante câmara de arbitragem pré-constituída e, no caso desse decreto, pré-credenciada pela AGU (a quem se atribui a responsabilidade pela administração do procedimento arbitral), o que traz consigo várias consequências (como, por exemplo, a submissão das partes – e árbitros – ao regulamento da respectiva câmara e regime de custas). Cada câmara pode ter o seu regulamento – e é muito importante que se o examine previamente, eis que serão as normas regedoras do *procedimento arbitral*.[28]

---

[26] Ampliar o tema da aplicação do princípio da publicidade no estudo de MOREIRA, Egon Bockmann. Arbitragem, Administração Pública e confidencialidade. *In*: CUÉLLAR, Leila; MOREIRA, Egon Bockmann; GARCIA, Flávio Amaral; CRUZ, Elisa Schmidlin. *Direito Administrativo e Alternative Dispute Resolution*: arbitragem, *dispute board*, mediação e negociação. Com comentários à legislação do Rio de Janeiro, São Paulo e União sobre arbitragem e mediação em contratos administrativos e desapropriações. Belo Horizonte: Fórum, 2020. ISBN 978-85-450-0747-0.

[27] Art. 5º Reportando-se as partes, na cláusula compromissória, às regras de algum órgão arbitral institucional ou entidade especializada, a arbitragem será instituída e processada de acordo com tais regras, podendo, igualmente, as partes estabelecer na própria cláusula, ou em outro documento, a forma convencionada para a instituição da arbitragem. Sobre a modalidade institucional em vista da arbitragem público-privada, bem como seu credenciamento, *v.* o estudo MOREIRA, Egon Bockmann; CRUZ, Elisa Schmidlin. Editais de licitação e definição de câmaras arbitrais: como transpor os desafios. *In*: CUÉLLAR, Leila; MOREIRA, Egon Bockmann; GARCIA, Flávio Amaral; CRUZ, Elisa Schmidlin. *Direito Administrativo e Alternative Dispute Resolution*: arbitragem, *dispute board*, mediação e negociação. Com comentários à legislação do Rio de Janeiro, São Paulo e União sobre arbitragem e mediação em contratos administrativos e desapropriações. Belo Horizonte: Fórum, 2020. ISBN 978-85-450-0747-0.

[28] Pode-se citar como referência a Lei-Modelo da UNCITRAL. A Comissão das Nações Unidas para o Direito Comercial Internacional (UNCITRAL) é um órgão subsidiário da

Em vista da boa fama de que desfrutam as câmaras (nem todas, mas – assim se espera – ao menos aquelas credenciadas pela AGU), bem como os árbitros nelas listados e regulamentos predefinidos, o desenvolvimento institucional da arbitragem tende a ser mais previsível e estável. A câmara – mesmo em arbitragens que envolvam órgãos e entidades públicas – tem o dever institucional de levar adiante o procedimento e lhe conferir eficiência, por meio de regras procedimentais de conhecimento público. De igual modo, os honorários dos árbitros e custas são objetivos e, muitas vezes, constam de tabelas. Tal ordem de informações prévias instala maior conforto aos agentes públicos envolvidos no procedimento arbitral.

Todavia, a escolha pela arbitragem institucional não é absoluta. O §3º do art. 3º excepciona a regra e autoriza a arbitragem *ad hoc*: aquela que não é desenvolvida sob a regência de determinada câmara, mas decorre da escolha, pelas próprias partes, dos árbitros e regras procedimentais. A norma do mencionado §3º exige que a escolha pela arbitragem *ad hoc* seja justificada: devem ser apresentadas as razões de fato e os motivos de direito que autorizem a escolha. Por outro lado, essa alternativa há de ser excepcional e consensual: tanto a Administração Pública quanto a pessoa privada envolvida precisam estar de acordo, o que traz consigo a prévia definição amigável do árbitro e regras procedimentais aplicáveis (afinal, de nada valeria definir a arbitragem *ah hoc* para transformá-la em litígio judicial interminável sobre o nome dos árbitros, as regras aplicáveis, a sede etc.).

Por exemplo, há casos em que o investidor privado é controlado por um Estado soberano (ou fundo soberano de certo Estado), que tem como regra a não submissão a arbitragens institucionais, diante da – nem sempre fundada – crença de que a nacionalidade da instituição pode gerar certo viés cognitivo, uma inclinação que beneficie a Administração Pública (ou compreensões dos órgãos

---

Assembleia Geral da ONU (https://uncitral.un.org/). A tradução não oficial da Lei-Modelo da UNCITRAL (com as alterações adotadas em 2006), elaborada por Flavia Foz Mange, Gustavo Santos Kulesza, Rafael Bittencourt Silva e Rafael Vicente Soares, pode ser vista em: https://cbar.org.br/site/wp-content/uploads/2018/04/model-law-portugues.pdf. Acesso em: 14 dez. 2021. Também o regulamento da Câmara de Comércio Internacional (ICC) está disponível em: https://iccwbo.org/content/uploads/sites/3/2021/03/icc-2021-arbitration-rules-2014-mediation-rules-portuguese-version.pdf. Acesso em: 14 dez. 2021.

de controle a respeito do assunto). A arbitragem *ad hoc* seria forma de assegurar a mais absoluta independência em razão da não nacionalidade do tribunal. É possível, inclusive, que existam regras para investidores internacionais nesse sentido, proibindo-os de seguir em arbitragens que não sejam as *ad hoc*. Logo, pode haver justificativas que determinem essa espécie de arbitragem, que, caso instalada, exigirá (ainda) maiores cuidados e poderá gerar custos mais elevados.

A *última das condições* estabelecidas pelo art. 3º do decreto vem estampada em seu inciso VIII e, sem dúvida alguma, é a que gerará maior controvérsia. Reza o dispositivo que "a decisão administrativa contestada na arbitragem deverá ser definitiva, assim considerada aquela insuscetível de reforma por meio de recurso administrativo". Isto é, faz renascer o exaurimento de instância como requisito à instalação da arbitragem – sem que haja qualquer lei que autorize essa limitação posta pelo Decreto nº 10.025/2019.

Ocorre que a regra pode gerar sérias distorções factuais (basta a Administração Pública omitir-se em seu dever de decidir – o que, lamentavelmente, não é raro) e jurídicas (a negativa de acesso à jurisdição). Imagine-se caso de conflito a respeito de desequilíbrio em concessão de serviço público em que a decisão seja passível de recurso hierárquico impróprio: aquele "interposto para fora da entidade que proferiu a decisão recorrida (ex.: recurso interposto contra decisão proferida por autarquia federal perante determinado Ministério ou Presidente da República)".[29] A parte interessada está obrigada a recorrer, mesmo contra sua vontade e atentando contra o equilíbrio econômico-financeiro do projeto? Posteriormente ao recurso, será o ato do presidente da República a ser sindicado na arbitragem? Será que os tribunais arbitrais têm essa competência? Como fica a gestão do tempo e celeridade?

---

[29] OLIVEIRA, Rafael Carvalho Rezende. *Curso de Direito Administrativo*. 7. ed. São Paulo: Método, 2019. p. 374. E não nos esqueçamos do malfadado Parecer AGU AC – 051, que admite recursos contra decisões das agências reguladoras. A esse respeito, *v.* ARAGÃO, Alexandre Santos de. Supervisão Ministerial das Agências Reguladoras: Limites, Possibilidades e o Parecer AGU nº AC – 051. *Revista de Direito Administrativo – RDA*, Rio de Janeiro, v. 245, p. 237-262, maio 2007. Disponível em: http://bibliotecadigital.fgv.br/ojs/index.php/rda/article/view/42129. Acesso em: 14 dez. 2021.

Poder-se-ia argumentar que a regra se dirige a arbitragens a serem instaladas pela própria Administração Pública: caso o órgão público pretenda recorrer à arbitragem, haveria de aguardar o exaurimento da instância recursal. Isso não faz sentido algum, eis que o recurso administrativo pressupõe que a decisão tenha sido contrária aos interesses do recorrente, sob pena de não existir interesse recursal. Então, o decreto prejudicaria a própria administração, impedindo-a do acesso ao remédio arbitral? Por outro lado, talvez a norma do §3º venha a ser tida como um "negócio jurídico processual atípico", nos termos do art. 190 do CPC (aplicável aos processos administrativos por força do art. 15 do CPC).[30] Porém, esse negócio jurídico seria "de adesão", limitador de direito fundamental, advindo de regulamento administrativo imposto ao particular? Ao que tudo indica, essa norma gerará mais confusões procrastinatórias do que soluções arbitrais. A melhor solução é revogá-la o quanto antes.

4 Artigo 5º: cláusula compromissória

A cláusula compromissória e o compromisso arbitral constituem espécies do gênero convenção de arbitragem, conforme previsto no artigo 3º da Lei nº 9.037/96.

A teor do disposto no artigo 4º da Lei nº 9.037/1996, a cláusula compromissória é a convenção através da qual as partes em um contrato se comprometem a submeter à arbitragem os litígios que possam vir a surgir relativamente a tal contrato.

Noutros termos, as partes obrigam-se reciprocamente a, caso ocorra um litígio durante a execução do contrato, que a sua solução seja via arbitral. *A contrario sensu*, a cláusula compromissória tem o efeito de afastar a via jurisdicional para o deslinde do litígio.

---

[30] A esse respeito, *v.* MOREIRA, Egon Bockmann; FERRARO, Marcella Pereira. Processo administrativo e negócios processuais atípicos. *Revista de Processo – RePro*, São Paulo, v. 282, p. 475-510, ago. 2018; e MOREIRA, Egon Bockmann. O novo Código de Processo Civil e sua aplicação no processo administrativo. *Revista de Direito Administrativo – RDA*, Rio de Janeiro, v. 273, p. 131-334, set. 2016. Disponível em: http://bibliotecadigital.fgv.br/ojs/index.php/rda/article/view/66665. Acesso em: 14 dez. 2021.

O Decreto Federal nº 10.025/2019 estabeleceu que poderão conter cláusula compromissória os contratos de parceria por ele abrangidos, ou seja, aqueles celebrados no âmbito do setor portuário, transporte rodoviário, ferroviário, aquaviário e aeroportuário, com vistas a dirimir litígios envolvendo a União ou as entidades da Administração Pública federal e concessionários, subconcessionários, permissionários, arrendatários, autorizatários ou operadores portuários.

Quando estipulada nos referidos contratos de parceria, a cláusula compromissória deverá observar os seguintes requisitos de validade: (i) constar de forma destacada no contrato; (ii) estabelecer os critérios para submissão de litígios à arbitragem, observado o disposto nos artigos 2º e 3º; (iii) definir se a arbitragem será institucional ou *ad hoc*; (iv) remeter à obrigatoriedade de cumprimento das disposições do decreto.

A despeito da sua nomenclatura, importante referir que a natureza jurídica da cláusula compromissória é de contrato,[31] dotado de autonomia em relação ao contrato ao qual estiver inserta. Não por outra razão que, mesmo que o contrato seja declarado nulo, essa circunstância não implicará necessariamente a nulidade da cláusula compromissória, na forma prescrita no artigo 8º da Lei nº 9.307/1996.

O primeiro requisito impõe que o contrato de parceria confira destaque à cláusula compromissória, na linha excessivamente formalista do §2º do art. 4º da Lei nº 9.037/1996. Esse destaque pode ser operacionalizado por várias formas, a saber, negrito, sublinhado, itálico. A ideia é que a cláusula compromissória se sobressaia na leitura do contrato, não deixando margem de dúvidas acerca do seu conteúdo e da intenção das partes. Como é um contrato inserido em outro contrato, a cláusula compromissória deve ser mesmo objeto de realce, evidenciando o seu objeto e limites.

---

[31] A cláusula compromissória pode ser considerada como um contrato dentro de outro. VENOSA, Silvio de Salvo. *Direito Civil*: teoria geral das obrigações e teoria geral dos contratos. São Paulo: Atlas, 2013. p. 600. Conforme também já reconhecido pelo Superior Tribunal de Justiça: "[...] Evidenciada a natureza contratual da cláusula compromissória (autônoma em relação ao contrato subjacente), afigura-se indispensável que as partes contratantes, com ela, consintam. [...]" (REsp nº 1.569.422/RJ, Rel. Ministro Marco Aurélio Bellizze, Terceira Turma, julgado em 26.04.2016, *DJe* 20 maio 2016).

O segundo requisito é a observância dos critérios previstos nos artigos 2º e 3º do próprio Decreto nº 10.025/2019. Em primeiro lugar, afigura-se recomendável que a cláusula compromissória avance em relação às controvérsias sobre direitos patrimoniais disponíveis.

As questões relacionadas à (i) recomposição do equilíbrio econômico-financeiro dos contratos, (ii) cálculos de indenizações decorrentes de extinção ou transferência do contrato de parceria e (iii) inadimplementos de obrigações contratuais por quaisquer das partes, incluídas a incidência das suas penalidades e o seu cálculo, foram reconhecidas pelo decreto como passíveis de solução pela via arbitral, formando-se certo consenso acerca da sua arbitrabilidade, haja vista a disciplina do inciso I do §4º do art. 31 da Lei nº 13.448/2017, agora reforçada pelo Decreto nº 10.025/2019.

Essas controvérsias arbitráveis, entretanto, não são exaurientes ou mesmo exclusivas. Pode e deve a cláusula compromissória de cada contrato de parceria regulado pelo Decreto nº 10.025/2019 avançar na disciplina daquilo que pode ser arbitrável, o que, evidentemente, incrementará a segurança jurídica, como determina, inclusive, o artigo 30 da Lei de Introdução às Normas de Direito Brasileiro, alterada pela Lei nº 13.655/2018.[32]

Assim, legítimo esperar que as matérias arbitráveis sejam cada vez mais densificadas e determinadas na cláusula compromissória, evitando cláusulas confeccionadas de forma genérica ou padronizada.

As partes no contrato têm condições de, à luz do objeto e da especificidade de cada relação contratual, detalhar outros temas e matérias que poderão atrair a competência arbitral. O contrato não deve ser um mero reprodutor do que diz a lei ou o decreto. Em certa medida, a determinação das matérias arbitráveis nos contratos públicos pode ser objeto de algum experimentalismo,[33] sob pena de

[32] Art. 30. As autoridades públicas devem atuar para aumentar a segurança jurídica na aplicação das normas, inclusive por meio de regulamentos, súmulas administrativas e respostas a consultas.

[33] O experimentalismo institucional consiste em um sistema fundado na valoração da experiência dentro de uma determinada prática científica. Dessa maneira, assim como um cientista faria experiências para comprovar suas teses, arranjos jurídicos experimentais seriam adotados para testar o sucesso e efetividade da ação pública pretendida. O experimentalismo é, assim, entre outras coisas, uma prática de descoberta, análise e aprendizagem (RIBEIRO, Leonardo Coelho. O Direito Administrativo como caixa de ferramentas e suas estratégias. *Revista de Direito Administrativo*, Rio de Janeiro, v. 272, p. 209-249, nov. 2016. Disponível em: http://bibliotecadigital.fgv.br/ojs/index.php/rda/article/view/64303/62514. Acesso em: 14 dez. 2021).

ficarmos imobilizados e reproduzindo apenas o que nos diz a Lei nº 13.448/2017 e o Decreto nº 10.025/2019.

Existem, ao menos, duas vantagens em ousar na especificação das matérias sujeitas à arbitragem. A primeira delas é a curva de aprendizado dos entes públicos e a tendência natural de consolidação de determinados temas como arbitráveis. A segunda é que a determinação das matérias arbitráveis permitirá maior controle por parte dos potenciais licitantes, que poderão, ainda na etapa de licitação, impugnar ou mesmo demandar esclarecimentos acerca das opções eleitas na cláusula compromissória. Amplia-se o debate, inclusive com toda a comunidade jurídica.

Enfim, a cláusula compromissória ostenta, como visto, natureza contratual e, como tal, deve regular e disciplinar acerca do seu principal e mais relevante aspecto: as matérias arbitráveis.

Ainda, a cláusula compromissória deverá observar as condições fixadas no já comentado art. 3º do Decreto nº 10.025/2019, a saber: (i) arbitragem exclusivamente de direito; (ii) as regras de direito material para fundamentar a decisão arbitral serão as da legislação brasileira; (iii) a arbitragem será realizada no Brasil e em língua portuguesa; (iv) a publicidade da arbitragem, ressalvadas aquelas necessárias à preservação de segredo industrial ou comercial e aquelas consideradas sigilosas pela legislação brasileira; (v) preferência pela arbitragem institucional; (vi) escolha entre as câmaras arbitrais previamente credenciadas pela Advocacia-Geral da União; (vii) a decisão administrativa contestada na arbitragem deverá ser definitiva, assim considerada aquela insuscetível de reforma por meio de recurso administrativo.

Tanto melhor que as cláusulas compromissórias reproduzam ou mesmo promovam o detalhamento dessas condições, o que, certamente, proporcionará maior compreensão das sociedades empresárias que participarão da licitação e do futuro contratado.

O terceiro requisito é que a cláusula compromissória deverá definir se a arbitragem deverá ser institucional ou *ad hoc*.[34] A escolha

---

[34] [...] a arbitragem *ad hoc* é uma arbitragem que pode ser estabelecida com base em regras e procedimentos criados pelas partes especificamente para aquele caso concreto. Além disso, a arbitragem *ad hoc* deve ser administrada pelas próprias partes e pelos árbitros,

pela arbitragem *ad hoc* deverá ser objeto de maior ônus argumentativo, haja vista as inúmeras vantagens que a arbitragem institucional apresenta, além da circunstância de o próprio artigo 3º, V, do Decreto nº 10.025/2019 ter explicitado que a preferência deverá ser pela arbitragem institucional.

O quarto requisito é que a cláusula compromissória deverá, necessariamente, remeter à obrigatoriedade do Decreto nº 10.025/2019, o que significa concluir que não pode ser confeccionada com opções que contrariem a regulamentação federal da matéria. Ao fazer referência expressa ao decreto, a cláusula compromissória internalizará automaticamente todo o seu conteúdo, criando restrições e condicionantes vinculativas no que concerne às opções eleitas no Decreto nº 10.025/19.

O §3º do art. 5º do Decreto nº 10.025/2019 admite, ainda, que os contratos que não contiverem cláusula compromissória ou mesmo adoção alternativa de outros mecanismos adequados à solução de controvérsias poderão ser aditados, desde que seja estabelecido acordo entre as partes. Apesar de ser uma sinalização positiva e importante, fato é que a celebração de cláusula compromissória em contrato em vigor não dependeria de autorização em decreto, mas da simples comunhão da vontade das partes.

Note-se, por derradeiro, que o *caput* do artigo 5º do Decreto nº 10.025/2019 admite não apenas a adoção da cláusula compromissória, mas também de cláusula que discipline a adoção de outros mecanismos adequados à solução de controvérsias. Apesar de

---

sem que, normalmente, sejam adotadas as regras de arbitragem padronizadas de alguma instituição de arbitragem e sem que, sob qualquer hipótese, o procedimento arbitral seja submetido à condução de alguma instituição arbitral. [...] Ao contrário da arbitragem *ad hoc*, a arbitragem institucional é aquela em que as partes elegem uma instituição de arbitragem – também denominada câmara de arbitragem – para administrar o procedimento arbitral de acordo com seu regulamento de arbitragem. [...] Não obstante a arbitragem institucional seja mais cara e, algumas vezes, as regras padronizadas dos regulamentos de arbitragem possam dificultar a possibilidade de moldar, na prática, o procedimento arbitral às peculiaridades do caso concreto, ainda assim a arbitragem institucional nos parece, ordinariamente, uma melhor opção do que a arbitragem *ad hoc*. As diversas opções de instituições arbitrais atuando no mercado em regime de livre concorrência, bem como a possibilidade de adaptação de alguns dispositivos dos regulamentos de arbitragem pelas próprias partes no termo de arbitragem contribuem para minimizar as poucas desvantagens da arbitragem institucional (FICHTNER, José Antônio; MANNHEIMER, Sérgio Nelson; MONTEIRO, André Luís. *Teoria geral da arbitragem*. Rio de Janeiro: Forense, 2019. p. 85-96).

não estarem expressamente previstas, as denominadas cláusulas escalonadas,[35] que podem admitir, por exemplo, a combinação de outros métodos, como a mediação, negociação e os *dispute boards*, foram tacitamente contempladas no decreto.

5 Artigo 6º: compromisso arbitral

Conforme dispõe o art. 9º da Lei nº 9.037/1996, "o compromisso arbitral é a convenção através da qual as partes submetem um litígio à arbitragem de uma ou mais pessoas, podendo ser judicial ou extrajudicial".

Assim como ocorre com a cláusula compromissória, o compromisso arbitral é um negócio jurídico que tem por objetivo resolver litígio por meio de arbitragem. No entanto, ao contrário daquela, é firmado em momento subsequente à instauração do conflito,[36] independentemente da celebração prévia de termo aditivo, na forma prevista no §2º do artigo 6º do Decreto Federal nº 10.025/2019.[37]

---

[35] [...] quando da elaboração de um contrato, é possível que, para que as partes evitem que futuras disputas advindas daquele instrumento sejam dirigidas ao Poder Judiciário, com todas as implicações financeiras e temporais que essa submissão causaria, insiram uma cláusula em que se comprometem a se submeter, quando do surgimento do conflito, a um método de autocomposição. Essa cláusula é a chamada cláusula escalonada e indicará a qual método (negociação, mediação, conciliação, entre outros) as partes deverão se submeter quando do surgimento de um conflito, por quanto tempo, e quais serão os aspectos práticos desse procedimento, como perante qual órgão ele será realizado (MELLO, Marcello Vieira de; CASTRO, Flávio CÂMARA. Arbitragem e mediação – cláusulas escalonadas: como funcionam e quando devem ser utilizadas. *Migalhas*, 02 jan. 2018. Disponível em: https://www.migalhas.com.br/dePeso/16,MI271681,51045-Arbitragem+e+mediacao+clausulas+escalonadas+como+funcionam+e+quando. Acesso em: 14 dez. 2021).

[36] [...] o compromisso arbitral é um negócio jurídico bilateral firmado posteriormente a determinado conflito específico, possuindo a finalidade de instituir o juízo arbitral como o competente para processar e julgar o litígio em questão (FERREIRA, Olavo Augusto Vianna Alves; ROCHA, Matheus Lins; FERREIRA, Débora Cristina Fernanda Ananias. *Lei de arbitragem comentada artigo por artigo*. São Paulo: JusPodivm, 2019. p. 216).

[37] Assim dispõe o art. 6º, §2º, do Decreto Federal nº 10.025/2019: "§2º O compromisso arbitral poderá ser firmado independentemente de celebração prévia de termo aditivo de que trata o §3º do caput do art. 5º". No mesmo sentido, o Decreto Estadual nº 46.245/2018, do Rio de Janeiro, dispõe, no §2º do seu art. 3º, que "independentemente de previsão no contrato ou no edital de licitação, as partes poderão firmar compromisso arbitral para submeter as divergências à arbitragem no momento de surgimento do litígio, respeitados os critérios objetivos deste artigo e as demais disposições do presente Decreto".

Em termos objetivos: no compromisso arbitral o litígio já está colocado, e as partes decidem, consensualmente, submetê-lo à arbitragem.

Note-se que o compromisso arbitral pode ser um meio para solucionar litígios contratuais – que não tenham cláusula compromissória – ou litígios não contratuais.[38] Especificamente no caso das arbitragens reguladas pelo Decreto nº 10.025/2019, poderá ser bastante utilizado em litígios envolvendo, por exemplo, autorizatários.[39]

Entretanto, quando se trata de arbitragem envolvendo ente público, essa decisão administrativa depende de uma motivação reforçada apta a avaliar cenários, riscos, vantagens e desvantagens na pactuação do compromisso arbitral. Evidente que, também nas arbitragens privadas, a decisão de celebrar compromisso arbitral deverá percorrer itinerário semelhante; afinal, essa é uma decisão que tem como pressuposto a eficiência empresarial e a calculabilidade acerca dos eventuais benefícios que a submissão à arbitragem pode agregar na solução daquele determinado litígio.

A diferença é que, em se tratando de arbitragem envolvendo ente público, essa discricionariedade na opção pela celebração de compromisso arbitral deve estar assentada em motivação que se revele conectada ao atendimento de públicos interesses.

---

[38] Na lição de Carmen Tiburcio: "A cláusula compromissória normalmente se presta a determinar a escolha da via arbitral para litígios em geral decorrentes do contrato. Por sua vez, são submetidas a compromisso arbitral, via de regra, as controvérsias oriundas de responsabilidade extracontratual. O motivo é bastante intuitivo: não há relação prévia na qual as partes possam dispor sobre a forma que pretendem ver as suas disputas solucionadas. Todavia, nada impede que decidam submeter à arbitragem os litígios decorrentes de contrato por elas celebrado, bem como todos aqueles a ele relacionados, ainda que não a ele diretamente ligados. Trata-se, portanto, de opção possível e que deve ser constatada a partir da forma pela qual as partes redigiram a cláusula compromissória. Assim, é possível concluir que não há óbice na lei brasileira à submissão à arbitragem de questões não contratuais, desde que essas envolvam direitos patrimoniais disponíveis. Exige-se, contudo, que haja acordo de vontade das partes nesse sentido" (TIBURCIO, Carmen. A Competência do Tribunal arbitral para solução de litígios extracontratuais. *Revista de Arbitragem e Mediação*, v. 50, jul./set. 2016. Disponível em: http://www.mpsp.mp.br/portal/page/portal/documentacao_e_divulgacao/doc_biblioteca/bibli_servicos_produtos/bibli_boletim/bibli_bol_2006/RArbMed_n.50.07.PDF. Acesso em: 14 dez. 2021).

[39] Cabe mencionar, ainda, que o compromisso arbitral poderá ainda assumir outra função: nos casos de cláusula compromissória vazia, o compromisso serve para suprir as lacunas e complementar seu teor.

Não por outra razão que o Decreto nº 10.025/2019 traz luzes sobre os parâmetros que deverão condicionar a decisão que optar pela celebração de compromisso arbitral.

Em primeiro lugar, essa decisão depende de uma avaliação que estabeleça as eventuais vantagens e desvantagens na adoção da arbitragem para solucionar aquele determinado litígio. Noutros termos, a decisão deve ser precedida de estudo técnico-jurídico que permita ao gestor avaliar os benefícios e inconvenientes que poderão advir da celebração do compromisso arbitral.

Claro que não se espera que a decisão administrativa favorável à arbitragem implique, necessariamente, em obrigação de resultado, ou seja, vinculada ao êxito para o ente público. Não se trata de adivinhação ou futurologia. Pode-se decidir pela arbitragem, e o ente público perder. O que se espera é que a decisão administrativa seja precedida de análise embasada descritiva de cenários, riscos e possíveis prognósticos no deslinde da controvérsia, missão essa que, frise-se, já integra a função de consultoria e aconselhamento de advogados (públicos ou privados).

Observe-se, contudo, que o §1º do art. 6º do Decreto nº 10.025/2019 sinaliza, preferencialmente, que a arbitragem seja adotada nas seguintes situações: (i) hipóteses em que a divergência esteja fundamentada em aspectos eminentemente técnicos; (ii) sempre que a demora na solução do litígio possa: (a) gerar prejuízo à prestação adequada do serviço ou à operação da infraestrutura; ou (b) inibir investimentos considerados prioritários.

Logo, o estudo acerca das vantagens e desvantagens na celebração do compromisso arbitral encontra, nos referidos parâmetros, importantes indicativos que conferem maior segurança na tomada de decisão; afinal, o gestor encontra-se amparado em ato normativo editado pelo chefe do Poder Executivo, que sinaliza para situações concretas que, preferencialmente, devem se sujeitar à arbitragem. Além disso, todos os parâmetros cogitados se apresentam razoáveis e alinhados com os benefícios que a arbitragem pode gerar.

Questão estritamente técnica pode, efetivamente, ser mais bem solucionada por *experts* dotados de elevada capacidade e conhecimento para resolver de forma célere e apropriada o conflito. Levados ao Poder Judiciário, litígios dessa natureza fatalmente seriam solucionados pelo perito do juízo, com o inconveniente de que o rito processual, seguramente, demandaria muito mais tempo. Ganha-se em especialização e celeridade.

Também se apresenta mais sensato que a arbitragem seja o meio eleito para resolver litígios cuja demora possa gerar prejuízo à prestação adequada do serviço ou à operação da infraestrutura. O critério aqui está diretamente conectado ao atendimento do interesse público. Em matéria de serviços públicos, por exemplo, contratos desequilibrados podem afetar diretamente a sua execução, afetando os interesses dos usuários, que, ao fim e ao cabo, são os maiores prejudicados com o prolongamento de controvérsias que versem sobre o equilíbrio econômico-financeiro.

A arbitragem, como se sabe, é mecanismo incentivador de investimentos nos setores de infraestrutura[40] e, também, alternativa mais eficiente para determinados tipos de conflitos do que a prestação jurisdicional. Determinados conflitos podem gerar um perverso efeito sistêmico se prolongados e arrastados no Poder Judiciário, inibindo outros negócios e investimentos em determinado setor da economia. Afinal, a postura do ente público não se circunscreve apenas àquele determinado contrato, criando, não raramente, externalidades negativas prejudiciais ao desenvolvimento social e econômico do país.

Quando se tratar de compromisso arbitral a ser celebrado no curso de ação judicial preexistente, outro requisito imprescindível será a manifestação da Advocacia-Geral da União, conforme determina o §3º do art. 6º do Decreto nº 10.025/2019. Espera-se do órgão jurídico avaliação das possibilidades de decisão favorável à Administração Pública federal e a perspectiva de tempo necessária para o encerramento do litígio perante o Poder Judiciário. Evidente que não é factível cogitar que a Advocacia-Geral da União possa

---

[40] Nas palavras de Diogo Albaneze: "O decreto é bem-vindo e vem ao encontro de todo um arcabouço legal e normativo criado para fortalecer a utilização da arbitragem nas contratações envolvendo a Administração Pública. E nem poderia ser diferente. Na medida em que o Governo federal busca atrair novos investimentos (sobretudo na área de infraestrutura), nada mais adequado do que apresentar ao mercado mecanismos que possam conferir maior previsibilidade e segurança jurídica a esses investidores" (ALBANEZE, Diogo. O fortalecimento da arbitragem no setor de infraestrutura. *Migalhas*, 28 out. 2019. Disponível em: https://www.migalhas.com.br/dePeso/16,MI313848,101048-O+fortalecimento+da+arbitragem+no+setor+de+infraestrutura. Acesso em: 14 dez. 2021).

precisar esses aspectos com absoluta certeza, mas tão somente a descrição de cenários e probabilidades.

Ainda sobre a hipótese de já haver processo judicial, o §5º do art. 6º do decreto dispõe que a petição de homologação do acordo judicial em que as partes se comprometam a levar a questão ao juízo arbitral deverá observar a Lei nº 9.469/1997.[41]

O compromisso arbitral que decorrer de controvérsias judicializadas poderá ser judicial ou extrajudicial, com a indicação precisa do objeto do litígio, a teor do disposto no §4º do art. 6º do Decreto nº 10.025/2019. Lembre-se de que compromisso arbitral judicial é aquele celebrado por termos nos autos, perante o juízo ou tribunal, onde tem curso a demanda (§1º do artigo 9º da Lei nº 9.037/1996), ao passo que o compromisso arbitral extrajudicial é aquele celebrado por escrito particular, assinado por duas testemunhas ou por instrumento público (§2º do art. 9º da Lei nº 9.307/1996).

Salvo melhor juízo, a referência feita pelo decreto está equivocada. O que se pretendia dizer é: o compromisso poderá ser firmado *em juízo* ou extrajudicialmente. Essa diferenciação é importante, pois a Lei de Arbitragem estabelece sistemática própria para os compromissos judiciais (exigindo, para tanto, resistência quanto à instalação da arbitragem – *cf.* art. 6º e 7º).

O art. 10 da Lei nº 9.037/1996 determina que deverá constar de forma obrigatória do compromisso arbitral: (i) nome, profissão, estado civil e domicílio das partes; (ii) nome, profissão e domicílio do árbitro, ou dos árbitros, ou, se for o caso, a identificação da entidade à qual as partes delegaram a indicação de árbitros; (iii) matéria que será objeto da arbitragem; e (iv) lugar em que será proferida a sentença arbitral. Em adição, o art. 7º do Decreto Federal nº 10.025/2019 também considera cláusulas obrigatórias do compromisso arbitral: (i) obrigatoriedade de cumprimento das suas disposições e (ii) a determinação do local onde se desenvolverá a arbitragem.

---

[41] A Lei nº 9.469/1997 regulamenta o disposto no inciso VI do art. 4º da Lei Complementar nº 73/1993, dispondo sobre a intervenção da União nas causas em que figurarem, como autores ou réus, entes da administração indireta e regulando os pagamentos devidos pela Fazenda Pública em virtude de sentença judiciária.

6 Artigos 8º e 9º: prazos e custos da arbitragem

O Decreto nº 10.025/19 ocupa-se, ainda, de dois importantes temas em matéria de arbitragem, a saber, o prazo e os custos. Ambos guardam direta relação com os princípios da eficiência e economicidade.

A celeridade é, como notório, reconhecida como uma das grandes vantagens da arbitragem se comparada com a solução da controvérsia pela via judicial. Resolver o conflito no menor tempo possível é medida concretizadora da segurança jurídica e da eficiência nas relações contratuais públicas; afinal, o prolongamento dos litígios resulta em significativo aumento dos custos de transação para ambos os contratantes, além de provocar prejuízos para a própria sociedade e usuários.

Em contratos de longo prazo e complexos, como são os de concessão e de parceria, os conflitos devem ser esperados e considerados até mesmo como previsíveis. Segurança jurídica não é sinônimo de ausência de conflitos, mas o modo, a forma e os mecanismos aptos a lidar e a solucionar os conflitos. A governança dos litígios é, portanto, tema crucial em qualquer relação duradoura e, naturalmente, mutável.

Assim, a arbitragem tem como uma das suas valências a celeridade. No setor de infraestrutura, investidores buscam respostas rápidas para as suas demandas e potenciais conflitos. É positiva, portanto, a sinalização do inciso II do artigo 8º do Decreto nº 10.025/19 quando estabelece o prazo máximo de até 24 (vinte e quatro) meses para a apresentação da sentença arbitral, contado da data da celebração do termo de arbitragem. Esse prazo poderá ser prorrogado uma vez por acordo entre as partes e desde que o período não exceda 48 (quarenta e oito) meses.

O inciso I do art. 8º prevê, ainda, o prazo mínimo de 60 (sessenta) dias para resposta inicial. Razoável interpretar que o mesmo prazo mínimo deverá ser observado em caso de reconvenção.

O prazo cogitado parece ter como objetivo resguardar um lapso mínimo para que a Administração Pública ofereça a sua resposta, considerando que, como regra, o requerente da arbitragem usualmente acaba sendo o contratado. Cabe mencionar, a título comparativo, que o Decreto nº 46.245/2018, do Estado do Rio de Janeiro, avançou ainda mais sobre a questão dos prazos, disciplinando no §1º do art. 10 que os prazos para as partes apresentarem alegações iniciais, respostas às alegações iniciais, reconvenção, resposta à convenção, alegações finais e respostas às alegações finais serão de, no mínimo, 60 (sessenta) dias.

Outro aspecto fundamental disciplinado no Decreto nº 10.025/19 foi a questão dos custos da arbitragem. Consolidou-se solução que já vinha sendo aplicada nas arbitragens em curso: a antecipação das custas da instituição arbitral e o adiantamento dos honorários arbitrais pelo contratado. Tais despesas serão restituídas ao contratado caso a sentença arbitral lhe seja favorável.

A razão dessa solução é atribuída às complexidades orçamentárias dos entes públicos. Não obstante a solução eleita seja assimétrica, criando uma desigualdade na relação contratual, fato é que confere segurança jurídica aos agentes econômicos que já sabem, de antemão, que serão instados a arcar com os custos iniciais da arbitragem. Enfim, ainda que não seja a solução ideal, inegável que as regras do jogo já estão postas.

Talvez alternativa redutora da assimetria seria aquela instituída pelo estado do Rio de Janeiro, que, no art. 9º do Decreto nº 46.245/2018, disciplinou que as despesas com a realização da arbitragem serão adiantadas pelo contratado apenas quando for ele o requerente do procedimento arbitral. Não obstante não seja muito comum, de fato não faz sentido que o contratado seja obrigado a arcar com os custos da arbitragem quando é o ente público o requerente.

Ainda que o Decreto nº 10.025/2019 tenha sido omisso sobre o ponto, parece razoável depreender que, no caso de reconvenção, deverá o ente público arcar com as custas e despesas inerentes à sua iniciativa processual.

Em relação aos custos da produção da prova pericial, incluídos os honorários periciais, também deverão ser adiantados pelo contratado, exceto se as partes convencionarem em sentido contrário, a teor do disposto no §4º do art. 9º do Decreto nº 10.025/2019. Parece pouco provável que, na prática, o ente público se distancie da solução da antecipação dos custos da prova pericial, em razão, exatamente, das dificuldades orçamentais apontadas.

Entretanto, quando se tratar da contratação de assistentes técnicos, caberá ao ente público arcar com os custos. Seria, de fato, totalmente absurda solução que impusesse ao contratado o ônus de arcar, também, com os custos do assistente técnico do seu *ex adverso*.

Os desafios do ente público continuarão sendo, nesse caso, a verificação da disponibilidade orçamentária e a própria forma de contratação do assistente técnico (licitação, inexigibilidade, dispensa etc.). Note-se que, ao fim e ao cabo, essa já é uma realidade conhecida nos litígios judiciais e que deverá, agora, também ser objeto de enfrentamento nas arbitragens.

7 Artigos 10 e 11: credenciamento de câmaras arbitrais

O acolhimento da arbitragem nas contratações administrativas provoca a necessidade de harmonização com determinadas regras de Direito público que se apresentam mais restritivas e limitadoras da autonomia das partes.

Se em uma relação privada a escolha da câmara arbitral depende da exclusiva vontade das partes, o mesmo não se passa quando a arbitragem tem como parte ente público. A razão principal para que a autonomia da vontade seja objeto de restrições é o princípio da isonomia.

Todos os particulares que, de alguma forma, estabelecem algum tipo de relação jurídica com entes públicos têm o direito subjetivo a tratamento isonômico. Assim, a vontade pública obedece a uma racionalidade e a um processo de formação distinto da vontade privada.

As escolhas públicas, além de motivadas, não podem criar tratamento diferenciado que gerem contínuas vantagens para determinado particular, sempre elegendo, por exemplo, a mesma câmara para solucionar os seus litígios pela via arbitral. Essa constatação não acarreta como consequência concluir que o processo de eleição da câmara arbitral seja dotado de grau de objetividade que pudesse admitir a comparação e escolha por meio de licitação pública.

Como já se teve a oportunidade de aduzir anteriormente,[42] definitivamente não é a licitação a via adequada para se promover a escolha da instituição que se responsabilizará pelo processamento da arbitragem.

De outro lado, como dito, essa escolha precisa ser motivada e, sobretudo, aberta a todos os potenciais interessados que atendam aos requisitos definidos previamente pela Administração Pública. Aliado à isonomia, os entes públicos devem igualmente obediência à eficiência, a justificar o estabelecimento de determinados parâmetros que possam viabilizar a escolha de câmaras arbitrais experientes e de reconhecida idoneidade.

Tanto melhor que esses parâmetros e requisitos estejam definidos *ex ante*, ou seja, em atos normativos abstratos e gerais que conformem as escolhas públicas quando da celebração da cláusula compromissória ou do compromisso arbitral.

O credenciamento vem se avizinhando como a solução harmonizadora entre o princípio da isonomia (permitindo que qualquer câmara arbitral tenha o direito de postular o seu cadastramento) e o princípio da eficiência (com a definição de requisitos mínimos que estabeleçam uma linha de corte assecuratória de padrões de segurança e qualidade).

A solução do credenciamento (ou cadastramento) prévio das câmaras arbitrais foi a opção eleita pelo estado do Rio de Janeiro (Decreto nº 46.245/2018) e pelo estado de São Paulo (Decreto nº 64.356/2019). Consiste, basicamente, em fixar requisitos mínimos para a aceitação das câmaras arbitrais que manifestem interesse em, futuramente, atuar em litígios envolvendo a Administração Pública.

O modelo federal acolheu essa solução, como se vê do disposto no art. 10 do Decreto nº 10.025/2019, estabelecendo como requisitos mínimos para as câmaras arbitrais: (i) estar em funcionamento regular há, no mínimo, três anos; (ii) ter reconhecida idoneidade,

---

[42] [...] o processo de licitação formal não é o veículo adequado para promover uma escolha eficiente da Câmara Arbitral e muito menos dos árbitros. Se caminharmos no sentido de compreender a licitação como um antecedente lógico e obrigatório destas escolhas, estaremos aniquilando, por via oblíqua, a própria arbitragem na Administração Pública e os inegáveis benefícios que dela poderão ser extraídos nas relações jurídicas administrativas (GARCIA, Flávio Amaral. *Licitações e contratos administrativos*: casos e polêmicas. 5. ed. São Paulo: Malheiros, 2018. p. 332).

competência e experiência na condução de procedimentos arbitrais; (iii) possuir regulamento próprio, disponível em língua portuguesa.

Caberá à Advocacia-Geral da União, na qualidade de órgão jurídico, zelar pelo credenciamento das câmaras arbitrais, não se vislumbrando, de fato, nenhum outro órgão da estrutura da Administração Pública com maior capacidade institucional para promover essa avaliação. Note-se que, nos Estados do Rio de Janeiro (§1º do art. 14 do Decreto nº 46.245/2018) e de São Paulo (art. 14 do Decreto nº 64.356/2019), também às suas respectivas procuradorias foi confiada a tarefa de credenciar e cadastrar as câmaras arbitrais.

Importante referir que o Decreto nº 10.025/2019 delegou à Advocacia-Geral da União a possibilidade de disciplinar, em ato normativo próprio, a forma de comprovação dos requisitos, como ainda o de estabelecer critérios adicionais de credenciamento das câmaras arbitrais.

Trata-se de delegação legítima e que reconhece espaço de conformação discricionária (evidentemente sujeita a controle de razoabilidade) para que a Advocacia-Geral da União – até mesmo em razão da experiência que venha a adquirir dos procedimentos arbitrais – defina padrões mínimos de eficiência, experiência, idoneidade, segurança e qualidade desejados das câmaras arbitrais. Publicada em 22 de julho de 2021, a Portaria Normativa AGU nº 21, "[d]ispõe sobre o credenciamento de câmaras arbitrais na Advocacia-Geral da União, na forma em que especifica, e dá outras providências".

Na linha da consensualidade e da redução de assimetrias que deve nortear a compreensão da arbitragem envolvendo a Administração Pública, o artigo 11 prescreve que a convenção de arbitragem poderá estipular que a indicação da câmara que administrará o procedimento arbitral será feita pelo contratado, dentre aquelas previamente credenciadas.

Como já se teve a oportunidade de anotar,[43] a possibilidade de o contratado participar da escolha da câmara arbitral é meritória, não sendo o melhor caminho que essa decisão seja daquelas uni-

[43] [...] Sendo a arbitragem um mecanismo concretizador da consensualidade, a definição da Câmara Arbitral deve ser, preferencialmente, objeto de uma decisão negociada entre as partes, e não, *a priori*, definida unilateralmente, apenas por uma das partes (GARCIA, Flávio Amaral. *Licitações e contratos administrativos*: casos e polêmicas. 5. ed. São Paulo: Malheiros, 2018. p. 339).

lateralmente tomadas no seio da Administração Pública. Permitir que o particular participe da decisão de escolha da câmara arbitral concretiza o princípio da consensualidade, conferindo inegável acréscimo de legitimidade ao processo de solução do litígio.

O artigo 11 utiliza o verbo *"poderá"*, sinalizando que a indicação unilateral pelo ente público também pode se apresentar como alternativa. Espera-se vigorosamente que essa solução seja, na prática, descartada, em razão da indispensável compreensão da arbitragem a partir das premissas e valores do Direito Administrativo do século XXI, e não da sua ultrapassada visão oitocentista.

A reforçar que a indicação pelo contratado não causa nenhum prejuízo ao interesse público, cabe registrar que o §1º do art. 11 do Decreto nº 10.025/2019 prevê que a Administração Pública federal poderá, no prazo de 15 (quinze) dias, manifestar objeção à câmara escolhida pelo particular, hipótese na qual a parte que solicitou a instauração da arbitragem indicará outra câmara credenciada, no prazo de 15 (quinze) dias, contado da data da comunicação da objeção.

Em outros termos, o decreto conferiu à Administração Pública federal uma salvaguarda para afastamento da câmara eleita pelo particular, o que, evidentemente, deverá ser objeto de motivação razoável, sob pena de se abrir espaço para indevidos subjetivismos e favorecimentos. Ao fim e ao cabo, a escolha do particular recaiu em câmara credenciada segundo os próprios critérios definidos pela Administração Pública federal.

Em cogitação preliminar, pode-se pensar que o principal argumento para futuras objeções da Administração Pública federal seja o econômico. Não obstante não seja possível definir com exatidão todos os custos do procedimento arbitral logo no início da sua instauração, talvez alguma ordem de grandeza seja factível de visualizar, permitindo aferir, por exemplo, que os custos serão mais elevados naquela câmara eleita pelo particular.

O §2º do artigo 11 prevê que a indicação da câmara arbitral escolhida e a sua eventual objeção serão feitas por correspondência dirigida à outra parte, ainda que a cláusula compromissória estabeleça que essa escolha será promovida logo após a celebração do contrato de parceria.

A escolha da câmara arbitral comporta, ainda, uma reconsideração conjunta das partes, segundo dispõe o §3º do artigo 11, que autoriza a sua substituição antes do início da arbitragem, desde que com a anuência de ambas as partes, não sendo necessária a celebração de termo aditivo ao contrato de parceria.

Relevante, ainda, anotar que o §1º do artigo 10 do Decreto nº 10.025/2019 afastou o enquadramento do vínculo contratual formado entre o ente público e as câmaras arbitrais credenciadas. Em verdade, o credenciamento não gera nenhum vínculo jurídico concreto imediato, mas apenas o direito subjetivo de ter a sua instituição cadastrada, desde que atendidos os requisitos previamente fixados. A sua efetiva atuação administrando o procedimento arbitral ocorrerá em momento posterior, quando da efetiva ocorrência do litígio.

8 Artigo 12: a escolha dos árbitros

A escolha dos árbitros deve observar os termos estabelecidos na convenção de arbitragem, devendo, entretanto, observar os seguintes requisitos mínimos, a teor do disposto no artigo 12 do Decreto nº 10.025/2019: (i) estar no gozo da plena capacidade civil; (ii) deter conhecimento compatível com a natureza do litígio; (iii) não ter, com as partes ou com o litígio que lhe for submetido, relações que caracterizem as hipóteses de impedimento ou suspeição de juízes, conforme previsto no Código de Processo Civil[44] ou outras situações de conflito de interesses previstas em lei ou reconhecidas em diretrizes internacionalmente aceitas ou nas regras da instituição arbitral escolhida.

Nas arbitragens institucionais, tem prevalecido a regra de que cada parte indica um árbitro, e os coárbitros, após aceitos pelas outras partes e confirmados pela câmara arbitral, indicam

---

[44] Conforme leciona Fredie Didier Jr., "há dois graus de parcialidade: o impedimento e a suspeição. [...] As hipóteses de impedimento (art. 144 do CPC) são ensejo à nulidade do ato, pois há uma presunção legal absoluta de que o magistrado não tem condições subjetivas para atuar com imparcialidade. [...] As hipóteses de suspeição (art. 145 do CPC) também dão azo à invalidade do ato processual praticado pelo magistrado. [...] não se trata de presunção absoluta de parcialidade [...]" (DIDIER JR., Fredie. *Curso de Direito Processual Civil*: introdução ao Direito Processual Civil, parte geral e processo de conhecimento. Salvador: JusPodivm, 2017. p. 755-756).

em comum acordo o presidente.[45] Assim, caberá ao ente público promover a indicação do coárbitro em cada arbitragem.

Existe um evidente espaço discricionário para que o ente público escolha o árbitro; afinal, os requisitos cogitados no Decreto nº 10.025/2019, como na própria Lei nº 9.037/1996, são bastante abertos e indeterminados. Há uma margem de subjetividade na escolha do árbitro que não pode ser ignorada.[46]

Essa discricionariedade na escolha do árbitro não é, entretanto, ilimitada, mas contrastada com a própria *expertise* do árbitro indicado e da demonstração do seu conhecimento na matéria que é objeto do litígio (requisitos positivos), além dos potenciais conflitos de interesse com as partes ou mesmo com o objeto do litígio (requisitos negativos), que podem ser suficientes para afastar a sua indicação pelo ente público ou mesmo resultar no seu questionamento pela outra parte.[47]

---

[45] Nesse sentido, dispõe, por exemplo, o art. 12.5 do Regulamento de Arbitragem da Câmara de Comércio Internacional (CCI), os arts. 3.4 e 3.4.1 do Regulamento da Câmara de Arbitragem do Mercado (CAM), o art. 16 do Regulamento de Arbitragem da Câmara FGV e art. 5.10 do Regulamento do Centro Brasileiro de Mediação e Arbitragem (CBMA).

[46] Não obstante a relação entre árbitro e ente público não se enquadre como uma relação contratual, dada a circunstância que o árbitro exerce uma função jurisdicional, sendo juiz de fato e de direito, a mesma subjetividade na definição do profissional eleito pode ser identificada na contratação de profissional por notória especialização, conforme, inclusive, já teve a oportunidade de reconhecer o Tribunal de Contas da União (Acórdão nº 2.142/2007 – Plenário – "A contratação por inexigibilidade de licitação em virtude de objeto singular e da notória especialização do contratado exige avaliação subjetiva no que pertine à escolha da empresa ou do profissional a ser contratado").

[47] Nesse sentido já decidiu o Tribunal de Justiça do Estado de São Paulo (Agravo de Instrumento nº 2166470-26.2019.8.26.0000): "[...] o Judiciário deve ser muito severo quando se depara com demandas fundadas em impedimento ou suspeição de árbitros. É imperioso cuidar dessas situações ao menos com o mesmo rigor dedicado ao impedimento ou à suspeição de juiz. [...] A atuação dos árbitros inegavelmente marcada por contornos éticos e morais, não é meramente privada. Ao contrário, diz com a relevantíssima atividade estatal de ministrar Justiça, de solver conflitos, de impedir não civilizada justiça de mão própria. Seus efeitos propagam-se na esfera pública. O fato de a jurisdição dos árbitros dar-se em foro privado, sem maior interferência do Estado, impõe, assim, grande rigor ao Poder Judiciário quando chamado a julgar a isenção dos julgadores privados. Mais do que por atributos técnicos, o árbitro deve ser escolhido por sua imparcialidade e, sobretudo, pela sua integralidade pessoal". Assim também entende o Superior Tribunal de Justiça: "HOMOLOGAÇÃO DE SENTENÇAS ARBITRAIS ESTRANGEIRAS. APRECIAÇÃO DO MÉRITO. IMPOSSIBILIDADE, SALVO SE CONFIGURADA OFENSA À ORDEM PÚBLICA. ALEGAÇÃO DE PARCIALIDADE DO ÁRBITRO. PRESSUPOSTO DE VALIDADE DA DECISÃO. AÇÃO ANULATÓRIA PROPOSTA NO ESTADO AMERICANO ONDE INSTAURADO O TRIBUNAL ARBITRAL. VINCULAÇÃO DO STJ À DECISÃO DA JUSTIÇA AMERICANA. NÃO OCORRÊNCIA. EXISTÊNCIA DE RELAÇÃO CREDOR/DEVEDOR ENTRE ESCRITÓRIO DE ADVOCACIA DO ÁRBITRO PRESIDENTE E O GRUPO

Aliás, importante anotar que a legitimação da escolha do árbitro dependerá do seu dever de revelar potencial conflito existente que possa afetar a sua independência e imparcialidade. Essa revelação deverá ocorrer antes da aceitação da função, informando sobre qualquer fato que denote dúvida justificada quanto à sua imparcialidade e independência, conforme previsto no §1º do art. 14 da Lei nº 9.307/1996.[48]

Note-se que o Decreto nº 10.025/2019 não adentra em maiores detalhes acerca dos critérios para escolha do árbitro, o que abre espaço para que a própria Advocacia-Geral da União possa minudenciar outros parâmetros adicionais orientadores do processo de indicação. Pode-se cogitar, por exemplo, de uma lista tríplice a fim de que a escolha obedeça a algum tipo de avaliação comparativa entre os profissionais cogitados. Nada disso, entretanto, afasta o fato de que, ao fim e ao cabo, essa escolha será sempre discricionária.

Também parece indispensável que a indicação do árbitro pelo ente público seja submetida a uma motivação que seja capaz de fazer um cotejo entre as suas competências, *expertises* e experiência com o objeto do litígio a ser dirimido por intermédio da arbitragem.[49]

ECONÔMICO INTEGRADO POR UMA DAS PARTES. HIPÓTESE OBJETIVA PASSÍVEL DE COMPROMETER A ISENÇÃO DO ÁRBITRO. RELAÇÃO DE NEGÓCIOS, SEJA ANTERIOR, FUTURA OU EM CURSO, DIRETA OU INDIRETA, ENTRE ÁRBITRO E UMA DAS PARTES. DEVER DE REVELAÇÃO. INOBSERVÂNCIA. QUEBRA DA CONFIANÇA FIDUCIAL. SUSPEIÇÃO. VALOR DA INDENIZAÇÃO. PREVISÃO DA APLICAÇÃO DO DIREITO BRASILEIRO. JULGAMENTO FORA DOS LIMITES DA CONVENÇÃO. IMPOSSIBILIDADE. [...] 2. A prerrogativa da imparcialidade do julgador é uma das garantias que resultam do postulado do devido processo legal, matéria que não preclui e é aplicável à arbitragem, mercê de sua natureza jurisdicional. A inobservância dessa prerrogativa ofende, diretamente, a ordem pública nacional, razão pela qual a decisão proferida pela Justiça alienígena, à luz de sua própria legislação, não obsta o exame da matéria pelo STJ. [...]" (SEC nº 9.412/EX, Rel. Ministro Felix Fischer, Rel. p/ Acórdão Ministro João Otávio De Noronha, Corte Especial, julgado em 19.04.2017, *DJe* 30 maio 2017).

[48] A exigência de estrito cumprimento desse dever deve ser máxima. Toda e qualquer informação de caráter pessoal ou profissional capaz de gerar dúvida na parte quanto à imparcialidade e integridade do árbitro deve ser comunicada imediatamente, sem que persista direta correlação da suspeição gerada pela omissão com as hipóteses previstas na legislação processual comum. [...] A conjuntura reportada, no sentido de ter sido fornecida a informação apenas após ter sido pronunciado o veredicto, depois de ter sido indeferido quesito referido à mesma empresa ligada a esta outra arbitragem, confere seriedade às alegações deduzidas e plausibilidade ao pleito formulado, que, claramente, merece ser avaliado em conjugação com outros elementos, potencialmente colhidos no curso de eventual instrução (TJSP – Agravo de Instrumento nº 2166470-26.2019.8.26.0000).

[49] A especialidade técnica, sem dúvida alguma, não é barreira à convivência entre vários especialistas (a não ser na excepcional situação, sobretudo em arbitragens público-privadas, de árbitro único). Não se espera, por conseguinte, que só sejam nomeados árbitros

Pedindo vênias pelo truísmo, sempre bom registrar que o árbitro indicado pelo ente público não assume qualquer compromisso com a tese a ser defendida na arbitragem. O árbitro é juiz de fato e de direito, devendo ser independente e imparcial. Qualquer indicação que pretenda vincular o seu julgamento à tese do ente público é nula na origem, o que, de resto, acontece com qualquer indicação de árbitro que apresente vício dessa natureza.

Isso não quer dizer que a indicação do árbitro não deva levar em consideração, por exemplo, as suas posições doutrinárias, a sua respeitabilidade no mundo jurídico ou mesmo a sua experiência em arbitragens. Diversas são as valências que podem sinalizar que, do ponto de vista estratégico, aquela indicação pode contribuir para um deslinde favorável da arbitragem.

Nada disso, entretanto, autoriza compromissos prévios entre árbitros e entes públicos que os vinculem a posições favoráveis no curso da arbitragem. Os contornos fáticos de cada caso são dotados de elevada singularidade. A visão do árbitro deve sempre ser neutra e imparcial.

Em palavras mais duras: o ente público não pode ter árbitros de estimação, que sempre estarão tendentes a acolher as suas teses nas arbitragens em que forem indicados. Eventual árbitro que se comporta com sinalizações dessa natureza, mirando ser indicado em mais arbitragens integradas por entes públicos, ignora completamente os valores da independência e imparcialidade que constituem um dos pilares do êxito da arbitragem, não se revelando à altura da função que virá a ocupar.

De outro lado, não se vislumbra que os órgãos de controle possam se imiscuir na decisão administrativa que indica determinado

---

com *expertise* em Direito Público (Administrativo e Econômico), mas sim a convivência daqueles que dominam a arte do processo arbitral com os que conhecem o tema de fundo em outras searas (por exemplo, responsabilidade civil, empreitadas de engenharia pesada, finanças ou contratos) e aqueles que nutrem especial apreço por temas privativos do Direito Público (por exemplo, contratos administrativos de longo prazo e seu equilíbrio econômico-financeiro, ou temas próprios de setores, como telecomunicações, mineração ou energia elétrica). Nesse momento, a indicação de árbitros com capacitações plurais tem o condão de produzir sinergias e potencializar soluções que sejam bem acolhidas por ambas as partes (MOREIRA, Egon Bockmann; CRUZ, Elisa Schmidlin. Bons ventos a favor da arbitragem público-privada: notas a propósito da Portaria AGU nº 320/2019 e do Decreto SP nº 64.356/2019. *Revista Brasileira de Arbitragem*, v. 16, n. 13, p. 163-190, 2019).

árbitro. Trata-se de matéria própria ao mérito administrativo, assim como a eventual discussão acerca da sua competência, *expertise*, independência e imparcialidade deverá se desenrolar, primariamente, na própria ambiência arbitral.

Entretanto, como as arbitragens envolvendo os entes públicos devem sempre respeitar o princípio da publicidade, a teor do disposto no §3º do art. 2º da Lei nº 9.307/1996, esse tipo de questionamento poderá começar a ocorrer por atores externos à própria arbitragem. Provocados os órgãos de controle, a sua postura deverá ser de absoluta deferência às escolhas administrativas e às decisões que venham a ser tomadas no curso do procedimento arbitral. Eventual interferência externa somente poderá ser cogitada em casos extremos, de patente descumprimento dos requisitos legais e sempre na perspectiva de um controle negativo[50] e suplementar ao procedimento arbitral.

O parágrafo único do artigo 14 do Decreto nº 10.025/2019 preocupou-se em facilitar o ingresso no país de árbitros e equipes de apoio residente no exterior, exclusivamente para participação em audiências de procedimentos arbitrais com sede no país, qualificando essa entrada como hipótese de visita de negócios, conforme estabelecido no §3º do art. 29 do Decreto nº 9.199/2017.[51]

---

[50] [...] assim como ocorre com os atos administrativos em geral, o controle jurisdicional deve ser, em regra, de caráter negativo – o juiz, caso constate vícios no ato, deve se limitar a desconstituí-lo, devolvendo a matéria para análise da Administração (TEIXEIRA, Leopoldo Fontenele. Do controle judicial dos atos regulatórios. *Revista Esmafe*, Recife, v. 3, n. 19, p. 363-404, 2009. Disponível em: https://jfpe.jus.br/images/stories/docs_pdf/biblioteca/artigos_periodicos/LeopoldoFontenele_Teixeira/DoControle_revESMAFE_n19_v3_2009.pdf. Acesso em: 14 dez. 2021).

[51] Art. 29. O visto de visita poderá ser concedido ao visitante que venha ao País para estada de curta duração, sem intenção de estabelecer residência, para fins de turismo, negócios, trânsito, realização de atividades artísticas ou desportivas ou em situações excepcionais, por interesse nacional. [...] §3º Para os fins do disposto neste artigo, as atividades relativas a negócios compreendem a participação em reuniões, feiras e eventos empresariais, a cobertura jornalística ou a realização de filmagem e reportagem, a prospecção de oportunidades comerciais, a assinatura de contratos, a realização de auditoria ou consultoria, e a atuação como tripulante de aeronave ou embarcação, desde que observado o disposto no §1º e que a atividade realizada não tenha prazo superior àquele previsto no art. 20.

9 Artigo 15: sentença arbitral e alternativas de cumprimento

O art. 15 do decreto é específico ao direcionar as sentenças arbitrais condenatórias ao pagamento por meio de *precatórios requisitórios* (ou RPV – requisição de pequeno valor).[52] Trata-se de forma pela qual o Poder Judiciário requisita o pagamento de quantia devida pela Fazenda Pública, tal como definida em decisão irrecorrível, nos termos do art. 100 da Constituição. O juiz competente expede o *ofício de requisição* ao presidente do respectivo tribunal a fim de que ele requisite o pagamento à entidade pública devedora, que incluirá o valor devido no orçamento do ano imediatamente seguinte ao da requisição. O pagamento se dá por ordem cronológica e de acordo com a natureza do débito. A RPV envolve valor menor, predefinido, e tem prazo de quitação de 60 (sessenta) dias, não se submetendo ao regime de precatórios.

Logo, no caso de sentenças arbitrais será necessário que a parte dê início a processo judicial de execução da sentença arbitral (Decreto nº 10.025/2019, art. 15, §1º), ao fim do qual o juiz competente tomará as providências necessárias para que o débito ingresse na ordem de pagamentos. Todavia, e como se sabe, o sistema de precatórios brasileiro agrava sobremaneira a situação do credor. Tende a gerar sérias dificuldades no recebimento de valores já tidos como certos e devidos. Instala custos extraordinários. Em última análise, cria desincentivos às contratações públicas (ou gera precificações extraordinárias).

Daí a sensata exceção prevista no §2º do art. 15 do decreto, ao prever expressamente três hipóteses de recebimento extraprecatórios. Eis a redação do dispositivo:

> §2º O disposto no *caput* não impede, desde que seja estabelecido acordo entre as partes, que o cumprimento da sentença arbitral ocorra por meio de:

---

[52] A propósito das peculiaridades do cumprimento da sentença arbitral frente à Administração Pública brasileira e por todos, *v.* MEGNA, Bruno Lopes. *Arbitragem e Administração Pública*. Belo Horizonte: Fórum, 2019. p. 273-295. Para investigação a respeito dos precatórios, *v.* MOREIRA, Egon Bockmann; GRUPENMACHER, Betina Treiger; KANAYAMA, Rodrigo Luis; AGOTTANI, Diogo Zelak. *Precatórios*: o seu novo regime jurídico. 3. ed. São Paulo: Revista dos Tribunais, 2021.

> I – instrumentos previstos no contrato que substituam a indenização pecuniária, incluídos os mecanismos de reequilíbrio econômico-financeiro;
>
> II – compensação de haveres e deveres de natureza não tributária, incluídas as multas, nos termos do disposto no art. 30 da Lei nº 13.448, de 5 de junho de 2017; ou
>
> III – atribuição do pagamento a terceiro, nas hipóteses admitidas na legislação brasileira.

Examinemos rapidamente cada um deles, começando pela regra matriz do §2º, que estatui que exceção decorre de *acordo entre as partes* quanto ao *cumprimento da sentença arbitral*. Necessário se faz, portanto, que exista a sentença arbitral definitiva (transpostos os pedidos de correção de erros materiais e esclarecimentos, nos termos do art. 30 da Lei nº 9.037/1996), conjugado com o termo de acordo formal que dê execução à sentença de modo alternativo aos precatórios. O Decreto nº 10.025/2019 arrola apenas três opções.

A *primeira* delas reporta-se à solução originalmente prevista no próprio contrato submetido à jurisdição arbitral, a substituir o precatório preferencialmente por "mecanismos de reequilíbrio econômico-financeiro". De usual, os contratos reproduzem algumas técnicas-padrão de reequilíbrio – aumento da tarifa, prolongamento do prazo, acréscimo de áreas, diminuição de encargos etc., mas nada impede que haja cláusulas contratuais abertas que permitam às partes gerar soluções *out of the box*, mas sempre sob o manto da lei.

O que importa ressaltar é o fato de que o equilíbrio econômico-financeiro interessa antes ao projeto concessionário – sua permanência adequada no tempo e no espaço – do que propriamente às partes contratantes. Daí a advertência de Pedro Fernández Sánchez quanto ao dever de restabelecimento do equilíbrio com o qual a Administração havia se comprometido a manter – afinal, "se o ordenamento exige que o equilíbrio inicial seja verdadeiramente *restaurado*, tal dever não está cumprido com uma mera compensação de certos prejuízos do co-contratante que concretize uma *partilha* dos danos infligidos na sua esfera jurídica", não cabendo mera restauração que amenize os prejuízos, "antes, restaura-se rigorosamente um equilíbrio que a Administração inicialmente aceitou respeitar".[53] As partes devem, portanto, envidar os melhores esforços para gerar medidas que efetivamente reequilibrem o contrato no menor espaço de tempo.

A *segunda opção* define a possibilidade de *compensação* (Código Civil, art. 368 a 380), desde que os haveres e deveres sejam "de natureza não tributária". A compensação opera-se sempre entre "dívidas líquidas, vencidas e de coisas fungíveis" (Código Civil, art. 369), recíprocas entre credores e devedores – no caso, entre a pessoa de Direito público contratante e a de Direito privado contratada.

Note-se que o ora comentado inciso II do §2º refere-se aos "termos do disposto" no art. 30 da Lei nº 13.448/2017,[54] cujo *caput* circunscreve a compensação ao "âmbito dos contratos nos setores rodoviário e ferroviário". Sobre ser indevida tal restrição setorial, o Decreto nº 10.025/2019 não a repercute em seu texto – que se refere irrestritamente a outros setores, desde a sua abertura.

Por fim, o inciso III reporta-se à possibilidade de o pagamento do valor definido na sentença arbitral ser feito a terceiro – o que, ao que tudo indica, se aplica aos casos de relicitação e respectivo pagamento da indenização ao terceiro entrante, vencedor da licitação que assumirá o contrato no lugar do contratado original (que é parte na arbitragem). Essa previsão vem definida no art. 15 da Lei nº 13.448/2017, em especial nos dispositivos a seguir transcritos:

> Art. 15. A relicitação do contrato de parceria será condicionada à celebração de termo aditivo com o atual contratado, do qual constarão,

[53] SÁNCHEZ, Pedro Fernández. Reequilíbrio financeiro, caso imprevisto e *fait du prince*: autonomia entre distintos mecanismos de tutela da posição dos co-contratantes da Administração. *In*: *Estudos sobre Contratos Públicos*. Lisboa: AAFDL Ed., 2019. p. 254.

[54] Art. 30. São a União e os entes da Administração Pública federal indireta, em conjunto ou isoladamente, autorizados a compensar haveres e deveres de natureza não tributária, incluindo multas, com os respectivos contratados, no âmbito dos contratos nos setores rodoviário e ferroviário. §1º Excluem-se da compensação de que trata o *caput* deste artigo os valores já inscritos em dívida ativa da União. §2º Os valores apurados com base no *caput* deste artigo poderão ser utilizados para o investimento, diretamente pelos respectivos concessionários e subconcessionários, em malha própria ou naquelas de interesse da Administração Pública. §3º A parcela dos investimentos correspondente aos valores compensados não poderá ser utilizada para fins de reequilíbrio econômico-financeiro do contrato e indenização. §4º O órgão ou a entidade competente realizará estudo técnico que fundamente a inclusão dos novos investimentos ou serviços a serem considerados, podendo valer-se para tanto de estudos técnicos realizados pelo respectivo parceiro contratado.

> entre outros elementos julgados pertinentes pelo órgão ou pela entidade competente: [...]
> §1º Também poderão constar do termo aditivo de que trata o *caput* deste artigo e do futuro contrato de parceria a ser celebrado pelo órgão ou pela entidade competente:
> I – a previsão de que as indenizações apuradas nos termos do inciso VII do §1º do art. 17 desta Lei serão pagas pelo novo contratado, nos termos e limites previstos no edital da relicitação;
> II – a previsão de pagamento, diretamente aos financiadores do contratado original, dos valores correspondentes às indenizações devidas pelo órgão ou pela entidade competente nos termos do inciso VII do §1º do art. 17 desta Lei.
> §2º As multas e as demais somas de natureza não tributária devidas pelo anterior contratado ao órgão ou à entidade competente deverão ser abatidas dos valores de que trata o inciso I do §1º deste artigo, inclusive o valor relacionado à outorga originalmente ofertada, calculado conforme ato do órgão ou da entidade competente.
> §3º O pagamento ao anterior contratado da indenização calculada com base no §2º deste artigo será condição para o início do novo contrato de parceria.

Dessa forma, o decreto abre o leque de alternativas a fim de que a sentença arbitral encontre efetividade prática.

10 Considerações finais: a consolidação da arbitragem em contratos complexos

A utilização da arbitragem como mecanismo de solução de litígios que decorram de contratos administrativos, em especial das concessões e PPPs, é tema da maior importância no estudo do Direito público.

O Brasil vivencia um momento crucial, no qual o desenvolvimento nacional – objetivo expressamente consignado no art. 1º da CF – depende de significativos investimentos no setor de infraestrutura, em especial nos segmentos de energia, telecomunicações, rodovias, ferrovias, aeroportos e portos. O risco de que todos os conflitos decorrentes desses contratos administrativos sejam obrigatoriamente submetidos à jurisdição estatal pode resultar no afastamento de potenciais investidores e empresas, ou mesmo na precificação do risco judicial no momento de elaboração da sua proposta econômica para participar da licitação.

A flexibilidade do procedimento, com regras menos formalistas do que aquelas que pautam o processo judicial (desde que respeitadas garantias fundamentais do processo), a maior celeridade na resolução dos litígios, além do conhecimento técnico que orienta a escolha e a própria atuação dos árbitros, são vantagens comumente apontadas quando se adota a arbitragem e que, consequentemente, militam a favor da sua admissibilidade no campo das relações administrativas e de Direito público.

A arbitragem revela-se um mecanismo de resolução de litígios de extrema importância em um mundo globalizado, conferindo maior segurança jurídica às partes, que consensualmente elegem essa solução como meio adequado de composição de seus interesses e conflitos.

A intervenção de especialistas e *experts* para julgarem os litígios, a celeridade na sua resolução e, como consequência, a possibilidade de desafogar o Poder Judiciário são virtudes que tornam a arbitragem um mecanismo que efetiva e realiza o Direito. O Estado não detém o monopólio da justiça, que pode ser concretizada por outros meios dotados de idêntica legitimidade.

Todas essas vantagens da arbitragem não devem ser negadas ao Estado, que cada vez mais recorre aos contratos administrativos para operacionalizar os interesses públicos que lhe cabe tutelar. *Governar por contratos* é um dos pilares que alicerçam a atividade administrativa no século XXI.

Referências

ALBANEZE, Diogo. O fortalecimento da arbitragem no setor de infraestrutura. *Migalhas*, 28 out. 2019. Disponível em: https://www.migalhas.com.br/dePeso/16,MI313848,101048-O+fortalecimento+da+arbitragem+no+setor+de+infraestrutura. Acesso em: 14 dez. 2021.

AMARAL, Diogo Freitas do; QUADROS, Fausto de; ANDRADE, José Carlos Vieira de. *Aspectos jurídicos da empreitada de obra pública*. Coimbra: Almedina, 2002.

ARAGÃO, Alexandre Santos de. Supervisão Ministerial das Agências Reguladoras: Limites, Possibilidades e o Parecer AGU nº AC – 051. *Revista de Direito Administrativo – RDA*, Rio de Janeiro, v. 245, p. 237-262, maio 2007. Disponível em: http://bibliotecadigital.fgv.br/ojs/index.php/rda/article/view/42129. Acesso em: 14 dez. 2021.

BAPTISTA, Patrícia. A inarbitrabilidade objetiva do conflito entre Petrobras e a ANP. *Revista de Direito Administrativo – RDA*, Rio de Janeiro, v. 275, p. 254, maio/ago. 2017. Disponível em: http://bibliotecadigital.fgv.br/ojs/index.php/rda/article/view/71654/69328. Acesso em: 14 dez. 2021.

BIONDI, Biondo. Patrimonio. *In*: AZARA, Antonio; EULA, Ernesto (Coord.). *Novissimo Digesto Italiano*. 3. ed. t. XII. Torino: UTET, 1957.

CÂMARA DE ARBITRAGEM DO MERCADO (CAM). Regulamentação. Disponível em: www.b3.com.br/pt_br/b3/qualificacao-e-governanca/camara-de-arbitragem-do-mercado-cam/regulamentacao/. Acesso em: 14 dez. 2021.

CÂMARA DE COMÉRCIO INTERNACIONAL (ICC). Regulamento de arbitragem: regulamento de mediação. Disponível em: https://iccwbo.org/content/uploads/sites/3/2021/03/icc-2021-arbitration-rules-2014-mediation-rules-portuguese-version.pdf. Acesso em: 14 dez. 2021.

CARMONA, Carlos Alberto. *Arbitragem e processo*: um comentário à Lei 9.037/96. 3. ed. São Paulo: Atlas, 2009.

CASTELAR PINHEIRO, Armando; RIBEIRO, Leonardo Coelho. *Regulação das ferrovias*. Rio de Janeiro: FGV, 2017.

CENTRO BRASILEIRO DE MEDIAÇÃO E ARBITRAGEM (CBMA). Regulamento de Arbitragem. Disponível em: http://www.cbma.com.br/regulamento. Acesso em: 14 dez. 2021.

DIDIER JR., Fredie. *Curso de Direito Processual Civil*: introdução ao Direito Processual Civil, parte geral e processo de conhecimento. Salvador: JusPodivm, 2017.

FEIGELSON, Bruno; FREITAS, Rafael Véras de; RIBEIRO, Leonardo Coelho (Orgs.). *A nova regulação da infraestrutura e da mineração*. Belo Horizonte: Fórum, 2014.

FERREIRA, Olavo Augusto Vianna Alves; ROCHA, Matheus Lins; FERREIRA, Débora Cristina Fernanda Ananias. *Lei de arbitragem comentada artigo por artigo*. São Paulo: JusPodivm, 2019.

FICHTNER, José Antônio; MANNHEIMER, Sérgio Nelson; MONTEIRO, André Luís. *Teoria geral da arbitragem*. Rio de Janeiro: Forense, 2019.

FREITAS, Rafael Véras de. As prorrogações e a relicitação previstas na Lei nº 13.448/2017. *Revista de Direito Público da Economia – RDPE*, Belo Horizonte, v. 59, p. 175-199, jul./set. 2017.

FREITAS, Rafael Véras de. *Concessão de rodovias*. Belo Horizonte: Fórum, 2017.

FREITAS, Rafael Véras de. O Programa de Parcerias de Investimentos (PPI) e o seu regime jurídico. *Revista de Contratos Públicos – RCP*, Belo Horizonte, v. 11, p. 137, mar./ago. 2017.

FUNDAÇÃO GETULIO VARGAS (FGV). Regulamento da Câmara FGV de Mediação e Arbitragem. Disponível em: https://camara.fgv.br/regulamento/arbitragem. Acesso em: 14 dez. 2021.

GARCIA, Flávio Amaral. *Licitações e contratos administrativos*: casos e polêmicas. 5. ed. São Paulo: Malheiros, 2018.

GARCIA, Flávio Amaral. *Regulação jurídica das rodovias concedidas*. Rio de Janeiro: Lumen Juris, 2004.

JUSTEN FILHO, Marçal. A revolução secreta nos contratos públicos. Coluna Publicistas. *Jota*, 24 set. 2019. Disponível em: https://www.jota.info/opiniao-e-analise/colunas/publicistas/a-revolucao-secreta-nos-contratos-publicos-24092019. Acesso em: 14 dez. 2021.

JUSTEN FILHO, Marçal. Art. 20 da LINDB – Dever de transparência, concretude e proporcionalidade nas decisões públicas, *Número Especial da Revista de Direito Administrativo – RDA*, p. 13-41, Rio de Janeiro, nov. 2018. Disponível em: http://bibliotecadigital.fgv.br/ojs/index.php/rda/article/view/77648. Acesso em: 14 dez. 2021.

JUSTEN FILHO, Marçal. *Curso de Direito Administrativo*. 13. ed. São Paulo: Revista dos Tribunais, 2018.

LOBO, Paulo Neto. Sigilo profissional é mais dever que direito do advogado. *Consultor Jurídico – Conjur*, 09 maio 2019. Disponível em: https://www.conjur.com.br/2019-mai-09/paulo-lobo-sigilo-profissional-nao-privilegio-advogado. Acesso em: 14 dez. 2021.

MANGE, Flavia Foz; KULESZA, Gustavo Santos; SILVA, Rafael Bittencourt; SOARES, Rafael Vicente. *Lei-Modelo da UNCITRAL (com as alterações adotadas em 2006)*. Disponível em: https://cbar.org.br/site/wp-content/uploads/2018/04/model-law-portugues.pdf. Acesso em: 14 dez. 2021.

MARQUES NETO, Floriano de Azevedo; FREITAS, Rafael Véras de. *Comentários à Lei 13.655/2018*. Belo Horizonte: Fórum, 2019.

MARTINS, Pedro Batista. *Apontamentos sobre a Lei de Arbitragem*. Rio de Janeiro: Forense, 2008.

MEGNA, Bruno Lopes. *Arbitragem e Administração Pública*. Belo Horizonte: Fórum, 2019.

MELLO, Marcello Vieira de; CASTRO, Flávio CÂMARA. Arbitragem e mediação – cláusulas escalonadas: como funcionam e quando devem ser utilizadas. *Migalhas*, 02 jan. 2018. Disponível em: https://www.migalhas.com.br/dePeso/16,MI271681,51045-Arbitragem+e+mediacao+clausulas+escalonadas+como+funcionam+e+quando. Acesso em: 14 dez. 2021.

MOREIRA NETO, Diogo de Figueiredo. *Curso de Direito Administrativo*. 16. ed. Rio de Janeiro: Forense, 2014.

MOREIRA, Egon Bockmann. *Advocacia*: imunidades e sigilo profissional. *Gazeta do Povo*, 11 mar. 2019. Disponível em: https://www.gazetadopovo.com.br/opiniao/artigos/advocacia-imunidades-e-sigilo-profissional-0svhyn6rw6jtm3ur8jn0eqj9j/. Acesso em: 14 dez. 2021.

MOREIRA, Egon Bockmann. *Direito das Concessões de Serviços Públicos*. São Paulo: Malheiros, 2010.

MOREIRA, Egon Bockmann. O novo Código de Processo Civil e sua aplicação no processo administrativo. *Revista de Direito Administrativo – RDA*, Rio de Janeiro, v. 273, p. 131-334, set./2016. Disponível em: http://bibliotecadigital.fgv.br/ojs/index.php/rda/article/view/66665. Acesso em: 14 dez. 2021.

MOREIRA, Egon Bockmann. Os limites à competência normativa das agências reguladoras. *In*: ARAGÃO, Alexandre Santos de (Org.). *O poder normativo das agências reguladoras*. Rio de Janeiro: Forense, 2006.

MOREIRA, Egon Bockmann. Os serviços públicos brasileiros e sua lógica jurídico-econômica: reflexões a partir do artigo 175 da Constituição. *Revista de Direito Público da Economia – RDPE*, Belo Horizonte, v. 68, p. 9-43, out./dez. 2019.

MOREIRA, Egon Bockmann (Coord.). *Portos e seus regimes jurídicos*. Belo Horizonte: Fórum, 2014.

MOREIRA, Egon Bockmann (Coord.). *Tratado do Equilíbrio Econômico-Financeiro*: contratos administrativos, concessões, parcerias público-privadas, taxa interna de retorno, prorrogação antecipada e relicitação. 2. ed. Belo Horizonte: Fórum, 2019.

MOREIRA, Egon Bockmann; CRUZ, Elisa Schmidlin. Bons ventos a favor da arbitragem público-privada: notas a propósito da Portaria AGU nº 320/2019 e do Decreto SP nº 64.356/2019. *Revista Brasileira de Arbitragem*, v. 16, n. 13, p. 163-190, 2019.

MOREIRA, Egon Bockmann; CRUZ, Elisa Schmidlin. Regulação e arbitragem: caso "Petrobras v. ANP": CC nº 139.519-RJ, STJ. *In*: MARQUES NETO, Floriano de Azevedo; MOREIRA, Egon Bockmann; GUERRA, Sérgio. *Dinâmica da Regulação:* estudos de casos da jurisprudência brasileira – a convivência dos tribunais e órgãos de controle com agências reguladoras, autoridades de concorrência e livre iniciativa. 2. ed. Belo Horizonte: Fórum, 2021. p. 261-280.

MOREIRA, Egon Bockmann; FERRARO, Marcella Pereira. Processo administrativo e negócios processuais atípicos. *Revista de Processo – RePro*, São Paulo, v. 282, p. 475-510, ago. 2018.

MOREIRA, Egon Bockmann; GRUPENMACHER, Betina Treiger; KANAYAMA, Rodrigo Luis; AGOTTANI, Diogo Zelak. *Precatórios*: o seu novo regime jurídico. 3. ed. São Paulo: Revista dos Tribunais, 2021.

OLIVEIRA, Carolina Zaja Almada Campanate de. *Contratos administrativos complexos e de longo prazo*: a prorrogação antecipada e a relicitação na teoria dos contratos públicos. 2018. 235 p. Dissertação (Mestrado em Direito da Regulação) – FGV Rio de Janeiro, 2019. Disponível em: https://bibliotecadigital.fgv.br/dspace/handle/10438/27347. Acesso em: 14 dez. 2021.

OLIVEIRA, Rafael Carvalho Rezende. *Curso de Direito Administrativo*. 7. ed. São Paulo: Método, 2019.

PINTO, José Emílio Nunes. Reflexões indispensáveis sobre a utilização da arbitragem e de meios extrajudiciais de solução de controvérsias. *In*: LEMES, Selma Ferreira; CARMONA, Carlos Alberto; MARTINS, Pedro Batista (Coords.). *Arbitragem*. São Paulo: Atlas, 2007.

RIBEIRO, Leonardo Coelho. O Direito Administrativo como caixa de ferramentas e suas estratégias. *Revista de Direito Administrativo*, Rio de Janeiro, v. 272, p. 209-249, nov. 2016. Disponível em: http://bibliotecadigital.fgv.br/ojs/index.php/rda/article/view/64303/62514. Acesso em: 14 dez. 2021.

RICCI, Edoardo. *Lei de Arbitragem Brasileira*. Tradução de M. Franco. São Paulo: Revista dos Tribunais, 2004.

SÁNCHEZ, Pedro Fernández. Reequilíbrio financeiro, caso imprevisto e *fait du prince*: autonomia entre distintos mecanismos de tutela da posição dos co-contratantes da Administração. *In*: *Estudos sobre Contratos Públicos*. Lisboa: AAFDL Ed., 2019.

SCHRAIBER, Anderson. *Manual de Direito Civil Contemporâneo*. 4. ed. São Paulo: Saraiva, 2021.

SUNDFELD, Carlos Ari; MOREIRA, Egon Bockmann. PPP MAIS: um caminho para práticas avançadas nas parcerias estatais com a iniciativa privada. *Revista de Direito Público da Economia – RDPE*, Belo Horizonte, v. 53, p. 9-49, jan./mar. 2016.

TEIXEIRA, Leopoldo Fontenele. Do controle judicial dos atos regulatórios. *Revista Esmafe*, Recife, v. 3, n. 19, p. 363-404, 2009. Disponível em: https://jfpe.jus.br/images/stories/docs_pdf/biblioteca/artigos_periodicos/LeopoldoFontenele_Teixeira/DoControle_revESMAFE_n19_v3_2009.pdf. Acesso em: 14 dez. 2021.

TIBURCIO, Carmen. A Competência do Tribunal arbitral para solução de litígios extracontratuais. *Revista de Arbitragem e Mediação*, v. 50, jul./set. 2016. Disponível em: http://www.mpsp.mp.br/portal/page/portal/documentacao_e_divulgacao/doc_biblioteca/bibli_servicos_produtos/bibli_boletim/bibli_bol_2006/RArbMed_n.50.07.PDF. Acesso em: 14 dez. 2021.

TIBURCIO, Carmen. Arbitragem envolvendo a Administração Pública: arbitrabilidade subjetiva e objetiva. Histórico e situação atual. *In*: MUNIZ, Joaquim de Paiva; BONIZZI, Marcelo José Magalhães; FERREIRA, Olavo Alves (Coords.). *Arbitragem e Administração Pública*. Ribeirão Preto: Migalhas, 2018. p. 111-129.

TOURINHO, Ana Carolina Morizot. *O poder público inadimplente*. Rio de Janeiro: Lumen Juris, 2019.

VALLE, Martim Della. *Arbitragem e equidade*. São Paulo: Atlas, 2012.

VENOSA, Silvio de Salvo. *Direito civil*: teoria geral das obrigações e teoria geral dos contratos. São Paulo: Atlas, 2013.

Informação bibliográfica deste texto, conforme a NBR 6023:2018 da Associação Brasileira de Normas Técnicas (ABNT):
MOREIRA, Egon Bockmann; GARCIA, Flávio Amaral. Comentários ao Decreto Federal nº 10.025/2019. *In*: CUÉLLAR, Leila; MOREIRA, Egon Bockmann; GARCIA, Flávio Amaral; CRUZ, Elisa Schmidlin. *Direito Administrativo e Alternative Dispute Resolution*: arbitragem, *dispute board*, mediação e negociação. Com comentários à legislação do Rio de Janeiro, São Paulo e União sobre arbitragem e mediação em contratos administrativos e desapropriações. Belo Horizonte: Fórum, 2020. p. 331-380. ISBN 978-85-450-0747-0.

NOTAS A PROPÓSITO DO DECRETO RJ Nº 46.245/2018, DA PORTARIA AGU Nº 320/2019, DO DECRETO SP Nº 64.356/2019 E DO DECRETO RS Nº 55.996/2021[1]

EGON BOCKMANN MOREIRA
ELISA SCHMIDLIN CRUZ

Introdução

Como se sabe, no Brasil a arbitragem em contratos públicos experimentou severa resistência acadêmica, administrativa, jurisprudencial e dos órgãos de controle. Não fossem os esforços dos arbitralistas nacionais – todos, desde os com matizes privatistas até os publicistas, passando pelos processualistas –, que merecem nossas homenagens, ainda vigoraria a ideia de que a Administração Pública estaria impedida de assumir pactos de arbitragem – ou, o que é pior, imune aos que celebrasse.

Felizmente, ao menos em quatro referências nacionais – o estado do Rio de Janeiro, a União, o estado de São Paulo e o estado do Rio Grande do Sul –, essa fase já passou em definitivo. Isso porque foram editados atos administrativos regulamentares que impedem qualquer hesitação quanto à plena incidência da Lei nº 9.037/1996 (com os acréscimos feitos pela Lei nº 13.129/2015, ao tratar da arbitragem com a Administração Pública). Mais: tais atos definem que a Lei de Arbitragem deve ser executada pelos gestores públicos.

Em forma de breves comentários sobre os principais assuntos dos atos regulamentares, este artigo tratará em específico da

1 Uma versão deste artigo – sem os comentários aos decretos dos estados do Rio de Janeiro e do Rio Grande do Sul – foi publicada na *Revista Brasileira de Arbitragem – RBA*, Issue 63, p. 163-190, jul./set. 2019.

Portaria AGU nº 320/2019 (instituidora do Núcleo Especializado em Arbitragem – NEA na Consultoria-Geral da União); do Decreto RJ nº 46.245/2018 (regulamenta a adoção da arbitragem para dirimir os conflitos que envolvam o estado do Rio de Janeiro ou suas entidades), do Decreto SP nº 64.356/2019 (dispõe sobre o uso da arbitragem para resolução de conflitos em que a Administração Pública direta e suas autarquias sejam parte), e do Decreto RS nº 55.996/2021. Isso com a ressalva de que, em todos os casos, foi dado um imenso passo ao instalar deveres administrativos, consolidar expectativas e reforçar a segurança jurídica nas contratações públicas brasileiras.

1 Portaria AGU nº 320/2019: significado e aplicação

A União é um dos grandes, senão o maior dos contratantes brasileiros. Para se ter uma ideia, só as compras do governo federal giram em torno de 1% do produto interno bruto (PIB).[2] Se falarmos em empreitadas de obras públicas, autorizações, contratos de concessão e parcerias público-privadas, os números serão estratosféricos. Mesmo porque – devido a previsões constitucionais expressas (arts. 20 e 21, por exemplo) – alguns dos principais setores da economia (plataforma continental, energia elétrica, telecomunicações, portos, aeroportos, petróleo, ferrovias etc.) são de competência da União, configurando verdadeiros monopsônios estatais. Existe um gigante no polo ativo dos contratos, que necessita da iniciativa privada para cumprir suas obrigações institucionais.

Todavia, a maioria desses contratos públicos, muitos dos quais representativos de valores robustos e elevada complexidade técnica, era estrangeira ao mundo da arbitragem; quando muito, uma ou outra visita, na maioria das vezes conflituosa, a constituir

---

[2] O Boletim de Compras Públicas (BCP), da Rede Nacional de Compras Públicas do Brasil, aponta que, de janeiro de 2007 a dezembro de 2017, só as compras – equipamentos, serviços (suporte, engenharia, segurança, manutenção, limpeza etc.), subsistência, informática, mobiliários, veículos, utensílios, combustíveis, materiais de construção etc. – da União movimentaram mais de R$510 bi – variando de 0,65 (2007) a 1,25% (2013), com 0,92% do PIB em 2017. Disponível em: https://www.compraspublicasbrasil.gov.br/portal/pdf/boletim-de-compras-publicas.pdf. Acesso em: 05 ago. 2019. Ampliar em: MOREIRA, Egon Bockmann; RIBEIRO, Leonardo Coelho. Centralização de compras públicas no Brasil. *In*: RAIMUNDO, Miguel Assis (Org.). *Centralização e agregação de compras públicas*. Lisboa: Almedina, 2019. p. 65-86.

os *leading cases* que hoje reverenciamos.[3] Fato é que esse cenário se alterou radicalmente – e mudará ainda mais nos próximos anos. Um dos indícios dessa constatação é a Portaria AGU nº 320/2019.[4]

Portarias são atos administrativos regulamentares que dão aplicação à lei, por meio dos quais o superior hierárquico – no caso, o advogado-geral da União – define a intepretação legislativa e, assim, disciplina o funcionamento de determinadas atividades de servidores públicos (todos os integrantes dos quadros da AGU). Ao instituir o Núcleo Especializado em Arbitragem – NEA, vinculando-o à Consultoria-Geral da União (CGU), a Portaria AGU nº 320/2019 criou órgão administrativo com específico feixe de competências quanto a casos de "contencioso arbitral em que a União seja parte ou interessada", o que configura, acima de tudo, sinalização extremamente positiva.

Afinal, a Portaria AGU nº 320/2019 confere específico significado e alcance ao princípio da legalidade: a celebração, observância e respeito à arbitragem como *dever administrativo* para todos os agentes públicos integrantes da Advocacia-Geral da União. Trata-se de competência privativa do agente, órgão ou entidade a quem foi imputada a responsabilidade pelo ato ou contrato que deu origem à controvérsia, cuja defesa haverá de ser implementada pelo NEA. Se, quanto à celebração de cláusulas, se pode falar de discricionariedade, a instalação da arbitragem é ato administrativo vinculado para as autoridades federais. A unanimidade dos órgãos e agentes subordinados ao advogado-geral da União, lotados em toda a administração federal direta ou indireta (inclusive, nas agências

---

3 Por exemplo, RESp nº 612.439/RS e RESp nº 606.345/RS (caso AES-Uruguaiana); STJ MS nº 11.308-DF (caso TCM-Min. Estado Ciência e Tecnologia); RESp nº 904.813 (caso Compagás-Passarelli); STJ CC nº 139.519 (caso Petrobas-ANP); e CC nº 151.130 (caso Acionistas Petrobras).

4 Anote-se que a Portaria AGU nº 320/2019 revogou a Portaria AGU nº 226/2018, que constituía o NEA como "projeto piloto para especialização institucional em representação extrajudicial da União nas arbitragens envolvendo a União no estado de São Paulo". Disponível em: https://www.in.gov.br/materia/-/asset_publisher/Kujrw0TZC2Mb/content/id/34380066/do1-2018-07-27-portaria-n-226-de-26-de-julho-de-2018-34380050. Acesso em: 18 dez. 2021. O que também é uma boa notícia: o projeto experimental foi exitoso, eis que transformado em permanente. Por outro lado, depois foi editado o Decreto nº 10.025/2019, que regulamenta a arbitragem federal de modo mais amplo (nada obstante circunscrito a alguns setores de infraestrutura). Esse ato regulamentar da presidência da República, que possui superioridade hierárquica em relação à Portaria AGU nº 320/2019, foi objeto de comentários também na Parte III deste livro.

independentes), devem obediência à Portaria AGU nº 320/2019.[5] Não há imunidade institucional (subjetivo-objetiva), e a incidência é imediata (*tempus regit actum*).

Como todo ato administrativo que consolida novas situações, a portaria possui alguns pontos sensíveis. Examinemos, portanto, três de seus temas-chave.

1.1 Portaria AGU nº 320/2019: abrangência federal, advocacia da arbitragem e publicidade

A especialização institucional confere atribuições singulares ao NEA, dentre elas a uniformização, difusão e promoção de esforços para a sedimentação dos entendimentos das advocacias públicas da União, estados, Distrito Federal e municípios sobre a adoção e funcionamento da via arbitral para resolução de controvérsias envolvendo a Administração Pública (art. 2º, inc. II, *a*, c/c art. 7º).

Deve-se, portanto, adotar os melhores esforços, de modo proativo, em todos os níveis de convivência interfederativa, pela promoção da arbitragem como meio eficaz para determinados conflitos. Está-se a tratar do conceito de advocacia *da* arbitragem: uma das funções primordiais do NEA é oferecer informações com qualidade institucional, imediatamente aos demais entes federativos e mediatamente às pessoas privadas (e órgãos internacionais), sobre os efeitos positivos que a arbitragem pode gerar para a solução de conflitos público-privados.[6] O NEA passará a colaborar ativamente para a construção de ambiente simpático à arbitragem como método eficiente de solução de conflitos, o que pode se dar por meio de propostas legislativas e administrativas, cooperação com instituições públicas e privadas, debates, publicações etc. – sempre direcionados à promoção e aperfeiçoamento da arbitragem em contratos públicos.

---

5 A Lei Orgânica da Advocacia-Geral da União, LC nº 73/1993, prescreve quem são os órgãos, entidades e agentes componentes da AGU.

6 É o que se passa, por exemplo, na advocacia da concorrência, como bem o demonstra Eduardo Jordão (Advocacia da concorrência como estratégia para redução do impacto anticompetitivo da regulação estatal. *Revista Brasileira de Direito Público*, v. 24, p. 127-154, 2009. Disponível em: https://bibliotecadigital.fgv.br/dspace/bitstream/handle/10438/19167/A_advocacia_da_concorrencia_como_estrate.pdf. Acesso em: 18 dez. 2021).

Esse modelo de atuação imputa ao NEA as atividades de consultoria e assessoramento jurídico em arbitragem, além de centralizar competências relativas à representação da União nos procedimentos arbitrais tramitando em âmbito nacional. A sistematização e publicidade das informações referentes a arbitragens envolvendo a União também são incumbências do NEA, dando por encerrada uma das principais polêmicas na esfera da arbitragem público-privada, que era a questão "princípio da publicidade *vs.* sigilo arbitral".

Com efeito, quando o dispositivo do art. 2º, inc. II, *c*, fala em "sistematizar e dar publicidade às informações relativas a arbitragens envolvendo a União", acolhe o dever de *publicidade ativa* (de modo espontâneo, organizar e disponibilizar a acesso público todas as informações) e o de *publicidade passiva* (transparência e obrigação de responder, tempestivamente, aos pedidos de informação). Isso levando-se em conta a Lei de Acesso à Informação – Lei nº 12.527/2011 –, cujo art. 10 confere legitimidade a todo e qualquer interessado, sem necessidade de prova da pertinência subjetiva e/ou legitimidade adequada. Igualmente marcante é o caráter centralizador da sistematização das informações e respectiva publicidade: cabe ao NEA – e não às partes, tribunais ou câmaras, nem, muito menos, aos árbitros – dialogar com terceiros e provê-los de informações.[7]

Com sede em São Paulo e subordinação técnico-jurídica à Procuradoria e à Controladoria-Geral da União (CGU), o NEA é formado por integrantes da AGU periodicamente indicados e selecionados para atuar conjuntamente. Inclusive, poderá contar com advogados da União residentes em outros estados da Federação, que desenvolverão suas tarefas por meio de teletrabalho (art. 3º, parágrafo único). Faz-se necessária a divulgação prévia de tais membros do NEA, inclusive para a constatação de suspeições e/ou impedimentos.

---

[7] Sobre o tema, *v.* MOREIRA, Egon Bockmann. Arbitragem, Administração Pública e confidencialidade. *In*: CUÉLLAR, Leila; MOREIRA, Egon Bockmann; GARCIA, Flávio Amaral; CRUZ, Elisa Schmidlin. *Direito Administrativo e Alternative Dispute Resolution*: arbitragem, *dispute board*, mediação e negociação. Com comentários à legislação do Rio de Janeiro, São Paulo e União sobre arbitragem e mediação em contratos administrativos e desapropriações. Belo Horizonte: Fórum, 2020. ISBN 978-85-450-0747-0.

Sempre com acompanhamento dos órgãos setoriais da CGU, ao grupo de trabalho do NEA é facultado, em caráter excepcional e com específica motivação, reforço para a atuação nas atividades de contencioso arbitral pela designação de equipe *ad hoc*. Ainda, com o objetivo de colaboração e intercâmbio de especialidades técnicas, seja por indicação espontânea ou requisitada, outros membros da estrutura organizacional da AGU poderão acompanhar os trabalhos do NEA, sem prejuízo de suas atribuições específicas.

Na prática, a centralização das tomadas de decisão, manifestações e exercício de todas as atividades concernentes à arbitragem em uma única unidade de abrangência federal representa importante avanço. Com estruturas de trabalho e de apoio bem articuladas, espera-se que o NEA siga cada vez mais preparado para auxiliar na elaboração de atos e orientações normativas e para participar de procedimentos arbitrais com *expertise* e segurança, garantindo eficiência e qualidade na defesa dos interesses da Administração Pública.

1.2 Portaria AGU nº 320/2019: critérios de escolha dos árbitros

Sobre a seleção e indicação dos árbitros, a portaria estabelece três critérios a serem observados pelo NEA, em cooperação com o gestor público responsável (é o que se espera, em vista dos temas e especialidades técnicas), sem prejuízo dos termos prefixados na convenção de arbitragem, quando houver (art. 2º, §1º).

O primeiro deles é a exigência de capacidade civil, apenas reiterando o teor do art. 13 da Lei de Arbitragem. O segundo, a especialidade técnica compatível com a natureza do litígio, característica frequentemente referida como um dos grandes diferenciais da arbitragem. Finalmente, o terceiro diz respeito à imparcialidade e independência do árbitro, estabelecendo como parâmetro os casos de impedimento e suspeição de juízes previstos no Código de Processo Civil, tal qual disposto no art. 14 da Lei nº 9.307/1996, acrescidos de "outras situações de conflito de interesses previstas em lei ou reconhecidas em diretrizes internacionalmente aceitas ou nas regras da instituição arbitral escolhida".

Respeitados os limites desses comentários, cabe tecer brevíssimas considerações concernentes ao segundo e terceiro itens do dispositivo. A especialidade técnica, sem dúvida alguma, não é barreira à convivência entre vários especialistas (a não ser na excepcional, sobretudo em arbitragens público-privadas, situação de árbitro único). Não se espera, por conseguinte, que só sejam nomeados árbitros com *expertise* em Direito público (administrativo e econômico), mas, sim, a convivência daqueles que dominam a arte do processo arbitral com os que conhecem o tema de fundo em outras searas (por exemplo, responsabilidade civil, empreitadas de engenharia pesada, finanças ou contratos) e aqueles que nutrem especial apreço por temas privativos do Direito público (por exemplo, contratos administrativos de longo prazo e seu equilíbrio econômico-financeiro ou temas próprios de setores, como portos, telecomunicações, mineração ou energia elétrica).

Nesse momento, a indicação de árbitros com capacitações plurais tem o condão de produzir sinergias e potencializar soluções que sejam bem acolhidas por ambas as partes, mesmo porque é sempre muito importante que ao menos um dos árbitros seja altamente especializado no procedimento arbitral em si e suas nuances – com histórico de conhecimento público. Isto é, não se faz indispensável que todos os árbitros sejam só peritos na questão de fundo. Afinal, se forem unidas pessoas que não dominem o trâmite da arbitragem e suas peculiaridades, poderá haver problemas futuros – a implicar, no limite, a potencial nulidade da sentença arbitral. Daí outra das significativas vantagens da arbitragem: é possível que as partes contribuam para a formação de um tribunal composto por profissionais que, ao mesmo tempo, dominem a arte da arbitragem (um ou todos) e a matéria objeto da controvérsia (um ou todos). Isso gera vantagens para todos os envolvidos.

Quanto à última parte do dispositivo, e nada obstante estejamos em momento ainda incipiente, é notório que qualquer arbitragem envolvendo os poderes públicos – seja feita entre órgãos e/ou entidades administrativas, seja em face de pessoas privadas – merece especial atenção. E isso se dá porque não será válido aplicar, sem maior reflexão, os ditames normativos, por vezes específicos e pensados para vínculos entre particulares, aos procedimentos arbitrais em que é parte a Administração Pública. No oportuno alerta de Thomas Clay, "ya no hay un arbitraje sino arbitrajes".[8]

Assim, muito embora já existam diretrizes internacionalmente aceitas e regulamentos de instituições arbitrais consolidados prevendo situações especiais que possam dar azo a dúvidas quanto à imparcialidade e independência do(s) árbitro(s), não se pode negar que a atuação profissional no campo do Direito público (administrativo e econômico) resulta na proposição de pleitos em face de número limitado de órgãos e entidades públicas (diferentemente do que ocorre no Direito privado, em que a diversidade de *players* proporciona escala bastante inferior para coincidências dessa natureza). Salvo exceções, será raro que árbitro com *expertise* em Direito público das contratações não tenha – diretamente ou por meio de seu escritório – representado clientes contra esse gigante da contratação pública brasileira que é a União (isso sem se falar em litígios análogos com outras pessoas federativas).[9] A situação de monopsônio público-federal permite que se cogitem alternativas às soluções tradicionais (eis que os problemas poderão ser outros).

Nesses termos, a singela compreensão de que essa conjuntura fática seria necessária e suficiente para impedir a atuação desses advogados na condição de árbitros implica limitação injustificada de escolha, já que o encargo teria que ser atribuído a quem nunca tivesse atuado profissionalmente em causas envolvendo a matéria submetida ao tribunal arbitral (opção contraditória em vista da exigida *expertise*). Em outras palavras, o terceiro dos requisitos ora examinados (imparcialidade e independência) não pode ter o condão de inibir desarrazoadamente a aplicação do segundo (a elevada capacidade técnica demandada dos árbitros).

---

8 CLAY, Thomas. El mercado del arbitraje. *Revista Brasileira de Arbitragem*, Curitiba, v. 11, n. 41, abr./jun. 2014, p. 281.

9 Situação que se tornará mais sensível caso seja aprovado o projeto de lei que trata da arbitragem tributária: não se pode imaginar que haja árbitros com elevada *expertise* em Direito Tributário que jamais tenham advogado contra o Fisco brasileiro. Nem se poderia cogitar que um *expert* em imposto sobre serviços (que houvesse advogado em litígios municipais) fosse apto a funcionar com árbitro em questões complexas de imposto sobre produtos industrializados. Isso simplesmente não existe – o que demanda cautela e sabedoria na compreensão de Direito público quanto ao tema, sob pena de inviabilizar a aplicação do instituto. O PL nº 4.257/2019 está disponível em: https://www25.senado.leg.br/web/atividade/materias/-/materia/137914. Acesso em: 18 dez. 2021.

Sem dúvida alguma, é certo que os conceitos de independência e imparcialidade estão sujeitos à interpretação. Todavia, dúvidas meramente hipotéticas, oposições alarmistas e objeções infundadas em relação aos árbitros indicados prejudicam sobremaneira o eficiente e célere processamento da arbitragem, especialmente quando o universo de profissionais tecnicamente especializados e elegíveis para serem árbitros é reduzido. É preciso, pois, trabalhar com elementos concretos e demonstrados, que possam ter o condão de efetivamente comprometer a capacidade de isenção e equidistância na decisão do caso em referência, o que não se confunde com o mero exercício da advocacia em conflitos que envolvam a Administração Pública.

Também por isso, muito significativo será o momento da revelação. Talvez até com maior intensidade do que nas demandas arbitrais entre pessoas privadas, o árbitro indicado em arbitragens que contêm com pessoas de Direito público deverá operar em amplo *disclosure*, mesmo naqueles temas que porventura possam soar irrelevantes nas arbitragens em que particulares são partes. Isso implicará maiores custos no início, mas consolidará a imparcialidade, independência e confiança de que o árbitro pode funcionar naquele procedimento. Em contrapartida, espera-se que os árbitros evitem o ato automático de declinar caso impugnados: essa ordem de conduta instala incentivos para que as partes impugnem irresponsavelmente os indicados e permite condutas oportunistas que apenas depreciam o instituto da arbitragem (atentando, inclusive, quanto à celeridade e lealdade que dela se espera). Mesmo porque se tem conhecimento de impugnações irresponsáveis, sobre temas banais, que já levaram à automática abdicação por parte do indicado.[10]

Para encerrar, um aviso quanto à ampliação de critérios para suspeição e impedimento da portaria, ao consignar que se pode acolher diretrizes internacionalmente aceitas ou regras da instituição arbitral escolhida. Sobre o já mencionado fato de que tais

---

10 Como revela extensa pesquisa empírica sobre o tema: GUANDALINI, Bruno; MILANI, Naíma Perrella; PEREIRA, Laura Gouvêa de França. A cultura jurídica brasileira relativa à formação do tribunal arbitral, o exercício do dever de revelação e impugnações à independência e imparcialidade dos árbitros: uma pesquisa empírica. *Revista de Arbitragem e Mediação*, n. 61, p. 73-140, 2019 (Parte I); e *Revista de Arbitragem e Mediação*, n. 62, p. 83-114, 2019 (Parte II).

orientações advêm de arbitragens tradicionais (e não no ambiente da Administração Pública brasileira), é de se anotar que esse alargamento revela prestígio ao art. 2º, parágrafo único, inciso I, da Lei nº 9.784/1999 (Lei de Processo Administrativo Federal) e aos arts. 22 e 23 da Lei nº 13.655/2018 (Lei de Introdução às Normas do Direito Brasileiro – LINDB). No primeiro caso, a norma exige o respeito "à lei e ao Direito"; no segundo, aos hábitos, desafios concretos e costumes administrativos. Quando a portaria se reporta a normas extralegais, que estabelecem outros critérios inibidores da atuação profissional de árbitros, instala situações *jusgenéticas* de impedimentos e suspeições, para aqui nos valermos da bela expressão de Alexandre Santos de Aragão.[11] Está-se diante do acolhimento, via ato regulamentar, das boas práticas internacionais e das regras constantes de regulamentos internos das câmaras arbitrais – nada obstante não constem do texto da lei e não tenham origem em arbitragens público-privadas (a exigir aplicação *cum grano salis*, caso a caso).

1.3 Portaria AGU nº 320/2019: advocacia na arbitragem

Informações eletronicamente disponibilizadas pelo NEA indicam que, aos 2 de outubro de 2020, estavam em curso oito arbitragens das quais a União é parte. Os valores em discussão ultrapassam o marco de R$60 bi.[12] Seguindo essa tendência, a ampla inclusão de cláusulas compromissórias nas empreitadas de grande porte, autorizações, concessões e parcerias público-privadas (em especial naquelas consignadas no Decreto nº 10.025/209), entre outros, e a crescente complexidade dos litígios são fatores que, combinados com a especificidade da prática da advocacia na

---

[11] Escrita a propósito de contratos administrativos que incorporam boas práticas internacionais, com autonomia "para criar cláusulas contratuais, seja nos espaços não pré-normatizados pela lei, seja na sua integração ou interpretação" (ARAGÃO, Alexandre Santos de. As boas práticas da indústria do petróleo como o eixo da regulação do setor. *Revista de Direito Público da Economia – RDPE*, Belo Horizonte: Fórum, v. 7, p. 9-27, jul./set. 2004).

[12] Disponível em: https://www.gov.br/agu/pt-br/comunicacao/noticias/nucleo-especializado-em-arbitragem-da-agu-atua-em-processos-que-passam-de-r-60-bi. Acesso em: 18 dez. 2021.

arbitragem, justificam a instalação de núcleo especializado.[13] Com a segurança derivada da reiterada edição de atos administrativos regulamentares, o dado numérico revela apenas pequena amostra do que está por vir.

Sendo assim, dentre as competências do NEA estão aquelas que dizem respeito ao exercício de contencioso arbitral. Para além de "atestar a força executória da sentença arbitral para fins de seu cumprimento no âmbito dos órgãos da União" – o "atestado" tem natureza declaratória e, por isso mesmo, é ato vinculado que apenas certifica/prova oficialmente a veracidade do fato –, destacam-se ainda o recebimento das notificações e intimações endereçadas à União; a adoção das medidas necessárias à salutar representação dos interesses do ente federado; e as tomadas de decisão relativas ao procedimento, como definição da estratégia processual, escolha de árbitro(s) e celebração do termo de arbitragem (art. 2º, inc. I).[14]

Responsável pela condução do procedimento arbitral sempre que a União integrá-lo como parte ou interessada,[15] a equipe do NEA atuará na linha de frente, preparando e redigindo manifestações, participando de reuniões/audiências e desempenhando todas as atividades típicas da advocacia na arbitragem. Aliás, a portaria preconiza que, em havendo divergência de entendimento quanto ao teor das manifestações de mérito na defesa dos interessas da União, caberá ao NEA a palavra final (art. 5º, parágrafo único).

---

13 Sub justificativa de "[...] necessidade de estruturação para a defesa adequada dos interesses do estado do Rio de Janeiro e demais entidades estaduais em procedimentos arbitrais", também a Procuradoria-Geral do estado do Rio de Janeiro instituiu recentemente órgão técnico especializado: a Procuradoria de Métodos Adequados de Solução de Controvérsias e de Direitos Humanos – PMADH (Resolução PGE nº 4.780, de 26.11.2021). Disponível em: http://www.fazenda.rj.gov.br/sefaz/content/conn/UCMServer/path/Contribution%20Folders/site_fazenda/Subportais/PortalGestaoPessoas/Legisla%c3%a7%c3%b5es%20SILEP/Legisla%c3%a7%c3%b5es/2021/Resolu%c3%a7%c3%b5es/RESOLU%c3%87%c3%83O%20PGE%20N%c2%ba%204.780%20DE%2026%20DE%20NOVEMBRO%20DE%202021_ALTERA%20O%20REGIMENTO%20INTERNO.pdf?lve. Acesso em: 18 dez. 2021.

14 A adoção de atos e orientações normativas que guardem relação com a atuação contenciosa será submetida ao procurador-geral da União (art. 2º, inc. I, *d*).

15 A respeito da intervenção da União em procedimentos arbitrais, cf. Portaria Conjunta PGU-AGU nº 7/2021, que positiva "requisitos e procedimentos a serem observados para a intervenção da União em processos arbitrais" (art. 1º). Disponível em: https://in.gov.br/en/web/dou/-/portaria-conjunta-pgu-cgu/agu-n-7-de-24-de-setembro-de-2021-347587159. Acesso em 18 dez. 2021.

Bem vistas as coisas, as diversas incumbências do Núcleo garantem sua participação direta antes, durante e depois da arbitragem, o que reforça a expectativa de congruência e unicidade da prática arbitral na esfera federal. Os primeiros resultados da atuação especializada já podem ser constatados: em cooperação contenciosa e consultiva com a Procuradoria-Regional da União da 3ª Região, a Consultoria Jurídica junto ao Ministério da Infraestrutura e a Consultoria Jurídica da União em São Paulo, o NEA atuou com êxito em procedimento arbitral que resultou na consolidação de nove ações judiciais, equacionando em pouco tempo mais de vinte anos de disputas.[16] Todos ganham com isso, em especial o interesse público (economicidade, segurança jurídica e paz social).

Com o tempo, essa diretriz dará aplicação ao art. 30 da LINDB, que exige a estabilidade das decisões públicas por meio de regulamentos, consultas e súmulas, o que nos leva de volta à advocacia da arbitragem: ao sintetizar os entendimentos, o NEA contribuirá para a estabilização do instituto e, em alguns casos, à constatação de que negociações prévias e mediações podem criar valor e prestigiar o interesse público cometido às autoridades.

2 Os Decretos RJ nº 46.245/2018, SP nº 64.356/2019 e RS nº 55.996/2021: significado e aplicação

Quando a Lei nº 13.129/2015, que alterou em parte a Lei de Arbitragem brasileira, foi aprovada pela câmara, estava contemplada em seu escopo a previsão de indispensável regulamentação do instituto arbitral para uso da Administração Pública. Assim, o artigo 1º autorizava a submissão de eventuais conflitos à arbitragem, mas, para tanto, exigia a edição de regulamento próprio e posterior (respeitando-se cada uma das esferas federativas).[17]

16 Disponível em: https://www.agu.gov.br/page/content/detail/id_conteudo/732419. Acesso em: 06 ago. 2019.

17 Era a proposta de redação do deputado Miro Teixeira: "A administração pública direta e indireta poderá utilizar-se da arbitragem para dirimir conflitos relativos e direitos patrimoniais disponíveis, desde que previsto no edital ou nos contratos da administração, nos termos do regulamento". Disponível em: https://www.camara.leg.br/proposicoesWeb/prop_mostrarintegra;jsessionid=8113C76E85776A35B3652D0E3412E5DB.node1?codteor=1229142&filename=Avulso+-PL+7108/2014. Acesso em: 18 dez. 2021.

Vista como retrocesso, fonte de dúvidas e insegurança jurídica, a obrigatoriedade foi alvo de severas críticas por parte da comunidade arbitral.[18] Afinal, implicaria a suspensão de eficácia da lei, submetendo sua aplicação ao bom humor do governante de plantão (que poderia engessar sobremaneira o procedimento e, no limite, revogar o regulamento condicionante e complicar a instalação de arbitragens). Então, após intenso trabalho da comissão de juristas e com amparo do Comitê Brasileiro de Arbitragem (CBAr), a indesejada imposição de regulamento "operacional" foi retirada da redação final.

Sem embargo, a supressão no texto legislativo não impede a regulamentação da lei geral nacional em âmbito federal, estadual e municipal. E é justamente esse o objeto dos decretos de execução ora analisados, que – nada obstante possam comportar aperfeiçoamento – merecem ser elogiados, pois institucionalizam administrativamente a prática da arbitragem público-privada e, assim, geram situação de conforto aos agentes públicos responsáveis.

Tal como as portarias, os decretos são atos administrativos, gerais e abstratos, que visam dar aplicação à lei. A diferença substancial é a autoridade competente: os decretos são privativos do chefe do Poder Executivo e vinculam toda a Administração Pública da respectiva esfera federativa, sem exceção. Prestam-se a facilitar a execução da lei objeto de regulação a fim de que os agentes públicos uniformizem e confiram eficiência à sua conduta. De igual modo, criam situações favoráveis às pessoas privadas, que passam a deter reforço em seu direito subjetivo público de exigir a aplicação da Lei de Arbitragem.[19]

---

18 Nesse sentido *cf.*, entre outros: SANTOS, Mauricio Gomm. *Projeto de lei que altera a lei de arbitragem*: quando o ótimo é inimigo do bom. *Comitê Brasileiro de Arbitragem – CBAr*, 24 out. 2014. Disponível em: http://cbar.org.br/site/projeto-de-lei-que-altera-a-lei-de-arbitragem-quando-o-otimo-e-inimigo-do-bom/. Acesso em: 18 dez. 2021; SALOMÃO, Luis Felipe. A atualização da lei de arbitragem. *Comitê Brasileiro de Arbitragem – CBAr*, 19 nov. 2014. Disponível em: http://cbar.org.br/site/a-atualizacao-da-lei-de-arbitragem/. Acesso em: 18 dez. 2021; e ROCHA, Caio Cesar. Regulamento para arbitragem na administração é retrocesso. *Consultor Jurídico – Conjur*, 29 mar. 2015. Disponível em: https://www.conjur.com.br/2015-mar-29/fora-tribunal-regulamento-arbitragem-administracao-retrocesso. Acesso em: 18 dez. 2021.

19 Esse fortalecimento da segurança jurídica atende não apenas a sedimentação de uma nova cultura envolvendo a utilização de meios extrajudiciais de solução de controvérsias pela Administração Pública, como também a recente reforma da LINDB – Lei nº 13.655/2018 –,

No estado do Rio de Janeiro, o Decreto RJ nº 46.245, de 19 de fevereiro de 2018, foi editado para regulamentar, desde a sua publicação, a adoção da arbitragem "para dirimir conflitos que envolvam o estado do Rio de Janeiro ou suas entidades", abrangendo, assim, a totalidade da Administração Pública estadual direta e indireta (art. 1º, *caput*).[20] Na mesma linha, no estado do Rio Grande do Sul, o Decreto RS nº 55.996, de 15 de julho de 2021, "dispõe sobre a utilização da arbitragem no âmbito da Administração Pública direta e indireta" (art. 1º).

Já no estado de São Paulo, o Decreto SP nº 64.356, de 31 de julho de 2019, regulamenta a escolha e uso da arbitragem para dirimir conflitos relativos a direitos patrimoniais disponíveis que envolvam a "Administração Pública direta e autárquica" (art. 1º).[21] Logo, o ato administrativo tem como destinatários todos os servidores públicos lotados na Administração e suas autarquias (inclusive, as especiais). Apesar da ausência de vinculação da Administração Pública indireta não autárquica, o art. 17, ao endereçar a adoção de providências necessárias ao cumprimento do decreto, faz menção aos "representantes do estado de São Paulo nas empresas públicas, sociedades de economia mista e fundações governamentais". Ou seja, aqueles que ocupam cargos em nome e por conta do estado de São Paulo nessas pessoas da Administração indireta estão obrigados a envidar os melhores esforços, de forma ativa, para a incorporação da arbitragem nos respectivos estatutos.

Quanto à expedição de normas complementares com o escopo de integrar e aperfeiçoar a aplicação do respectivo decreto, na redação fluminense nada se encontra a respeito, enquanto na

---

que, no *caput* de seu art. 30, assim dispõe: "Art. 30. As autoridades públicas devem atuar para aumentar a segurança jurídica na aplicação das normas, inclusive por meio de regulamentos, súmulas administrativas e respostas a consultas".

20 Sobre o decreto do Rio de Janeiro, *v.* MACEDO, Carolina; DEFANTI, Francisco; DIAS, Mateus. Adoção de arbitragem pela Administração Pública no estado do RJ. *Jota*, 17 ago. 2018. Disponível em: https://www.jota.info/opiniao-e-analise/artigos/adocao-de-arbitragem-pela-administracao-publica-no-estado-do-rj-17082018. Acesso em: 18 dez. 2021.

21 A respeito do decreto paulista e seu processo de elaboração, *v.* MASTROBUONO, Cristina M. Wagner; JUNQUEIRA, André Rodrigues. A regulamentação da arbitragem pelo estado de São Paulo. *Jota*, 09 ago. 2019. Disponível em: https://www.jota.info/opiniao-e-analise/artigos/a-regulamentacao-da-arbitragem-pelo-estado-de-sao-paulo-09082019. Acesso em: 18 dez. 2021.

paulista e na gaúcha está explícito que a atribuição ficará a cargo do procurador-geral do estado (art. 18, nos dois casos).

Aqui se operou específica *delegação administrativa*, por meio da qual o chefe do Executivo dos estados de São Paulo e Rio Grande do Sul transferiram ao respectivo procurador-geral a competência para completar o ato regulamentar – com incidência não só aos procuradores do estado, mas também a todos os demais servidores (i) da Administração direta e autárquica, no caso de São Paulo; e (ii) da Administração direta e indireta no Rio Grande do Sul.[22] Essas eventuais e futuras normas complementares estaduais terão incidência mais abrangente do que as da Portaria AGU nº 320/2019, portanto.

Feitas as considerações iniciais, examinemos três de seus temas-chave.

2.1 Os Decretos RJ nº 46.245/2018, SP nº 64.356/2019 e RS nº 55.996/2021: arbitrabilidade, patrimonialidade e disponibilidade

Ao balizar o uso da arbitragem para resolução de disputas relativas a *direitos patrimoniais disponíveis* no âmbito (i) da *Administração Pública direta e autárquica* (SP), (ii) do *estado do Rio de Janeiro* e das *entidades da Administração Pública estadual indireta* (RJ)[23] e (iii) *da*

---

22 A delegação vem prevista no parágrafo único do art. 84 da Constituição brasileira, bem como nos arts. 11 e 12 do Decreto-Lei nº 200/1967. Apesar de a Lei nº 9.784/1999 (Lei de Processo Administrativo Federal) proibir a delegação de "atos de caráter normativo" (art. 13, inc. I), fato é que o estado de São Paulo possui lei estadual própria (Lei nº 10.177/1998), que inibe a incidência da Súmula nº 633 do STJ ("A Lei 9.784/1999, especialmente no que diz respeito ao prazo decadencial para a revisão de atos administrativos no âmbito da Administração Pública federal, pode ser aplicada, de forma subsidiária, aos estados e municípios, se inexistente norma local e específica que regule a matéria").

23 No decreto do Rio de Janeiro, entretanto, o *caput* do art. 1º vem complementado da seguinte disposição: "Parágrafo Único: entende-se por conflitos relativos a direito patrimoniais disponíveis as controvérsias que possuam natureza pecuniária e que não versem sobre interesses públicos primários". Na linha do que exploramos no corpo do texto, cabe ressalvar que a tentativa de dotar de concretude o conceito indeterminado "interesse público primário" – que não comporta definição precisa – acaba por gerar potencial restrição interpretativa na análise da arbitrabilidade objetiva. Por essa razão, considera-se mais adequada a redação aberta adotada no decreto de SP. De qualquer modo, o decreto fluminense apenas proíbe que assuntos com natureza pecuniária que versem sobre "interesses públicos primários" sejam submetidos a arbitragens. Essa delimitação negativa exigirá do intérprete, salvo situações óbvias, o esforço cognitivo para desvendar se se trata de interesse

Administração Pública direta e indireta do estado do Rio Grande do Sul (RS),[24] os decretos acabam por delinear, de uma só vez, questões de arbitrabilidade objetiva e subjetiva.

A questão da patrimonialidade e disponibilidade dos direitos que envolvem a Administração Pública brasileira ainda é um tema em aberto (apesar de bem mais nítido do que há cinco ou dez anos). Considerações à parte dos conceitos de interesse público "primário" e "secundário", que dissociariam os disponíveis dos indisponíveis e aos nossos olhos, nas arbitragens público-privadas prestam-se a complicar a solução (eis que pouco ou nada dizem aprioristicamente quanto ao que pode ser um ou outro),[25] o tema merece tratamento específico. É necessário elaborar soluções simples para serem práticas e úteis.

Ora, as arbitragens só se dirigem a situações pré-constituídas. Com a licença pelo óbvio, não se arbitram conflitos futuros a propósito de situações inexistentes, mas apenas e tão somente aqueles que digam respeito a atos e contratos pretéritos, já instalados e consolidados factual e juridicamente, constatação que gera significativas consequências quanto à ideia de "direitos patrimoniais disponíveis". Se atos, regulamentos e contratos administrativos foram *dispostos* pela própria Administração Pública (alguns unilateralmente, outros

---

público primário ou secundário, o que aproxima tal conceito da teorização proposta neste artigo quanto à distinção entre "deveres" (legais/vinculados) e "obrigações" (infralegais/discricionárias), como se pode constatar no clássico Rogério Soares, ao lecionar que o interesse primário "fixa o círculo de actividade permitida à Administração, ... [constituindo] delimitação externa da competência" (*Interesse Público, Legalidade e Mérito.* Coimbra: Univ. de Coimbra, 1955. p. 123). No mesmo sentido, ampliar em: ALESSI, Renato. *Principi di diritto ammnistrativo.* v. I. Milano: Giuffrè, 1966. p. 205 ss.

24 Em rol não exaustivo, o art. 2º, inc. I do decreto do Rio Grande do Sul assegura arbitrabilidade às seguintes hipóteses: "a) questões relacionadas à recomposição do equilíbrio econômico-financeiro de contratos; b) indenizações decorrentes de extinção ou de transferência de contratos; e c) inadimplemento de obrigações contratuais por quaisquer das partes, incluída a incidência das respectivas penalidades".

25 A classificação doutrinária remonta ao já citado Renato Alessi e foi adotada/divulgada no Brasil sobretudo por Celso Antônio Bandeira de Mello (*Curso de Direito Administrativo.* 33. ed. São Paulo: Malheiros, 2019. p. 65-70). *Grosso modo,* o interesse público primário diria respeito à coletividade e é cometido à Administração para que o tutele (por isso, absolutamente indisponível). O interesse público secundário seria de titularidade individualizada da "máquina administrativa", no manejo de seus bens individualizados. A prova dos nove de que tal teoria não resolve o problema da disponibilidade/indisponibilidade quanto à arbitragem talvez esteja no próprio *Curso* do eminente professor Celso Antônio, ao rejeitar peremptoriamente a constitucionalidade da arbitragem em contratos administrativos brasileiros (*Ob. cit.*, p. 762-763, p. 827 e p. 837).

multilateralmente), pode-se entender que o que neles se origina e o que por eles é criado/constituído, salvo exceção expressa (ou remissão imediata às leis), é *disponível*. Ninguém dispõe sobre o indisponível – e, se a Administração o fizer, o ato será ilegal. Isso revela com clareza a possibilidade de serem submetidos à instância arbitral. Por exemplo, se o gestor público dispõe, desde o regulamento e o edital, como deve ser desenvolvido o contrato administrativo, não pode pretender que se trate de assunto indisponível – a celebrar critério enviesado de "disponibilidade cronológica": ontem, disponível; hoje, quando surge o conflito, indisponível. Todavia, se o ato, regulamento ou contrato apenas reproduzir ou se reportar imediatamente à lei, aplicando-a de imediato, sem quaisquer intermediações constitutivas, está-se diante de algo que não está à disposição nem da Administração, nem das pessoas privadas.[26]

Aqui, ouvem-se ecos da doutrina que remonta ao clássico Santi Romano, ao dissociar os *deveres* das *obrigações*: estas são eminentemente contratuais, advindas de atos das próprias partes que a elas se vinculam; aqueles, precipuamente legais, oriundos de norma jurídica vinda de fonte diversa. Os deveres, portanto, podem existir em decorrência de regime estatutário específico – e não exigem, para a sua configuração, cariz pessoal ou patrimonial.[27] Já o termo "obrigações" é reservado a relações jurídicas eminentemente pessoais e patrimoniais. As obrigações são espécies do gênero "deveres"; e os "deveres em sentido estrito", os não obrigacionais. Transportando-se

---

[26] Por exemplo, quando a Lei nº 8.666/1993 fala no limite de 25% (vinte e cinco por cento) do valor do contrato para "acréscimos ou supressões que se fizerem nas obras, serviços ou compras" (art. 65, §1º), é nítido que hipotética arbitragem não poderia alterar os percentuais legislativos. Aqui, os direitos seriam patrimoniais, mas indisponíveis – eis que advindos de fonte legislativa expressa. Pode-se pensar em outras soluções (indenização, boa-fé objetiva etc.), mas não em modificar o percentual estabelecido em lei.

[27] *Cf.* Deberes. Obligaciones. *In*: *Fragmentos de un Diccionario Jurídico*. Tradução de S. Sentis Melendo e M. Ayerra Redín. Buenos Aires: Ed. Jurídicas Europa-América, 1964. p. 111. O célebre autor não cogitava as relações administrativas – questionava a bilateralidade das relações jurídicas e distinguia aquelas com cariz obrigacional/patrimonialista daqueles poderes e deveres não correlativos a obrigações. Sobre a construção dos conceitos, *v.* Marçal Justen Filho, máxime ao sublinhar que "é possível que dever e poder se conjuguem em uma única e mesma pessoa, o que se passa comumente no campo do direito público, dando origem à figura da função" (JUSTEN FILHO, Marçal. *Sujeição Passiva Tributária*. Belém, CEJUP, 1986. p. 48). Sobre as relações jurídicas de Direito público e respectivos direitos, deveres e obrigações, *v.* MOREIRA, Egon Bockmann. *Direito das Concessões de Serviço Público*. São Paulo: Malheiros, 2010. p. 275-285).

a construção acadêmica para a arbitragem público-privada, o objeto do procedimento terá parâmetros obrigacionais – e não poderá atingir os deveres em sentido estrito (que decorrem da lei). E a norma da competência-competência predispõe que o sujeito apto a fazer esse juízo é o tribunal arbitral.

Por conseguinte, os decretos são aplicáveis, no que couber, a todos os instrumentos obrigacionais que, em razão de sua *especialidade* ou *valor* (cujo piso consta apenas do decreto fluminense),[28] adotem a via arbitral para resolução de litígios (art. 2º do decreto de SP e art. 3º do decreto do RJ), incluindo aqueles celebrados antes de sua vigência, que contenham cláusulas compromissórias (art. 16 dos decretos de SP e RS).

Veja-se que os atos regulamentares incidem de imediato, primariamente a todos os atos e contratos que lhes sejam posteriores, mas subsidiariamente aos anteriores (em vista da garantia do ato jurídico perfeito, a blindar cláusulas compromissórias já firmadas, que só poderá ser alterada por livre vontade de ambas as partes). De qualquer modo, retiram qualquer discussão quanto à possibilidade de as partes prestigiarem a arbitragem mesmo naqueles negócios jurídicos que não contenham a cláusula (art. 4º, §3º, dos decretos de SP e RS e art. 3º, §2º, do decreto do RJ).

Por outro lado, quando há a incidência de normas próprias para arbitragem, está excetuada a aplicação dos decretos aos casos regidos por legislação específica e aos projetos custeados com emprego de recursos oriundos de agência oficial de cooperação estrangeira ou organismo financeiro multilateral de que o Brasil seja parte (art. 1º, parágrafo único, 1 e 2 do decreto de SP, art. 17, inc. II do decreto do RS e art. 21 do decreto do RJ).[29] Quer-se, com essa exceção, evitar conflitos normativos e garantir a viabilidade de negócios estratégicos que dependam da aceitação, pelo poder público, de cláusulas compromissórias redigidas de acordo com as exigências previamente definidas pelos órgãos competentes.

---

[28] Art. 3º, §1º Poderá, ainda, conter cláusula compromissória qualquer outro contrato ou ajuste do qual o estado do Rio de Janeiro ou suas entidades façam parte e cujo valor exceda a R$20.000.000,00 (vinte milhões de reais).

[29] No mesmo sentido é a redação do art. 52, *caput*, da Lei nº 14.133/2021: "Art. 52. Nas licitações de âmbito internacional, o edital deverá ajustar-se às diretrizes da política monetária e do comércio exterior e atender às exigências dos órgãos competentes".

2.2 Os Decretos RJ nº 46.245/2018, SP nº 64.356/2019 e RS nº 55.996/2021: convenção arbitral, procedimento e publicidade

Os decretos não tornam cogente o uso indiscriminado da arbitragem, o que é positivo. Afinal, haverá contratos de pequeno valor, ou sem complexidades, cujos conflitos poderão ser mais bem resolvidos por meio de negociações, mediação ou recurso ao Poder Judiciário.[30]

No estado de São Paulo, inclusive, a decisão sobre a inserção de cláusulas compromissórias nos instrumentos obrigacionais é casuisticamente facultada à autoridade responsável por sua assinatura, exceção feita para os casos em que houver pronunciamento de órgão colegiado competente estabelecendo a inserção de convenção de arbitragem como diretriz do contrato, o que a tornará mandatória (art. 2º, parágrafo único, do Decreto SP nº 64.356/2019).

Indo adiante, o decreto de SP autoriza ao procurador-geral do estado – independentemente de previsão no contrato ou no edital de licitação – celebrar compromisso arbitral nas seguintes hipóteses: (i) para submeter à arbitragem conflitos não vinculados à cláusula compromissória; e (ii) para suprir lacuna de cláusula compromissória vazia ou patológica existente, viabilizando a instauração do procedimento arbitral (art. 4º, §3º). Caso haja o conflito de interesses, a eventual negativa ao exercício de tal prerrogativa haverá de ser devidamente motivada.

No decreto do RS, será dada preferência à arbitragem quando, cumulativamente, a divergência esteja fundamentada em aspecto eminentemente técnico *e* sempre que a demora na resolução do litígio possa "gerar prejuízo à prestação adequada do serviço ou à operação da infraestrutura" ou "inibir investimentos considerados prioritários" (art. 4º, §1º). A celebração de convenção arbitral compete (i) ao procurador-geral do estado – no caso da Administração Pública Direta – e (ii) "à autoridade definida em estatuto quando se tratar de

---

[30] Para análise detalhada do tema: TIMM, Luciano Benetti; GUANDALINI, Bruno; RICHTER, Marcelo de Souza. Reflexões sobre uma análise econômica da ideia de arbitragem no Brasil. *In*: CARMONA, Carlos Alberto; LEMES, Selma Ferreira; MARTINS, Pedro Batista (Orgs.). *20 anos da lei de arbitragem*: homenagem a Petrônio R. Muniz. São Paulo: Atlas, 2017.

contratos ou outros instrumentos contratuais ou ajustes congêneres celebrados pelas empresas públicas e sociedades de economia mista" (art. 4º, inc. I, *a* e *b*).

Já no Rio de Janeiro, a decisão quanto à inclusão de convenção arbitral em cada contrato é atribuída ao secretário de estado responsável pela ordenação das despesas, sendo exigida a oitiva prévia da PGE (art. 7º do Decreto RJ nº 46.245/2018). A instalação de arbitragem via compromisso arbitral também é garantida pelo decreto, ainda que este deixe de elencar critérios balizadores para a tomada de decisão (art. 3º, §2º), o que importa a outorga de discricionariedade à autoridade competente, sempre ouvida a PGE.

Como em toda competência discricionária, o uso da convenção – e a sua rejeição – deverá ser objeto de fundamentação expressa.[31] [32] As peculiaridades do caso concreto desvendarão a aplicação da norma regulamentar.

Do ponto de vista estratégico-negocial, a inserção de convenção de arbitragem no instrumento obrigacional continua sendo o mais recomendável, mas a possibilidade de celebração de compromisso arbitral é importante por expandir as hipóteses em que a arbitragem pode ser utilizada (bem como para sanar eventuais defeitos no pacto).[33] De todo modo, é interessante constatar que essa previsão regulamentar intensifica a tendência de prestígio pe-

---

[31] No estado de São Paulo, os parâmetros mínimos para tal motivação são a "especialidade" ou o "valor" do negócio jurídico (condições alternativas, que podem se somar). A especialidade é a qualidade que o diferencia dos demais e, por si só, autoriza a instalação da arbitragem. Compra e venda de bens e serviços comuns, instaladas por meio de pregão (Lei nº 10.520/2002), dificilmente autorizarão a incidência do Decreto SP nº 64.356/2019 – e o mesmo se diz de contratos de pequeno valor.

[32] De acordo com o decreto do Rio de Janeiro, o parâmetro da especialidade é materializado: nos termos do art. 3º, *caput*, as concessões patrocinadas e administrativas, os contratos de concessão de obra e de serviços públicos poderão conter cláusula compromissória. Ainda, qualquer outro contrato ou ajuste cujo valor exceda a R$20.000.000,00 (vinte milhões de reais) é passível de submissão à arbitragem, com o que resta predefinido o parâmetro de valor mínimo a ser observado.

[33] A possibilidade de celebração superveniente de compromisso arbitral e a prescindibilidade de previsão editalícia ou contratual prévia da arbitragem foram, inclusive, referendadas pelo STJ: "O fato de não haver previsão da arbitragem no edital de licitação ou no contrato celebrado entre as partes não invalida o compromisso arbitral firmado posteriormente, [uma vez que] não se pode dizer que a licitação teria outro resultado ou dela participariam mais ou menos concorrentes unicamente pelo fato de estar ou não previsto determinado foro para solução de controvérsias" (REsp nº 904.813/PR. Rel. Min. Nancy Andrighi, 3ª T. j. 20.10.2011. *DJe* 28fev. 2012).

los gestores administrativos à via arbitral que, afinal, já dá mostras de credibilidade, celeridade e eficiência na redução os custos de transação inerentes ao conflito.

Ainda a respeito do tema, a redação das convenções arbitrais é de responsabilidade das respectivas procuradorias-gerais dos estados. Resumidamente, os elementos mínimos a serem observados são: sede na capital estadual (São Paulo/Rio de Janeiro/Porto Alegre); aplicação da legislação brasileira, vedado o julgamento por equidade; adoção do idioma português na condução da arbitragem (tendo os decretos de SP e RS admitindo documentos técnicos redigidos em outros idiomas); formação de tribunal arbitral de acordo com o regulamento da câmara de arbitragem eleita para administrar o litígio;[34] o adiantamento das despesas pelo requerente da arbitragem ou pelo contratado; aplicação analógica do regime de sucumbência previsto no Código de Processo Civil, com vedação ao ressarcimento pela parte vencida dos honorários advocatícios contratuais despendidos pela contraparte; inclusão de cláusula de foro, elegendo juízo da mesma comarca da sede da arbitragem para processamento e julgamento de demandas correlatas ou cautelares, quando e se necessárias;[35] observância obrigatória das demais disposições regulamentares previstas em cada um dos decretos (art. 5º, inc. I-X do decreto do RS; art. 4º, §§1º e 2º, do decreto de SP; e arts. 4º, I-IV, parágrafo único, 5º, 6º, 9º e 16 do decreto do RJ).

Os decretos carioca e gaúcho, além das peculiaridades procedimentais acima, autorizam apenas o uso da arbitragem na modalidade institucional (art. 2º e 6º, respectivamente).[36] No decreto paulista, está expressa apenas a preferência pela arbitragem institucional – com aplicação do respectivo regulamento –, podendo

---

[34] Em relação ao número de árbitros integrantes do tribunal arbitral, o decreto do RJ é omisso, ao passo que os decretos de SP e RS estabelecem como possível a composição do tribunal por três árbitros ou árbitro único. A indicação de árbitro único está adstrita a "causas de menor valor ou menos complexidade". Não obstante, as limitações de especialidade e valor não encontram parâmetros objetivos nos referidos decretos – a demandar a clara, congruente e simultânea motivação do ato decisório.

[35] O decreto carioca prevê ainda a possibilidade de ajuizamento dos pedidos de tutela provisória de urgência antecedentes à instituição da arbitragem e das execuções de decisões e sentenças arbitrais "[...] no domicílio da parte contrária, quando as circunstâncias do caso assim o recomendarem" (art. 4º, parágrafo único).

[36] Art. 2º A arbitragem instituir-se-á *exclusivamente* por meio de órgão arbitral institucional (destacamos).

ainda o órgão colegiado competente ou a autoridade responsável pela assinatura do instrumento obrigacional, conforme o caso e ouvida a PGE, optar justificadamente pela instalação de arbitragem *ad hoc* (art. 3º), sendo então aplicáveis as regras de arbitragem da UNCITRAL vigentes no momento de oferecimento da solicitação de instauração de arbitragem (art. 6º), constatação que permite a renovação dos argumentos acima trazidos a respeito da Portaria AGU nº 320/2019 e a incorporação de diretrizes e boas práticas internacionais por meio de ato administrativo regulamentar.

Sem sombra de dúvida, institucionalizar a arbitragem garante maior previsibilidade e conveniência ao procedimento, especialmente em razão do suporte regulamentar disponível para os usuários. Vale registrar que as câmaras estatuem regulamentos, tabelas de custas e procedimentos por meio dos quais tais arbitragens serão desenvolvidas. Ao lado de controlar os custos, oferecer *know-how* e fornecer infraestrutura (zelando pelo bom andamento dos trabalhos), as instituições asseguram a adequada nomeação e, por vezes, referenciam árbitros em suas listas. Geram, assim, a segurança de que a arbitragem será desenvolvida por pessoas qualificadas, segundo as boas práticas nacionais e internacionais, com agenda controlada, a culminar numa decisão respeitável. A relação fiduciária, de plena confiança, angariada pelas câmaras, é um item a mais no necessário conforto institucional de que devem gozar os gestores públicos, procuradores e partes privadas interessadas (inclusive, com o efeito de bloquear futuras e indevidas intervenções dos órgãos de controle externo).[37]

Indo adiante, ponto que merece especial detalhamento é a normatização do custeio do procedimento. Sobre o tema, o art. 5º, inc. VII do Decreto nº RS 55.996 preceitua que caberá ao contratado o adiantamento das despesas com a arbitragem.

---

[37] Sobre a escolha da câmara arbitral em casos envolvendo a Administração Pública, *cf.* MOREIRA, Egon Bockmann; CRUZ, Elisa Schmidlin. *Editais de licitação e definição de câmaras arbitrais: como transpor os desafios*. *In*: CUÉLLAR, Leila; MOREIRA, Egon Bockmann; GARCIA, Flávio Amaral; CRUZ, Elisa Schmidlin. *Direito Administrativo e Alternative Dispute Resolution*: arbitragem, *dispute board*, mediação e negociação. Com comentários à legislação do Rio de Janeiro, São Paulo e União sobre arbitragem e mediação em contratos administrativos e desapropriações. Belo Horizonte: Fórum, 2020. ISBN 978-85-450-0747-0.

Já o art. 9º do Decreto RJ nº 46.245/2018 estatui que as despesas da arbitragem serão antecipadas pelo contratado "[...] quando for ele o requerente do procedimento arbitral". A redação do dispositivo permite ao menos duas conclusões: (i) está o ente público proibido de participar do custeio da arbitragem nas hipóteses em que o particular a inicie e; (ii) por interpretação extensiva, nos casos em que a Administração Pública for a proponente da arbitragem, caberá a ela antecipar a integralidade das custas. Entretanto, no segundo caso cabe também argumentar que a omissão do decreto sobre a questão remete à aplicação do regulamento institucional escolhido. Por consequência, observa-se que a multiplicidade de soluções possíveis demandará esforços conjuntos a fim de construir a melhor solução frente as particularidades de cada caso.

Em sentido pretensamente diverso, o art. 8º do Decreto SP nº 64.356/2019 estabelece que "as despesas com a realização da arbitragem serão adimplidas na forma como dispuser o regulamento da câmara arbitral escolhida, observado o disposto no item 5 do §1º do artigo 4º deste decreto". Ocorre que a maior parte dos regulamentos institucionais estabelece o rateio da antecipação das custas da arbitragem, *a contrario sensu* do que alude o próprio decreto de SP ao elencar os elementos mínimos da convenção arbitral (atribuindo ao requerente a obrigação de adiantar as custas).[38] Extrai-se daí a conclusão de que o custeio do procedimento arbitral ora referido não se confunde com a antecipação das custas, que deverá ser feita por quem requerer a instauração da arbitragem.

Na análise dos três decretos, dúvida remanesce em relação à eventual existência de pedido contraposto, que, de usual, incrementa o custo do procedimento, mas não se coaduna com os interesses do requerente do pleito principal. Seguindo o racional dos decretos, pergunta-se: em caso de pleito reconvencional, quem seria o responsável pela antecipação das custas remanescentes? Caso a convenção de arbitragem e o regulamento aplicável nada digam, este tema merecerá ser examinado quando da instalação do procedimento.

Feitas essas ponderações sobre as particularidades de procedimento, cabe aqui uma breve reflexão. Apesar da legalidade de

---

[38] Art. 4º: As convenções de arbitragem deverão conter os seguintes elementos: [...] 5. O adiantamento das despesas pelo requerente da arbitragem.

todos os elementos processuais predefinidos nos atos administrativos ora analisados e sem entrar no mérito de sua adequabilidade e conveniência, a extensa prefixação de critérios para a elaboração de minuta-padrão da convenção arbitral comporta visões diametralmente opostas. Uma, do particular, que pode se sentir desconfortável e até mesmo tolhido de sua autonomia da vontade ao subscrever procedimento já engessado de acordo com os interesses da Administração Pública.[39] A outra, do próprio gestor público, que necessita obedecer ao decreto e se sentirá seguro para adotar a sistemática positivada. Todavia, são particularidades do nascente Direito da arbitragem público-privada brasileiro e assim merecem ser vistas positivamente, pois reforçam a legitimidade da via arbitral para resolução de conflitos envolvendo a Administração.

Aliás, outra competência imputada às procuradorias-gerais dos estados é a atuação direta na fase do contencioso arbitral. Assim como estabelecido em relação ao Núcleo Especializado em Arbitragem nos casos envolvendo a União, caberá à Assistência de Arbitragem representar os interesses do estado de São Paulo e suas autarquias em todas as etapas do procedimento (art. 5º), e aos procuradores pontualmente indicados pelo PGE a representação dos interesses do estado do Rio de Janeiro e das entidades da Administração Pública indireta em cada arbitragem (arts. 18 e 20). No RS a representação será feita pela Procuradoria-Geral do estado, sem qualquer especificidade. Reitere-se aqui que é altamente positivo e eficiente a constituição de órgão especializado, a congregar servidores experientes em arbitragem para a condução do contencioso. Todos ganham com isso, sobretudo o tribunal arbitral e sua futura sentença.

Já em relação à publicidade, ressalvadas as hipóteses legais de sigilo ou segredo de justiça, todos os atos do procedimento serão públicos, assim consideradas as petições, laudos periciais, termo de arbitragem (ou instrumento similar) e decisões dos árbitros (art. 12, *caput* e §1º do decreto de SP; art. 13, *caput* e §1º do decreto

[39] Apenas a título exemplificativo, o Decreto RJ nº 46.245 regulamenta, inclusive, os prazos e rodadas de manifestações a serem observados quando da calendarização do procedimento arbitral pelas partes (Capítulo IV), ainda que faça ressalva expressa autorizando a alteração dos prazos prefixados por acordo entre as partes (art. 10, §5º).

do RJ; e art. 14 do decreto do RS). Quanto à efetivação do *dever de publicidade*, os decretos guardam diferenças significativas. No Rio de Janeiro, a Procuradoria-Geral do estado dará publicidade aos atos do procedimento arbitral "[...] mediante requerimento de eventual interessando" (art. 13, §2º).[40] Não há que se falar, portanto, em publicidade ativa, ao contrário do previsto em São Paulo, onde se atribui à PGE a responsabilidade de divulgação *on-line* das informações concernentes à arbitragem (art. 12, §2º). O decreto do Rio Grande do Sul é omisso quanto à efetivação, indicando apenas que a arbitragem respeitará o princípio da publicidade.

Por razões logísticas e/ou estratégicas, as audiências poderão (deverão) ser reservadas, com atendimento restrito aos árbitros, secretários do tribunal arbitral, funcionários da câmara de arbitragem, peritos, testemunhas, partes, seus procuradores e assistentes técnicos, além de "pessoas previamente autorizadas pelo tribunal arbitral" (art. 12, §3º, do decreto de SP e art. 13, *caput* e §1º, do decreto do RJ). Afinal, as audiências podem (senão devem) ser sempre privadas entre os árbitros e as partes, com participação de terceiros indispensáveis ao seu bom funcionamento. Os seus fatos devem ser tornados públicos ao final do ato processual. Não se pode correr o risco de transformar audiências arbitrais em audiências públicas, com plateia e respectiva submissão a temperaturas políticas (basta se refletir a propósito de arbitragem que envolva PPP de serviços de transporte coletivo ou arenas esportivas – ninguém, em sã consciência, ousaria cogitar de acesso irrestrito a tais atos privados do tribunal).

De qualquer modo, não se vislumbram aqui grandes dificuldades práticas. Aliás, procedimento similar vem sendo adotado pelo NEA e pela PGE-SP, que disponibilizam periodicamente em suas páginas *web* informações completas de procedimentos arbitrais dos quais a União e o estado de São Paulo (respectivamente) são parte.

---

[40] O decreto carioca também estabelece que a câmara responsável pela administração da arbitragem poderá fornecer a terceiros as seguintes informações quando consultada: (i) existência de procedimento arbitral; (ii) data do protocolo do requerimento de instalação de arbitragem; (iii) nome das partes e dos árbitros; e (iv) valor envolvido na disputa. Todavia, é salutar que as partes repliquem essa previsão no termo de arbitragem para evitar possível resistência da instituição arbitral em razão das disposições específicas de sigilo impostas por seu regulamento.

2.3 Os Decretos RJ nº 46.245/2018, SP nº 64.356/2019 e RS nº 55.996/2021: critérios de escolha dos árbitros e das câmaras

Com relação à seleção dos árbitros, o decreto paulista prevê que ela será precedida de aprovação pelo procurador-geral do estado (art. 5º, parágrafo único) e veda a indicação de profissionais que "possuam interesse direto e indireto no resultado da arbitragem" (art. 10). A restrição imposta pelo decreto carioca é sutilmente mais detalhada, impedindo a atuação de "[...] quem possuir interesse econômico direto ou indireto no resultado da arbitragem" (art. 11). Já o decreto gaúcho faz referência às hipóteses de impedimento e suspeição previstas do CPC e complementa: "ou outras situações de conflito de interesses previstas em normativas próprias ou reconhecidas em diretrizes internacionalmente aceitas ou nas regras da instituição arbitral escolhida" (art. 12).

Sobre o tema, importa ainda reiterar as ressalvas já consignadas no subitem 1.2, integralmente aplicáveis ante a redação ainda mais restritiva conferida pelos arts. 11, do Decreto SP nº 64.356/2019;12, do Decreto RJ nº 46.245/2018 e 13 do Decreto RS nº 55.996:

> Artigo 11 (decreto de SP) – Será solicitado ao árbitro indicado que atua em outras atividades profissionais, para aferição de sua independência e imparcialidade e sem prejuízo das demais obrigações inerentes ao dever de revelação previsto na Lei federal nº 9.307, de 23 de setembro de 1996, informação sobre eventual prestação de serviços que possa colocá-lo em conflito de interesses com a Administração Pública.
>
> Parágrafo único – Será solicitado ao árbitro indicado que exerce a advocacia informação sobre a existência de demanda por ele patrocinada, ou por escritório do qual seja associado contra a Administração Pública, bem como a existência de demanda por ele patrocinada ou por escritório do qual seja associado, na qual se discuta tema correlato àquele submetido ao respectivo procedimento arbitral.
>
> Artigo 12 (decreto do RJ) – Para aferição de sua independência e imparcialidade, além do dever de revelação previsto na Lei de Arbitragem, deverá o árbitro informar a existência de demanda patrocinada por ele ou seu escritório contra o estado do Rio de Janeiro ou entidades da Administração Pública indireta, bem como a existência de demanda patrocinada por ele ou seu escritório na qual se discuta tema correlato àquele que será submetido ao respectivo procedimento arbitral.

> Artigo 13 (decreto do RS) – Será solicitado ao árbitro indicado que atua em outras atividades profissionais, para a aferição de sua independência e imparcialidade, e sem prejuízo das demais obrigações inerentes ao dever de revelação previsto na Lei Federal nº 9.307/1996, informação sobre eventual prestação de serviços que possa colocá-lo em conflito de interesses com a Administração Pública.

Como se pode constatar, e tal como visto anteriormente, as restrições impostas pelos artigos em comento ampliam as exigências legais e implicam limitação ao livre exercício profissional dos árbitros. Mais: ultrapassam a lógica da arbitragem em contratos celebrados com o gigante chamado "Administração Pública brasileira", titular de enorme poder econômico, detentora de situações de privilégio legais e situações de monopsônio.

Se o texto do art. 11 do Decreto SP nº 64.356/2019 for interpretado literalmente, por exemplo, o árbitro mineiro deverá revelar para a Administração Pública paulista as demandas em que discute o seu imposto de renda com a Receita Federal e as ações que seu escritório promove contra o fisco de Belo Horizonte. Por outro lado, a expressão vaga "tema correlato" – que aparece na redação dos dois decretos – pode vir a significar uma armadilha (inclusive, e no limite, para discussões quanto à validade da futura sentença arbitral). O tema demandará a construção de soluções, preferencialmente por meio de regulamentos (em São Paulo já atribuídos ao procurador-geral do estado).

Em ambos os casos, acentua-se o dever de revelação por parte dos árbitros indicados. Se nas arbitragens privadas tal exigência é pautada por um universo em que impera a autonomia de vontade das partes e no qual o futuro controle jurisdicional convive bem com relativizações, fato é que os contratos públicos exigem cautela superlativa, sob pena de se vulnerabilizar não só a futura sentença, mas também o instituto da arbitragem nessa ordem de pactos público-privados. Em contrapartida, essa revelação ampliada (quantitativa e qualitativamente) implicará reforço à posição do próprio árbitro. A premissa é a de que quem revela tem intensificada a sua imparcialidade, ausência de conflitos e independência – máxime quanto aos fatos objeto do descortinamento.

Quanto à escolha da câmara arbitral responsável pela administração do procedimento, o Decreto RJ nº 46.245 normatiza que caberá ao contratado, no momento da celebração da convenção de arbitragem, a seleção da instituição (art. 8º). Ainda, nas situações em que se faça necessário substituir a câmara originalmente eleita, o requerente da arbitragem ficará incumbido da nova indicação. Seguindo lógica similar, os Decretos SP nº 64.356/2019 e RS nº 55.996 preveem que, sempre que a convenção arbitral for omissa, caberá ao requerente da arbitragem selecionar a instituição que reputar adequada no momento de apresentação do requerimento de instauração de arbitragem (art. 7º).

Todavia, em qualquer dos casos, a escolha não é livre. Nas hipóteses em que couber ao particular, este ficará vinculado ao rol de instituições – nacionais ou estrangeiras – previamente cadastradas pelo poder público. E, conquanto o decreto do RJ seja omisso sobre a questão,[41] em São Paulo, quando o ônus recair sobre a pessoa de Direito público, o gestor do contrato, ouvida a PGE, decidirá a questão o que, no Rio Grande do Sul, será feito pelo procurador-geral do estado, ouvido o titular do órgão ou da entidade envolvida no conflito. Essa parcela dos decretos paulista e gaúcho é extremamente positiva ao inibir o transtorno da ausência de eleição da câmara (e judicialização referente à instalação da arbitragem).[42] Existe partilha expressa de títulos que habilitam às partes a eleição da câmara.

Como elucidado no Decreto SP nº 64.356/2019, o cadastramento das câmaras arbitrais nada mais é do que a "criação de uma lista referencial das entidades que cumprem requisitos mínimos para serem indicadas para administrar procedimentos arbitrais envolvendo a Administração Pública direta e suas autarquias" (art. 13). A inclusão das instituições no cadastro pode ser feita a qualquer tempo, mas não garante a sua escolha e, portanto, não gera qualquer direito subjetivo que vincule quaisquer das partes da arbitragem.

---

41 Sobre o tema (e também para uma análise pormenorizada artigo a artigo do Decreto RJ nº 46.245), *cf.* MACHADO, Fabiana Morais Braga. Arbitragem no estado do Rio de Janeiro: breves comentários ao Decreto nº 46.245, de 19 de fevereiro de 2019. *Revista Brasileira de Arbitragem*, n. 58, p. 28-47, 2018.

42 Conforme preconizam os arts. 6º e 7º da Lei de Arbitragem.

De acordo com o decreto paulista, as regras aplicáveis e as condições exigidas para o cadastramento serão disciplinadas em resolução própria (já expedida pelo procurador-geral do estado),[43] sem prejuízo dos seguintes requisitos mínimos: (i) disponibilizar, sem ônus adicional para as partes, espaço para realização das audiências e prestação dos serviços de secretariado na cidade de São Paulo/SP; (ii) estar regularmente constituída há, no mínimo, cinco anos; (iii) atender condições legais para receber pagamentos feitos pela Administração Pública; e (iv) ostentar reconhecidas idoneidade, competência e experiência na administração de procedimentos arbitrais envolvendo entes públicos (arts. 14 e 15).

Já no decreto carioca, o rol de requisitos de atendimento obrigatório para fins de cadastramento pela PGE está elencado no próprio ato: (i) disponibilidade de representação no estado do Rio de Janeiro, oferecendo local apropriado para execução de todos os serviços operacionais indispensáveis ao bom andamento da arbitragem; (ii) constituição e funcionamento regular como "instituição arbitral" há pelo menos cinco anos; (iii) comprovada condução de, no mínimo, quinze arbitragens no ano calendário precedente ao cadastramento, mantendo, igualmente, reconhecidas idoneidade, competência e experiência na administração de procedimentos arbitrais – aqui de qualquer natureza.

No Rio Grande do Sul, a Procuradoria-Geral do estado não editou a regulamentação complementar prevista no decreto até a escrita deste artigo. Justamente por isso, os requisitos por ora aferíveis são apenas os constantes do art. 10, do Decreto nº 55.996/2021: (i) estar em funcionamento regular há pelo menos 3 (três) anos; (ii) ter reconhecida idoneidade, competência e experiência na condução de procedimentos arbitrais; e (iii) dispor de regulamento próprio, em língua portuguesa.

Veja-se que, tanto na indicação dos árbitros quanto na seleção das câmaras, o ato de escolha está revestido de aparente discricionariedade – a exigir a motivação por parte da Administração

---

43 Resolução nº 45/2019 PGE-SP. Ampliar em: PROCOPIAK, Maria Claudia. Resolução nº 45 da Procuradoria-Geral do estado sobre o Cadastramento de Câmaras Arbitrais pelo estado de São Paulo: um Comentário. *Revista Brasileira de Arbitragem*. Kluwer Law International: n. 65, jan./mar. 2020, p. 202-212.

Pública e correlato dever cooperativo por parte da pessoa privada. Nessa justa medida, uma vez efetivada, tal escolha discricionária restará blindada – seja de terceiros (inclusive, órgãos de controle), seja da própria Administração Pública.

Considerações finais

Como se pode inferir pelas breves anotações acima, a Portaria AGU nº 320/2019 e os Decretos RJ nº 46.245/2018, SP nº 64.356/2019 e RS nº 55.996/2021 constituem, desde já, marcantes avanços no sistema brasileiro de arbitragem público-privada. A partir de sua edição, os agentes públicos devem integral respeito aos seus termos e não podem negar a sua aplicação. Demais disso, tendem a repercutir nas demais esferas federativas, Poder Judiciário e órgãos de controle externo – consolidando, em definitivo, a solução arbitral nas contratações públicas.

Porém, isso não importa dizer que não haja outros desafios. Ao contrário. Assim como se deu em alguns momentos e instâncias da arbitragem entre pessoas privadas, os procedimentos arbitrais que tratam da Administração Pública já são (e serão) objetos de intensos debates, os quais envolvem temas inéditos à experiência brasileira. Esperamos ter contribuído modestamente para que os bons ventos continuem a soprar, clareando cada vez mais os caminhos.

Referências

ALESSI, Renato. *Principi di diritto ammnistrativo.* v. I. Milano: Giuffrè, 1966.

ARAGÃO, Alexandre Santos de. As boas práticas da indústria do petróleo como o eixo da regulação do setor. *Revista de Direito Público da Economia – RDPE,* Belo Horizonte, v. 7, p. 9-27, jul./set. 2004.

BANDEIRA DE MELLO, Celso Antônio. *Curso de Direito Administrativo.* 33. ed. São Paulo: Malheiros, 2019.

BRASIL. Advocacia-Geral da União. *AGU evita prejuízo de R$6,4 bilhões ao erário em contrato do Porto de Santos.* Disponível em: https://www.gov.br/agu/pt-br/comunicacao/noticias/agu-evita-prejuizo-de-r-6-4-bilhoes-ao-erario-em-contrato-do-porto-de-santos--713023. Acesso em: 18 dez. 2021.

BRASIL. Advocacia-Geral da União. *Núcleo especializado em arbitragem.* Disponível em: https://www.gov.br/agu/pt-br/composicao/cgu/cgu/nea. Acesso em: 18 dez. 2021.

BRASIL. Ministério do Planejamento, Desenvolvimento e Gestão. *Boletim de compras públicas*. Disponível em: https://www.compraspublicasbrasil.gov.br/portal/pdf/boletim-de-compras-publicas.pdf. Acesso em: 05 ago. 2019.

CLAY, Thomas. El mercado del arbitraje. *Revista Brasileira de Arbitragem*, Curitiba, v. 11, n. 41, abr./jun. 2014.

GUANDALINI, Bruno; MILANI, Naíma Perrella; PEREIRA, Laura Gouvêa de França. A cultura jurídica brasileira relativa à formação do tribunal arbitral, o exercício do dever de revelação e impugnações à independência e imparcialidade dos árbitros: uma pesquisa empírica. *Revista de Arbitragem e Mediação*, n. 61, p. 73-140, 2019 (Parte I); *Revista de Arbitragem e Mediação*, n. 62, p. 83-114, 2019 (Parte II).

JORDÃO, Eduardo. Advocacia da concorrência como estratégia para redução do impacto anticompetitivo da regulação estatal. *Revista Brasileira de Direito Público*, v. 24, p. 127-154, 2009. Disponível em: https://bibliotecadigital.fgv.br/dspace/bitstream/handle/10438/19167/A_advocacia_da_concorrencia_como_estrate.pdf. Acesso em: 18 dez. 2021.

JUSTEN FILHO, Marçal. *Sujeição Passiva Tributária*. Belém: CEJUP, 1986.

MACEDO, Carolina; DEFANTI, Francisco; DIAS, Mateus. Adoção de arbitragem pela Administração Pública no estado do RJ. *Jota*, 17 ago. 2018. Disponível em: https://www.jota.info/opiniao-e-analise/artigos/adocao-de-arbitragem-pela-administracao-publica-no-estado-do-rj-17082018. Acesso em: 18 dez. 2021.

MACHADO, Fabiana Morais Braga. Arbitragem no estado do Rio de Janeiro: breves comentários ao Decreto nº 46.245, de 19 de fevereiro de 2019. *Revista Brasileira de Arbitragem*, n. 58, p. 28-47, 2018.

MASTROBUONO, Cristina M. Wagner; JUNQUEIRA, André Rodrigues. A regulamentação da arbitragem pelo estado de São Paulo. *Jota*, 09 ago. 2019. Disponível em: https://www.jota.info/opiniao-e-analise/artigos/a-regulamentacao-da-arbitragem-pelo-estado-de-sao-paulo-09082019. Acesso em: 18 dez. 2021.

MOREIRA, Egon Bockmann. *Direito das Concessões de Serviço Público*. São Paulo: Malheiros, 2010.

MOREIRA, Egon Bockmann; CRUZ, Elisa Schmidlin. Bons ventos a favor da arbitragem público-privada: notas a propósito da Portaria AGU nº 320/2019 e do Decreto SP nº 64.356/2019. *Revista Brasileira de Arbitragem – RBA*, Issue 63, p. 163-190, jul./set. 2019.

MOREIRA, Egon Bockmann; RIBEIRO, Leonardo Coelho. Centralização de compras públicas no Brasil. *In*: RAIMUNDO, Miguel Assis (Org.). *Centralização e agregação de compras públicas*. Lisboa: Almedina, 2019.

ROCHA, Caio Cesar. Regulamento para arbitragem na administração é retrocesso. *Consultor Jurídico – Conjur*, 29 mar. 2015. Disponível em: https://www.conjur.com.br/2015-mar-29/fora-tribunal-regulamento-arbitragem-administracao-retrocesso. Acesso em: 18 dez. 2021.

ROMANO, Santi. Deberes. Obligaciones. *In*: *Fragmentos de un Diccionario Jurídico*. Tradução de S. Sentis Melendo e M. Ayerra Redín. Buenos Aires: Ed. Jurídicas Europa-América, 1964.

SALOMÃO, Luis Felipe. A atualização da lei de arbitragem. *Comitê Brasileiro de Arbitragem – CBAr*, 19 nov. 2014. Disponível em: http://cbar.org.br/site/a-atualizacao-da-lei-de-arbitragem/. Acesso em: 18 dez. 2021.

SANTOS, Mauricio Gomm. *Projeto de lei que altera a lei de arbitragem*: quando o ótimo é inimigo do bom. *Comitê Brasileiro de Arbitragem – CBAr* , 24 out. 2014. Disponível em: http://cbar.org.br/site/projeto-de-lei-que-altera-a-lei-de-arbitragem-quando-o-otimo-e-inimigo-do-bom/. Acesso em: 18 dez. 2021.

SOARES, Rogério. *Interesse público, legalidade e mérito.* Coimbra: Univ. de Coimbra, 1955.

TIMM, Luciano Benetti; GUANDALINI, Bruno; RICHTER, Marcelo de Souza. Reflexões sobre uma análise econômica da ideia de arbitragem no Brasil. *In*: CARMONA, Carlos Alberto; LEMES, Selma Ferreira; MARTINS, Pedro Batista (Orgs.). *20 anos da lei de arbitragem*: homenagem a Petrônio R. Muniz. São Paulo: Atlas, 2017.

Informação bibliográfica deste texto, conforme a NBR 6023:2018 da Associação Brasileira de Normas Técnicas (ABNT):
MOREIRA, Egon Bockmann; CRUZ, Elisa Schmidlin. Notas a propósito do Decreto RJ nº 46.245/2018, da Portaria AGU nº 320/2019, do Decreto SP nº 64.356/2019 e do Decreto RS nº 55.996/2021. *In*: CUÉLLAR, Leila; MOREIRA, Egon Bockmann; GARCIA, Flávio Amaral; CRUZ, Elisa Schmidlin. *Direito Administrativo e Alternative Dispute Resolution*: arbitragem, *dispute board*, mediação e negociação. Com comentários à legislação do Rio de Janeiro, São Paulo, Rio Grande do Sul e União sobre arbitragem e mediação em contratos administrativos e desapropriações. 2. ed. Belo Horizonte: Fórum, 2022. p. 381-412. ISBN 978-65-5518-404-4.

ANOTAÇÕES SOBRE A LEI Nº 13.867/2019 E A UTILIZAÇÃO DE MEDIAÇÃO E ARBITRAGEM NAS DESAPROPRIAÇÕES

LEILA CUÉLLAR

1 Introdução

Em 27 de agosto de 2019, foi publicada a Lei nº 13.867, alterando a redação do Decreto-Lei nº 3.365/1941, para possibilitar a adoção de mediação ou de arbitragem para a definição de valores de indenização nas desapropriações por utilidade pública.

O diploma legal acrescentou os artigos 10-A e 10-B após o artigo 10 do Decreto-Lei nº 3.365/1941, que dispõe que a desapropriação "deverá efetivar-se mediante acordo ou intentar-se judicialmente, dentro de cinco anos, contados da data do respectivo decreto e findos os quais este caducará". O artigo 10-B refere-se à opção pela mediação ou pela via arbitral para definição dos valores nas desapropriações por utilidade pública.

Trata-se de previsão louvável, que acompanha as manifestações doutrinárias e normativas contemporâneas, no sentido do fortalecimento da resolução adequada e eficiente de conflitos, mediante a possibilidade, inclusive, de utilização de meios não judiciais de resolução de controvérsias (como a mediação e a arbitragem). E, ainda, almeja-se agilizar os procedimentos de desapropriação, inclusive para viabilizar a realização dos objetivos de "utilidade pública" que as fundamentam nos casos concretos.

Também sobre o mérito da lei, Floriano de Azevedo Marques Neto conclui que, com a mudança trazida, ficou reforçada "a possibilidade de o poder público adquirir móveis e imóveis negociando com o particular desapropriado", sem recorrer à impositividade. Salienta o autor que o acordo, antes mera possibilidade, "passa a ser amplamente incentivado" e, além de "agilizar os processos, as mudanças legislativas indicam mais uma inflexão na direção de um direito administrativo não autoritário".[1]

É importante assinalar que alguns questionamentos despontam da leitura do novo regramento. Para que o diploma legal possa ser devidamente implementado, é necessário, portanto, que façamos reflexão sobre alguns temas.

2 Desapropriação por utilidade pública e a definição do valor da indenização

A desapropriação pode ser entendida como "o ato estatal unilateral que produz a extinção da propriedade sobre um bem ou direito e a aquisição do domínio sobre ele pela entidade expropriante, mediante indenização justa".[2]

O *caput* do artigo 5º da Constituição Federal prevê como direito a todos os brasileiros e estrangeiros residentes no país "a inviolabilidade do direito à vida, à liberdade, à propriedade", citando no inciso XXIV que a "lei estabelecerá o procedimento para desapropriação por necessidade ou utilidade pública, ou por interesse social, mediante justa e prévia indenização em dinheiro, ressalvados os casos previstos nesta Constituição".[3]

No que se refere às desapropriações por utilidade pública, está em vigor o Decreto-Lei nº 3.365, de 21.06.1941, que, em seu artigo 5º, elenca as hipóteses de "interesse público".[4]

---

1 Afirma, ainda, o ilustre jurista: "Ao se admitir a mediação em torno da desapropriação, conciliando-se valor, forma de pagamento e tempo da imissão na posse, relativiza-se o caráter autoritário do instituto. Evita-se que a desapropriação se transforme em expropriação. E avança-se para superar o direito administrativo do século XIX" (MARQUES NETO, Floriano de Azevedo. Desapropriações não expropriatórias. *Jota*, 15 out. 2019. Disponível em: https://www.jota.info/opiniao-e-analise/colunas/publicistas/desapropriacoes-nao-expropriatorias-15102019. Acesso em: 09 dez. 2021).

2 JUSTEN FILHO, Marçal. *Curso de Direito Administrativo.* 13. ed. rev., atual. e ampl. São Paulo: Thomson Reuters Brasil, 2018. p. 551.

3 O Código Civil, igualmente, trata do direito de propriedade e da perda da propriedade, em casos de desapropriação, no artigo 1.128, §3º, e no artigo 1275, V, respectivamente.

4 O artigo 5º do decreto cita os seguintes fundamentos de utilidade pública para as desapropriações: segurança nacional; defesa do Estado; socorro público em caso de calamidade; salubridade pública; criação e melhoramento de centros de população, seu abastecimento regular de meios de subsistência; o aproveitamento industrial das minas e das jazidas

O Decreto-Lei nº 3.365/1941 versa sobre as desapropriações por utilidade pública em todo o território nacional (art. 1º), esclarecendo, no artigo 9º, que é vedado ao Poder Judiciário decidir se se verificam ou não os casos de utilidade pública. Já o *caput* do artigo 10, como citado, acrescenta que a desapropriação "deverá efetivar-se mediante acordo ou intentar-se judicialmente, dentro de cinco anos, contados da data da expedição o respectivo decreto e findos os quais este caducará".

Os conflitos/questionamentos relativos às desapropriações por utilidade pública surgem, usualmente, em razão da discordância quanto aos valores devidos como "justa indenização".[5]

Até o advento da Lei nº 13. 867/2019, não aceitando o particular a proposta apresentada pelo Poder Público, a discussão acerca das indenizações nas desapropriações por utilidade pública muitas vezes acabava sendo resolvida no âmbito do Poder Judiciário, embora, de regra, a Administração Pública tente sempre (ou pelos menos assim devesse fazê-lo), primeiramente, a negociação direta com a parte/proprietário.

A nova lei, na mesma linha de outros diplomas legais que entraram em vigor nos últimos anos,[6] introduz a possibilidade de utilização de mediação e arbitragem, métodos não judiciais de resolução de conflitos. Admite, assim, a mediação e a arbitragem para definição do valor devido como indenização nos casos de desapropriação por utilidade pública.

---

minerais, das águas e da energia hidráulica, a assistência pública, as obras de higiene e decoração, casas de saúde, clínicas, estações de clima e fontes medicinais; exploração ou conservação dos serviços públicos; abertura, conservação e melhoramento de vias ou logradouros públicos, execução de planos de urbanização, parcelamento do solo, com ou sem edificação, para sua melhor utilização econômica, higiênica ou estética, a construção ou ampliação de distritos industriais; funcionamento dos meios de transporte coletivo; preservação e conservação dos monumentos históricos e artísticos, isolados ou integrados em conjuntos urbanos ou rurais, bem como as medidas necessárias a manter-lhes e realçar-lhes os aspectos mais valiosos ou característicos e, ainda, proteção de paisagens e locais particularmente dotados pela natureza; preservação e conservação adequada de arquivos, documentos e outros bens móveis de valor histórico ou artístico; construção de edifícios públicos, monumentos comemorativos e cemitérios; criação de estádios, aeródromos ou campos de pouso para aeronaves; reedição ou divulgação de obra ou invento de natureza científica, artística ou literária e os demais casos previstos por leis especiais.

5 Acessoriamente, também, sobre a forma, prazo de pagamento e sobre a imissão na posse.

6 Mesmo antes da entrada em vigor da Lei nº 13.129/2015, que atualizou a Lei de Arbitragem (Lei nº 9.307/1996), da Lei de Mediação (Lei nº 13.140, de 25.06.2015) e do CPC 2015.

Os novos artigos inseridos no texto do Decreto-Lei nº 3.365/1941 assim determinam:

> Art. 10-A. O poder público deverá notificar o proprietário e apresentar-lhe oferta de indenização.
> §1º A notificação de que trata o *caput* deste artigo conterá:
> I – cópia do ato de declaração de utilidade pública;
> II – planta ou descrição dos bens e suas confrontações;
> III – valor da oferta;
> IV – informação de que o prazo para aceitar ou rejeitar a oferta é de 15 (quinze) dias e de que o silêncio será considerado rejeição;
> V – (VETADO).
> §2º Aceita a oferta e realizado o pagamento, será lavrado acordo, o qual será título hábil para a transcrição no registro de imóveis.
> §3º Rejeitada a oferta, ou transcorrido o prazo sem manifestação, o poder público procederá na forma dos arts. 11 e seguintes deste Decreto-Lei.
> Art. 10-B. Feita a opção pela mediação ou pela via arbitral, o particular indicará um dos órgãos ou instituições especializados em mediação ou arbitragem previamente cadastrados pelo órgão responsável pela desapropriação.
> §1º A mediação seguirá as normas da Lei nº 13.140, de 26 de junho de 2015, e, subsidiariamente, os regulamentos do órgão ou instituição responsável.
> §2º Poderá ser eleita câmara de mediação criada pelo poder público, nos termos do art. 32 da Lei nº 13.140, de 26 de junho de 2015.
> §3º (VETADO).
> §4º A arbitragem seguirá as normas da Lei nº 9.307, de 23 de setembro de 1996, e, subsidiariamente, os regulamentos do órgão ou instituição responsável.
> §5º (VETADO).

Destaque-se que a lei entrou em vigor com a publicação e estatui que se aplica apenas às desapropriações cujo decreto seja publicado após tal data.[7]

Adequado mencionarmos o histórico e o conteúdo do recente diploma legal antes de procederemos à análise dos dispositivos.

---

[7] Em sentido diverso, entendendo pela aplicação da lei às desapropriações em curso, manifesta-se Cesar Guimarães Pereira (PEREIRA, Cesar. Desapropriação e Arbitragem: Lei 13.867. *Informativo Justen, Pereira, Oliveira & Talamini*, Curitiba, n. 150, ago. 2019. Disponível em: https://www.justen.com.br/pdfs/IE150/IE150-Cesar-Desap-e-Arb.pdf. Acesso em: 09 dez. 201).

3 Conteúdo da norma e os vetos apresentados pela presidência da República

De acordo com a exposição de motivos do Projeto de Lei nº 10.061/2018 (Câmara dos Deputados), originalmente Projeto de Lei nº 135/2017 (Senado Federal), de autoria do senador Antonio Anastasia, a proposta referia-se inicialmente à possibilidade de adoção da arbitragem para a definição dos valores das indenizações nas desapropriações por utilidade pública, considerando (i) a lentidão dos processos judiciais e (ii) a necessidade de se buscarem alternativas mais simples, menos demoradas e mais eficientes. Assim fundamentava a exposição de motivos:

> Este projeto de lei pretende dar um passo adiante, especificamente na área da desapropriação, prevendo o direito do particular de definir o valor da indenização pela via arbitral.
>
> Como se sabe, a Constituição de 1988 considera a indenização justa e prévia como uma garantia fundamental do cidadão que vai ter sua propriedade desapropriada. Ocorre que, a legislação sobre o tema é de 1941, indubitavelmente desatualizada e sem condições de garantir o disposto no texto constitucional. O que se vê, na realidade, são inúmeras desapropriações que duram anos, em razão da lentidão dos processos judiciais.
>
> É preciso, portanto, buscar alternativas no sentido de tornar o procedimento mais simples, menos demorado e mais eficiente. Nesse contexto, me deparei com o trabalho "Novas fronteiras da arbitragem aplicável aos litígios da administração pública: incidência sobre conflitos extracontratuais, especialmente na desapropriação", apresentado por Federico Nunes de Matos no programa de Doutorado da Universidade Federal de Minas Gerais.
>
> A tese apresenta uma pesquisa sobre os limites da arbitragem na administração pública e, em seu capítulo final, traz um estudo comparado da arbitragem em processos de desapropriação. Neste ponto, destaca-se a experiência peruana (Lei de Arbitragem Peruana – Decreto Legislativo nº 1.071/2008) que prevê o direito do cidadão de discutir a desapropriação pela via arbitral.
>
> Pretendemos adotar uma solução semelhante, porém, focada apenas na discussão quanto aos valores de indenização, deixando o mérito da desapropriação para a via judicial, como é hoje.
>
> Assim, adaptamos a legislação peruana para prever que, após decretar a desapropriação, o Poder Público deverá notificar o particular, enviando, desde logo, uma proposta de indenização. O cidadão terá então, quatro opções: (i) aceitar a proposta e receber o dinheiro; (ii) ficar inerte ou

(iii) rejeitar a oferta, opções em que a indenização será discutida judicialmente; ou, finalmente (iv) optar pela via arbitral.[8]

A Comissão de Constituição e Justiça do Senado Federal opinou pela constitucionalidade do projeto e fez algumas ponderações sobre seu conteúdo. Foi aprovada a Emenda 1 ao projeto de lei, com a inclusão no texto da possibilidade de utilização também da mediação. Cabe reproduzir parte da manifestação da mencionada Comissão:

> Contudo, alguns aperfeiçoamentos devem ser feitos, apresentados abaixo na forma de emenda.
> Primeiramente é necessário prever expressamente a existência da possibilidade de mediação para que seja alcançado o acordo na via extrajudicial. A Lei nº 13.140, de 26 de junho de 2015 ("Lei da Mediação"), já permite a utilização da mediação para que particulares e a Administração Pública cheguem a consensos no que se refere a interesses disponíveis. Desse modo, deve-se estabelecer expressamente essa possibilidade no processo administrativo da desapropriação com referência à Lei de Mediação.[...]
> Outra modificação pertinente é a determinação de que a mediação ou a arbitragem sejam realizados por instituição previamente credenciada pelo poder público e que tenha experiência nesses procedimentos. Isso evitará a indicação de árbitros *ad hoc*, o que dificultaria muito a realização célere e segura desses procedimentos, uma vez que a cada composição do tribunal arbitral deveria haver a discussão das regras procedimentais respectivas. No caso da mediação, deve ser estabelecida a possibilidade de utilização das câmaras de mediação criadas pelo próprio poder público, na forma do art. 32 da Lei da Mediação.[9]

A Emenda 1 foi aprovada, e o projeto de lei, com a nova redação, foi encaminhado à Câmara de Deputados.

A Comissão de Constituição e Justiça e de Cidadania da Câmara de Deputados votou pela constitucionalidade do projeto de lei. O voto do deputado Eduardo Cury assinalou:

---

[8] Disponível em: https://www25.senado.leg.br/web/atividade/materias/-/materia/129101. Acesso em: 09 dez. 2021.

[9] Disponível em: https://www25.senado.leg.br/web/atividade/materias/-/materia/129101. Acesso em: 09 dez. 2021.

> O que se vê, na realidade, são inúmeras desapropriações que duram anos, em razão da lentidão dos processos judiciais. Tais litígios decorrentes das desapropriações constituem um dos principais fatores que geram como consequência o atraso e a paralisações de importantes obras públicas.
>
> Por tal razão, o presente projeto de lei pretende avançar na área da desapropriação, estabelecendo o direito do particular de definir o valor da indenização pela mediação ou pela via arbitral.
>
> Isso porque tratam-se de meios alternativos à solução de conflitos, em substituição à via judicial no Brasil, visto que com a sua utilização as partes consentem e convencionam dirimir suas controvérsias por meio de mediadores e árbitros.
>
> Além de descongestionar o Poder Judiciário, a possibilidade de mediação e a sentença arbitral possibilitam, com indiscutível rapidez por mediadores e árbitros especializados, viabilizando uma resolução mais célere do processo de desapropriação, com a consequente definição do valor de indenização a ser pago ao particular e a disponibilização do bem a ser desapropriado para atendimento do interesse público.
>
> Urge, pois, buscar alternativas no sentido de tornar o procedimento mais simples, menos demorado e mais eficiente.
>
> Nesse sentido, com a aprovação desta lei, após decretar a desapropriação, o Poder Público deverá notificar o particular, enviando, desde logo, uma proposta de indenização. O cidadão terá então, quatro opções: aceitar a proposta e receber o dinheiro; ficar inerte ou rejeitar a oferta, opções em que a indenização será discutida judicialmente; ou, finalmente optar pela mediação ou pela via arbitral.[10]

O texto da norma legal foi aprovado na Câmara dos Deputados. Remetido para sanção, o presidente da República proferiu veto parcial, mantido em sessão conjunta realizada em 24.09.2019.[11]

Foram vetados os trechos da lei que alteravam a redação do *caput* do artigo 10 do Decreto-Lei nº 3.365/41, o inciso V do artigo 10-A e os §§3º e 5º do artigo 10-B, que versavam, em síntese, respectivamente, sobre (i) o prazo para efetivação da desapropriação, (ii) o direito de opção pela mediação e arbitragem a ser previsto na notificação feita pelo poder público e (iii) a determinação de

---

10 Disponível em: https://www.camara.leg.br/proposicoesWeb/prop_mostrarintegra?codteor=1762021&filename=PRL+2+CCJC+%3D%3E+PL+10061/2018. Acesso em: 09 dez. de 2021.

11 Informações disponíveis no *site* da Câmara: https://www.camara.leg.br/proposicoesWeb/prop_mostrarintegra?codteor=1813383&filename=Tramitacao-PL+10061/2018. Acesso em: 09 dez. 2021.

pagamento de honorários de árbitros e mediadores antecipados pelo poder público.[12]

Feitas essas anotações sobre o conteúdo da recente lei e tendo em vista os limites deste estudo, necessário apontar algumas questões dignas de reflexão, inclusive para que se torne viável a aplicação da norma, com a efetiva utilização de mediação e/ou arbitragem nas desapropriações por utilidade pública.

4 Reflexões sobre algumas questões polêmicas da Lei nº 13.867/2019

Diversos tópicos relevantes merecem ser destacados a respeito dos dispositivos legais introduzidos pela Lei nº 13.877/2019 e poderiam ser objeto de estudo. Considerando o escopo do presente ensaio, mencionaremos três deles.

4.1 Mediação e arbitragem nas desapropriações: faculdade ou dever?

Primeiramente, o artigo 10-B alude à opção do particular pela mediação ou pela arbitragem.

É preciso anotar, ao contrário do que pode parecer, que se trata de faculdade da parte em manifestar seu interesse pela solução de eventual divergência sobre o valor da indenização mediante utilização dos dois instrumentos não judiciais elencados. Não consiste, por certo, em obrigatoriedade. Configura direito do particular de manifestar seu interesse. Assim, se o particular quiser, após receber a proposta do valor de indenização e dela discordar, além da opção pela tentativa de negociação direta (sempre possível), poderá propor a adoção de um desses meios adequados de solução de conflitos.

Do mesmo modo, e considerando igualmente a natureza da mediação e da arbitragem, meios de resolução de controvérsias que pressupõem a escolha/opção da forma de resolução do conflito pelas partes envolvidas (natureza bilateral, seja em decorrência

---

[12] A íntegra da mensagem de veto parcial pode ser acessada no *site* do Planalto: http://www.planalto.gov.br/ccivil_03/_ato2019-2022/2019/Msg/VEP/VEP-385.htm. Acesso em: 09 dez. 2021.

de previsão contratual prévia ao conflito, pelas partes, ou de concordância das partes, posteriormente ao surgimento do conflito, por exemplo), a adoção da mediação ou da arbitragem dependerá sempre, nos casos de desapropriação por utilidade pública, da anuência da Administração Pública.

Uma vez manifestada a intenção/sugestão pelo particular, o poder público avaliará a alternativa proposta. A Administração Pública deverá analisar a conveniência e a oportunidade da opção trazida e, também, custos e outros fatores necessários para decidir acerca da melhor forma de atingimento do interesse público no caso concreto.[13]

O dispositivo legal, portanto, refere-se à faculdade de a parte sugerir a mediação ou a arbitragem, e não a direito subjetivo, não estando a Administração Pública obrigada a aceitar a proposta do particular. Admitir interpretação diversa parece atentar contra a própria natureza dos institutos da mediação e da arbitragem.[14]

Nesse sentido, Luciano Ferraz se pronuncia:

> Numa primeira leitura, a redação do novo art. 10-B do DL 3.365/41 pode dar a impressão de que a opção pela via da mediação e da arbitragem constitui direito subjetivo do expropriado e consequentemente um dever jurídico do executor da desapropriação. Na verdade, o expropriado tem o direito subjetivo a manifestar a sua opção pela mediação e/ou pela via arbitral. Mas daí não se impõe dever de acatamento pela Administração ou quem lhe faça as vezes, sem juízo de discrição. [...]
> Desse modo, tendo o expropriado registrado a opção pela mediação ou pela arbitragem ou por ambas sequencialmente, abre-se uma faculdade ao executor da desapropriação (discricionariedade), a de acatar ou não a proposta do expropriado pelos métodos extrajudiciais de solução da controvérsia.

[13] A respeito da escolha da forma de solução de conflitos (judicial ou extrajudicial), que melhor atinja o interesse público, remetemos a nosso outro texto: CUÉLLAR, Leila; MOREIRA, Egon Bockmann. Administração Pública e mediação: notas fundamentais. *In*: CUÉLLAR, Leila; MOREIRA, Egon Bockmann; GARCIA, Flávio Amaral; CRUZ, Elisa Schmidlin. *Direito Administrativo e Alternative Dispute Resolution*: arbitragem, *dispute board*, mediação e negociação. Com comentários à legislação do Rio de Janeiro, São Paulo e União sobre arbitragem e mediação em contratos administrativos e desapropriações. Belo Horizonte: Fórum, 2020. ISBN 978-85-450-0747-0.

[14] Em sentido contrário se manifesta Gabriel Jamur Gomes (GOMES, Gabriel Jamur. Arbitragem e mediação em processos de desapropriação. *Jota*, 07 set. 2019. Disponível em: https://www.jota.info/opiniao-e-analise/artigos/arbitragem-e-mediacao-em-processos-de-desapropriacao-07092019. Acesso em: 09 dez. 2021.

> Bem de ver que é possível que a União, os Estados, o Distrito Federal, e os Municípios editem regulamentos (art. 84, IV da Constituição), com o objetivo de disciplinar, nos respectivos âmbitos, a obrigatoriedade do acatamento da proposta do expropriado, quando devidamente exercida.[15]

A nosso ver, por conseguinte, a opção de escolha do proprietário pela mediação e/ou pela arbitragem não vincula a Administração Pública, que poderá ou não concordar com a adoção desses meios de resolução de controvérsias após averiguar se atenderão da melhor forma o interesse público no caso concreto.

Ainda, como frisado, o inciso V do §1º do artigo 10-A, que previa que a notificação conteria "informação de que o proprietário pode optar por discutir o valor da indenização por meio de mediação ou pela via arbitral, com menção expressa à possibilidade de a indenização ser fixada em valor menor do que o inicialmente ofertado e indicação dos órgãos ou instituições aptos a realizar o respectivo procedimento", foi vetado.

Não está no escopo deste trabalho comentar as razões do veto. Contudo, cumpre mencionar que a previsão acerca da possibilidade de opção por mediação ou arbitragem no documento de notificação emitido pelo poder público não alteraria a natureza não vinculante da opção. Além disso, mesmo que a menção à possibilidade de escolha não conste dentre os requisitos legais, acreditamos que sua inclusão no texto da notificação não está proibida, podendo a Administração Pública inseri-la se assim entender adequado.[16]

4.2 Escolha da Câmara de Mediação e Arbitragem

Um segundo ponto que deve ser destacado em relação ao artigo 10-B concerne à escolha da câmara para realização da mediação ou da arbitragem.

---

15 FERRAZ, Luciano. Mediação e arbitragem nas desapropriações: faculdade ou dever? *Consultor Jurídico – Conjur*, 03 out. 2019. Disponível em: https://www.conjur.com.br/2019-out-03/interesse-publico-mediacao-arbitragem-desapropriacoes-faculdade-ou-dever. Acesso em: 09 dez. 2021.

16 Esse tema poderá ser objeto de eventual regulamentação efetuada pela União, estados, Distrito Federal e municípios.

O dispositivo legal aduz que a parte indicará um dos órgãos ou instituições especializados em mediação ou arbitragem cadastrados pelo órgão responsável para desapropriação[17] e menciona que poderá ser eleita câmara de mediação criada pelo poder público, nos termos do artigo 32 da Lei nº 13.140/2015.[18] Algumas ponderações são necessárias a respeito dessas afirmações.

Sabe-se, por exemplo, que poucos estados já previram o cadastramento de câmaras de arbitragem (e não de mediação) e, quando o fizeram, visavam regulamentar a utilização de arbitragem precipuamente em relação a determinados contratos administrativos celebrados pelo poder público. É o que ocorre, por exemplo, nos estados do Rio de Janeiro,[19] de São Paulo[20] e do Rio Grande do Sul.[21]

A Resolução nº 4.768/2021, da Procuradoria-Geral do Estado do Rio de Janeiro, nos mesmos moldes do disposto no artigo 13 do Decreto Estadual nº 46.245/2018, prevê, no artigo 3º, os requisitos mínimos que o órgão arbitral institucional, nacional ou estrangeiro,

---

[17] A lei reporta-se a um cadastramento, partindo da premissa (que também adotamos), de desnecessidade de realização de licitação para a contratação de câmaras. Sobre o cadastramento de câmaras arbitrais, remetemos ao estudo desenvolvido por Egon Bockmann Moreira e Elisa Schmidlin Cruz. Texto publicado nesta obra.

[18] Acerca das câmaras administrativas previstas no CPC e na Lei de Mediação, *cf.* nosso texto publicado nesta obra: CUÉLLAR, Leila; MOREIRA, Egon Bockmann. Câmaras de autocomposição da Administração Pública brasileira: reflexões sobre seu âmbito de atuação. *In*: CUÉLLAR, Leila; MOREIRA, Egon Bockmann; GARCIA, Flávio Amaral; CRUZ, Elisa Schmidlin. *Direito Administrativo e Alternative Dispute Resolution*: arbitragem, *dispute board*, mediação e negociação. Com comentários à legislação do Rio de Janeiro, São Paulo e União sobre arbitragem e mediação em contratos administrativos e desapropriações. Belo Horizonte: Fórum, 2020. ISBN 978-85-450-0747-0.

[19] No Rio de Janeiro, foi editado o Decreto Estadual nº 46.245, de 19.02.2018, regulamentando a utilização da arbitragem, e a Resolução nº 4.768-PGE, de 22.06.2021, disciplinando o cadastramento de órgão arbitral junto ao estado do Rio de Janeiro. Os diplomas estão disponíveis o *site* da PGE/RJ: https://pge.rj.gov.br/entendimentos/arbitragem. Acesso em: 09 dez. 2021.

[20] O Decreto Estadual nº 64.356, de 31.07.2019, trata da arbitragem no estado de São Paulo. No artigo 13, o decreto prevê que haverá cadastramento de câmaras arbitrais, que consiste na criação de uma lista referencial das entidades que cumprem requisitos mínimos para serem indicadas para administrar procedimentos arbitrais envolvendo a Administração Pública direta e suas autarquias. A Resolução PGE nº 45, de 16.12.2019, disciplina o cadastramento de câmaras arbitrais pelo Estado de São Paulo, Disponível em: http://www.pge.sp.gov.br/Portal_PGE/Portal_Arbitragens/paginas/default.asp?TKU=&IDProc=3&. Acesso em: 09 dez. 2021.

[21] O Decreto Estadual nº 55.996, de 14.07.2021, do Rio Grande do Sul, prevê, no artigo 10, que a Procuradoria-Geral do Estado credenciará os órgãos arbitrais institucionais. Disponível em: http://www.al.rs.gov.br/filerepository/repLegis/arquivos/DEC%2055.996.pdf. Acesso em: 08 jun. 2022.

interessado em integrar o cadastro dos órgãos arbitrais institucionais do estado do Rio de Janeiro deverá comprovar. Eis o teor do artigo:

> Art. 3º Para a efetivação do cadastramento, o órgão arbitral institucional deverá apresentar os documentos que comprovem o atendimento das seguintes condições:
>
> I – disponibilidade de representação no Estado do Rio de Janeiro;
>
> II – estar regularmente constituído há, pelo menos, três anos;
>
> III – estar em regular funcionamento como instituição arbitral;
>
> IV– ter reconhecida idoneidade, competência e experiência na administração de procedimentos arbitrais, com a comprovação na condução de, no mínimo, 03 (três) arbitragens no ano calendário anterior ao cadastramento.
>
> V – conter em seus quadros árbitros com notória experiência ou especialização em temas afetos ao Direito Público e possuir regulamento próprio, disponível em língua portuguesa;
>
> §1º A disponibilidade de representação poderá ser comprovada por acordo, convênio ou qualquer outro instrumento que demonstre assegurar o recebimento de peças e documentos da arbitragem, inclusive mediante serviços especializados de courier, às custas do órgão, assim como os serviços operacionais necessários ao regular desenvolvimento da arbitragem, servindo, para tanto, a declaração de que o órgão arcará com todas as despesas necessárias à realização da audiência em espaço de terceiros.
>
> §2º O órgão arbitral institucional demonstrará o reconhecimento da sua competência e da sua experiência técnica mediante declaração que indique, ao menos, 03 (três) arbitragens no ano calendário anterior ao cadastramento, dentre as quais
>
> ao menos uma cujo contrato envolva valor superior a R$20.000.000,00 (vinte milhões de reais).
>
> §3º Fica facultado ao órgão arbitral, em atendimento aos requisitos do §2º deste artigo e desde que cumpridas as demais exigências previstas nesta Resolução, demonstrar sua participação em controvérsias que envolvam valores inferiores a R$20.000.000, 00 (vinte milhões de reais), hipótese em que sua atuação em arbitragens envolvendo o Estado do Rio de Janeiro ficará adstrita às causas cujo valor envolvido seja igual ou inferior ao montante referido neste parágrafo.
>
> §4º A declaração a que se refere o §2º deste artigo deverá indicar:
>
> I – o número do caso;
>
> II – o objeto do litígio, com a identificação das partes, exceto quando aplicável a regra de confidencialidade;
>
> III – o valor do contrato, quando disponível;
>
> IV – o valor do litígio.

Em São Paulo, o Decreto Estadual nº 64.356/2019 assim exige:

> Artigo 14. A criação do cadastro das câmaras arbitrais se efetivará mediante resolução do Procurador Geral do Estado, contendo as regras aplicáveis e os requisitos exigidos.
>
> Parágrafo único – A inclusão no cadastro referido no "caput" não gera qualquer direito subjetivo de escolha para as câmaras arbitrais nos instrumentos obrigacionais celebrados pela Administração Pública direta e suas autarquias.
>
> Artigo 15. Poderá ser incluída no cadastro da Procuradoria Geral do Estado a câmara arbitral, nacional ou estrangeira, que atender ao menos aos seguintes requisitos:
>
> I – apresentar espaço disponível para a realização de audiências e serviços de secretariado, sem custo adicional às partes, na cidade sede da arbitragem;
>
> II – estar regularmente constituída há, pelo menos, cinco anos;
>
> III – atender aos requisitos legais para recebimento de pagamento pela Administração Pública;
>
> IV – possuir reconhecida idoneidade, competência e experiência na administração de procedimentos arbitrais com a Administração Pública.
>
> Parágrafo único – O Procurador Geral do Estado poderá, mediante resolução, estabelecer critérios adicionais para o cadastramento de câmaras arbitrais, considerando a experiência decorrente de procedimentos arbitrais enfrentados, e criar mecanismo de avaliação e exclusão do cadastro.

As normas sobre credenciamento, consoante exemplificado acima, devem prever critérios rigorosos e adequados aos tipos de mediação e arbitragem envolvendo a Administração Pública. No caso das desapropriações, aliás, devem levar em consideração as características da câmara (idoneidade, tempo de atuação, competência, experiência etc.), custos, bem como a natureza dos conflitos, que poderá exigir, muitas vezes, a indicação de árbitros ou mediadores com conhecimento e experiência em temas não jurídicos, indispensáveis para a resolução de conflitos acerca dos valores devidos a título de indenização (temas que demandam conhecimentos de engenharia ou de outras áreas, por exemplo).

Entendemos que a previsão de cadastramento de câmaras é importante, principalmente por garantir que sejam indicadas/selecionadas câmaras de mediação e arbitragem devidamente qualificadas, que atendam a requisitos mínimos indicados pela Administração Pública, com regulamentos, custos, rol de árbitros e de mediadores devidamente avaliados e que sejam criteriosamente aprovadas pela Administração Pública.[22]

A nosso ver, essa exigência é salutar para a Administração Pública, por garantir que ela mesma defina critérios de credenciamento, que devem ser rigorosos e que busquem garantir a qualidade dos serviços contratados.

Todavia, o cadastramento contido no artigo 10-B, ao que tudo indica, poderá importar ônus para a Administração Pública, que deverá se organizar para eventual cadastramento de câmaras com a finalidade específica de mediação ou de arbitragem em relação ao valor de indenização nas desapropriações por utilidade pública.

Para realizar esse cadastramento, como apontado acima, deverá o poder público refletir sobre o tipo de mediação e de arbitragem realizados, os custos da câmara, a experiência, idoneidade e competência da câmara, o regulamento aplicado, a lista de árbitros e mediadores, os custos com árbitros e mediadores etc.[23] Deverá, ainda, definir os critérios para cadastramento (requisitos exigidos), constituir comissão específica para avaliar os pedidos de cadastramento e manter esse cadastro atualizado. Certamente a medida acarretará novos desafios para o setor público. Imagina-se que, em tese, a opção pelo não cadastramento, pelo menos em curto prazo, possa ser menos onerosa para a Administração Pública (não somente em razão do tempo, novas atribuições para os servidores, por exemplo, mas inclusive considerando potenciais custos financeiros).

---

[22] O artigo 13 do Decreto nº 64.356/2019, de São Paulo, por exemplo, explica que o cadastramento "consiste na criação de uma lista referencial das entidades que cumpram requisitos mínimos para serem indicadas para administrar procedimentos arbitrais envolvendo a Administração Pública direta e suas autarquias".

[23] Ao comentar o projeto de decreto de regulamentação da arbitragem do estado de São Paulo (Decreto nº 64.356/2019), afirmam Gustavo Justino de Oliveira e Felipe Faiwichow Estefam que "talvez fosse o caso de prever como um diferencial da câmara aquela que estipular custas mais reduzidas quando o requerente da arbitragem for a Administração Pública. Esta redução de custos e custas parece-nos salutar, e poderia servir de incentivo para a utilização da Câmara, considerando, sobretudo, que se tratam de recursos públicos a serem dispendidos" (OLIVEIRA, Gustavo Justino de; ESTEFAM, Felipe Faiwichow. Regulamentos de arbitragem na Administração Pública: estudo de caso da minuta de decreto apresentada pela PGE-SP (2018). *Revista Brasileira de Alternative Dispute Resolution – RBADR*, Belo Horizonte, ano 01, n. 1, jan./jun. 2019, p. 65).

Mencione-se, igualmente, que muitos municípios brasileiros terão dificuldades para efetuar o cadastramento preconizado pelo legislador, também pelo fato de não existirem câmaras, mediadores ou árbitros em suas regiões (o que certamente acarretará, por outro lado, a elevação de custos, decorrente de deslocamentos).

Por outro lado, reiterando a natureza bilateral da mediação e da arbitragem, a escolha da câmara – e, no caso das câmaras privadas, dos árbitros ou dos mediadores[24] – deve ser feita mediante consenso. Não basta as partes envolvidas em uma controvérsia concordarem com a utilização da mediação ou da arbitragem. Devem também estar de acordo quanto à câmara selecionada (e o regulamento aplicável) e em relação aos árbitros ou mediadores que atuarão. Se não houver concordância quanto a esses tópicos, não será possível realizar a mediação ou a arbitragem.

Ainda no que se refere à escolha da câmara, a norma legal se reporta à possibilidade de eleição da câmara de mediação criada pelo poder público, nos termos do artigo 32 da Lei nº 13.140/2015.

É preciso destacar que somente alguns estados e poucos municípios possuem tais câmaras, e estas normalmente são voltadas à solução consensual (negociação e mediação, por exemplo, mas não arbitragem), e nem todas elas têm competência para atuar em relação a conflitos decorrentes das desapropriações por utilidade pública.[25] Por conseguinte, por enquanto, as opções para escolha de câmaras parecem ser reduzidas.

Entendemos, contudo, que, mesmo não havendo câmaras administrativas com competência para realização de mediação, nem cadastramento específico de câmaras privadas para a condução de mediação ou arbitragem em relação à matéria examinada, pode-se

---

24 Assinale-se que a opção de escolha dos mediadores nas câmaras administrativas de autocomposição previstas no artigo 32 da Lei nº 13.140.2015 não existe, em decorrência da própria natureza e da composição de tais órgãos.

25 Sobre as câmaras de autocomposição da Administração Pública e sua competência, remetemos ao nosso estudo: CUÉLLAR, Leila; MOREIRA, Egon Bockmann. Câmaras de autocomposição da Administração Pública brasileira: reflexões sobre seu âmbito de atuação. *In*: CUÉLLAR, Leila; MOREIRA, Egon Bockmann; GARCIA, Flávio Amaral; CRUZ, Elisa Schmidlin. *Direito Administrativo e Alternative Dispute Resolution*: arbitragem, *dispute board*, mediação e negociação. Com comentários à legislação do Rio de Janeiro, São Paulo e União sobre arbitragem e mediação em contratos administrativos e desapropriações. Belo Horizonte: Fórum, 2020. ISBN 978-85-450-0747-0.

cogitar, de imediato, na eventual realização de mediação pré-processual no âmbito dos CEJUSCs (Centros Judiciários de Solução de Conflitos e Cidadania).[26] Afinal, de acordo com os fundamentos do projeto de lei, conforme relatado anteriormente neste texto, o objetivo da norma é buscar alternativas para tornar o procedimento de desapropriação mais célere, simples e mais eficiente.

4.3 Pagamento das custas das mediações e arbitragens

Um terceiro tema que se depreende da leitura dos novos dispositivos legais refere-se ao pagamento das custas das câmaras privadas, dos árbitros e dos mediadores que nelas atuarem, bem como de outras despesas.

A previsão de que a Administração Pública adiantaria os custos, constante incialmente da Emenda 1 do projeto de lei apresentado pelo Senado Federal, foi vetada pelo presidente da República. Não cabe neste ensaio analisar o teor do veto, mas apenas ponderar que a exigência de adiantamento de custas certamente implicaria oneração ao ente público (sem falar nos entraves burocráticos, financeiros e orçamentários), dificultando sua participação em procedimentos de mediação ou arbitragem em câmaras privadas, ou até mesmo inviabilizando a realização das mediações e arbitragens.

Além disso, decorreria da própria natureza dos procedimentos de mediação e arbitragem a conclusão de que, em princípio, aquele que requer a mediação ou a arbitragem arque com o adiantamento de custas e outras despesas necessárias. Nesse diapasão, os regulamentos de diversas câmaras de mediação e arbitragem nacionais preveem o adiantamento de taxas de registro e de parte de taxas administrativas (em alguns casos) pelo demandante da instalação da mediação ou do procedimento arbitral.[27]

---

[26] Isto é viável não somente para as desapropriações, cujo decreto foi publicado após a entrada em vigor da lei, mas também para desapropriações anteriores, em curso.

[27] Assim, por exemplo, dispõem os regulamentos da CAMARB Câmara de Arbitragem Empresarial – Brasil (camarb.com.br), da CBMAE – Câmara Brasileira de Mediação e Arbitragem Empresarial (cacb.org.br), do CAM-CCBC – Centro de Arbitragem e Mediação Brasil-Canadá (ccbc.org.br), da ARBITAC – Câmara de Mediação e Arbitragem

Nessa linha de raciocínio e visando contribuir com a reflexão sobre o tema, importante citar, também, o que dispuseram algumas das normas federais e estaduais que tratam da arbitragem com a Administração Pública.

O artigo 9º do Decreto nº 10.025, de 20.09.2019,[28] determina que "as custas e as despesas relativas ao procedimento arbitral serão antecipadas pelo contratado e, quando for o caso, restituídas conforme deliberação final em instância arbitral".

A Lei nº 13.448/2017,[29] em seu artigo 31, §2º, prevê que as "custas e despesas relativas ao procedimento arbitral, quando instaurado, serão antecipadas pelo parceiro privado e, quando for o caso, serão restituídas conforme posterior deliberação final em instância arbitral".

O artigo 11 da Lei nº 19.477/2011 de Minas Gerais prescreve que "no edital de licitação de obra e no contrato público constará a previsão das despesas com arbitragem, taxa de administração da instituição arbitral, honorários de árbitros e peritos e outros custos administrativos". O parágrafo único explica que as despesas a que se refere o *caput* do artigo "serão adiantadas pelo contratado quando da instauração do procedimento arbitral".

O artigo 9º do Decreto nº 46.245/2018 do Rio de Janeiro estatui que "as despesas com a realização da arbitragem serão adiantadas pelo contratado quando for ele o requerente do procedimento arbitral, incluídos os honorários dos árbitros, eventuais custos de perícias e demais despesas com o procedimento".

O Decreto nº 64.356/2019 de São Paulo, em seu artigo 4º, §1º, 5, alude a "adiantamento de despesas pelo requerente".

---

da Associação Comercial do Paraná (www.arbitac.com.br) e da CAMFIEP – Câmara de Arbitragem e Mediação (www.fiepr.org.br/para-empresas/camara-de-arbitragem). Acesso em: 09 dez. 2021.

28 De acordo com o artigo 1º, o decreto dispõe sobre a arbitragem, no âmbito do setor portuário e de transportes rodoviário, ferroviário, aquaviário e aeroportuário, para dirimir litígios que envolvam a União ou as entidades da Administração Pública federal e concessionários, subconcessionários, permissionários, arrendatários, autorizatários ou operadores portuários.

29 A lei estabelece diretrizes gerais para prorrogação e relicitação dos contratos de parceria definidos nos termos da Lei nº 13.334, de 13 de setembro de 2016, nos setores rodoviário, ferroviário e aeroportuário da Administração Pública federal, e altera a Lei nº 10.233, de 5 de junho de 2001, e a Lei nº 8.987, de 13 de fevereiro de 1995.

E o artigo 5º, VII, do Decreto nº55.996/2021 do Rio Grande do Sul, indica que as convenções de arbitragem a serem utilizadas pela Administração Pública deverão prever "o adiantamento das despesas com a arbitragem pelo contratado".

Feitas essas ponderações, acreditamos que a solução prevista nas diversas normas federais e estaduais citadas, no sentido de adiantamento de custos pelo particular (no caso da desapropriação, nos termos do artigo 10-B comentado, o proprietário), está mais condizente com a natureza dos institutos de mediação e arbitragem e com as normas e princípios que regem a Administração Pública e consistiria na única forma de viabilizar a realização de mediação ou arbitragem em câmaras privadas, tendo como uma das partes a Administração Pública.

Esses são alguns dos temas relativos aos artigos 10-A e 10-B do Decreto-Lei nº 3.365 que merecem reflexão.

5 Considerações finais: avanços e desafios

A Lei nº 13.867/2019 é louvável, prevendo a possibilidade de utilização de mediação e de arbitragem para a resolução de controvérsias envolvendo a discussão do valor devido a título de "justa indenização" nas hipóteses de desapropriação por utilidade pública.

A adoção de métodos não judiciais de solução de controvérsias (consensuais ou heterocompositivos) está em consonância com as políticas atuais de busca de solução adequada e eficiente de conflitos. Ainda no caso específico das desapropriações, a procura pela celeridade e pela eficiência possibilita que a "utilidade pública" que motivou a desapropriação possa ser atendida.

Comentamos neste estudo alguns aspectos sobre os dois artigos introduzidos ao texto do Decreto-Lei nº 3.365. É preciso refletirmos com dedicação sobre esses dispositivos legais que trazem novos desafios. É importante que a União, os estados, o Distrito Federal e os municípios também o façam, na busca de soluções para tornar viável a utilização da mediação e da arbitragem para definição dos valores de indenização devidos nos casos de desapropriação por utilidade pública, conforme preconizado pelo legislador. Nesse sentido, será importante, por exemplo, que os entes públicos avaliem a necessidade de regulamentação e a adoção de ações administrativas positivas para que a lei possa efetivamente ser aplicada.

Referências

FERRAZ, Luciano. Mediação e arbitragem nas desapropriações: faculdade ou dever? *Consultor Jurídico – Conjur*, 03 out. 2019. Disponível em: https://www.conjur.com.br/2019-out-03/interesse-publico-mediacao-arbitragem-desapropriacoes-faculdade-ou-dever. Acesso em: 09 dez. 2021.

GOMES, Gabriel Jamur. Arbitragem e mediação em processos de desapropriação. *Jota*, 07 set. 2019. Disponível em: https://www.jota.info/opiniao-e-analise/artigos/arbitragem-e-mediacao-em-processos-de-desapropriacao-07092019. Acesso em: 09 dez. 2021.

JUSTEN FILHO, Marçal. *Curso de Direito Administrativo*. 13. ed. rev., atual. e ampl. São Paulo: Thomson Reuters Brasil, 2018.

MARQUES NETO, Floriano de Azevedo. Desapropriações não expropriatórias. *Jota*, 15 out. 2019. Disponível em: https://www.jota.info/opiniao-e-analise/colunas/publicistas/desapropriacoes-nao-expropriatorias-15102019. Acesso em: 09 dez. 2021.

OLIVEIRA, Gustavo Justino de; ESTEFAM, Felipe Faiwichow. Regulamentos de arbitragem na Administração Pública: estudo de caso da minuta de decreto apresentada pela PGE-SP (2018). *Revista Brasileira de Alternative Dispute Resolution – RBADR*, Belo Horizonte, ano 01, n. 1, jan./jun. 2019.

PEREIRA, Cesar. Desapropriação e Arbitragem: Lei 13.867. *Informativo Justen, Pereira, Oliveira & Talamini*, Curitiba, n. 150, ago. 2019. Disponível em: https://www.justen.com.br/pdfs/IE150/IE150-Cesar-Desap-e-Arb.pdf. Acesso em: 09 dez. 2021.

Informação bibliográfica deste texto, conforme a NBR 6023:2018 da Associação Brasileira de Normas Técnicas (ABNT):
CUÉLLAR, Leila. Anotações sobre a Lei nº 13.867/2019 e a utilização de mediação e arbitragem nas desapropriações. *In*: CUÉLLAR, Leila; MOREIRA, Egon Bockmann; GARCIA, Flávio Amaral; CRUZ, Elisa Schmidlin. *Direito Administrativo e Alternative Dispute Resolution*: arbitragem, *dispute board*, mediação e negociação. Com comentários à legislação do Rio de Janeiro, São Paulo, Rio Grande do Sul e União sobre arbitragem e mediação em contratos administrativos e desapropriações. 2. ed. Belo Horizonte: Fórum, 2022. p. 413-431. ISBN 978-65-5518-404-4.

ANEXOS

LEI Nº 9.307, DE 23 DE SETEMBRO DE 1996.

Dispõe sobre a arbitragem.

O PRESIDENTE DA REPÚBLICA Faço saber que o Congresso Nacional decreta e eu sanciono a seguinte Lei:

CAPÍTULO I
DISPOSIÇÕES GERAIS

Art. 1º As pessoas capazes de contratar poderão valer-se da arbitragem para dirimir litígios relativos a direitos patrimoniais disponíveis.

§1º A administração pública direta e indireta poderá utilizar-se da arbitragem para dirimir conflitos relativos a direitos patrimoniais disponíveis. (Incluído pela Lei nº 13.129, de 2015) (Vigência)

§2º A autoridade ou o órgão competente da administração pública direta para a celebração de convenção de arbitragem é a mesma para a realização de acordos ou transações. (Incluído pela Lei nº 13.129, de 2015) (Vigência)

Art. 2º A arbitragem poderá ser de direito ou de eqüidade, a critério das partes.

§1º Poderão as partes escolher, livremente, as regras de direito que serão aplicadas na arbitragem, desde que não haja violação aos bons costumes e à ordem pública.

§2º Poderão, também, as partes convencionar que a arbitragem se realize com base nos princípios gerais de direito, nos usos e costumes e nas regras internacionais de comércio.

§3º A arbitragem que envolva a administração pública será sempre de direito e respeitará o princípio da publicidade. (Incluído pela Lei nº 13.129, de 2015) (Vigência)

CAPÍTULO II
DA CONVENÇÃO DE ARBITRAGEM E SEUS EFEITOS

Art. 3º As partes interessadas podem submeter a solução de seus litígios ao juízo arbitral mediante convenção de arbitragem, assim entendida a cláusula compromissória e o compromisso arbitral.

Art. 4º A cláusula compromissória é a convenção através da qual as partes em um contrato comprometem-se a submeter à arbitragem os litígios que possam vir a surgir, relativamente a tal contrato.

§1º A cláusula compromissória deve ser estipulada por escrito, podendo estar inserta no próprio contrato ou em documento apartado que a ele se refira.

§2º Nos contratos de adesão, a cláusula compromissória só terá eficácia se o aderente tomar a iniciativa de instituir a arbitragem ou concordar, expressamente, com a sua instituição, desde que por escrito em documento anexo ou em negrito, com a assinatura ou visto especialmente para essa cláusula.

§3º (VETADO). (Incluído pela Lei nº 13.129, de 2015) (Vigência)

§4º (VETADO). (Incluído pela Lei nº 13.129, de 2015) (Vigência)

Art. 5º Reportando-se as partes, na cláusula compromissória, às regras de algum órgão arbitral institucional ou entidade especializada, a arbitragem será instituída e processada de acordo com tais regras, podendo, igualmente, as partes estabelecer na própria cláusula, ou em outro documento, a forma convencionada para a instituição da arbitragem.

Art. 6º Não havendo acordo prévio sobre a forma de instituir a arbitragem, a parte interessada manifestará à outra parte sua intenção de dar início à arbitragem, por via postal ou por outro meio qualquer de comunicação, mediante comprovação de recebimento, convocando-a para, em dia, hora e local certos, firmar o compromisso arbitral.

Parágrafo único. Não comparecendo a parte convocada ou, comparecendo, recusar-se a firmar o compromisso arbitral, poderá a outra parte propor a demanda de que trata o art. 7º desta Lei, perante o órgão do Poder Judiciário a que, originariamente, tocaria o julgamento da causa.

Art. 7º Existindo cláusula compromissória e havendo resistência quanto à instituição da arbitragem, poderá a parte interessada requerer a citação da outra parte para comparecer em juízo a fim de lavrar-se o compromisso, designando o juiz audiência especial para tal fim.

§1º O autor indicará, com precisão, o objeto da arbitragem, instruindo o pedido com o documento que contiver a cláusula compromissória.

§2º Comparecendo as partes à audiência, o juiz tentará, previamente, a conciliação acerca do litígio. Não obtendo sucesso, tentará o juiz conduzir as partes à celebração, de comum acordo, do compromisso arbitral.

§3º Não concordando as partes sobre os termos do compromisso, decidirá o juiz, após ouvir o réu, sobre seu conteúdo, na própria audiência ou no prazo de dez dias, respeitadas as disposições da cláusula compromissória e atendendo ao disposto nos arts. 10 e 21, §2º, desta Lei.

§4º Se a cláusula compromissória nada dispuser sobre a nomeação de árbitros, caberá ao juiz, ouvidas as partes, estatuir a respeito, podendo nomear árbitro único para a solução do litígio.

§5º A ausência do autor, sem justo motivo, à audiência designada para a lavratura do compromisso arbitral, importará a extinção do processo sem julgamento de mérito.

§6º Não comparecendo o réu à audiência, caberá ao juiz, ouvido o autor, estatuir a respeito do conteúdo do compromisso, nomeando árbitro único.

§7º A sentença que julgar procedente o pedido valerá como compromisso arbitral.

Art. 8º A cláusula compromissória é autônoma em relação ao contrato em que estiver inserta, de tal sorte que a nulidade deste não implica, necessariamente, a nulidade da cláusula compromissória.

Parágrafo único. Caberá ao árbitro decidir de ofício, ou por provocação das partes, as questões acerca da existência, validade e eficácia da convenção de arbitragem e do contrato que contenha a cláusula compromissória.

Art. 9º O compromisso arbitral é a convenção através da qual as partes submetem um litígio à arbitragem de uma ou mais pessoas, podendo ser judicial ou extrajudicial.

§1º O compromisso arbitral judicial celebrar-se-á por termo nos autos, perante o juízo ou tribunal, onde tem curso a demanda.

§2º O compromisso arbitral extrajudicial será celebrado por escrito particular, assinado por duas testemunhas, ou por instrumento público.

Art. 10. Constará, obrigatoriamente, do compromisso arbitral:

I – o nome, profissão, estado civil e domicílio das partes;

II – o nome, profissão e domicílio do árbitro, ou dos árbitros, ou, se for o caso, a identificação da entidade à qual as partes delegaram a indicação de árbitros;

III – a matéria que será objeto da arbitragem; e

IV – o lugar em que será proferida a sentença arbitral.

Art. 11. Poderá, ainda, o compromisso arbitral conter:

I – local, ou locais, onde se desenvolverá a arbitragem;

II – a autorização para que o árbitro ou os árbitros julguem por eqüidade, se assim for convencionado pelas partes;

III – o prazo para apresentação da sentença arbitral;

IV – a indicação da lei nacional ou das regras corporativas aplicáveis à arbitragem, quando assim convencionarem as partes;

V – a declaração da responsabilidade pelo pagamento dos honorários e das despesas com a arbitragem; e

VI – a fixação dos honorários do árbitro, ou dos árbitros.

Parágrafo único. Fixando as partes os honorários do árbitro, ou dos árbitros, no compromisso arbitral, este constituirá título executivo extrajudicial; não havendo tal estipulação, o árbitro requererá ao órgão do Poder Judiciário que seria competente para julgar, originariamente, a causa que os fixe por sentença.

Art. 12. Extingue-se o compromisso arbitral:

I – escusando-se qualquer dos árbitros, antes de aceitar a nomeação, desde que as partes tenham declarado, expressamente, não aceitar substituto;

II – falecendo ou ficando impossibilitado de dar seu voto algum dos árbitros, desde que as partes declarem, expressamente, não aceitar substituto; e

III – tendo expirado o prazo a que se refere o art. 11, inciso III, desde que a parte interessada tenha notificado o árbitro, ou o presidente do tribunal arbitral, concedendo-lhe o prazo de dez dias para a prolação e apresentação da sentença arbitral.

CAPÍTULO III
DOS ÁRBITROS

Art. 13. Pode ser árbitro qualquer pessoa capaz e que tenha a confiança das partes.

§1º As partes nomearão um ou mais árbitros, sempre em número ímpar, podendo nomear, também, os respectivos suplentes.

§2º Quando as partes nomearem árbitros em número par, estes estão autorizados, desde logo, a nomear mais um árbitro. Não havendo acordo, requererão as partes ao órgão do Poder Judiciário a que tocaria, originariamente, o julgamento da causa a nomeação do árbitro, aplicável, no que couber, o procedimento previsto no art. 7º desta Lei.

§3º As partes poderão, de comum acordo, estabelecer o processo de escolha dos árbitros, ou adotar as regras de um órgão arbitral institucional ou entidade especializada.

§4º Sendo nomeados vários árbitros, estes, por maioria, elegerão o presidente do tribunal arbitral. Não havendo consenso, será designado presidente o mais idoso.

§4º As partes, de comum acordo, poderão afastar a aplicação de dispositivo do regulamento do órgão arbitral institucional ou entidade especializada que limite a escolha do árbitro único, coárbitro ou presidente do tribunal à respectiva lista de árbitros, autorizado o controle da escolha pelos órgãos competentes da instituição, sendo que, nos casos de impasse e arbitragem multiparte, deverá ser observado o que dispuser o regulamento aplicável. (Redação dada pela Lei nº 13.129, de 2015) (Vigência)

§5º O árbitro ou o presidente do tribunal designará, se julgar conveniente, um secretário, que poderá ser um dos árbitros.

§6º No desempenho de sua função, o árbitro deverá proceder com imparcialidade, independência, competência, diligência e discrição.

§7º Poderá o árbitro ou o tribunal arbitral determinar às partes o adiantamento de verbas para despesas e diligências que julgar necessárias.

Art. 14. Estão impedidos de funcionar como árbitros as pessoas que tenham, com as partes ou com o litígio que lhes for submetido, algumas das relações que caracterizam os casos de impedimento ou suspeição de juízes, aplicando-se-lhes, no que couber, os mesmos deveres e responsabilidades, conforme previsto no Código de Processo Civil.

§1º As pessoas indicadas para funcionar como árbitro têm o dever de revelar, antes da aceitação da função, qualquer fato que denote dúvida justificada quanto à sua imparcialidade e independência.

§2º O árbitro somente poderá ser recusado por motivo ocorrido após sua nomeação. Poderá, entretanto, ser recusado por motivo anterior à sua nomeação, quando:

a) não for nomeado, diretamente, pela parte; ou

b) o motivo para a recusa do árbitro for conhecido posteriormente à sua nomeação.

Art. 15. A parte interessada em argüir a recusa do árbitro apresentará, nos termos do art. 20, a respectiva exceção, diretamente ao árbitro ou ao presidente do tribunal arbitral, deduzindo suas razões e apresentando as provas pertinentes.

Parágrafo único. Acolhida a exceção, será afastado o árbitro suspeito ou impedido, que será substituído, na forma do art. 16 desta Lei.

Art. 16. Se o árbitro escusar-se antes da aceitação da nomeação, ou, após a aceitação, vier a falecer, tornar-se impossibilitado para o exercício da função, ou for recusado, assumirá seu lugar o substituto indicado no compromisso, se houver.

§1º Não havendo substituto indicado para o árbitro, aplicar-se-ão as regras do órgão arbitral institucional ou entidade especializada, se as partes as tiverem invocado na convenção de arbitragem.

§2º Nada dispondo a convenção de arbitragem e não chegando as partes a um acordo sobre a nomeação do árbitro a ser substituído, procederá a parte interessada da forma prevista no art. 7º desta Lei, a menos que as partes tenham declarado, expressamente, na convenção de arbitragem, não aceitar substituto.

Art. 17. Os árbitros, quando no exercício de suas funções ou em razão delas, ficam equiparados aos funcionários públicos, para os efeitos da legislação penal.

Art. 18. O árbitro é juiz de fato e de direito, e a sentença que proferir não fica sujeita a recurso ou a homologação pelo Poder Judiciário.

CAPÍTULO IV
DO PROCEDIMENTO ARBITRAL

Art. 19. Considera-se instituída a arbitragem quando aceita a nomeação pelo árbitro, se for único, ou por todos, se forem vários.

~~Parágrafo único. Instituída a arbitragem e entendendo o árbitro ou o tribunal arbitral que há necessidade de explicitar alguma questão disposta na convenção de arbitragem, será elaborado, juntamente com as partes, um adendo, firmado por todos, que passará a fazer parte integrante da convenção de arbitragem~~

§1º Instituída a arbitragem e entendendo o árbitro ou o tribunal arbitral que há necessidade de explicitar questão disposta na convenção de arbitragem, será elaborado, juntamente com as partes, adendo firmado por todos, que passará a fazer parte integrante da convenção de arbitragem. (Incluído pela Lei nº 13.129, de 2015) (Vigência)

§2º A instituição da arbitragem interrompe a prescrição, retroagindo à data do requerimento de sua instauração, ainda que extinta a arbitragem por ausência de jurisdição. (Incluído pela Lei nº 13.129, de 2015) (Vigência)

Art. 20. A parte que pretender argüir questões relativas à competência, suspeição ou impedimento do árbitro ou dos árbitros, bem como nulidade, invalidade ou ineficácia da convenção de arbitragem, deverá fazê-lo na primeira oportunidade que tiver de se manifestar, após a instituição da arbitragem.

§1º Acolhida a argüição de suspeição ou impedimento, será o árbitro substituído nos termos do art. 16 desta Lei, reconhecida a incompetência do árbitro ou do tribunal arbitral, bem como a nulidade, invalidade ou ineficácia da convenção de arbitragem, serão as partes remetidas ao órgão do Poder Judiciário competente para julgar a causa.

§2º Não sendo acolhida a argüição, terá normal prosseguimento a arbitragem, sem prejuízo de vir a ser examinada a decisão pelo órgão do Poder Judiciário competente, quando da eventual propositura da demanda de que trata o art. 33 desta Lei.

Art. 21. A arbitragem obedecerá ao procedimento estabelecido pelas partes na convenção de arbitragem, que poderá reportar-se às regras de um órgão arbitral institucional ou entidade especializada, facultando-se, ainda, às partes delegar ao próprio árbitro, ou ao tribunal arbitral, regular o procedimento.

§1º Não havendo estipulação acerca do procedimento, caberá ao árbitro ou ao tribunal arbitral discipliná-lo.

§2º Serão, sempre, respeitados no procedimento arbitral os princípios do contraditório, da igualdade das partes, da imparcialidade do árbitro e de seu livre convencimento.

§3º As partes poderão postular por intermédio de advogado, respeitada, sempre, a faculdade de designar quem as represente ou assista no procedimento arbitral.

§4º Competirá ao árbitro ou ao tribunal arbitral, no início do procedimento, tentar a conciliação das partes, aplicando-se, no que couber, o art. 28 desta Lei.

Art. 22. Poderá o árbitro ou o tribunal arbitral tomar o depoimento das partes, ouvir testemunhas e determinar a realização de perícias ou outras provas que julgar necessárias, mediante requerimento das partes ou de ofício.

§1º O depoimento das partes e das testemunhas será tomado em local, dia e hora previamente comunicados, por escrito, e reduzido a termo, assinado pelo depoente, ou a seu rogo, e pelos árbitros.

§2º Em caso de desatendimento, sem justa causa, da convocação para prestar depoimento pessoal, o árbitro ou o tribunal arbitral levará em consideração o comportamento da parte faltosa, ao proferir sua sentença; se a ausência for de testemunha, nas mesmas circunstâncias, poderá o árbitro ou o presidente do tribunal arbitral requerer à autoridade judiciária que conduza a testemunha renitente, comprovando a existência da convenção de arbitragem.

§3º A revelia da parte não impedirá que seja proferida a sentença arbitral.

~~§4º Ressalvado o disposto no §2º, havendo necessidade de medidas coercitivas ou cautelares, os árbitros poderão solicitá-las ao órgão do Poder Judiciário que seria, originariamente, competente para julgar a causa.~~ (Revogado pela Lei nº 13.129, de 2015) (Vigência)

§5º Se, durante o procedimento arbitral, um árbitro vier a ser substituído fica a critério do substituto repetir as provas já produzidas.

CAPÍTULO IV-A

(Incluído pela Lei nº 13.129, de 2015) (Vigência)

DAS TUTELAS CAUTELARES E DE URGÊNCIA

Art. 22-A. Antes de instituída a arbitragem, as partes poderão recorrer ao Poder Judiciário para a concessão de medida cautelar ou de urgência. (Incluído pela Lei nº 13.129, de 2015) (Vigência)

Parágrafo único. Cessa a eficácia da medida cautelar ou de urgência se a parte interessada não requerer a instituição da arbitragem no prazo de 30 (trinta) dias, contado da data de efetivação da respectiva decisão. (Incluído pela Lei nº 13.129, de 2015) (Vigência)

Art. 22-B. Instituída a arbitragem, caberá aos árbitros manter, modificar ou revogar a medida cautelar ou de urgência concedida pelo Poder Judiciário. (Incluído pela Lei nº 13.129, de 2015) (Vigência)

Parágrafo único. Estando já instituída a arbitragem, a medida cautelar ou de urgência será requerida diretamente aos árbitros. (Incluído pela Lei nº 13.129, de 2015) (Vigência)

CAPÍTULO IV-B

(Incluído pela Lei nº 13.129, de 2015) (Vigência)

DA CARTA ARBITRAL

Art. 22-C. O árbitro ou o tribunal arbitral poderá expedir carta arbitral para que o órgão jurisdicional nacional pratique ou determine o cumprimento, na área de sua competência territorial, de ato solicitado pelo árbitro. (Incluído pela Lei nº 13.129, de 2015) (Vigência)

Parágrafo único. No cumprimento da carta arbitral será observado o segredo de justiça, desde que comprovada a confidencialidade estipulada na arbitragem. (Incluído pela Lei nº 13.129, de 2015) (Vigência)

CAPÍTULO V
DA SENTENÇA ARBITRAL

Art. 23. A sentença arbitral será proferida no prazo estipulado pelas partes. Nada tendo sido convencionado, o prazo para a apresentação da sentença é de seis meses, contado da instituição da arbitragem ou da substituição do árbitro.

~~Parágrafo único. As partes e os árbitros, de comum acordo, poderão prorrogar o prazo estipulado.~~

§1º Os árbitros poderão proferir sentenças parciais. (Incluído pela Lei nº 13.129, de 2015) (Vigência)

§2º As partes e os árbitros, de comum acordo, poderão prorrogar o prazo para proferir a sentença final. (Incluído pela Lei nº 13.129, de 2015) (Vigência)

Art. 24. A decisão do árbitro ou dos árbitros será expressa em documento escrito.

§1º Quando forem vários os árbitros, a decisão será tomada por maioria. Se não houver acordo majoritário, prevalecerá o voto do presidente do tribunal arbitral.

§2º O árbitro que divergir da maioria poderá, querendo, declarar seu voto em separado.

~~Art. 25. Sobrevindo no curso da arbitragem controvérsia acerca de direitos indisponíveis e verificando-se que de sua existência, ou não, dependerá o julgamento, o árbitro ou o tribunal arbitral remeterá as partes à autoridade competente do Poder Judiciário, suspendendo o procedimento arbitral.~~ (Revogado pela Lei nº 13.129, de 2015) (Vigência)

~~Parágrafo único. Resolvida a questão prejudicial e juntada aos autos a sentença ou acórdão transitados em julgado, terá normal seguimento a arbitragem.~~ (Revogado pela Lei nº 13.129, de 2015) (Vigência)

Art. 26. São requisitos obrigatórios da sentença arbitral:

I – o relatório, que conterá os nomes das partes e um resumo do litígio;

II – os fundamentos da decisão, onde serão analisadas as questões de fato e de direito, mencionando-se, expressamente, se os árbitros julgaram por eqüidade;

III – o dispositivo, em que os árbitros resolverão as questões que lhes forem submetidas e estabelecerão o prazo para o cumprimento da decisão, se for o caso; e

IV – a data e o lugar em que foi proferida.

Parágrafo único. A sentença arbitral será assinada pelo árbitro ou por todos os árbitros. Caberá ao presidente do tribunal arbitral, na hipótese de um ou alguns dos árbitros não poder ou não querer assinar a sentença, certificar tal fato.

Art. 27. A sentença arbitral decidirá sobre a responsabilidade das partes acerca das custas e despesas com a arbitragem, bem como sobre verba decorrente de litigância de má-fé, se for o caso, respeitadas as disposições da convenção de arbitragem, se houver.

Art. 28. Se, no decurso da arbitragem, as partes chegarem a acordo quanto ao litígio, o árbitro ou o tribunal arbitral poderá, a pedido das partes, declarar tal fato mediante sentença arbitral, que conterá os requisitos do art. 26 desta Lei.

Art. 29. Proferida a sentença arbitral, dá-se por finda a arbitragem, devendo o árbitro, ou o presidente do tribunal arbitral, enviar cópia da decisão às partes, por via postal ou por outro meio qualquer de comunicação, mediante comprovação de recebimento, ou, ainda, entregando-a diretamente às partes, mediante recibo.

~~Art. 30. No prazo de cinco dias, a contar do recebimento da notificação ou da ciência pessoal da sentença arbitral, a parte interessada, mediante comunicação à outra parte, poderá solicitar ao árbitro ou ao tribunal arbitral que:~~

Art. 30. No prazo de 5 (cinco) dias, a contar do recebimento da notificação ou da ciência pessoal da sentença arbitral, salvo se outro prazo for acordado entre as partes, a parte interessada, mediante comunicação à outra parte, poderá solicitar ao árbitro ou ao tribunal arbitral que: (Redação dada pela Lei nº 13.129, de 2015) (Vigência)

I – corrija qualquer erro material da sentença arbitral;

II – esclareça alguma obscuridade, dúvida ou contradição da sentença arbitral, ou se pronuncie sobre ponto omitido a respeito do qual devia manifestar-se a decisão.

~~Parágrafo único. O árbitro ou o tribunal arbitral decidirá, no prazo de dez dias, aditando a sentença arbitral e notificando as partes na forma do art. 29.~~

Parágrafo único. O árbitro ou o tribunal arbitral decidirá no prazo de 10 (dez) dias ou em prazo acordado com as partes, aditará a sentença arbitral e notificará as partes na forma do art. 29. (Redação dada pela Lei nº 13.129, de 2015) (Vigência)

Art. 31. A sentença arbitral produz, entre as partes e seus sucessores, os mesmos efeitos da sentença proferida pelos órgãos do Poder Judiciário e, sendo condenatória, constitui título executivo.

Art. 32. É nula a sentença arbitral se:

~~I – for nulo o compromisso;~~

I – for nula a convenção de arbitragem; (Redação dada pela Lei nº 13.129, de 2015) (Vigência)

II – emanou de quem não podia ser árbitro;

III – não contiver os requisitos do art. 26 desta Lei;

IV – for proferida fora dos limites da convenção de arbitragem;

~~V – não decidir todo o litígio submetido à arbitragem;~~ (Revogado pela Lei nº 13.129, de 2015) (Vigência)

VI – comprovado que foi proferida por prevaricação, concussão ou corrupção passiva;

VII – proferida fora do prazo, respeitado o disposto no art. 12, inciso III, desta Lei; e

VIII – forem desrespeitados os princípios de que trata o art. 21, §2º, desta Lei.

~~Art. 33. A parte interessada poderá pleitear ao órgão do Poder Judiciário competente a decretação da nulidade da sentença arbitral, nos casos previstos nesta Lei.~~

Art. 33. A parte interessada poderá pleitear ao órgão do Poder Judiciário competente a declaração de nulidade da sentença arbitral, nos casos previstos nesta Lei. (Redação dada pela Lei nº 13.129, de 2015) (Vigência)

~~§1º A demanda para a decretação de nulidade da sentença arbitral seguirá o procedimento comum, previsto no Código de Processo Civil, e deverá ser proposta no prazo de até noventa dias~~

~~após o recebimento da notificação da sentença arbitral ou de seu aditamento.~~

§1º A demanda para a declaração de nulidade da sentença arbitral, parcial ou final, seguirá as regras do procedimento comum, previstas na Lei nº 5.869, de 11 de janeiro de 1973 (Código de Processo Civil), e deverá ser proposta no prazo de até 90 (noventa) dias após o recebimento da notificação da respectiva sentença, parcial ou final, ou da decisão do pedido de esclarecimentos. (Redação dada pela Lei nº 13.129, de 2015) (Vigência)

~~§2º A sentença que julgar procedente o pedido:~~

~~I – decretará a nulidade da sentença arbitral, nos casos do art. 32, incisos I, II, VI, VII e VIII;~~

~~II – determinará que o árbitro ou o tribunal arbitral profira novo laudo, nas demais hipóteses.~~

§2º A sentença que julgar procedente o pedido declarará a nulidade da sentença arbitral, nos casos do art. 32, e determinará, se for o caso, que o árbitro ou o tribunal profira nova sentença arbitral. (Redação dada pela Lei nº 13.129, de 2015) (Vigência)

~~§3º A decretação da nulidade da sentença arbitral também poderá ser argüida mediante ação de embargos do devedor, conforme o art. 741 e seguintes do Código de Processo Civil, se houver execução judicial. (Vide Lei nº 13.105, de 2015) (Vigência)~~

~~§3º A declaração de nulidade da sentença arbitral também poderá ser arguida mediante impugnação, conforme o art. 475-L e seguintes da Lei nº 5.869, de 11 de janeiro de 1973 (Código de Processo Civil), se houver execução judicial. (Redação dada pela Lei nº 13.129, de 2015) (Vigência)~~

§3º A decretação da nulidade da sentença arbitral também poderá ser requerida na impugnação ao cumprimento da sentença, nos termos dos arts. 525 e seguintes do Código de Processo Civil, se houver execução judicial. (Redação dada pela Lei nº 13.105, de 2015) (Vigência)

§4º A parte interessada poderá ingressar em juízo para requerer a prolação de sentença arbitral complementar, se o árbitro não decidir todos os pedidos submetidos à arbitragem. (Incluído pela Lei nº 13.129, de 2015) (Vigência)

CAPÍTULO VI
DO RECONHECIMENTO E EXECUÇÃO DE SENTENÇAS ARBITRAIS ESTRANGEIRAS

Art. 34. A sentença arbitral estrangeira será reconhecida ou executada no Brasil de conformidade com os tratados internacionais com eficácia no ordenamento interno e, na sua ausência, estritamente de acordo com os termos desta Lei.

Parágrafo único. Considera-se sentença arbitral estrangeira a que tenha sido proferida fora do território nacional.

~~Art. 35. Para ser reconhecida ou executada no Brasil, a sentença arbitral estrangeira está sujeita, unicamente, à homologação do Supremo Tribunal Federal.~~

Art. 35. Para ser reconhecida ou executada no Brasil, a sentença arbitral estrangeira está sujeita, unicamente, à homologação do Superior Tribunal de Justiça. (Redação dada pela Lei nº 13.129, de 2015) (Vigência)

Art. 36. Aplica-se à homologação para reconhecimento ou execução de sentença arbitral estrangeira, no que couber, o disposto nos arts. 483 e 484 do Código de Processo Civil.

Art. 37. A homologação de sentença arbitral estrangeira será requerida pela parte interessada, devendo a petição inicial conter as indicações da lei processual, conforme o art. 282 do Código de Processo Civil, e ser instruída, necessariamente, com:

I – o original da sentença arbitral ou uma cópia devidamente certificada, autenticada pelo consulado brasileiro e acompanhada de tradução oficial;

II – o original da convenção de arbitragem ou cópia devidamente certificada, acompanhada de tradução oficial.

Art. 38. Somente poderá ser negada a homologação para o reconhecimento ou execução de sentença arbitral estrangeira, quando o réu demonstrar que:

I – as partes na convenção de arbitragem eram incapazes;

II – a convenção de arbitragem não era válida segundo a lei à qual as partes a submeteram, ou, na falta de indicação, em virtude da lei do país onde a sentença arbitral foi proferida;

III – não foi notificado da designação do árbitro ou do procedimento de arbitragem, ou tenha sido violado o princípio do contraditório, impossibilitando a ampla defesa;

IV – a sentença arbitral foi proferida fora dos limites da convenção de arbitragem, e não foi possível separar a parte excedente daquela submetida à arbitragem;

V – a instituição da arbitragem não está de acordo com o compromisso arbitral ou cláusula compromissória;

VI – a sentença arbitral não se tenha, ainda, tornado obrigatória para as partes, tenha sido anulada, ou, ainda, tenha sido suspensa por órgão judicial do país onde a sentença arbitral for prolatada.

~~Art. 39. Também será denegada a homologação para o reconhecimento ou execução da sentença arbitral estrangeira, se o Supremo Tribunal Federal constatar que:~~

Art. 39. A homologação para o reconhecimento ou a execução da sentença arbitral estrangeira também será denegada se o Superior Tribunal de Justiça constatar que: (Redação dada pela Lei nº 13.129, de 2015) (Vigência)

I – segundo a lei brasileira, o objeto do litígio não é suscetível de ser resolvido por arbitragem;

II – a decisão ofende a ordem pública nacional.

Parágrafo único. Não será considerada ofensa à ordem pública nacional a efetivação da citação da parte residente ou domiciliada no Brasil, nos moldes da convenção de arbitragem ou da lei processual do país onde se realizou a arbitragem, admitindo-se, inclusive, a citação postal com prova inequívoca de recebimento, desde que assegure à parte brasileira tempo hábil para o exercício do direito de defesa.

Art. 40. A denegação da homologação para reconhecimento ou execução de sentença arbitral estrangeira por vícios formais, não obsta que a parte interessada renove o pedido, uma vez sanados os vícios apresentados.

CAPÍTULO VII
DISPOSIÇÕES FINAIS

Art. 41. Os arts. 267, inciso VII; 301, inciso IX; e 584, inciso III, do Código de Processo Civil passam a ter a seguinte redação:

"Art. 267...

VII - pela convenção de arbitragem;"

"Art. 301...

IX - convenção de arbitragem;"

"Art. 584...

III – a sentença arbitral e a sentença homologatória de transação ou de conciliação;"

Art. 42. O art. 520 do Código de Processo Civil passa a ter mais um inciso, com a seguinte redação:

"Art. 520...

VI - julgar procedente o pedido de instituição de arbitragem".

Art. 43. Esta Lei entrará em vigor sessenta dias após a data de sua publicação.

Art. 44. Ficam revogados os arts. 1.037 a 1.048 da Lei nº 3.071, de 1º de janeiro de 1916, Código Civil Brasileiro; os arts. 101 e 1.072 a 1.102 da Lei nº 5.869, de 11 de janeiro de 1973, Código de Processo Civil; e demais disposições em contrário.

Brasília, 23 de setembro de 1996; 175º da Independência e 108º da República.

FERNANDO HENRIQUE CARDOSO

Nelson A. Jobim

Este texto não substitui o publicado no DOU de 24.9.1996

LEI Nº 13.140, DE 26 DE JUNHO DE 2015.

Vigência	Dispõe sobre a mediação entre particulares como meio de solução de controvérsias e sobre a autocomposição de conflitos no âmbito da administração pública; altera a Lei nº 9.469, de 10 de julho de 1997, e o Decreto nº 70.235, de 6 de março de 1972; e revoga o §2º do art. 6º da Lei nº 9.469, de 10 de julho de 1997.

A PRESIDENTA DA REPÚBLICA Faço saber que o Congresso Nacional decreta e eu sanciono a seguinte Lei:

Art. 1º Esta Lei dispõe sobre a mediação como meio de solução de controvérsias entre particulares e sobre a autocomposição de conflitos no âmbito da administração pública.

Parágrafo único. Considera-se mediação a atividade técnica exercida por terceiro imparcial sem poder decisório, que, escolhido ou aceito pelas partes, as auxilia e estimula a identificar ou desenvolver soluções consensuais para a controvérsia.

CAPÍTULO I
DA MEDIAÇÃO
Seção I
Disposições Gerais

Art. 2º A mediação será orientada pelos seguintes princípios:

I – imparcialidade do mediador;

II – isonomia entre as partes;

III – oralidade;
IV – informalidade;
V – autonomia da vontade das partes;
VI – busca do consenso;
VII – confidencialidade;
VIII – boa-fé.

§1º Na hipótese de existir previsão contratual de cláusula de mediação, as partes deverão comparecer à primeira reunião de mediação.

§2º Ninguém será obrigado a permanecer em procedimento de mediação.

Art. 3º Pode ser objeto de mediação o conflito que verse sobre direitos disponíveis ou sobre direitos indisponíveis que admitam transação.

§1º A mediação pode versar sobre todo o conflito ou parte dele.

§2º O consenso das partes envolvendo direitos indisponíveis, mas transigíveis, deve ser homologado em juízo, exigida a oitiva do Ministério Público.

Seção II
Dos Mediadores

Subseção I
Disposições Comuns

Art. 4º O mediador será designado pelo tribunal ou escolhido pelas partes.

§1º O mediador conduzirá o procedimento de comunicação entre as partes, buscando o entendimento e o consenso e facilitando a resolução do conflito.

§2º Aos necessitados será assegurada a gratuidade da mediação.

Art. 5º Aplicam-se ao mediador as mesmas hipóteses legais de impedimento e suspeição do juiz.

Parágrafo único. A pessoa designada para atuar como mediador tem o dever de revelar às partes, antes da aceitação da função, qualquer fato ou circunstância que possa suscitar dúvida justificada em relação à sua imparcialidade para mediar o conflito, oportunidade em que poderá ser recusado por qualquer delas.

Art. 6º O mediador fica impedido, pelo prazo de um ano, contado do término da última audiência em que atuou, de assessorar, representar ou patrocinar qualquer das partes.

Art. 7º O mediador não poderá atuar como árbitro nem funcionar como testemunha em processos judiciais ou arbitrais pertinentes a conflito em que tenha atuado como mediador.

Art. 8º O mediador e todos aqueles que o assessoram no procedimento de mediação, quando no exercício de suas funções ou em razão delas, são equiparados a servidor público, para os efeitos da legislação penal.

Subseção II

Dos Mediadores Extrajudiciais

Art. 9º Poderá funcionar como mediador extrajudicial qualquer pessoa capaz que tenha a confiança das partes e seja capacitada para fazer mediação, independentemente de integrar qualquer tipo de conselho, entidade de classe ou associação, ou nele inscrever-se.

Art. 10. As partes poderão ser assistidas por advogados ou defensores públicos.

Parágrafo único. Comparecendo uma das partes acompanhada de advogado ou defensor público, o mediador suspenderá o procedimento, até que todas estejam devidamente assistidas.

Subseção III

Dos Mediadores Judiciais

Art. 11. Poderá atuar como mediador judicial a pessoa capaz, graduada há pelo menos dois anos em curso de ensino superior de instituição reconhecida pelo Ministério da Educação e que tenha obtido capacitação em escola ou instituição de formação de mediadores, reconhecida pela Escola Nacional de Formação e Aperfeiçoamento de Magistrados – ENFAM ou pelos tribunais, observados os requisitos mínimos estabelecidos pelo Conselho Nacional de Justiça em conjunto com o Ministério da Justiça.

Art. 12. Os tribunais criarão e manterão cadastros atualizados dos mediadores habilitados e autorizados a atuar em mediação judicial.

§1º A inscrição no cadastro de mediadores judiciais será requerida pelo interessado ao tribunal com jurisdição na área em que pretenda exercer a mediação.

§2º Os tribunais regulamentarão o processo de inscrição e desligamento de seus mediadores.

Art. 13. A remuneração devida aos mediadores judiciais será fixada pelos tribunais e custeada pelas partes, observado o disposto no §2º do art. 4º desta Lei.

Seção III
Do Procedimento de Mediação

Subseção I
Disposições Comuns

Art. 14. No início da primeira reunião de mediação, e sempre que julgar necessário, o mediador deverá alertar as partes acerca das regras de confidencialidade aplicáveis ao procedimento.

Art. 15. A requerimento das partes ou do mediador, e com anuência daquelas, poderão ser admitidos outros mediadores para funcionarem no mesmo procedimento, quando isso for recomendável em razão da natureza e da complexidade do conflito.

Art. 16. Ainda que haja processo arbitral ou judicial em curso, as partes poderão submeter-se à mediação, hipótese em que requererão ao juiz ou árbitro a suspensão do processo por prazo suficiente para a solução consensual do litígio.

§1º É irrecorrível a decisão que suspende o processo nos termos requeridos de comum acordo pelas partes.

§2º A suspensão do processo não obsta a concessão de medidas de urgência pelo juiz ou pelo árbitro.

Art. 17. Considera-se instituída a mediação na data para a qual for marcada a primeira reunião de mediação.

Parágrafo único. Enquanto transcorrer o procedimento de mediação, ficará suspenso o prazo prescricional.

Art. 18. Iniciada a mediação, as reuniões posteriores com a presença das partes somente poderão ser marcadas com a sua anuência.

Art. 19. No desempenho de sua função, o mediador poderá reunir-se com as partes, em conjunto ou separadamente, bem como solicitar das partes as informações que entender necessárias para facilitar o entendimento entre aquelas.

Art. 20. O procedimento de mediação será encerrado com a lavratura do seu termo final, quando for celebrado acordo ou quando não se justificarem novos esforços para a obtenção de consenso, seja por declaração do mediador nesse sentido ou por manifestação de qualquer das partes.

Parágrafo único. O termo final de mediação, na hipótese de celebração de acordo, constitui título executivo extrajudicial e, quando homologado judicialmente, título executivo judicial.

Subseção II
Da Mediação Extrajudicial

Art. 21. O convite para iniciar o procedimento de mediação extrajudicial poderá ser feito por qualquer meio de comunicação e deverá estipular o escopo proposto para a negociação, a data e o local da primeira reunião.

Parágrafo único. O convite formulado por uma parte à outra considerar-se-á rejeitado se não for respondido em até trinta dias da data de seu recebimento.

Art. 22. A previsão contratual de mediação deverá conter, no mínimo:

I – prazo mínimo e máximo para a realização da primeira reunião de mediação, contado a partir da data de recebimento do convite;

II – local da primeira reunião de mediação;

III – critérios de escolha do mediador ou equipe de mediação;

IV – penalidade em caso de não comparecimento da parte convidada à primeira reunião de mediação.

§1º A previsão contratual pode substituir a especificação dos itens acima enumerados pela indicação de regulamento, publicado por instituição idônea prestadora de serviços de mediação, no qual constem critérios claros para a escolha do mediador e realização da primeira reunião de mediação.

§2º Não havendo previsão contratual completa, deverão ser observados os seguintes critérios para a realização da primeira reunião de mediação:

I – prazo mínimo de dez dias úteis e prazo máximo de três meses, contados a partir do recebimento do convite;

II – local adequado a uma reunião que possa envolver informações confidenciais;

III – lista de cinco nomes, informações de contato e referências profissionais de mediadores capacitados; a parte convidada poderá escolher, expressamente, qualquer um dos cinco mediadores e, caso a parte convidada não se manifeste, considerar-se-á aceito o primeiro nome da lista;

IV – o não comparecimento da parte convidada à primeira reunião de mediação acarretará a assunção por parte desta de cinquenta por cento das custas e honorários sucumbenciais caso venha a ser vencedora em procedimento arbitral ou judicial posterior, que envolva o escopo da mediação para a qual foi convidada.

§3º Nos litígios decorrentes de contratos comerciais ou societários que não contenham cláusula de mediação, o mediador extrajudicial somente cobrará por seus serviços caso as partes decidam assinar o termo inicial de mediação e permanecer, voluntariamente, no procedimento de mediação.

Art. 23. Se, em previsão contratual de cláusula de mediação, as partes se comprometerem a não iniciar procedimento arbitral ou processo judicial durante certo prazo ou até o implemento de determinada condição, o árbitro ou o juiz suspenderá o curso da arbitragem ou da ação pelo prazo previamente acordado ou até o implemento dessa condição.

Parágrafo único. O disposto no caput não se aplica às medidas de urgência em que o acesso ao Poder Judiciário seja necessário para evitar o perecimento de direito.

Subseção III
Da Mediação Judicial

Art. 24. Os tribunais criarão centros judiciários de solução consensual de conflitos, responsáveis pela realização de sessões e audiências de conciliação e mediação, pré-processuais e processuais, e pelo desenvolvimento de programas destinados a auxiliar, orientar e estimular a autocomposição.

Parágrafo único. A composição e a organização do centro serão definidas pelo respectivo tribunal, observadas as normas do Conselho Nacional de Justiça.

Art. 25. Na mediação judicial, os mediadores não estarão sujeitos à prévia aceitação das partes, observado o disposto no art. 5º desta Lei.

Art. 26. As partes deverão ser assistidas por advogados ou defensores públicos, ressalvadas as hipóteses previstas nas Leis n º 9.099, de 26 de setembro de 1995, e 10.259, de 12 de julho de 2001 .

Parágrafo único. Aos que comprovarem insuficiência de recursos será assegurada assistência pela Defensoria Pública.

Art. 27. Se a petição inicial preencher os requisitos essenciais e não for o caso de improcedência liminar do pedido, o juiz designará audiência de mediação.

Art. 28. O procedimento de mediação judicial deverá ser concluído em até sessenta dias, contados da primeira sessão, salvo quando as partes, de comum acordo, requererem sua prorrogação.

Parágrafo único. Se houver acordo, os autos serão encaminhados ao juiz, que determinará o arquivamento do processo e, desde que requerido pelas partes, homologará o acordo, por sentença, e o termo final da mediação e determinará o arquivamento do processo.

Art. 29. Solucionado o conflito pela mediação antes da citação do réu, não serão devidas custas judiciais finais.

Seção IV
Da Confidencialidade e suas Exceções

Art. 30. Toda e qualquer informação relativa ao procedimento de mediação será confidencial em relação a terceiros, não podendo ser revelada sequer em processo arbitral ou judicial salvo se as partes expressamente decidirem de forma diversa ou quando sua divulgação for exigida por lei ou necessária para cumprimento de acordo obtido pela mediação.

§1º O dever de confidencialidade aplica-se ao mediador, às partes, a seus prepostos, advogados, assessores técnicos e a outras pessoas de sua confiança que tenham, direta ou indiretamente, participado do procedimento de mediação, alcançando:

I – declaração, opinião, sugestão, promessa ou proposta formulada por uma parte à outra na busca de entendimento para o conflito;

II – reconhecimento de fato por qualquer das partes no curso do procedimento de mediação;

III – manifestação de aceitação de proposta de acordo apresentada pelo mediador;

IV – documento preparado unicamente para os fins do procedimento de mediação.

§2º A prova apresentada em desacordo com o disposto neste artigo não será admitida em processo arbitral ou judicial.

§3º Não está abrigada pela regra de confidencialidade a informação relativa à ocorrência de crime de ação pública.

§4º A regra da confidencialidade não afasta o dever de as pessoas discriminadas no caput prestarem informações à administração tributária após o termo final da mediação, aplicando-se aos seus servidores a obrigação de manterem sigilo das informações compartilhadas nos termos do art. 198 da Lei nº 5.172, de 25 de outubro de 1966 - Código Tributário Nacional.

Art. 31. Será confidencial a informação prestada por uma parte em sessão privada, não podendo o mediador revelá-la às demais, exceto se expressamente autorizado.

CAPÍTULO II

DA AUTOCOMPOSIÇÃO DE CONFLITOS EM QUE FOR PARTE PESSOA JURÍDICA DE DIREITO PÚBLICO

Seção I
Disposições Comuns

Art. 32. A União, os Estados, o Distrito Federal e os Municípios poderão criar câmaras de prevenção e resolução administrativa de conflitos, no âmbito dos respectivos órgãos da Advocacia Pública, onde houver, com competência para:

I – dirimir conflitos entre órgãos e entidades da administração pública;

II – avaliar a admissibilidade dos pedidos de resolução de conflitos, por meio de composição, no caso de controvérsia entre particular e pessoa jurídica de direito público;

III – promover, quando couber, a celebração de termo de ajustamento de conduta.

§1º O modo de composição e funcionamento das câmaras de que trata o caput será estabelecido em regulamento de cada ente federado.

§2º A submissão do conflito às câmaras de que trata o caput é facultativa e será cabível apenas nos casos previstos no regulamento do respectivo ente federado.

§3º Se houver consenso entre as partes, o acordo será reduzido a termo e constituirá título executivo extrajudicial.

§4º Não se incluem na competência dos órgãos mencionados no caput deste artigo as controvérsias que somente possam ser resolvidas por atos ou concessão de direitos sujeitos a autorização do Poder Legislativo.

§5º Compreendem-se na competência das câmaras de que trata o caput a prevenção e a resolução de conflitos que envolvam equilíbrio econômico-financeiro de contratos celebrados pela administração com particulares.

Art. 33. Enquanto não forem criadas as câmaras de mediação, os conflitos poderão ser dirimidos nos termos do procedimento de mediação previsto na Subseção I da Seção III do Capítulo I desta Lei.

Parágrafo único. A Advocacia Pública da União, dos Estados, do Distrito Federal e dos Municípios, onde houver, poderá instaurar, de ofício ou mediante provocação, procedimento de mediação coletiva de conflitos relacionados à prestação de serviços públicos.

Art. 34. A instauração de procedimento administrativo para a resolução consensual de conflito no âmbito da administração pública suspende a prescrição.

§1º Considera-se instaurado o procedimento quando o órgão ou entidade pública emitir juízo de admissibilidade, retroagindo a suspensão da prescrição à data de formalização do pedido de resolução consensual do conflito.

§2º Em se tratando de matéria tributária, a suspensão da prescrição deverá observar o disposto na Lei nº 5.172, de 25 de outubro de 1966 - Código Tributário Nacional.

Seção II

Dos Conflitos Envolvendo a Administração Pública Federal Direta, suas Autarquias e Fundações

Art. 35. As controvérsias jurídicas que envolvam a administração pública federal direta, suas autarquias e fundações poderão ser objeto de transação por adesão, com fundamento em:

I – autorização do Advogado-Geral da União, com base na jurisprudência pacífica do Supremo Tribunal Federal ou de tribunais superiores; ou

II – parecer do Advogado-Geral da União, aprovado pelo Presidente da República.

§1º Os requisitos e as condições da transação por adesão serão definidos em resolução administrativa própria.

§2º Ao fazer o pedido de adesão, o interessado deverá juntar prova de atendimento aos requisitos e às condições estabelecidos na resolução administrativa.

§3º A resolução administrativa terá efeitos gerais e será aplicada aos casos idênticos, tempestivamente habilitados mediante pedido de adesão, ainda que solucione apenas parte da controvérsia.

§4º A adesão implicará renúncia do interessado ao direito sobre o qual se fundamenta a ação ou o recurso, eventualmente pendentes, de natureza administrativa ou judicial, no que tange aos pontos compreendidos pelo objeto da resolução administrativa.

§5º Se o interessado for parte em processo judicial inaugurado por ação coletiva, a renúncia ao direito sobre o qual se fundamenta a ação deverá ser expressa, mediante petição dirigida ao juiz da causa.

§6º A formalização de resolução administrativa destinada à transação por adesão não implica a renúncia tácita à prescrição nem sua interrupção ou suspensão.

Art. 36. No caso de conflitos que envolvam controvérsia jurídica entre órgãos ou entidades de direito público que integram a administração pública federal, a Advocacia-Geral da União deverá realizar composição extrajudicial do conflito, observados os procedimentos previstos em ato do Advogado-Geral da União.

§1º Na hipótese do caput , se não houver acordo quanto à controvérsia jurídica, caberá ao Advogado-Geral da União dirimi-la, com fundamento na legislação afeta.

§2º Nos casos em que a resolução da controvérsia implicar o reconhecimento da existência de créditos da União, de suas autarquias e fundações em face de pessoas jurídicas de direito público federais, a Advocacia-Geral da União poderá solicitar ao Ministério do Planejamento, Orçamento e Gestão a adequação orçamentária para quitação das dívidas reconhecidas como legítimas.

§3º A composição extrajudicial do conflito não afasta a apuração de responsabilidade do agente público que deu causa à dívida, sempre que se verificar que sua ação ou omissão constitui, em tese, infração disciplinar.

§4º Nas hipóteses em que a matéria objeto do litígio esteja sendo discutida em ação de improbidade administrativa ou sobre ela haja decisão do Tribunal de Contas da União, a conciliação de que trata o caput dependerá da anuência expressa do juiz da causa ou do Ministro Relator.

Art. 37. É facultado aos Estados, ao Distrito Federal e aos Municípios, suas autarquias e fundações públicas, bem como às empresas públicas e sociedades de economia mista federais, submeter seus litígios com órgãos ou entidades da administração pública federal à Advocacia-Geral da União, para fins de composição extrajudicial do conflito.

Art. 38. Nos casos em que a controvérsia jurídica seja relativa a tributos administrados pela Secretaria da Receita Federal do Brasil ou a créditos inscritos em dívida ativa da União:

I – não se aplicam as disposições dos incisos II e III do caput do art. 32;

II – as empresas públicas, sociedades de economia mista e suas subsidiárias que explorem atividade econômica de produção ou comercialização de bens ou de prestação de serviços em regime de concorrência não poderão exercer a faculdade prevista no art. 37;

III – quando forem partes as pessoas a que alude o caput do art. 36:

a) a submissão do conflito à composição extrajudicial pela Advocacia-Geral da União implica renúncia do direito de recorrer ao Conselho Administrativo de Recursos Fiscais;

b) a redução ou o cancelamento do crédito dependerá de manifestação conjunta do Advogado-Geral da União e do Ministro de Estado da Fazenda.

~~Parágrafo único. O disposto no inciso II e na alínea a do inciso III não afasta a competência do Advogado-Geral da União prevista nos incisos X e XI do art. 4º da Lei Complementar nº 73, de 10 de fevereiro de 1993 .~~

Parágrafo único. O disposto neste artigo não afasta a competência do Advogado-Geral da União prevista nos incisos VI , X e XI do art. 4º da Lei Complementar nº 73, de 10 de fevereiro de 1993 , e na Lei nº 9.469, de 10 de julho de 1997 . (Redação dada pela Lei nº 13.327, de 2016) (Produção de efeito)

Art. 39. A propositura de ação judicial em que figurem concomitantemente nos polos ativo e passivo órgãos ou entidades de direito público que integrem a administração pública federal deverá ser previamente autorizada pelo Advogado-Geral da União.

Art. 40. Os servidores e empregados públicos que participarem do processo de composição extrajudicial do conflito, somente poderão ser responsabilizados civil, administrativa ou criminalmente quando, mediante dolo ou fraude, receberem qualquer vantagem patrimonial indevida, permitirem ou facilitarem sua recepção por terceiro, ou para tal concorrerem.

CAPÍTULO III
DISPOSIÇÕES FINAIS

Art. 41. A Escola Nacional de Mediação e Conciliação, no âmbito do Ministério da Justiça, poderá criar banco de dados sobre boas práticas em mediação, bem como manter relação de mediadores e de instituições de mediação.

Art. 42. Aplica-se esta Lei, no que couber, às outras formas consensuais de resolução de conflitos, tais como mediações comunitárias e escolares, e àquelas levadas a efeito nas serventias extrajudiciais, desde que no âmbito de suas competências.

Parágrafo único. A mediação nas relações de trabalho será regulada por lei própria.

Art. 43. Os órgãos e entidades da administração pública poderão criar câmaras para a resolução de conflitos entre particulares, que versem sobre atividades por eles reguladas ou supervisionadas.

Art. 44. Os arts. 1º e 2º da Lei nº 9.469, de 10 de julho de 1997 , passam a vigorar com a seguinte redação:

"Art. 1º O Advogado-Geral da União, diretamente ou mediante delegação, e os dirigentes máximos das empresas públicas federais, em conjunto com o dirigente estatutário da área afeta ao assunto, poderão autorizar a realização de acordos ou transações para prevenir ou terminar litígios, inclusive os judiciais.

§1º Poderão ser criadas câmaras especializadas, compostas por servidores públicos ou empregados públicos efetivos, com o objetivo de analisar e formular propostas de acordos ou transações.

§3º Regulamento disporá sobre a forma de composição das câmaras de que trata o §1º, que deverão ter como integrante pelo menos um membro efetivo da Advocacia-Geral da União ou, no caso das empresas públicas, um assistente jurídico ou ocupante de função equivalente.

§4º Quando o litígio envolver valores superiores aos fixados em regulamento, o acordo ou a transação, sob pena de nulidade, dependerá de prévia e expressa autorização do Advogado-Geral da União e do Ministro de Estado a cuja área de competência estiver afeto o assunto, ou ainda do Presidente da Câmara dos Deputados, do Senado Federal, do Tribunal de Contas da União, de Tribunal ou Conselho, ou do Procurador-Geral da República, no caso de interesse dos órgãos dos Poderes Legislativo e Judiciário ou do Ministério Público da União, excluídas as empresas públicas federais não dependentes, que necessitarão apenas de prévia e expressa autorização dos dirigentes de que trata o caput .

§5º Na transação ou acordo celebrado diretamente pela parte ou por intermédio de procurador para extinguir ou encerrar processo judicial, inclusive os casos de extensão administrativa de pagamentos postulados em juízo, as partes poderão definir a responsabilidade de cada uma pelo pagamento dos honorários dos respectivos advogados".(NR)

"Art. 2º O Procurador-Geral da União, o Procurador-Geral Federal, o Procurador-Geral do Banco Central do Brasil e os dirigentes das empresas públicas federais mencionadas no caput do art. 1º poderão autorizar, diretamente ou mediante delegação, a realização de acordos para prevenir ou terminar, judicial ou extrajudicialmente, litígio que envolver valores inferiores aos fixados em regulamento.

§1º No caso das empresas públicas federais, a delegação é restrita a órgão colegiado formalmente constituído, composto por pelo menos um dirigente estatutário.

§2º O acordo de que trata o caput poderá consistir no pagamento do débito em parcelas mensais e sucessivas, até o limite máximo de sessenta.

§3º O valor de cada prestação mensal, por ocasião do pagamento, será acrescido de juros equivalentes à taxa referencial do Sistema Especial de Liquidação e de Custódia – SELIC para títulos federais, acumulada mensalmente, calculados a partir do mês subsequente ao da consolidação até o mês anterior ao do pagamento e de um por cento relativamente ao mês em que o pagamento estiver sendo efetuado.

§4º Inadimplida qualquer parcela, após trinta dias, instaurar-se-á o processo de execução ou nele prosseguir-se-á, pelo saldo". (NR)

Art. 45. O Decreto nº 70.235, de 6 de março de 1972 , passa a vigorar acrescido do seguinte art. 14-A:

"Art. 14-A. No caso de determinação e exigência de créditos tributários da União cujo sujeito passivo seja órgão ou entidade de direito público da administração pública federal, a submissão do litígio à composição extrajudicial pela Advocacia-Geral da União é considerada reclamação, para fins do disposto no inciso III do art. 151 da Lei nº 5.172, de 25 de outubro de 1966 - Código Tributário Nacional".

Art. 46. A mediação poderá ser feita pela internet ou por outro meio de comunicação que permita a transação à distância, desde que as partes estejam de acordo.

Parágrafo único. É facultado à parte domiciliada no exterior submeter-se à mediação segundo as regras estabelecidas nesta Lei.

Art. 47. Esta Lei entra em vigor após decorridos cento e oitenta dias de sua publicação oficial.

Art. 48. Revoga-se o §2º do art. 6º da Lei nº 9.469, de 10 de julho de 1997.

Brasília, 26 de junho de 2015; 194º da Independência e 127º da República.

DILMA ROUSSEFF

José Eduardo Cardozo

Joaquim Vieira Ferreira Levy

Nelson Barbosa

Luís Inácio Lucena Adams

Este texto não substitui o publicado no DOU de 29.6.2015

LEI Nº 13.867, DE 26 DE AGOSTO DE 2019

Mensagem de veto	Altera o Decreto-Lei nº 3.365, de 21 de junho de 1941, para possibilitar a opção pela mediação ou pela via arbitral para a definição dos valores de indenização nas desapropriações por utilidade pública, nas condições que especifica.

O PRESIDENTE DA REPÚBLICA Faço saber que o Congresso Nacional decreta e eu sanciono a seguinte Lei:

Art. 1º O Decreto-Lei nº 3.365, de 21 de junho de 1941, passa a vigorar com as seguintes alterações:

"Art. 10. (VETADO)".(NR)

"Art. 10-A. O poder público deverá notificar o proprietário e apresentar-lhe oferta de indenização.

§1º A notificação de que trata o *caput* deste artigo conterá:

I – cópia do ato de declaração de utilidade pública;

II – planta ou descrição dos bens e suas confrontações;

III – valor da oferta;

IV – informação de que o prazo para aceitar ou rejeitar a oferta é de 15 (quinze) dias e de que o silêncio será considerado rejeição;

V – (VETADO).

§2º Aceita a oferta e realizado o pagamento, será lavrado acordo, o qual será título hábil para a transcrição no registro de imóveis.

§3º Rejeitada a oferta, ou transcorrido o prazo sem manifestação, o poder público procederá na forma dos arts. 11 e seguintes deste Decreto-Lei".

"Art. 10-B. Feita a opção pela mediação ou pela via arbitral, o particular indicará um dos órgãos ou instituições especializados em mediação ou arbitragem previamente cadastrados pelo órgão responsável pela desapropriação.

§1º A mediação seguirá as normas da Lei nº 13.140, de 26 de junho de 2015, e, subsidiariamente, os regulamentos do órgão ou instituição responsável.

§2º Poderá ser eleita câmara de mediação criada pelo poder público, nos termos do art. 32 da Lei nº 13.140, de 26 de junho de 2015.

§3º (VETADO).

§4º A arbitragem seguirá as normas da Lei nº 9.307, de 23 de setembro de 1996, e, subsidiariamente, os regulamentos do órgão ou instituição responsável.

§5º (VETADO)".

Art. 2º Esta Lei entra em vigor na data de sua publicação e aplica-se às desapropriações cujo decreto seja publicado após essa data.

Brasília, 26 de agosto de 2019; 198º da Independência e 131º da República.

JAIR MESSIAS BOLSONARO

Sérgio Moro

Tarcisio Gomes de Freitas

André Luiz de Almeida Mendonça

Este texto não substitui o publicado no DOU de 27.8.2019

DECRETO Nº 10.025, DE 20 DE SETEMBRO DE 2019

	Dispõe sobre a arbitragem para dirimir litígios que envolvam a administração pública federal nos setores portuário e de transporte rodoviário, ferroviário, aquaviário e aeroportuário, e regulamenta o inciso XVI do **caput** do art. 35 da Lei nº 10.233, de 5 de junho de 2001, o §1º do art. 62 da Lei nº 12.815, de 5 de junho de 2013, e o §5º do art. 31 da Lei nº 13.448, de 5 de junho de 2017.

O PRESIDENTE DA REPÚBLICA, no uso das atribuições que lhe confere o art. 84, **caput**, incisos IV e VI, alínea "a", da Constituição, e tendo em vista o disposto na Lei nº 9.307, de 23 de setembro de 1996, no art. 35, **caput,** inciso XVI, da Lei nº 10.233, de 5 de junho de 2001, no art. 62, §1º, da Lei nº 12.815, de 5 de junho de 2013, e no art. 31, §5º, da Lei nº 13.448, de 5 de junho de 2017,

DECRETA:

CAPÍTULO I
DISPOSIÇÕES PRELIMINARES

Art. 1º Este Decreto dispõe sobre a arbitragem, no âmbito do setor portuário e de transportes rodoviário, ferroviário, aquaviário e aeroportuário, para dirimir litígios que envolvam a União ou as entidades da administração pública federal e concessionários, subconcessionários, permissionários, arrendatários, autorizatários ou operadores portuários.

CAPÍTULO II
DO OBJETO DA ARBITRAGEM

Art. 2º Poderão ser submetidas à arbitragem as controvérsias sobre direitos patrimoniais disponíveis.

Parágrafo único. Para fins do disposto neste Decreto, consideram-se controvérsias sobre direitos patrimoniais disponíveis, entre outras:

I – as questões relacionadas à recomposição do equilíbrio econômico-financeiro dos contratos;

II – o cálculo de indenizações decorrentes de extinção ou de transferência do contrato de parceria; e

III – o inadimplemento de obrigações contratuais por quaisquer das partes, incluídas a incidência das suas penalidades e o seu cálculo.

CAPÍTULO III
DAS REGRAS GERAIS DO PROCEDIMENTO ARBITRAL

Art. 3º A arbitragem de que trata este Decreto observará as seguintes condições:

I – será admitida exclusivamente a arbitragem de direito;

II – as regras de direito material para fundamentar a decisão arbitral serão as da legislação brasileira;

III – a arbitragem será realizada na República Federativa do Brasil e em língua portuguesa;

IV – as informações sobre o processo de arbitragem serão públicas, ressalvadas aquelas necessárias à preservação de segredo industrial ou comercial e aquelas consideradas sigilosas pela legislação brasileira;

V – a arbitragem será, preferencialmente, institucional;

VI – uma câmara arbitral previamente credenciada pela Advocacia-Geral da União deverá ser escolhida para compor o litígio; e

VIII – a decisão administrativa contestada na arbitragem deverá ser definitiva, assim considerada aquela insuscetível de reforma por meio de recurso administrativo.

§1º Exceto se houver convenção entre as partes, caberá à câmara arbitral fornecer o acesso às informações de que trata o inciso IV do *caput*.

§2º Fica vedada a arbitragem por equidade.

§3º Observado o disposto no inciso V do *caput*, será admitida a opção pela arbitragem *ad hoc*, desde que devidamente justificada.

Art. 4º Antes da submissão dos litígios de que trata o art. 2º à arbitragem, poderá ser acordada entre as partes a adoção alternativa de outros mecanismos adequados à solução de controvérsias, inclusive a negociação direta com a administração, por meio de acordo ou transação, de que trata o art. 1º da Lei nº 9.469, de 10 de julho de 1997, ou a submissão do litígio à câmara de prevenção e resolução administrativa de conflitos da Advocacia-Geral da União, conforme previsto no inciso II do *caput* do art. 32 da Lei nº 13.140, de 26 de junho de 2015.

CAPÍTULO IV
DA CONVENÇÃO DE ARBITRAGEM

Seção I
Da cláusula compromissória

Art. 5º Os contratos de parceria abrangidos por este Decreto poderão conter cláusula compromissória ou cláusula que discipline a adoção alternativa de outros mecanismos adequados à solução de controvérsias.

§1º A cláusula compromissória, quando estipulada:

I – constará de forma destacada no contrato;

II – estabelecerá critérios para submissão de litígios à arbitragem, observado o disposto nos art. 2º e art. 3º;

III – definirá se a arbitragem será institucional ou *ad hoc*; e

IV – remeterá à obrigatoriedade de cumprimento das disposições deste Decreto.

§2º Na hipótese de arbitragem institucional, se a câmara arbitral não for definida previamente, a cláusula compromissória deverá estabelecer o momento, o critério e o procedimento de escolha da câmara arbitral dentre aquelas credenciadas na forma prevista no art. 8º .

§3º Os contratos que não contiverem cláusula compromissória ou possibilidade de adoção alternativa de outros mecanismos adequados à solução de controvérsias poderão ser aditados, desde que seja estabelecido acordo entre as partes.

Seção II
Do compromisso arbitral

Art. 6º Na hipótese de ausência de cláusula compromissória, a administração pública federal, para decidir sobre a celebração do compromisso arbitral, avaliará previamente as vantagens e as desvantagens da arbitragem no caso concreto.

§1º Será dada preferência à arbitragem:

I – nas hipóteses em que a divergência esteja fundamentada em aspectos eminentemente técnicos; e

II – sempre que a demora na solução definitiva do litígio possa:

a) gerar prejuízo à prestação adequada do serviço ou à operação da infraestrutura; ou

b) inibir investimentos considerados prioritários.

§2º O compromisso arbitral poderá ser firmado independentemente de celebração prévia de termo aditivo de que trata o §3º do *caput* do art. 5º.

§3º Caso já tenha sido proposta ação judicial por quaisquer das partes, além das condições estabelecidas no *caput*, antes da celebração de compromisso arbitral, o órgão da Advocacia-Geral da União responsável pelo acompanhamento da ação judicial emitirá manifestação sobre as possibilidades de decisão favorável à administração pública federal e a perspectiva de tempo necessário para o encerramento do litígio perante o Poder Judiciário, quando possível de serem aferidas.

§4º A submissão do litígio à arbitragem na hipótese de que trata o §3º ocorrerá por compromisso arbitral judicial ou extrajudicial, nos termos do disposto no §2º do art. 9º da Lei nº 9.307, de 1996, que indicará, com precisão, o objeto do litígio.

§5º Na hipótese prevista no §3º, se celebrado compromisso arbitral, a petição de homologação do acordo judicial em que as partes se comprometam a levar a questão ao juízo arbitral observará o disposto na Lei nº 9.469, de 1997.

Art. 7º São cláusulas obrigatórias do compromisso arbitral, além daquelas indicadas no art. 10 da Lei nº 9.307, de 1996:

I – a determinação do local onde se desenvolverá a arbitragem; e

II – a obrigatoriedade de cumprimento das disposições deste Decreto.

CAPÍTULO V
DOS PRAZOS DO PROCEDIMENTO ARBITRAL

Art. 8º No procedimento arbitral, deverão ser observados os seguintes prazos:

I – o prazo mínimo de sessenta dias para resposta inicial; e

II – o prazo máximo de vinte e quatro meses para a apresentação da sentença arbitral, contado da data de celebração do termo de arbitragem.

Parágrafo único. O prazo a que se refere o inciso II do *caput* poderá ser prorrogado uma vez, desde que seja estabelecido acordo entre as partes e que o período não exceda quarenta e oito meses.

CAPÍTULO VI
DOS CUSTOS DA ARBITRAGEM

Art. 9º As custas e as despesas relativas ao procedimento arbitral serão antecipadas pelo contratado e, quando for o caso, restituídas conforme deliberação final em instância arbitral, em especial:

I – as custas da instituição arbitral; e

II – o adiantamento dos honorários arbitrais.

§1º Para fins do disposto no *caput*, considera-se como contratado:

I – o concessionário;

II – o subconcessionário;

III – o permissionário;

IV – o arrendatário;

V – o autorizatário; ou

VI – o operador portuário.

§2º Na hipótese de sucumbência recíproca, as partes arcarão proporcionalmente com os custos da arbitragem.

§3º As despesas decorrentes da contratação de assistentes técnicos serão de responsabilidade das partes e não serão restituídas ao final do procedimento arbitral, hipótese em que caberá ao órgão ou à entidade representada assegurar-se da disponibilidade orçamentária para a eventual contratação de terceiros.

§4º Exceto quando as partes convencionarem em sentido contrário, os custos relacionados à produção de prova pericial, incluídos os honorários periciais, serão adiantados pelo contratado, nos termos estabelecidos no *caput*.

§5º As decisões condenatórias estabelecerão a forma de atualização da dívida que inclua correção monetária e juros de mora, observada a legislação de regência.

§6º Na hipótese de condenação em honorários advocatícios, serão observadas as regras estabelecidas no art. 85 da Lei nº 13.105, de 16 de março de 2015 – Código de Processo Civil, excluído o ressarcimento, por quaisquer das partes, de honorários contratuais.

§7º A restituição das custas e das despesas eventualmente devidas pelo órgão ou pela entidade representada poderá observar o disposto no §2º do art. 15.

CAPÍTULO VII
DO CREDENCIAMENTO E DA ESCOLHA DA CÂMARA ARBITRAL

Art. 10. O credenciamento da câmara arbitral será realizado pela Advocacia-Geral da União e dependerá do atendimento aos seguintes requisitos mínimos:

I – estar em funcionamento regular como câmara arbitral há, no mínimo, três anos;

II – ter reconhecidas idoneidade, competência e experiência na condução de procedimentos arbitrais; e

III – possuir regulamento próprio, disponível em língua portuguesa.

§1º O credenciamento de que trata o *caput* consiste em cadastro das câmaras arbitrais para eventual indicação futura em convenções de arbitragem e não caracteriza vínculo contratual entre o Poder Público e as câmaras arbitrais credenciadas.

§2º A Advocacia-Geral da União disciplinará a forma de comprovação dos requisitos estabelecidos no *caput* e poderá estabelecer outros para o credenciamento das câmaras arbitrais.

Art. 11. A convenção de arbitragem poderá estipular que a indicação da câmara arbitral que administrará o procedimento arbitral será feita pelo contratado, dentre as câmaras credenciadas na forma prevista no art. 10.

§1º A administração pública federal poderá, no prazo de quinze dias, manifestar objeção à câmara escolhida, hipótese em que a parte que solicitou a instauração da arbitragem indicará outra câmara credenciada, no prazo de quinze dias, contado da data da comunicação da objeção.

§2º A indicação da câmara arbitral escolhida e a sua eventual objeção serão feitas por correspondência dirigida à outra parte, ainda que a cláusula compromissória estabeleça que esta escolha será promovida logo após a celebração do contrato de parceria.

§3º A câmara arbitral indicada poderá ser substituída antes do início da arbitragem, desde que com a anuência de ambas as partes, independentemente da celebração de termo aditivo ao contrato de parceria.

CAPÍTULO VIII
DA ESCOLHA DOS ÁRBITROS

Art. 12. Os árbitros serão escolhidos nos termos estabelecidos na convenção de arbitragem, observados os seguintes requisitos mínimos:

I – estar no gozo de plena capacidade civil;

II – deter conhecimento compatível com a natureza do litígio; e

III – não ter, com as partes ou com o litígio que lhe for submetido, relações que caracterizem as hipóteses de impedimento ou suspeição de juízes, conforme previsto na Lei nº 13.105, de 2015 – Código de Processo Civil, ou outras situações de conflito de interesses previstas em lei ou reconhecidas em diretrizes internacionalmente aceitas ou nas regras da instituição arbitral escolhida.

Parágrafo único. O ingresso no País de árbitros e equipes de apoio residentes no exterior, exclusivamente para participação em audiências de procedimentos arbitrais com sede no País, é hipótese de visita de negócios, nos termos do disposto no §3º do art. 29 do Decreto nº 9.199, de 20 de novembro de 2017, respeitados os prazos de estada e as demais condições da legislação de imigração aplicável.

CAPÍTULO IX
DA REPRESENTAÇÃO DA ADMINISTRAÇÃO PÚBLICA FEDERAL DIRETA E INDIRETA

Art. 13. A União e as entidades da administração pública federal serão representadas perante o juízo arbitral por membros dos órgãos da Advocacia-Geral da União, conforme as suas competências constitucionais e legais.

§1º As comunicações processuais dirigidas aos membros da Advocacia-Geral da União responsáveis pela representação da União ou das entidades da administração pública federal indireta deverão assegurar a sua ciência inequívoca.

§2º A União poderá intervir nas causas arbitrais de que trata este Decreto nas hipóteses previstas no art. 5º da Lei nº 9.469, de 1997.

CAPÍTULO X
DO ASSESSORAMENTO TÉCNICO

Art. 14. A Advocacia-Geral da União poderá requisitar, nos termos do disposto no inciso XII do *caput* do art. 37 da Lei nº 13.327, de 29 de julho de 2016, parecer técnico de servidores ou dos órgãos da administração pública federal com *expertise* no objeto do litígio, independentemente de serem parte na arbitragem.

CAPÍTULO XI
DA SENTENÇA ARBITRAL

Art. 15. Na hipótese de sentença arbitral condenatória que imponha obrigação pecuniária à União ou às suas autarquias, inclusive relativa a custas e despesas com procedimento arbitral, o pagamento ocorrerá por meio da expedição de precatório ou de requisição de pequeno valor, conforme o caso.

§1º Na hipótese de que trata o *caput*, compete à parte vencedora iniciar o cumprimento da sentença perante o juízo competente.

§2º O disposto no *caput* não impede, desde que seja estabelecido acordo entre as partes, que o cumprimento da sentença arbitral ocorra por meio de:

I – instrumentos previstos no contrato que substituam a indenização pecuniária, incluídos os mecanismos de reequilíbrio econômico-financeiro;

II – compensação de haveres e deveres de natureza não tributária, incluídas as multas, nos termos do disposto no art. 30 da Lei nº 13.448, de 5 de junho de 2017; ou

III – atribuição do pagamento a terceiro, nas hipóteses admitidas na legislação brasileira.

CAPÍTULO XII
DISPOSIÇÕES FINAIS

Art. 16. O disposto neste Decreto não se aplica às arbitragens que tenham sido objeto de convenção de arbitragem firmada anteriormente à sua data de entrada em vigor, exceto quanto ao disposto no art. 14.

Parágrafo único. Desde que seja estabelecido acordo entre as partes, as disposições deste Decreto poderão ser adotadas para as arbitragens que tenham sido objeto de convenção firmada anteriormente à data a que se refere o *caput*.

Art. 17. Observado o disposto no §2º do art. 1º da Lei nº 9.307, de 1996, não se aplica a autorização do Advogado-Geral da União de que trata a Lei nº 9.469, de 1997, nas hipóteses de celebração de convenção arbitral.

Art. 18. Fica revogado o Decreto nº 8.465, de 8 de junho de 2015.

Art. 19. Este Decreto entra em vigor na data de sua publicação.

Brasília, 20 de setembro de 2019; 198º da Independência e 131º da República.

JAIR MESSIAS BOLSONARO

Marcelo Sampaio Cunha Filho

André Luiz de Almeida Mendonça

Este texto não substitui o publicado no DOU de 23.9.2019

DECRETO Nº 46.245 DE 19 DE FEVEREIRO DE 2018

Regulamenta a adoção da arbitragem para dirimir os conflitos que envolvam o Estado do Rio de Janeiro ou suas Entidades.

O GOVERNADOR DO ESTADO DO RIO DE JANEIRO, no uso de suas atribuições constitucionais e legais, tendo em vista o que consta do Processo Administrativo nº E-14/001.043.160/2016, CONSIDERANDO: – a edição da Lei nº 9.307, de 1996, que dispõe sobre a arbitragem, com as alterações promovidas pela Lei nº 13.129, de 2015; – a necessidade de serem estabelecidas regras específicas para a adoção da arbitragem envolvendo o Estado do Rio de Janeiro e suas Entidades; e – as sugestões do Grupo de Trabalho criado pela Resolução nº 3929 de 17/8/2016 do Procurador-Geral do Estado do Rio de Janeiro; DECRETA:

CAPÍTULO I
DAS DISPOSIÇÕES PRELIMINARES

Art. 1º – Este Decreto regulamenta a arbitragem nos conflitos envolvendo o Estado do Rio de Janeiro e as Entidades da Administração Pública Estadual Indireta, relativos a direitos patrimoniais disponíveis, nos termos da Lei nº 9.307/1996.

Parágrafo Único – Entende-se por conflitos relativos a direitos patrimoniais disponíveis as controvérsias que possuam natureza pecuniária e que não versem sobre interesses públicos primários.

Art. 2º – A arbitragem instituir-se-á exclusivamente por meio de órgão arbitral institucional.

CAPÍTULO II
DA CONVENÇÃO DE ARBITRAGEM

Art. 3º – Os contratos de concessão de serviços públicos, as concessões patrocinadas e administrativas e os contratos de concessão de obra poderão conter cláusula compromissória, desde que observadas as normas deste Decreto.

§1º – Poderá, ainda, conter cláusula compromissória qualquer outro contrato ou ajuste do qual o Estado do Rio de Janeiro ou suas entidades façam parte e cujo valor exceda a R$ 20.000.000,00 (vinte milhões de reais).

§2º – Independentemente de previsão no contrato ou no edital de licitação, as partes poderão firmar compromisso arbitral para submeter as divergências à arbitragem no momento de surgimento do litígio, respeitados os critérios objetivos deste artigo e as demais disposições do presente Decreto.

Art. 4º – Além dos requisitos previstos na Lei de Arbitragem, da convenção de arbitragem constará obrigatoriamente:

I – a cidade do Rio de Janeiro como a sede da arbitragem;

II – a escolha das leis da República Federativa do Brasil, inclusive os tratados internacionais com eficácia no ordenamento jurídico nacional, para reger a convenção de arbitragem, o processo de arbitragem e o mérito da disputa, sendo vedado o julgamento por equidade;

III – a adoção da língua portuguesa como o idioma aplicável ao processo arbitral;

IV – a escolha do juízo da comarca do Rio de Janeiro como o competente para o processamento e julgamento da ação dos arts. 6º e 7º da Lei de Arbitragem, de pedidos de tutela provisória de urgência antecedentes à instituição da arbitragem, de pedidos de cumprimento de cartas arbitrais, inclusive para condução forçada de testemunhas, de decisões e sentenças arbitrais e da ação anulatória de sentença arbitral.

Parágrafo Único – Sem prejuízo do acima exposto, os pedidos de tutela provisória de urgência antecedentes à instituição da arbitragem e a execução de decisões e sentenças arbitrais poderão ser ajuizados pelo Estado e pelas Entidades da administração pública estadual indireta no domicílio da parte contrária, quando as circunstâncias do caso assim o recomendarem.

CAPÍTULO III
DO PROCEDIMENTO

Art. 5º – Salvo convenção em contrário das partes e respeitadas as regras estabelecidas neste Decreto, o procedimento arbitral será regido pelo regulamento de arbitragem da instituição arbitral eleita.

Art. 6º – O procedimento arbitral observará os requisitos do art. 4º deste Decreto.

Art. 7º – Caberá, exclusivamente, ao Secretário de Estado responsável pela ordenação das despesas a celebração de contratos contendo cláusula compromissória, bem como a assinatura de compromisso arbitral, ouvida, previamente, a Procuradoria Geral do Estado.

Art. 8º – Caberá ao contratado escolher, no momento da celebração do instrumento contratual, o órgão arbitral institucional encarregado de processar a arbitragem, dentre os cadastrados, na forma do art. 14.

Parágrafo Único – Caso o órgão arbitral institucional referido na cláusula compromissória deixe de manter a condição de cadastrado na forma do art. 14 deste decreto, caberá ao requerente da arbitragem a escolha da instituição arbitral dentre aquelas que constarem do cadastro.

Art. 9º – As despesas com a realização da arbitragem serão adiantadas pelo contratado quando for ele o requerente do procedimento arbitral, incluídos os honorários dos árbitros, eventuais custos de perícias e demais despesas com o procedimento.

CAPÍTULO IV
DOS PRAZOS

Art. 10 – O termo ad quem dos prazos deverá ser fixado pelo tribunal arbitral indicando dia, mês e ano.

§1º – Os prazos para as partes apresentarem alegações iniciais, resposta às alegações iniciais, reconvenção, resposta à reconvenção, alegações finais e resposta às alegações finais serão de, no mínimo, 60 (sessenta) dias corridos.

§2º – Os prazos para as partes apresentarem réplica e tréplica serão de, no mínimo, 30 (trinta) dias corridos.

§3º – Salvo estipulação expressa em contrário, a audiência para oitiva de partes, testemunhas e peritos será designada com antecedência de, no mínimo, 90 (noventa) dias corridos.

§4º – O prazo para prolação da sentença arbitral será de 60 (sessenta) dias corridos, contados da apresentação da resposta às alegações finais, prorrogáveis, a critério do tribunal arbitral, por até mais 60 (sessenta) dias corridos.

§5º – Os prazos previstos neste artigo poderão ser alterados por acordo entre as partes.

CAPÍTULO V
DOS ÁRBITROS

Art. 11 – Não poderá atuar como árbitro quem possuir interesse econômico direto ou indireto no resultado da arbitragem.

Art. 12 – Para aferição de sua independência e imparcialidade, além do dever de revelação previsto na Lei de Arbitragem, deverá o árbitro informar a existência de demanda patrocinada por ele ou seu escritório contra o Estado do Rio de Janeiro ou entidades da Administração Pública indireta, bem como a existência de demanda patrocinada por ele ou seu escritório na qual se discuta tema correlato àquele que será submetido ao respectivo procedimento arbitral.

CAPÍTULO VI
DA PUBLICIDADE

Art. 13 – Os atos do processo arbitral serão públicos, ressalvadas as hipóteses legais de sigilo, de segredo de justiça, de segredo industrial decorrentes da exploração direta de atividade econômica pelo Estado ou por pessoa física ou entidade privada que tenha qualquer vínculo com o Poder Público.

§1º – Para fins de atendimento deste dispositivo, consideram-se atos do processo arbitral as petições, os laudos periciais e as decisões dos árbitros de qualquer natureza.

§2º – A Procuradoria Geral do Estado disponibilizará os atos do processo arbitral mediante requerimento de eventual interessado.

§3º – A audiência arbitral respeitará o princípio da privacidade, sendo reservada aos árbitros, secretários do tribunal arbitral, partes, respectivos procuradores, testemunhas, assistentes técnicos, peritos, funcionários da instituição de arbitragem e demais pessoas previamente autorizadas pelo tribunal arbitral.

§4º – O tribunal arbitral decidirá sobre os pedidos formulados por quaisquer das partes a respeito do sigilo de documentos e informações protegidos por lei ou cuja divulgação possa afetar o interesse das partes.

§5º – A instituição de arbitragem, quando consultada, poderá informar a terceiros sobre a existência da arbitragem, a data do requerimento de arbitragem, o nome das partes, o nome dos árbitros e o valor envolvido.

CAPÍTULO VII
DO CADASTRAMENTO DO ÓRGÃO ARBITRAL INSTITUCIONAL

Art. 14 – O órgão arbitral institucional, nacional ou estrangeiro, deverá ser previamente cadastrado junto ao Estado do Rio de Janeiro e atender aos seguintes requisitos:

I – disponibilidade de representação no Estado do Rio de Janeiro;

II – estar regularmente constituído há, pelo menos, cinco anos;

III – estar em regular funcionamento como instituição arbitral;

IV – ter reconhecida idoneidade, competência e experiência na administração de procedimentos arbitrais, com a comprovação na condução de, no mínimo, quinze arbitragens no ano calendário anterior ao cadastramento.

§1º – Caberá à Procuradoria Geral do Estado do Rio de Janeiro cadastrar os órgãos arbitrais institucionais, observados os requisitos previstos neste artigo.

§2º – O cadastramento a que se refere o caput não se sujeita a prazo certo e determinado, podendo qualquer órgão arbitral institucional, a qualquer tempo, postular o seu cadastramento perante o Estado do Rio de Janeiro.

§3º – Considera-se representação a existência de local apropriado, que funcione como protocolo para recebimento de peças e documentos da arbitragem.

§4º – A disponibilidade da representação compreende o oferecimento, sem custo adicional para as partes, dos serviços operacionais necessários para o regular desenvolvimento da arbitragem, tais como local para realização de audiências, e secretariado.

CAPÍTULO VIII
DA SENTENÇA ARBITRAL

Art. 15 – Ressalvadas as exceções previstas em lei, em caso de sentença arbitral condenatória ou homologatória de acordo que imponha obrigação pecuniária contra o Estado ou qualquer entidade com personalidade de direito público, o pagamento será efetivado mediante a expedição de precatório ou de requisição de pequeno valor, conforme o artigo 100 da Constituição da República.

Parágrafo Único – Na hipótese de que trata o caput, a parte interessada solicitará à autoridade judiciária competente a adoção das providências necessárias à expedição do precatório ou de requisição de pequeno valor, conforme o caso, observadas, no que couber, as disposições do art. 534 e seguintes do Código de Processo Civil.

Art. 16 – A sentença arbitral atribuirá à parte vencida, ou a ambas as partes na proporção de seu relativo sucesso em seus pleitos, inclusive reconvencionais, a responsabilidade pelo pagamento ou reembolso dos custos e despesas razoáveis incorridos pela outra parte na arbitragem, incluídos os honorários dos árbitros, peritos e assistentes técnicos, e excluídos os honorários advocatícios contratuais.

Parágrafo Único – A sentença arbitral atribuirá também à parte vencida a responsabilidade pelo pagamento dos honorários de sucumbência, cuja fixação sujeitar-se-á aos critérios do artigo 85 do Código de Processo Civil para as causas em que for parte a Fazenda Pública.

CAPÍTULO IX
DAS ATRIBUIÇÕES DA PROCURADORIA GERAL DO ESTADO

Art. 17 – Quando a escolha do árbitro incumbir ao Estado, caberá à Procuradoria Geral do Estado, justificadamente, fazer a respectiva indicação, considerando o seu conhecimento técnico e a sua afinidade com a matéria a ser dirimida.

Art. 18 – O Estado do Rio de Janeiro será sempre representado no procedimento arbitral pela Procuradoria Geral do Estado, consoante as suas competências constitucionais e legais. Parágrafo Único – Caberá ao Procurador Geral do Estado do Rio de Janeiro indicar o(s) Procurador(es) que atuarão em cada arbitragem.

Art. 19 – Caberá à Procuradoria Geral do Estado editar minuta padronizada de cláusula compromissória que deverá, entre outros, contemplar a obrigatoriedade de cumprimento das normas deste decreto.

Art. 20 – Nas arbitragens previstas neste Decreto, as entidades da Administração Pública Indireta serão representadas pela Procuradoria Geral do Estado.

CAPÍTULO X
DAS DISPOSIÇÕES FINAIS E TRANSITÓRIAS

Art. 21 – Não se aplicam as disposições deste Decreto aos contratos com recursos provenientes de financiamento ou doação oriundo de agência oficial de cooperação estrangeira ou organismo financeiro multilateral de que o Brasil seja parte, quando as condições decorrentes de acordos, protocolos, convenções ou tratados internacionais, aprovados pelo Congresso Nacional, bem como as normas e procedimentos daquelas entidades estabelecerem regras próprias para a arbitragem.

Art. 22 – Este Decreto entrará em vigor na data da sua publicação.

Rio de Janeiro, 19 de fevereiro de 2018

LUIZ FERNANDO DE SOUZA

DECRETO Nº 64.356, DE 31 DE JULHO DE 2019

Dispõe sobre o uso da arbitragem para resolução de conflitos em que a Administração Pública direta e suas autarquias sejam parte

JOÃO DORIA, Governador do Estado de São Paulo, no uso de suas atribuições legais,

Decreta:

CAPÍTULO I
DISPOSIÇÕES PRELIMINARES

Artigo 1º – Este decreto dispõe sobre o emprego, no âmbito da Administração Pública direta e autárquica, da arbitragem como meio de resolução de conflitos relativos a direitos patrimoniais disponíveis.

Parágrafo único – Este decreto não se aplica:

1. aos projetos contemplados com recursos provenientes de financiamento ou doação de agências oficiais de cooperação estrangeira ou organismo financeiro multilateral de que o Brasil seja parte, quando essas entidades estabelecerem regras próprias para a arbitragem que conflitem com suas disposições;

2. aos casos em que legislação específica que regulamente a questão submetida à arbitragem dispuser de maneira diversa.

Artigo 2º – Os instrumentos obrigacionais celebrados pela Administração Pública direta e suas autarquias poderão conter cláusula compromissória, em razão de sua especialidade ou valor.

Parágrafo único – Cabe à autoridade responsável pela assinatura do instrumento obrigacional decidir a respeito da utilização da cláusula compromissória, salvo quando houver pronunciamento de órgão colegiado competente para traçar diretrizes do contrato, optando pelo emprego da cláusula a que se refere este artigo.

Artigo 3º – A arbitragem será preferencialmente institucional, podendo, justificadamente, ser constituída arbitragem "ad hoc".

Parágrafo único – Compete à autoridade responsável pela assinatura do instrumento obrigacional ou ao órgão colegiado competente, conforme o caso, apresentar a justificativa a que se refere o "caput" deste artigo, devendo ser ouvida a Procuradoria Geral do Estado.

CAPÍTULO II
DISPOSIÇÕES GERAIS

Seção I
Das Competências da Procuradoria Geral do Estado

Artigo 4º – A Procuradoria Geral do Estado será responsável pela redação das convenções de arbitragem a serem utilizadas pela Administração Pública direta e suas autarquias.

§1º – As convenções de arbitragem deverão conter os seguintes elementos:

1. a capital do Estado de São Paulo como a sede da arbitragem;

2. a escolha das leis da República Federativa do Brasil como sendo a lei aplicável, vedado
o julgamento por equidade;

3. a adoção da língua portuguesa como o idioma aplicável à arbitragem;

4. a eleição do juízo da comarca sede da arbitragem como competente para o processamento e julgamento das demandas correlatas ou cautelares, quando cabível;

5. o adiantamento das despesas pelo requerente da arbitragem;

6. a composição do tribunal arbitral por três membros, indicados de acordo com o regulamento da câmara arbitral indicada, podendo ser escolhido árbitro único em causas de menor valor ou menor complexidade;

7. a vedação de condenação da parte vencida ao ressarcimento dos honorários advocatícios contratuais da parte vencedora,

aplicando-se por analogia o regime de sucumbência do Código de Processo Civil (Lei federal nº 13.105, de 16 de março de 2015).

§2º – Para fins do disposto no item 3 do §1º deste artigo, o idioma aplicável à arbitragem não impede a utilização de documentos técnicos redigidos em outro idioma, facultado o recurso à tradução juramentada em caso de divergência entre as partes quanto à sua tradução.

§3º – O Procurador Geral do Estado poderá celebrar compromisso arbitral para submeter divergências à arbitragem após o surgimento da disputa ou para esclarecer ou integrar lacuna de cláusula compromissória, independentemente de previsão no contrato ou edital de licitação.

Artigo 5º – Cabe à Procuradoria Geral do Estado, por meio de sua Assistência de Arbitragens, atuar em todas as etapas do procedimento arbitral.

Parágrafo único – A designação de árbitros pela Administração Pública direta e suas autarquias será precedida de aprovação pelo Procurador Geral do Estado.

Seção II
Do Procedimento

Artigo 6º – O procedimento arbitral será regido pelo regulamento de arbitragem da câmara arbitral eleita ou, nos casos de procedimento "ad hoc", pelas regras de arbitragem da "United Nations Commission on International Trade Law" (UNCITRAL), vigentes no momento da apresentação do requerimento de arbitragem.

Artigo 7º – Quando não houver indicação da câmara arbitral no instrumento obrigacional, caberá ao requerente da arbitragem escolher, no momento da apresentação de seu pleito, a câmara arbitral encarregada de administrar a arbitragem, dentre as cadastradas na forma da Seção V deste decreto.

Parágrafo único – Nos casos em que couber à Administração Pública direta e suas autarquias a escolha da câmara arbitral, tal ônus recairá sobre o gestor do instrumento obrigacional, ouvida a Procuradoria Geral do Estado.

Artigo 8º – As despesas com a realização da arbitragem serão adimplidas na forma como dispuser o regulamento da câmara arbitral escolhida, observado o disposto no item 5 do §1º do artigo 4o deste decreto.

Parágrafo único – Os agentes públicos responsáveis pela gestão de instrumentos obrigacionais que contenham cláusula compromissória adotarão as providências de sua alçada para solicitação de recursos orçamentários para o adimplemento de despesas incorridas com o procedimento arbitral.

Artigo 9º – As sentenças arbitrais que imponham obrigação pecuniária à Administração Pública direta e suas autarquias serão cumpridas conforme o regime de precatórios ou de obrigações de pequeno valor, nas mesmas condições impostas aos demais títulos executivos judiciais.

Seção III
Dos Árbitros

Artigo 10 – É vedada a indicação de árbitros que possuam interesse direto ou indireto no resultado da arbitragem.

Artigo 11 – Será solicitado ao árbitro indicado que atua em outras atividades profissionais, para a aferição de sua independência e imparcialidade e sem prejuízo das demais obrigações inerentes ao dever de revelação previsto na Lei federal nº 9.307, de 23 de setembro de 1996, informação sobre eventual prestação de serviços que possa colocá-lo em conflito de interesses com a Administração Pública.

Parágrafo único – Será solicitado ao árbitro indicado que exerce a advocacia informação sobre a existência de demanda por ele patrocinada, ou por escritório do qual seja associado, contra a Administração Pública, bem como a existência de demanda por ele patrocinada ou por escritório do qual seja associado, na qual se discuta tema correlato àquele submetido ao respectivo procedimento arbitral.

Seção IV
Da Publicidade

Artigo 12 – Os atos do procedimento arbitral serão públicos, ressalvadas as hipóteses legais de sigilo ou segredo de justiça.

§1º – Para fins de atendimento deste dispositivo, consideram-se atos do procedimento arbitral as petições, laudos periciais, Termo de Arbitragem ou instrumento congênere e decisões dos árbitros.

§2º – A Procuradoria Geral do Estado disponibilizará os atos do procedimento arbitral na rede mundial de computadores.

§3º – As audiências do procedimento arbitral poderão ser reservadas aos árbitros, secretários do Tribunal Arbitral, partes, respectivos procuradores, testemunhas, assistentes técnicos, peritos, funcionários da câmara arbitral e pessoas previamente autorizadas pelo Tribunal Arbitral.

Seção V
Do Cadastramento das Câmaras Arbitrais

Artigo 13 – O cadastramento de câmaras arbitrais consiste na criação de uma lista referencial das entidades que cumprem requisitos mínimos para serem indicadas para administrar procedimentos arbitrais envolvendo a Administração Pública direta e suas autarquias.

Artigo 14 – A criação do cadastro das câmaras arbitrais se efetivará mediante resolução do Procurador Geral do Estado, contendo as regras aplicáveis e os requisitos exigidos.

Parágrafo único – A inclusão no cadastro referido no "caput" não gera qualquer direito subjetivo de escolha para as câmaras arbitrais nos instrumentos obrigacionais celebrados pela Administração Pública direta e suas autarquias.

Artigo 15 – Poderá ser incluída no cadastro da Procuradoria Geral do Estado a câmara arbitral, nacional ou estrangeira, que atender ao menos aos seguintes requisitos:

I – apresentar espaço disponível para a realização de audiências e serviços de secretariado, sem custo adicional às partes, na cidade sede da arbitragem;

II – estar regularmente constituída há, pelo menos, cinco anos;

III – atender aos requisitos legais para recebimento de pagamento pela Administração Pública;

IV – possuir reconhecida idoneidade, competência e experiência na administração de procedimentos arbitrais com a Administração Pública.

Parágrafo único – O Procurador Geral do Estado poderá, mediante resolução, estabelecer critérios adicionais para o cadastramento de câmaras arbitrais, considerando a experiência decorrente de procedimentos arbitrais enfrentados, e criar mecanismo de avaliação e exclusão do cadastro.

CAPÍTULO III
DISPOSIÇÕES FINAIS

Artigo 16 – As disposições deste decreto se aplicam aos instrumentos obrigacionais celebrados com cláusula compromissória antes de sua vigência, no que couber.

Artigo 17 – Os representantes do Estado de São Paulo nas empresas públicas, sociedades de economia mista e fundações governamentais adotarão as providências necessárias ao cumprimento deste decreto no âmbito das respectivas entidades.

Artigo 18 – Fica o Procurador Geral do Estado autorizado a expedir normas complementares necessárias à adequada execução deste decreto.

Artigo 19 – Este decreto entra em vigor na data de sua publicação.

Palácio dos Bandeirantes, 31 de julho de 2019

DECRETO Nº 55.996, DE 14 DE JULHO DE 2021

Dispõe sobre a utilização da arbitragem no âmbito da Administração Pública Direta e Indireta do Estado do Rio Grande do Sul

O GOVERNADOR DO ESTADO DO RIO GRANDE DO SUL, no uso das atribuições que lhe confere o art. 82 incisos V e VII, da Constituição do Estado, e considerando o disposto na Lei Federal nº 9.307, de 23 de setembro de 1996, com a redação dada pela Lei Federal nº 13.129, de 26 de maio de 2015,

DECRETA:

CAPÍTULO I
DISPOSIÇÕES PRELIMINARES

Art. 1º A utilização da arbitragem pelos órgãos e entidades da Administração Pública Direta e Indireta do Estado do Rio Grande do Sul para dirimir controvérsias relativas a direitos patrimoniais disponíveis observará o disposto neste Decreto.

Art. 2º A arbitragem de que trata o art. 1º deste Decreto observará as seguintes diretrizes:

I - poderão ser submetidas à arbitragem as controvérsias relativas a direitos patrimoniais disponíveis, em especial as advindas de:

a) questões relacionadas à recomposição do equilíbrio econômico-financeiro de contratos;

b) indenizações decorrentes de extinção ou de transferência de contratos; e

c) inadimplemento de obrigações contratuais por quaisquer das partes, incluída a incidência das respectivas penalidades;

II - a arbitragem envolvendo a Administração Pública Estadual será exclusivamente de direito, respeitará o princípio da publicidade e será instituída necessariamente por meio de órgão arbitral institucional, vedada a arbitragem por equidade;

III - as informações sobre o processo de arbitragem serão públicas, ressalvadas aquelas necessárias à preservação de segredo industrial ou comercial e aquelas consideradas sigilosas pela legislação brasileira;

IV - a sede da arbitragem será a comarca de Porto Alegre - RS, na qual será juridicamente instituído o procedimento arbitral e onde será considerada proferida a sentença arbitral;

V - a decisão administrativa contestada na arbitragem deverá ser definitiva, assim considerada aquela insuscetível de reforma por meio de recurso administrativo;

VI - uma câmara arbitral previamente credenciada pela Procuradoria-Geral do Estado deverá ser escolhida para compor o litígio; e

VII - a arbitragem será realizada em língua portuguesa.

Parágrafo único. Para fins do disposto no inciso VII do "caput" deste artigo, o idioma aplicável à arbitragem não impede a utilização de documentos técnicos redigidos em língua estrangeira, facultado o recurso à tradução juramentada em caso de divergência entre as partes quanto à sua tradução.

Art. 3º Antes da submissão das controvérsias de que trata o art. 1º deste Decreto à arbitragem, as partes poderão optar pela adoção de outros mecanismos adequados à solução da controvérsia, inclusive por meio de acordo ou de transação, com fundamento no disposto no inciso III do art. 12 da Lei Complementar nº 11.742, de 17 de janeiro de 2002, bem como por meio do Sistema Administrativo de Conciliação e Mediação de que trata a Lei nº 14.794, de 17 de dezembro de 2015, regulamentado pelo Decreto nº 55.551, de 20 de outubro de 2020.

CAPÍTULO II
DA CONVENÇÃO DE ARBITRAGEM

Art. 4º Os contratos ou instrumentos congêneres celebrados pelos órgãos e entidades integrantes da Administração Pública Direta e Indireta do Estado do Rio Grande do Sul poderão conter cláusula compromissória estabelecendo que os litígios deles decorrentes serão submetidos a juízo arbitral, observadas as seguintes diretrizes:

I - a celebração de convenção de arbitragem, na forma do disposto no §2º do art. 1º da Lei Federal nº 9.307, de 23 de setembro de 1996, compete:

a) ao Procurador-Geral do Estado, nos termos do disposto no inciso III do art. 12 da Lei Complementar nº 11.742/2002, quando se tratar de contratos ou outros instrumentos contratuais ou ajustes congêneres celebrados pelo Estado, suas autarquias e fundações públicas;

b) à autoridade definida em estatuto quando se tratar de contratos ou outros instrumentos contratuais ou ajustes congêneres celebrados pelas empresas públicas e sociedades de economia mista;

II - previamente ao envio à análise da Procuradoria-Geral do Estado, a autoridade responsável pela assinatura do instrumento obrigacional formulará manifestação contendo a justificativa pela qual entende conveniente e oportuno, em especial em razão da especialidade, da complexidade ou do valor, incluir cláusula compromissória no instrumento contratual;

III - o compromisso arbitral poderá ser celebrado para submeter divergências à arbitragem após o surgimento da disputa, mesmo na ausência de cláusula compromissória, ou para esclarecer ou integrar lacuna de cláusula compromissória, independentemente de previsão no contrato ou edital de licitação.

§1º Será dada preferência à arbitragem:

I - nas hipóteses em que a divergência esteja fundamentada em aspectos eminentemente técnicos; e

II - sempre que a demora na solução definitiva do litígio possa:

a) gerar prejuízo à prestação adequada do serviço ou à operação da infraestrutura; ou

b) inibir investimentos considerados prioritários.

§2º Poderão conter cláusula compromissória, dentre outros, os contratos ou outros instrumentos contratuais ou ajustes congêneres, inclusive os referentes a concessões e parcerias.

§3º A inserção de cláusula compromissória em contrato já vigente deverá ser formalizada por meio de termo aditivo.

§4º O compromisso arbitral poderá ser firmado independentemente de celebração prévia de termo aditivo de que trata o §3º deste artigo.

§5º Caso já tenha sido proposta ação judicial por quaisquer das partes, o Procurador-Geral do Estado considerará, antes da celebração de compromisso arbitral, as possibilidades de decisão favorável à Administração Pública Estadual e a perspectiva de tempo necessário para o encerramento do litígio perante o Poder Judiciário, quando possível de serem aferidas.

§6º A submissão do litígio à arbitragem na hipótese de que trata o §5º deste artigo ocorrerá por compromisso arbitral judicial ou extrajudicial, nos termos do disposto no §2º do art. 9º da Lei nº 9.307/1996, que indicará, com precisão, o objeto do litígio.

§7º Na hipótese prevista no §5º deste artigo, se celebrado compromisso arbitral, a Procuradoria-Geral do Estado, em petição firmada com fundamento no disposto no inciso III do art. 12 da Lei Complementar nº 11.742/2002, postulará a homologação do acordo judicial em que as partes se comprometam a levar a questão ao juízo arbitral.

Art. 5º As convenções de arbitragem a serem utilizadas pela Administração Pública Direta e Indireta serão redigidas pela Procuradoria-Geral do Estado e deverão conter os seguintes elementos:

I - a capital do Estado do Rio Grande do Sul como a sede da arbitragem, sem prejuízo de que a arbitragem seja desenvolvida no local da sede do órgão arbitral institucional ou, ainda, em local outro;

II - a aplicação das leis da República Federativa do Brasil;

III - a exclusiva admissão da arbitragem de direito, vedado o julgamento por equidade;

IV - a adoção da língua portuguesa como o idioma aplicável à arbitragem;

V - a indicação do órgão arbitral institucional pelo qual será instituída a arbitragem dentre aqueles credenciados na forma da Seção II do Capítulo III deste Decreto;

VI - a eleição do juízo da comarca da sede da arbitragem como competente para o processamento e julgamento das demandas correlatas ou cautelares, quando cabíveis;

VII - o adiantamento das despesas com a arbitragem pelo contratado;

VIII - a composição do tribunal arbitral por três membros, indicados de acordo com o regulamento do órgão arbitral institucional eleito, podendo, justificadamente, ser escolhido árbitro único em causas de menor valor ou menor complexidade;

IX - a obrigatoriedade de cumprimento das disposições deste Decreto; e

X - a vedação de condenação da parte vencida ao ressarcimento dos honorários advocatícios contratuais da parte vencedora.

CAPÍTULO III
DO PROCEDIMENTO

Seção I
Regras gerais

Art. 6º O procedimento arbitral será regido pelo regulamento de arbitragem do órgão arbitral institucional eleito vigente no momento da apresentação do requerimento de arbitragem, devendo, em todos os casos, serem respeitadas as regras estabelecidas neste Decreto, bem como as seguintes diretrizes:

I - as comunicações processuais dirigidas aos membros da Procuradoria-Geral do Estado responsáveis pela representação do Estado ou das entidades da Administração Pública Estadual Indireta deverão assegurar a sua ciência inequívoca;

II - o prazo para resposta inicial será de, no mínimo, sessenta dias; e

III - o prazo máximo para a apresentação da sentença arbitral, contado da data de celebração do termo de arbitragem, será de vinte e quatro meses, prorrogável, uma única vez, por igual período, mediante acordo entre as partes.

Art. 7º Quando não houver indicação do órgão arbitral institucional no instrumento obrigacional, caberá ao requerente da arbitragem escolher, no momento da apresentação de seu pleito, o órgão arbitral institucional encarregado de administrar a arbitragem, dentre aqueles credenciados na forma da Seção II do Capítulo III deste Decreto.

§1º O requerido poderá, no prazo de quinze dias, manifestar objeção ao órgão arbitral institucional escolhido pelo requerente, cabendo a este indicar outro órgão credenciado, no prazo de quinze dias, contado da data da comunicação da objeção.

§2º A indicação do órgão arbitral institucional escolhido e a sua eventual objeção serão feitas por notificação dirigida à outra parte.

§3º Nos casos em que couber ao Estado, suas autarquias e fundações públicas a escolha do órgão arbitral institucional, cabe ao Procurador-Geral do Estado fazê-lo, ouvido o titular do órgão ou da entidade envolvida no conflito.

§4º A câmara arbitral indicada poderá ser substituída antes do início da arbitragem, desde que com a anuência de ambas as partes, independentemente da celebração de termo aditivo ao contrato de parceria.

Art. 8º Cabe à Procuradoria-Geral do Estado a representação da Administração Pública nas arbitragens estabelecidas com base neste Decreto, devendo atuar em todas as etapas do procedimento arbitral.

Parágrafo único. O Estado, representado pela Procuradoria-Geral do Estado, poderá intervir, com fundamento no disposto no parágrafo único do art. 5º da Lei Federal nº 9.469, de 10 de julho de 1997, nas causas arbitrais cuja decisão possa ter reflexos, ainda que indiretos, de natureza econômica, independentemente da demonstração de interesse jurídico, para esclarecer questões de fato e de direito, podendo juntar documentos e memoriais reputados úteis ao exame da matéria e, se for o caso, recorrer.

Art. 9º Os agentes públicos responsáveis pela gestão de contratos e instrumentos congêneres que contenham cláusula compromissória adotarão as providências necessárias à disponibilização de recursos orçamentários para o adimplemento de despesas atinentes ao procedimento arbitral.

Seção II
Do credenciamento dos órgãos arbitrais institucionais

Art. 10. A Procuradoria-Geral do Estado credenciará os órgãos arbitrais institucionais que se habilitem a ser indicados a administrar procedimentos arbitrais envolvendo a Administração Pública Estadual Direta e Indireta mediante procedimento que deverá verificar o cumprimento dos seguintes requisitos mínimos:

I - estar em funcionamento regular como órgão arbitral há, no mínimo, três anos;

II - ter reconhecidas idoneidade, competência e experiência na condução de procedimentos arbitrais; e

III - possuir regulamento próprio, disponível em língua portuguesa.

Parágrafo único. O credenciamento de que trata o "caput" deste artigo consiste no cadastro dos órgãos arbitrais para eventual indicação futura em convenções de arbitragem e não caracteriza vínculo contratual entre o Poder Público e as entidades arbitrais credenciadas.

Art. 11. O procedimento de credenciamento, a criação de cadastro referencial de órgãos arbitrais institucionais, as regras aplicáveis, os requisitos exigidos, os critérios para a sua avaliação e exclusão, bem como outros aspectos inerentes à conformação e à regularidade do credenciamento serão definidos em Resolução do Procurador-Geral do Estado.

Seção III
Dos árbitros

Art. 12. Os árbitros serão escolhidos nos termos estabelecidos na convenção de arbitragem, observados os seguintes requisitos mínimos:

I - estar no gozo de plena capacidade civil;

II - deter conhecimento compatível com a natureza do litígio; e

III - não ter, com as partes ou com o litígio que lhe for submetido, relações que caracterizem as hipóteses de impedimento ou suspeição de juízes, conforme previsto na Lei Federal nº 13.105, de 16 de março de 2015, ou outras situações de conflito de interesses previstas em normativas próprias ou reconhecidas em diretrizes internacionalmente aceitas ou nas regras da instituição arbitral escolhida.

Art. 13. Será solicitado ao árbitro indicado que atua em outras atividades profissionais, para a aferição de sua independência e imparcialidade, e sem prejuízo das demais obrigações inerentes ao dever de revelação previsto na Lei Federal nº 9.307/1996, informação sobre eventual prestação de serviços que possa colocá-lo em conflito de interesses com a Administração Pública.

Parágrafo único. Na hipótese de o árbitro indicado exercer a advocacia, ser-lhe-á solicitada informação sobre a existência de demanda por ele patrocinada, ou por escritório do qual seja associado, contra a Administração Pública ou em qualquer caso em que discuta tema correlato àquele submetido ao respectivo procedimento arbitral.

Seção IV
Da publicidade

Art. 14. Os atos do procedimento arbitral serão públicos, ressalvados aqueles necessários à preservação do segredo industrial ou comercial, bem como aqueles considerados sigilosos pela legislação brasileira.

Seção V
Da sentença arbitral

Art. 15. Na hipótese de sentença arbitral condenatória que imponha obrigação pecuniária à Administração Pública Direta, Autárquica ou Fundacional, inclusive no tocante a custas e despesas do procedimento arbitral, o pagamento ocorrerá por meio da expedição de precatório ou de requisição de pequeno valor, conforme definido na legislação pertinente.

§1º Na hipótese de que trata o "caput" deste artigo, compete à parte vencedora dar início à execução de sentença perante o juízo competente.

§2º As decisões condenatórias estabelecerão a forma de atualização da dívida que inclua correção monetária e juros de mora, observada a legislação de regência.

§3º O disposto no "caput" deste artigo não impede a realização de acordo entre as partes para que o cumprimento da sentença arbitral ocorra, individual ou cumulativamente, por meio de:

I - instrumentos previstos no contrato que substituam a indenização pecuniária, incluídos os mecanismos de reequilíbrio econômico-financeiro;

II - compensação de haveres e deveres de natureza não tributária, incluídas as multas; ou

III - atribuição do pagamento a terceiro, nas hipóteses admitidas na legislação brasileira.

§4º Na hipótese de condenação em honorários advocatícios sucumbenciais, serão observadas as regras estabelecidas na Lei Federal nº 13.105/2015.

CAPÍTULO IV
DISPOSIÇÕES FINAIS

Art. 16. As disposições constantes deste Decreto se aplicam aos instrumentos obrigacionais celebrados com cláusula compromissória antes de sua vigência, no que couber.

Art. 17. Este Decreto não se aplica:

I - aos projetos contemplados com recursos provenientes de financiamento ou doação de agências oficiais de cooperação estrangeira ou organismo financeiro multilateral de que o Brasil seja parte, quando essas entidades estabelecerem regras próprias para a arbitragem que conflitem com suas disposições; e

II - aos casos em que legislação específica, aplicável à questão submetida à arbitragem, dispuser de maneira diversa.

Art. 18. As regras complementares necessárias à adequada execução deste Decreto, inclusive no que concerne ao procedimento da arbitragem, custos, publicidade, credenciamento dos órgãos arbitrais institucionais, requisitos para escolha dos árbitros, hipóteses de utilização preferencial ou subsidiária da arbitragem, bem como à especificação dos critérios para justificação do emprego da arbitragem, serão definidas em Resolução do Procurador-Geral do Estado.

Art. 19. Este Decreto entra em vigor na data de sua publicação.

PALÁCIO PIRATINI, em Porto Alegre, 14 de julho de 2021.

PORTARIA Nº 320, DE 13 DE JUNHO DE 2019

Institui o Núcleo Especializado em Arbitragem.

O ADVOGADO-GERAL DA UNIÃO, no uso das atribuições que lhe conferem os incisos I, XIII e XVIII do art. 4º da Lei Complementar nº 73, de 10 de fevereiro de 1993, e os incisos I, XV e XX do art. 36 do Anexo I do Decreto nº 7.392, de 13 de dezembro de 2010, e considerando o constante do processo administrativo nº 00748.000256/2018-11,

RESOLVE:

Art. 1º Fica instituído, na Consultoria-Geral da União, o Núcleo Especializado em Arbitragem (NEA), unidade responsável pelas atividades de consultoria e assessoramento jurídicos e de contencioso arbitral em que a União seja parte ou interessada.

§1º O NEA será sediado em São Paulo/SP, compartilhando a estrutura de apoio da Consultoria Jurídica da União no Estado de São Paulo;

§2º O NEA possui subordinação administrativa à Consultoria-Geral da União e subordinação técnica e jurídica à Procuradoria-Geral da União e à Consultoria-Geral da União, de acordo com as competências destas; e

§3º As atividades de consultoria e assessoramento jurídicos serão exercidas pelo NEA em articulação com os órgãos setoriais da Consultoria-Geral da União, sem prejuízo das competências específicas destes.

Art. 2º Ao NEA compete:

I – no exercício das atividades de contencioso arbitral:

a) receber as notificações e intimações da União;

b) adotar as medidas necessárias para a representação da União;

c) decidir a respeito da estratégia processual, inclusive escolha de árbitros e celebração de termo de arbitragem;

d) atestar a força executória da sentença arbitral para fins de seu cumprimento no âmbito dos órgãos da União; e

e) submeter ao Procurador-Geral da União a adoção de atos e orientações normativas relativas à arbitragem relacionados à atuação contenciosa.

II – no exercício das atividades de consultoria e assessoramento jurídicos:

a) identificar, uniformizar e difundir entendimentos relativos à arbitragem, inclusive quanto à adoção da arbitragem como meio de solução de controvérsias envolvendo a União;

b) responder a consultas e elaborar manifestações consultivas relativas à arbitragem, sem prejuízo de, em havendo dúvida, depois de manifestação fundamentada, submeter a questão à análise da Consultoria-Geral da União;

c) sistematizar e dar publicidade às informações relativas a arbitragens envolvendo a União; e

d) submeter ao Consultor-Geral da União questões específicas para avaliação da necessidade da edição de atos e orientações normativas relativas à arbitragem.

§1º A escolha de árbitros se dará nos termos da convenção de arbitragem, quando houver, observados os seguintes critérios em relação aos escolhidos:

I – estar no gozo de plena capacidade civil;

II – deter conhecimento técnico compatível com a natureza do litígio; e

III – não possuir, com as partes ou com o litígio que lhe for submetido, relações que caracterizem os casos de impedimento ou suspeição de juízes, conforme previsto no Código de Processo Civil, ou outras situações de conflito de interesses previstas em lei ou reconhecidas em diretrizes internacionalmente aceitas ou nas regras da instituição arbitral escolhida.

§2º As consultas respondidas diretamente pelo NEA, de que trata a alínea "b" do inciso II do caput, deverão ser comunicadas à Consultoria-Geral da União, em até 15 (quinze) dias.

Art. 3º O NEA será integrado por Advogados da União indicados pela Procuradoria-Geral da União e pela Consultoria-Geral da União, após processo seletivo, com dedicação exclusiva ou com redução parcial de trabalho no órgão de origem, a critério do respectivo Órgão de Direção Superior.

Parágrafo único. Aos membros do NEA, poderá ser autorizada a modalidade de teletrabalho, de acordo com termo de ciência e responsabilidade, a ser celebrado no âmbito da Consultoria-Geral da União.

Art. 4º Nas atividades de contencioso arbitral, o NEA atuará por intermédio de seus membros ou, excepcionalmente, de equipe de trabalho ad hoc.

Parágrafo único. Os órgãos da Consultoria-Geral da União e da Procuradoria-Geral da União designarão representante e respectivo suplente para compor eventual equipe de trabalho ad hoc.

Art. 5º Os órgãos setoriais da Consultoria-Geral da União deverão indicar um ou mais membros de sua equipe para acompanhar os trabalhos de cada arbitragem.

Parágrafo único. Em caso de divergência quanto ao teor das manifestações de mérito no curso da representação da União na arbitragem, a decisão final caberá ao NEA.

Art. 6º A Procuradoria-Geral da União, a Consultoria-Geral da União, a Secretaria-Geral de Contencioso, a Procuradoria-Geral da Fazenda Nacional, a Procuradoria-Geral Federal e a Procuradoria-Geral do Banco Central poderão indicar, espontaneamente ou em atendimento a solicitação do NEA, membros para acompanhar os trabalhos do Núcleo, com o objetivo de colaboração e intercâmbio de expertise.

Art. 7º O NEA promoverá esforços para a construção de entendimentos sobre a adoção e funcionamento da arbitragem como mecanismo de solução de controvérsias envolvendo administração pública junto às advocacias públicas dos estados, do Distrito Federal e dos municípios.

Art. 8º Compete, à Consultoria-Geral da União e à Procuradoria-Geral da União:

I – verificar os resultados atingidos pelo NEA;

II – zelar pela harmonia entre a atuação do NEA e a atuação dos órgãos da Procuradoria-Geral da União e da Consultoria-Geral da União;

III – analisar as sugestões do NEA quanto à edição de atos e orientações normativas relativas à arbitragem; e

IV – adotar ou sugerir medidas, quando entenderem necessário, relativas à atuação da União em arbitragens voltadas ao resguardo do interesse público.

Art. 9º Atos conjuntos do Consultor-Geral da União e do Procurador-Geral da União disporão sobre:

I – a estruturação e funcionamento do NEA; e

II – a indicação do responsável e do substituto do NEA, para designação pelo Advogado-Geral da União.

Parágrafo único. Os casos omissos relativos a esta Portaria serão resolvidos pela Consultoria-Geral da União e pela Procuradoria-Geral da União, conjuntamente ou em ato próprio, de acordo com suas competências.

Art. 10. A Secretaria-Geral de Administração, em razão da edição desta Portaria, deverá elaborar minuta de ato para atualização do Anexo da Portaria AGU nº 79, de 28 de janeiro de 2019.

Art. 11. Fica revogada a Portaria AGU nº 226, de 26 de julho de 2018.

Art. 12. Esta Portaria entra em vigor na data de sua publicação.

ANDRÉ LUIZ DE ALMEIDA MENDONÇA

Ano XXVI – Nº 24, de 17 de junho de 2019 Boletim de Serviço

Esta obra foi composta em fonte Palatino Linotype, corpo 10,5
e impressa em papel Offset 75g (miolo) e Supremo 300g (capa)
pela Gráfica Formato, em Belo Horizonte/MG.